电力行业QC小组活动实操

活动实操

—— 一例一评一解析

中国水利电力质量管理协会电力分会 ■ 主编

中国电力出版社
CHINA ELECTRIC POWER PRESS

内 容 提 要

为了充分发挥综合案例教学的优势，更好地引导电力行业 QC 小组成功开展活动，并有效提升电力行业 QC 小组课题成果的评审水平和能力，促进质量管理小组活动持续、健康开展，本书选择部分有代表性的电力行业 QC 小组课题成果，依据中国质量协会 T/CAQ 10201—2016《质量管理小组活动准则》，进行了综合分析、点评，每个课题分为综合评价、主要特点与改进机会、课题内容点评三大模块。

本书以提高实际操作能力为目标，将原有 QC 小组活动成果进行细化分解，突出操作性、实用性、及时性，形成"案例＋知识＋分析＋点评"的新型模式，把抽象的理论转化成可以分享的案例解析，使每一位 QC 小组骨干学习更便捷、更有针对性。

本书既可作为电力行业各级 QC 小组评审组长、评委的指导用书，也可作为 QC 爱好者提升活动水平的培训教材。

图书在版编目（CIP）数据

电力行业 QC 小组活动实操：一例一评一解析 / 中国水利电力质量管理协会电力分会主编 . —北京：中国电力出版社，2020.4（2021.4 重印）

ISBN 978-7-5198-1181-5

Ⅰ . ①电… Ⅱ . ①中… Ⅲ . ①电力工业 - 工业企业管理 - 质量管理 - 中国 Ⅳ . ① F426.61

中国版本图书馆 CIP 数据核字（2017）第 236233 号

出版发行：中国电力出版社
地　　址：北京市东城区北京站西街 19 号（邮政编码 100005）
网　　址：http://www.cepp.sgcc.com.cn
责任编辑：姜　萍　赵云红
责任校对：黄　蓓　朱丽芳
装帧设计：赵丽媛
责任印制：蔺义舟

印　　刷：三河市万龙印装有限公司
版　　次：2020 年 4 月第一版
印　　次：2021 年 4 月北京第二次印刷
开　　本：787 毫米 ×1092 毫米　16 开本
印　　张：18
字　　数：488 千字
印　　数：1501—2500 册
定　　价：88.00 元

编 委 会

序

按照中国水利电力质量管理协会电力分会（简称电力分会）的工作计划，组织专家编写了《电力行业 QC 小组活动实操——一例一评一解析》。这是继 2016 年成功编辑出版《电力行业 QC 小组活动实操——一问一答一案例》后的又一案例性成果，通过这些案例，向我们展示了电力分会高效推动 QC 小组活动的鲜明特征，让我们明了当今 QC 小组的成功之道，知晓 QC 小组何以由合格到优秀、由优秀到卓越。

经济社会越发展，质量工作越重要，人民群众的生活条件越改善，对质量的要求就越高。因此，电力分会在各会员单位的大力支持下，不遗余力地推进全面质量管理小组活动的发展，始终把质量工作摆上突出位置，以高度的责任感和使命感，坚定不移地抓好抓实。一方面，以加强培训为内涵，传承文化，务实作为，培育了一大批质量管理工作者；另一方面，以创新评审为平台、提升质量为核心，形成了一系列高水平成果，在全国质量战线独树一帜。据统计，1 年来共注册 QC 小组 1 万多个，表彰水电质协优秀 QC 小组 600 多个，获全国质量优秀管理小组 300 多个，创直接经济效益达上亿元。

该书是提升 QC 小组活动的经验总结。借助案例的系统性可以加强自身学习，学习先进质量管理理念、模式、方法与工具，增强服务能力，提升指导工作的科学性和有效性；应用案例的实践性，又为管理活动提供专业化指导和服务，增强工作的主动性，并注重加强总结交流分享，解决遇到的各种具体困难，不断提升员工质量意识、参与意识、问题意识和改进意识，提高分析问题和解决问题的能力。该书为 QC 小组活动所走过的每一条路，处理的每一件事，都留下宝贵的经历、成功的阶梯，必然会在未来的质量管理中发挥作用、闪耀光芒。特别是 QC 小组活动所历经的丰富实践，在提升工作能力的同时、铸牢质量控制的"底气"，从容应对质量管理中的各种复杂问题，有力完成各项艰巨任务。

该书的价值将在与读者的交互中倍增，电力分会在牵头组织本书的编写过程中，创造条件，畅通途径，贴近实践，总结《电力行业 QC 小组活动实操——一问一答一案例》编写过程的经验，吸收日常管理工作中大家反馈的意见，纠正以往 QC 小组活动书籍理论性说教多、实践经验

不足等问题，以提高实际操作能力为目标，将原有 QC 小组活动成果进行细化分解，突出操作性、实用性、及时性，形成"案例＋知识＋分析＋点评"的新型模式，把抽象的理论转化成可以分享的案例解析，使每一位 QC 小组骨干学习更便捷、更有针对性。当然，这一尝试是很初步的，有投石问路之意，如有不妥之处，敬请各位专家和广大职工指正。

质量管理作为一门应用科学，只有坚持理论与实践相互融合的发展，才会有对质量领域的发展进行理性思考和深刻认识；只有持续不断的探索和创新，才会有质量管理经验的积蓄和质量推进活动的提升。该书的编写，为知识的吸收、智慧的积累创造了条件，为工作的探索、实践的创新搭建了平台。而吸收、积累、探索、创新，是质量管理小组活动不断发展、取得进步的巨大推动力。

作为一个行业质量管理协会，整理出版 QC 小组活动案例分析类图书尚属首次，它必将为广大员工进一步准确领会 QC 小组活动的内涵、有效遵循 PDCA 的循环，注重学习、注重思考、注重创新、注重实践，把质量管理的理念全方位融入实际工作中，为电力行业的发展做出新贡献，实现从认识——实践的飞跃。

是为序！

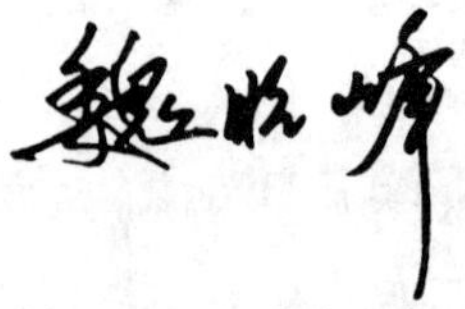

2019 年 8 月

前言

近年来，中国水利电力质量管理协会电力分会，坚持以服务会员为宗旨，认真贯彻党和国家的质量方针，大胆探索有利于协会发展的新模式；注重质量知识普及教育，广泛传播先进的质量理念和方法；注重质量学术研究和交流，推动质量技术、工具的使用和创新；注重整合专家人才的力量，大力营造关心和重视质量事业发展的氛围，为电力企业发展和员工素质提升做出了应有的贡献，不断推动各项工作迈上新台阶。

为了全面适应全国电力行业 QC 小组活动发展的新形势，电力分会于 2015 年策划出版 QC 小组活动系列指导教材。2016 年成功出版《电力行业 QC 小组活动实操——一问一答一案例》，为广大 QC 小组提供了由问题寻找答案的捷径，得到大家的广泛好评。之后开始筹划《电力行业 QC 小组活动实操——一例一评一解析》，探索让 QC 小组由案例实现提升的新型通道，并于 2016 年底进入编写策划。2016 年 11 月，恰逢中国质量协会发布 T/CAQ 10201—2016《质量管理小组活动准则》，电力分会及时组织部分专家总结上次"问答"编写中出现的问题和不足，全面梳理近年来 QC 成果评审的总体思路、评审要点和当前 QC 小组活动存在的突出问题，对照《质量管理小组活动准则》进行了新书的编著工作。

本书"以案说法"，选择了 7 个有代表性的电力行业 QC 小组课题成果进行解析，重点突出 QC 小组活动程序的正确性、统计方法应用的准确性和适宜性。同时兼顾开展 QC 小组活动应遵循的基本原则以及掌握的基础知识和评审成果需掌握的总体思路、评审要点。成果解析分为综合评价、主要特点与改进机会、课题内容点评三个模块。在综合评价模块，分为课题简述和过程简介两个方面，既观察了课题简述中选题来源、遵循 PDCA 程序和目标达成等情况；又实现对过程简介中选题、原因分析（提出方案并确定最佳方案）、对策与实施、效果检查等方面的评价解析。在主要特点与改进机会模块，分为主要特点和改进机会两个方面，既从主要特点中分析出课题的特色；又从改进机会中了解活动程序（问题型课题 10 个步骤，创新型课题 8 个步骤）和统计方法的应用解析。在课题内容点评模块，针对活动的每个步骤、应用的每个统计方法从理论与实践相结合的角度进行全面、具体分析，力求通俗易懂。

本书在编著过程中得到了各 QC 课题所在单位的大力支持，更为关键的是得到中国质量协会有关专家的指导与帮助，在此我们表示深深的感谢。

真心希望这样一种全新的编辑方式，能有效、正确地传达质量管理知识，并能启发 QC 活动爱好者的理解和思考，为提升工作质量和绩效提供有益的帮助。由于整理编写的时间和水平有限，书中问题在所难免，恳请广大读者给予批评指正。

编　者

2019 年 3 月

目录

序

前言

缩短 SSY-1440 设备线夹液压压接时间

N 省电力公司检修公司变电检修中心变电检修 QC 小组

一、综合评价

（一）课题简述

该课题是小组针对 SSY-1440 设备线夹液压压接时间长，不满足工区要求自发组织开展的。小组成员遵循 PDCA 循环，应用统计工具，群策群力，经过努力，成功地将设备线夹液压压接时间从活动前的平均 60.96min 降低至活动后的平均 18.8min，实现了活动目标。

（二）过程简介

该课题是现场型课题小组活动，遵循 PDCA 循环，程序规范（非指令性活动程序）。小组活动中的每个步骤都能够基于数据分析，统计技术应用恰当，逻辑关系正确，有效解决了生产现场中遇到的实际难题。

1. 选题方面

小组通过对工区 2015 年的指标分解，找到"SSY-1440 设备线夹液压压接时间不超过 45min"这一要求，对 2015 年 1 月至 3 月 SSY-1440 设备线夹液压压接时间进行统计分析，发现不满足要求，于是确定"缩短 SSY-1440 设备线夹液压压接时间"这一课题。在现状调查阶段，小组首先使用流程图梳理液压压接工艺流程，三次使用调查表、统计表和排列图找出"穿管困难"和"处理飞边时间长"这两个影响课题的主要症结，期间还用到了直方图和过程能力指数来反映穿管校正过程的受控状态和能力情况。随后与同行业先进单位的平均用时比较，选取之前调查的其他先进单位作业平均时间作为活动目标。

2. 原因分析方面

小组运用关联图对症结问题进行原因分析，分析出包括"钢模与铝管粗糙度不合格"在内的 9 条末端因素，在制定了要因确认计划表后进行了大量模拟试验，运用调查表、柱状图、矢线图等工具确定了"钢模与铝管间无润滑措施"和"导线与线夹位置不固定"两条要因。

3. 对策与实施方面

在制定对策环节，小组针对第一个要因提出"涂抹润滑油""使用聚四氟乙烯""使用高密度聚乙烯"三个方案，通过"摩擦系数""相对密度""材料厚度""使用后处理时间"的对比，选取"涂抹高密度聚乙烯"为第一个要因的对策，随后运用亲和图对"穿管困难"的这一要因各种解决方案进行归类整理，最终确定了制作穿管辅助装置的解决办法及其具体方案，并根据"5W1H"原则制定了对策表。在对策实施过程中，小组针对不同线夹，制作标准化的塑料布，使压接过程不需要处理飞边；使用穿管辅助装置后，经过测量固定导线和线夹后铝管轴向和导线轴向夹角最大偏差为 2°，经过穿管试验得知，穿管时间均在 4min 左右，每次 2 人即可操作完成，并且在每项实施后均进行模拟试验来验证实施效果，对策目标得以实现，证明实施有效。

4. 效果方面

活动后小组成员将制作完成的辅助穿管装置和标准化塑料布带到变电站进行实际效果验证，

与活动前标准值对比，进行活动期的效果检查，统计数据并作相应分析。通过分析调查表、统计表和排列图发现，症结问题已从主要变为次要，用折线图展示总体压接时间已经从活动前的平均60.96min 降低至活动后的平均 18.8min，处于目标值以下，活动目标实现。在巩固期检查中，小组运用折线图来反映活动前、活动后、巩固期的作业时间，说明活动效果持续有效。小组成员运用雷达图从综合素质方面认真总结回顾了活动过程的心得体会和收获，并确定了"研制钢芯铝绞线液压压接专用平台"作为下一次活动的课题。

二、主要特点与改进机会

（一）主要特点

小组选题简单明确，理由充分，抓住"穿管困难"和"处理飞边时间长"这两个症结，制定对策。经过方案优化，在"要因确认""制定对策""实施对策"这三个环节中注重模拟测试和数据对比，内容较为翔实客观，尤其是针对"钢模与铝管间无润滑措施"这一要因提出的对策优化，过程清晰，数据充分，体现了小组主动服务于公司生产现场的宗旨和开展质量活动的进取精神。此外，小组注重运用质量管理活动工具来分析问题、解决问题，工具运用全面、丰富，成果报告规范性较高，值得其他小组借鉴。

（二）改进机会

1. 程序方面

程序方面的问题主要是个别步骤中存在逻辑不严密的现象：

（1）现状调查步骤。以同行业先进单位的平均作业时间为基准值，略有不妥。因为不同单位各自情况不同，面临的问题也不尽相同，要在设备、人员、环境等方面相近的情况下才可以进行比较。例如流程 5 中"处理"这一环节，有专用工具的该项时间就会很短，而且用平均时间会使以时间为特性值的比较失去对比约束。

（2）设定目标步骤。既然在现状调查阶段已经为目标设定提供了依据，进行了测算，在这一步骤中却没有按照测算值设定目标，以同行业平均值为目标不符合 QC 小组活动精益求精的宗旨，目标不具有挑战性。

（3）原因分析步骤。末端因素描述不恰当，"锉刀、砂纸等工具选用不合适"未到可直接采取措施的地步；末端因素分析到可直接采取措施即可，没必要一直往下分，例如"穿管人员不足"即可采取措施，再分解成"人员配备少"采取的措施和上一步相同；因果关系倒置，"人员素质不高"不是造成"身体素质不高"和"业务素质不高"的原因。

（4）制定对策步骤。对策混入了措施内容，使对策不伦不类；对策表中的措施应是可直接实施的，在此之前应该完成实施方案的制定、材料的选择等，该课题中的措施未能达到这一要求，例如"线夹铝管尺寸"在实施对策中还在进行测量以确定塑料布大小、"设计支架图纸"在实施对策中再确定等，活动步骤不明确。

2. 统计方法方面

应用统计方法在准确性和适宜性方面存在改进机会，分层法、排列图、直方图、矢线图等QC 工具的使用不规范：

（1）排列图。应该由调查表的统计数据支撑，小组必须要对照统计表的内容来判断能否使用排列图。现状调查中表 3 合计的 128 次频数实质是对应着表 2 中 128 个时间数据（表 2 调查了 5个工序，每个工序耗时的数据是 54 次，共计 2700 个时间数据）。小组可使用过程能力指数、控制图等工具分析判定各工序耗时的数据处于稳态，才可以使用排列图统计分析。后续的几个排列图应用存在类似问题。在现状调查阶段虽然使用了排列图找到了问题症结，但是在效果检查阶段

也就是小组活动后，超标频次已经不再那么多了，样本数量不足就不适用排列图，改为饼分图即可。在效果检查阶段的排列图中显示"处理"和"穿管校正"两个部分已经变为次要问题，超标次数最多的变成了"放置"和"压接"两个问题，虽然症结问题得到解决，但是在活动前"放置"和"压接"并未出现如此大的超标频次，什么原因导致了这两个环节的超标频次骤然上升没有交代。

（2）分层法。在现状调查中采用二次分层（聚焦），对调查 2 的结论再分析，这样来看调查 3 的结论也还可以继续调查下去，如此找问题症结的时候就演变成了对症结问题的原因分析。

（3）直方图。绘制不规范，未标示规格上限、规格下限、公差、分布中心等；另外直方图选取"时间"这一计量数据为样本容量不合适；为避免出现数据值与组界限值重合而造成频数计算困难，组的界限值单位应取最小测量单位的一半，该课题中不符合此要求。

（4）矢线图。表 21 "要因确认九"中将施工流程用矢线图描绘出来略显不当。矢线图是用网络的形式来安排一项工程（产品）的日历进度，计算作业时间并确定关键作业线路，建立最佳日程计划，该课题仅介绍工艺流程，不如用流程图更贴切。

关于小组概况：

　　小组概况部分应当结合现场评审标准要求，对如何展示小组的信息进行说明。要包含小组和课题注册登记信息，小组活动时小组成员的出勤情况，小组成员参与组内分工情况，小组活动计划及完成情况等，一般还应当介绍推进者及所属部门或单位。

　　在该课题中小组成立于 2013 年，小组活动于 2015 年，在这几年中小组成员可能会有所变动，这样来看此处略显不当，小组简介中对本次活动中用到的质量管理活动工具进行了梳理，就此来看工具丰富、全面，较有新意。

小组概况（见表 1-1）

表 1-1　　　　　小　组　概　况

小组名称	变电检修 QC 小组	成立时间	2013.1
课题名称	缩短 SSY-1440 设备线夹液压压接时间		
课题类型	现场型	小组组长	A
活动时间	2015 年 1～12 月	注册时间	2015.1
小组成员	10 人	注册编号	GDW1722-QC001—2015
活动频次	≥2 次/月	出勤率	100%
本课题使用的方法	过程能力指数、直方图、排列图、关联图、矢线图、折线图、调查统计表、柱形图、头脑风暴法、亲和图、树图、价值工程法、优选法、雷达图		

小组成员及分工				
序号	姓名	性别	职务	职称/技能等级	组内分工
1	A	男	主任	高级工程师	组长，全面负责
2	B	男	副主任	高级工程师	副组长，对策制定
3	C	男	工作负责人	助理工程师	设计制作
4	D	男	工作负责人	助理工程师	整理资料
5	E	男	班长	技师	对策实施
6	F	男	技术员	高级技师	实施验证
7	G	男	班长	技师	现场检查
8	H	男	一次专责	工程师	统计数据
9	I	男	工作负责人	工程师	统计数据
10	J	女	工作负责人	工程师	活动记录
备注	QC 培训时间均大于 150 小时/人				

名词解释

1. SSY-1440 设备线夹

SSY-1440 设备线夹通常用在 1000kV、500kV 变电站内，按照工艺标准与 LGJ-1440/120 钢芯铝绞线配合，通过液压压接工艺来传输电能。SSY 表示双导线设备液压型线夹，其示意及实物如图 1-1 所示。

关于名词解释：

　　这一部分是向非专业人员介绍本小组活动中涉及的主要专业术语，以便能更好地了解成果的开展情况。该课题中在这一部分介绍比较详细形象。

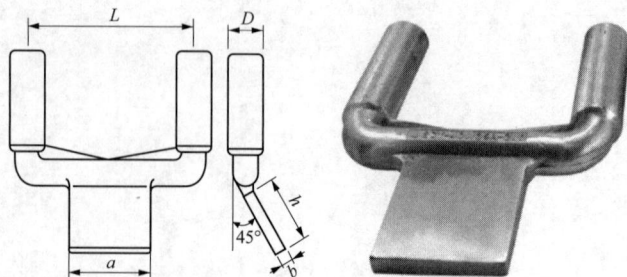

图 1-1　SSY-1440 设备线夹说明图

2. 钢芯铝绞线

图 1-2 所示是我们日常生活中常见的电力线路、铁塔，铁塔上的电线即是钢芯铝绞线。钢芯铝绞线内部是钢"芯"，外部是铝股，通常称导线，常与设备线夹等金具组合起来传输电能。LGJ-1440/120 钢芯铝绞线要与 SSY-1440 设备线夹通过液压压接来使用。

图 1-2　钢芯铝绞线说明图

3. 液压压接工艺

液压压接是电力系统内常见的工种之一，上述的钢芯铝绞线与设备线夹等金具的连接，就是通过液压压接作业来实现的。液压钳通过液压机的液压作用，将穿有导线的线夹铝管压接在一起，如图 1-3 (a) 所示，即为液压压接用的液压钳，通过液压钳的液压压接就可以将图 1-3 (b) 中导线和线夹压接在一起，如图 1-3 (c) 所示。

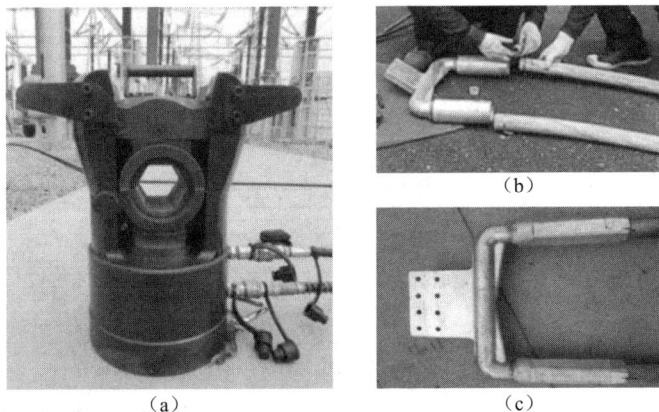

图 1-3　液压钳及液压压接图

SSY-1440 设备线夹的液压压接，两个铝管压接完毕才算作一次作业，这样需要液压压接 4 次。以下液压压接作业专门指 SSY-1440 设备线夹的液压压接。液压压接作业在电力施工中的量是非常大的，如图 1-4 所示，一座 500kV 变电站大约需要 1000 多次作业，而如此量大

的液压压接作业占到该阶段工期的 1/4。如果液压压接作业不完成，那么后续的连线、调试等作业均无法进行，就会影响整个工程的进度。

顶端跨线、设备连线都要进行液压压接，设备连线是双排线、双线夹

图 1-4　变电站设备连线图

关于选择课题：

选择课题应注意以下问题：

（1）课题宜小不宜大。

（2）课题名称应一目了然地看出要解决什么问题，不抽象。

（3）选题理由要充分且简明扼要。

课题名称是本次小组活动内容、解决问题的浓缩，因此，课题名称一定要简洁、明确，一目了然，直接针对所要解决的问题，避免抽象。

小组 2013 年 10 月至 2014 年 3 月对定硫仪故障情况进行调查，利用折线图形象地反映出选题的必要性，简明扼要，课题名称也能一目了然地看出要解决什么问题，不抽象。

该课题是自选课题，小组通过对工区 2015 年指标的分解，对 2015 年 1～3 月作业现场液压压接作业时间进行统计分析，利用折线图形象地反映出选题的必要性，充分且简明扼要，课题名称也一目了然地看出是要解决什么问题，不抽象。但是课题选取"时间"这一过程量作为特性值，要注意活动前后的对比时间要有约束、要可比。

一、选题理由（见图 1-5）

检修公司规定 ⟹ 在保证检修质量的前提下，缩短作业时间，提高供电可靠性[《国网 N 省电力公司检修公司检修计划管理实施细则》（试行）检修〔2013〕33 号]

工区指标分解 ⟹ 在保证作业质量的前提下，SSY-1440 设备线夹液压压接时间不超过 45min[《国网 N 省电力公司检修公司变电检修中心施工管理规定》省检变电〔2015〕9 号]

工区作业现状 ⟹ 2015 年 1～3 月作业现场液压压接作业时间统计表见表及折线图如图所示。

月份	地点	作业时间统计（min）					
1月	嘉和变电站	第1次 56.5	第2次 59.4	第3次 56.5	第4次 44.5	第5次 61.4	第6次 65.5
	嘉和变电站	第7次 60.5	第8次 75.5	第9次 74.5	第10次 61.5	第11次 62.4	第12次 59.5
	周口变电站	第13次 60.5	第14次 75.5	第15次 74.5	第16次 61.5	第17次 62.4	第18次 59.5
2月	陕州变电站	第19次 53.5	第20次 61	第21次 45	第22次 59.5	第23次 58.4	第24次 60.5
	陕州变电站	第25次 60.5	第26次 68.6	第27次 70.5	第28次 65.5	第29次 61.5	第30次 62.5
	嵩山变电站	第31次 56.5	第32次 70.5	第33次 54.5	第34次 61.5	第35次 62.4	第36次 59.5
	牡丹变电站	第37次 57.5	第38次 66.4	第39次 56.5	第40次 57.5	第41次 61.5	第42次 52.5
3月	郑州变电站	第43次 60.5	第44次 65.5	第45次 70.5	第46次 61.5	第47次 62.4	第48次 59.5
	嵩山变电站	第49次 54.5	第50次 55.5	第51次 64.5	第52次 63.4	第53次 64.5	第54次 55.5

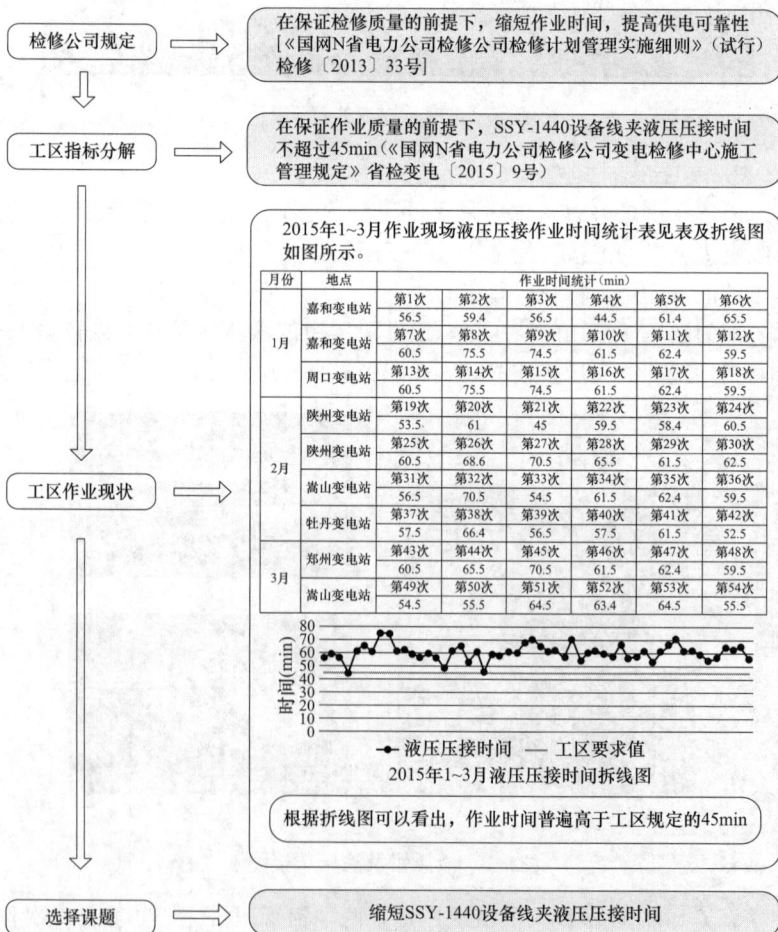

—●— 液压压接时间　── 工区要求值
2015 年 1～3 月液压压接时间折线图

根据折线图可以看出，作业时间普遍高于工区规定的 45min

选择课题 ⟹ 缩短 SSY-1440 设备线夹液压压接时间

图 1-5　选题理由

二、现状调查

1. 调查作业流程

DLT 5285—2013《输变电工程架空导线及地线液压压接工艺规程》为统计数据提供依据，并细化的作业流程如图 1-6 所示。

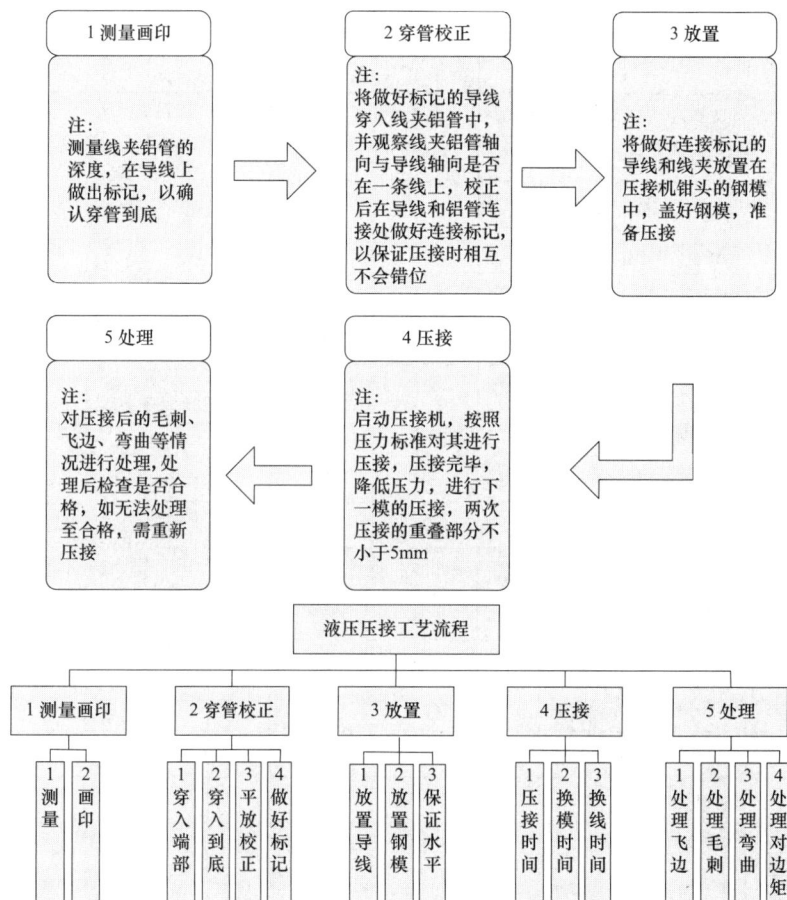

图 1-6　液压压接作业流程图

2. 调查统计各流程作业时间

根据工区作业现状，小组成员调查了系统内同行业其他单位的作业时间，其中先进单位的平均作业时间，见表 1-2。

表 1-2　同行业其他先进单位平均液压作业时间调查表

序号	单位	作业时间（min）					总时长（min）
		测量画印	穿管校正	放置	压接	处理	
1	河北送变电公司	0.5	7.52	8	21	39	
2	上海检修公司	0.5	8	3	8	20.5	40
3	安徽检修公司	0.5	9	4	8	16	37.5
4	江苏检修公司	0.5	8	8	21		40.5
5	N 送变电公司	0.5	7.5	3	8	19	38
平均值（min）		0.5	8	3	8	19.5	39

分类、分层分析。对取得的客观数据，要从不同角度进行分类，并对分类数据进行分析，直到找出症结问题为止。分类方法有：按时间，年月日、班次等；按地点，位置、工地等；按症状，缺陷种类、特性、状态等；按作业，生产线、设备、操作者等。

该课题中小组首先梳理液压压接作业工艺流程，通过对 2015 年 1～3 月液压压接作业时间进行调查，以同行业先进的数值为基准值，发现"处理"和"穿管校正"用时超标较多，随后通过调查发现"处理飞边"和"穿管困难"是造成液压压接时间长的主要症结问题，又通过层层分析发现"定硫仪气体流量不稳定"是造成定硫仪主机机械部分故障率高的主要问题。

【持续改进】

1. 该课题中以同行业先进单位的平均作业时间为基准值，略有不妥，因为不同单位各自情况不同，面临的问题也不尽相同，要在设备、人员、环境等方面相近的情况下才可以进行比较。例如流程 5 中"处理"这一环节，有专用工

小组成员对 2015 年 1～3 月的作业时间进行了统计，并按照同行业其他先进单位平均值作为标准值，统计出所有作业次数的超标频次，见表 1-3。

表 1-3　　　　2015 年 1～3 月液压压接作业时间统计表

序号	地点	负责人	日期	作业时间（min）					总时长（min）
				测量画印	穿管校正	放置	压接	处理	
同行业先进单位作业时间标准值				0.5	8	3	8	19.5	39
1	嘉和变电站	E	1.22	0.5	16	3	8	29	56.5
2	嘉和变电站	E	1.22	0.4	20	3	9	27	59.4
3	嘉和变电站	E	1.22	0.5	16	3	8	30	56.5
4	嘉和变电站	E	1.22	0.5	5	3	9	27	44.5
5	嘉和变电站	E	1.22	0.4	20	3	8	30	61.4
6	嘉和变电站	E	1.22	0.5	16	2	9	38	65.5
7	嘉和变电站	F	1.25	0.5	16	4	8	32	60.5
8	嘉和变电站	F	1.25	0.5	27	3	8	37	75.5
9	嘉和变电站	F	1.25	0.5	25	3	8	38	74.5
10	嘉和变电站	F	1.25	0.5	20	3	8	30	61.5
11	嘉和变电站	F	1.25	0.4	23	3	9	27	62.4
12	嘉和变电站	F	1.25	0.5	23	2	8	26	59.5
13	周口变电站	D	1.28	0.5	16	3	8	29	56.5
14	周口变电站	D	1.28	0.4	20	3	8	28	59.4
15	周口变电站	D	1.28	0.5	16	2	8	30	56.5
16	周口变电站	D	1.28	0.5	8	3	9	27	48.5
17	周口变电站	D	1.28	0.5	20	3	8	30	61.4
18	周口变电站	D	1.28	0.5	16	2	9	38	65.5
19	陕州变电站	G	2.6	0.5	13	3	8	29	53.5
20	陕州变电站	G	2.6	0.5	16.5	4	8	32	61
21	陕州变电站	G	2.6	0.5	10.5	3	8	23	45
22	陕州变电站	G	2.6	0.5	20	3	9	27	59.5
23	陕州变电站	G	2.6	0.4	16	3	8	31	58.4
24	陕州变电站	G	2.6	0.5	18	2	8	32	60.5
25	陕州变电站	C	2.7	0.5	10	5	8	37	60.5
26	陕州变电站	C	2.7	0.6	18	4	8	38	68.6
27	陕州变电站	C	2.7	0.5	16	4	8	42	70.5
28	陕州变电站	C	2.7	0.5	26	3	9	27	65.5

续表

序号	地点	负责人	日期	测量画印	穿管校正	放置	压接	处理	总时长（min）
				作业时间（min）					
29	陕州变电站	C	2.7	0.5	16	3	8	34	61.5
30	陕州变电站	C	2.7	0.5	19	3	8	32	62.5
31	嵩山变电站	F	2.8	0.5	16	4	8	28	56.5
32	嵩山变电站	F	2.8	0.5	17	3	8	32	60.5
33	嵩山变电站	F	2.8	0.5	18	3	8	25	54.5
34	嵩山变电站	F	2.8	0.5	20	3	8	30	61.5
35	嵩山变电站	F	2.8	0.4	23	3	9	27	62.4
36	嵩山变电站	F	2.8	0.5	23	2	8	26	59.5
37	牡丹变电站	G	2.28	0.5	14	3	8	32	57.5
38	牡丹变电站	G	2.28	0.4	25	3	8	30	66.4
39	牡丹变电站	G	2.28	0.5	18	3	8	27	56.5
40	牡丹变电站	G	2.28	0.5	15	3	8	32	57.5
41	牡丹变电站	G	2.28	0.5	18	3	8	32	61.5
42	牡丹变电站	G	2.28	0.5	9	3	8	32	52.5
43	郑州变电站	C	3.2	0.5	16	4	8	32	60.5
44	郑州变电站	C	3.2	0.5	22	3	8	32	65.5
45	郑州变电站	C	3.2	0.5	25	3	8	34	70.5
46	郑州变电站	C	3.2	0.5	20	3	8	30	61.5
47	郑州变电站	C	3.2	0.4	23	3	9	27	62.4
48	郑州变电站	C	3.2	0.5	23	2	8	26	59.5
49	嵩山变电站	E	3.5	0.5	16	3	8	27	54.5
50	嵩山变电站	E	3.5	0.5	18	3	8	27	55.5
51	嵩山变电站	E	3.5	0.5	32	3	9	30	74.5
52	嵩山变电站	E	3.5	0.4	19	4	8	32	63.4
53	嵩山变电站	E	3.5	0.5	18	4	8	34	64.5
54	嵩山变电站	E	3.5	0.5	12	3	8	32	55.5
平均值（min）				0.48	18.48	3.08	8.19	30.61	60.96
超标频次（次）				1	52	9	12	54	

注：阴影部分为超标值，另外本表统计的一次作业时间是指对 LGJ-1440/120 双导线、SSY-1440 双铝管线夹，两个铝管全部压接完毕算一次作业时间。

　　根据表 1-3 统计的超标频次，计算出总的百分比和累计百分比，见表 1-4，并画出排列图，如图 1-2 所示。

具的该项时间就会很短，而且用平均时间会使以时间为特性值的比较失去对比约束。

2. 现状调查的作用之一是为设定目标提供依据，但该课题中的描述带有主观色彩，略显不充分。

3. 从选理由数据看，采用了 1～3 月的数据，现状调查在 3 月份以后才可行，但本例中现状调查是 3 月 7 日，显然不妥。

QC 工具运用——排列图：排列图是将质量改进项目从最重要到最次要顺序排列的一种图表。排列图有一个横坐标、两个纵坐标、几个按高低顺序（"其他"项例外）排列的矩形和一条累计百分比折线组成。其主要用途为：按顺序显示每个质量改进项目对整个质量问题的影响度；识别进行质量改进的机会；对比质量改进的成效。

使用排列图进行项目分类时应当注意根据所收集的数据，按不良状况、不良项目、不良发生位置等不同区分标准而加以整理、分类，按其大小顺序排列，从排列图可看出哪一项目是影响小组问题的关键症结，其影响度如何，以判断问题之所在。项目的分类应当注意以下问题：分析质量问题时可根据目的要求，用结果或原因两种方法来确定分类项目。但同一张排列图中不可将原因和结果混杂出现，所列

项目必须是具有同一分层标志的项目。否则，数据收集层级混乱，将造成重复统计，造成假象，不能找到真正影响问题的关键症结。

排列图应该由调查表的统计数据支撑，小组必须要对照统计表的内容来判断能否使用排列图。表 3 合计的 128 次频数实质是对应着表 2 中 128 个时间数据（表 2 调查了 5 个工序，每个工序耗时的数据是 54 次，共计 2700 个时间数据）。小组可使用过程能力指数、控制图等工具分析判定各工序耗时的数据处于稳态，才可以使用排列图统计分析。如果通过分析发现某工序耗时不稳定，则应分析、剔除异常数据，排除不稳定因素对分析工序耗时的异常干扰后，再使用排列图对各工序耗时进行分析，查找主要症结。图 8、11、26、29 排列图应用存在类似问题。

4. 超标次数多时间不一定长，二者没有必然的逻辑关系。

表 1-4　液压压接作业时间分段时长超标频次调查统计表

序号	作业时段	超标频次（次）	百分比（%）	累计百分比（%）
1	处理	54	42.19	42.19
2	穿管校正	52	40.63	82.81
3	压接	12	9.38	92.19
4	放置	9	7.03	99.20
5	测量画印	1	0.78	100
6	合计	128	100	

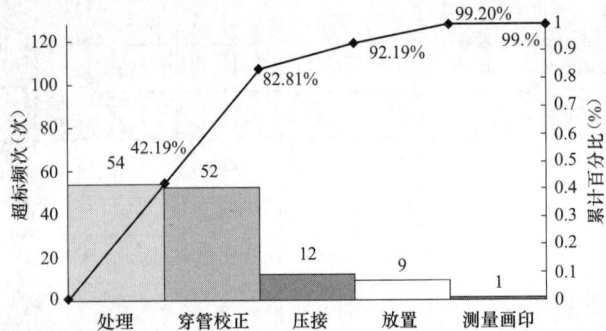

图 1-7　液压压接作业时间分段时长超标频次排列图

根据图 6 可以看出，处理和穿管校正超标次数最多，累计占到了 82.81%，因此，可以得出结论：处理时间长和穿管校正时间长。

按照解决主要问题的原则，如果能有效解决这两问题，则可以有效缩短作业时间，下面就对这两个问题进一步做调查分析，挖掘更深层次的原因。

3. 调查分析一：处理时间长

压接后的处理分为处理飞边、处理毛刺、处理弯曲、处理对边距不合格等情况。飞边情况如图 1-8 所示，对于 LGJ-1440/120 双导线、1440SSY-1440 双铝管线夹，液压压接完两个铝管算作一次，这样一次压接需要 4 模，每一模的飞边宽度约 5mm，厚度约 5mm，长约 80mm，即会产生飞边长度（4×2×80）mm＝640mm 左右，按照工艺标准需要用锉刀锉掉飞边，然后用细砂纸打磨光滑。这一次的工作量相当于将两块边长为 20mm 的铝质正方体完全锉掉，飞边较少时用时会比较长，而如果每次飞边都如此多，无疑会造成处理飞边时间长、超标次数多。

图 1-8　压接后出现的飞边以及处理作业图

针对上述情况，小组成员又进一步对先前几家单位的液压压接中处理阶段各种情况的平均作业时间进行了调查，见表 1-5。

表 1-5　同行业其他先进单位平均处理时间调查表

序号	单位	处理各种情况的时间（min）				处理总时长（min）
		处理飞边	处理毛刺	处理弯曲	处理对边距	
1	河北送变电	18	1	1	1	21
2	上海检修公司	17	1	1	1.5	20.5
3	安徽检修公司	13	1	1	1	16
4	江苏检修公司	18.5	1	1	0.5	21
5	N 送变电	16	1	1	1	19
	平均值（min）	16.5	1	1	1	19.5

同样，以调查的处理时间平均值作为标准值，统计出本单位处理情况分类时长超标频次，见表 1-6。

表 1-6　2015 年 1～3 月液压压接作业时间处理情况分类时间统计表

序号	地点	负责人	日期	处理各种情况的时间（min）				处理总时间（min）
				处理飞边	处理毛刺	处理弯曲	处理对边距	
同行业其他单位处理时间标准值				16.5	1	1	1	19.5
1	嘉和变压器	E	1.22	28	1	0	0	29
2	嘉和变压器	E	1.22	26	1	0	0	27
3	嘉和变压器	E	1.22	30	0	0	0	30
4	嘉和变压器	E	1.22	27	0	0	0	27
5	嘉和变压器	E	1.22	30	0	0	0	30
6	嘉和变压器	E	1.22	36	1	0	0	37
7	嘉和变压器	F	1.25	30	1	0	1	32
8	嘉和变压器	F	1.25	34	1	1	1	37
9	嘉和变压器	F	1.25	36	2	0	0	38
10	嘉和变压器	F	1.25	29	1	0	0	30
11	嘉和变压器	F	1.25	27	0	0	0	27
12	嘉和变压器	F	1.25	26	0	0	0	26
13	周口变压器	D	1.28	26	1	1	1	29
14	周口变压器	D	1.28	27	0	0	0	27
15	周口变压器	D	1.28	28	2	0	0	30
16	周口变压器	D	1.28	24	1	2	0	27
17	周口变压器	D	1.28	28	1	0	1	30
18	周口变压器	D	1.28	32	1	1	4	38
19	陕州变压器	G	2.6	29	0	0	0	29
20	陕州变压器	G	2.6	30	1	0	1	32
21	陕州变压器	G	2.6	20	1	1	1	23
22	陕州变压器	G	2.6	27	0	0	0	27

QC 工具运用——

分层法：现状调查常用分层法寻找症结，分层法又叫分类法、分组法，它是按照一定的标志，把搜集到的大量有关某一特定主题的统计数据按照不同的目的、特征加以归类、整理和汇总的一种方法。该课题采用二次分层（聚焦），对调查 2 的结论再分析，依照此例调查 3 的结论也可以继续调查下去，如此找问题症结的时候不免会演变成了对症结问题的原因分析。

5. 在对液压压接作业时间处理情况分类时间统计中，同一个变电站内同样的人员，用同样的工器具进行压接，有的需要处理毛刺等，有的不需要，这里的差别在哪应该说明。

续表

序号	地点	负责人	日期	处理各种情况的时间（min）				处理总时间（min）
				处理飞边	处理毛刺	处理弯曲	处理对边距	
23	陕州变压器	G	2.6	31	0	0	0	31
24	陕州变压器	G	2.6	32	0	0	0	32
25	陕州变压器	C	2.7	35	0	1	1	37
26	陕州变压器	C	2.7	35	1	1	1	38
27	陕州变压器	C	2.7	38	1	2	1	42
28	陕州变压器	C	2.7	27	0	0	0	27
29	陕州变压器	C	2.7	34	0	0	0	34
30	陕州变压器	C	2.7	32	0	0	0	32
31	嵩山变压器	F	2.8	27	1	0	0	28
32	嵩山变压器	F	2.8	29	1	1	1	32
33	嵩山变压器	F	2.8	18	1	3	3	25
34	嵩山变压器	F	2.8	26	2	1	1	30
35	嵩山变压器	F	2.8	22	1	1	3	27
36	嵩山变压器	F	2.8	23	1	1	1	26
37	牡丹变压器	G	2.28	32	0	0	0	32
38	牡丹变压器	G	2.28	30	0	0	0	30
39	牡丹变压器	G	2.28	27	0	0	0	27
40	牡丹变压器	G	2.28	32	0	0	0	32
41	牡丹变压器	G	2.28	32	0	0	0	32
42	牡丹变压器	G	2.28	32	0	0	0	32
43	郑州变压器	C	3.2	28	2	1	1	32
44	郑州变压器	C	3.2	26	1	4	1	32
45	郑州变压器	C	3.2	31	1	1	1	34
46	郑州变压器	C	3.2	25	3	1	1	30
47	郑州变压器	C	3.2	24	1	1	1	27
48	郑州变压器	C	3.2	22	1	0	3	26
49	嵩山变压器	E	3.5	27	0	0	0	27
50	嵩山变压器	E	3.5	27	0	0	0	27
51	嵩山变压器	E	3.5	30	0	0	0	30
52	嵩山变压器	E	3.5	32	0	0	0	32
53	嵩山变压器	E	3.5	32	1	0	1	34
54	嵩山变压器	E	3.5	32	0	0	0	32
平均值（min）				28.89	0.68	0.46	0.58	30.61
超标频次（次）				54	5	3	4	—

由表 1-6 数据整理成表 1-7 的累计百分比调查表及排列图如图 8 所示。

表 1-7　　　　液压压接处理时长超标频次调查统计表

序号	作业时段	超标次数	百分比（%）	累计百分比（%）
1	处理飞边	54	81.82	81.82
2	处理毛刺	5	7.58	89.4
3	处理对边距	4	6.06	95.46
4	处理弯曲	3	4.55	100
	合计	66	100	—

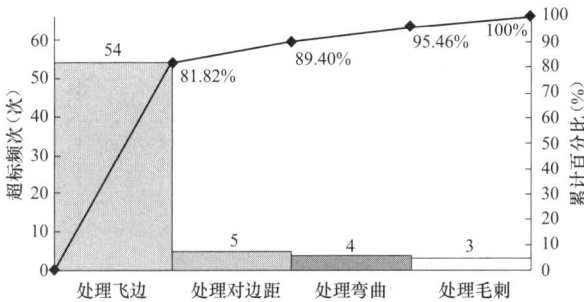

图 1-9　压接后处理时长超标频次排列图

根据统计表 1-7 和排列图 1-9 可以看出，处理飞边的时间最长，而且处理飞边时长超标频次占 81.82%，因此，处理飞边时间长、超标次数多是主要症结所在。

结论一：处理飞边时间长是液压压接时间长的问题症结。

4. 调查分析二：穿管校正时间长

穿管校正环节分为穿入端部、穿入到底、平放校正、做好标记四个部分。LGJ-1440/120 导线外径是 51.36mm，SSY-1440 线夹铝管内径是 53.5mm，二者配合间隙仅为 2.14mm，需有 3～4 人配合完成，一人推动线夹，2～3 人扶稳导线，相向用力完成穿管，如图 1-10 所示，难度大、用时长。

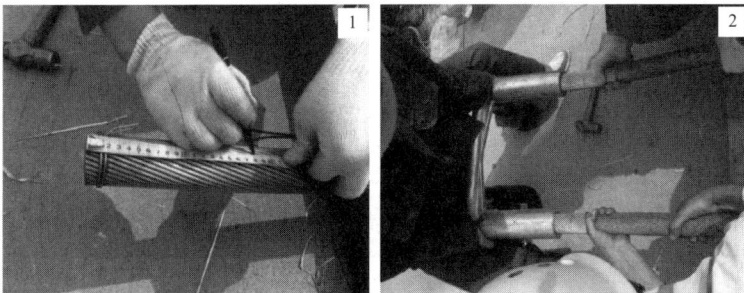

图 1-10　压接后出现的飞边以及处理作业图（一）

6. 在上一调查中，"处理"的超标频次为 54 次，在对其进行细分后，超标频次变为 66 次，样本库发生变化，实际上是"处理飞边"与其他三类的样本存在重合现象。

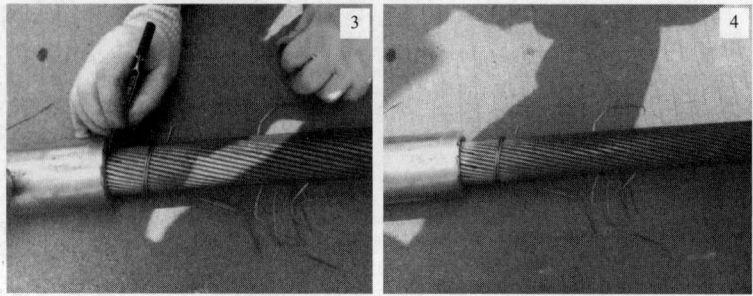

图 1-10　压接后出现的飞边以及处理作业图（二）

　　小组同样对先前几家单位的液压压接中穿管校正阶段各种情况的平均作业时间进行了调查，见表 1-8。

表 1-8　　同行业其他先进单位平均穿管校正时间调查表

序号	单位	穿管校正各步时间（min）				穿管校正总时长（min）
		穿入端部	穿入到底	平放校正	做好标记	
1	河北送变电公司	3	2.5	1	1	7.5
2	上海检修公司	3	3	1	1	8
3	安徽检修公司	3	3.5	1	1.5	9
4	江苏检修公司	3	3	1	1	8
5	N 送变电公司	3	3	1	0.5	7.5
平均值（min）		3	3	1	1	8

　　同样，以调查的穿管校正时间平均值作为标准值，统计超标频次，见表 1-9。

表 1-9　2015 年 1～3 月液压压接作业时间穿管校正时间分类统计表

序号	地点	负责人	日期	穿管校正各步时间（min）				穿管校正总时间（min）
				穿入端部	穿入到底	平放校正	做好标记	
其他单位穿管校正时间标准值				3	3	1	1	8
1	嘉和变电站	E	1.22	10	4.5	1	0.5	16
2	嘉和变电站	E	1.22	13.5	5	1	0.5	20
3	嘉和变电站	E	1.22	10.5	4	1	0.5	16
4	嘉和变电站	E	1.22	1.5	2	1	0.5	16
5	嘉和变电站	E	1.22	15	3.5	1	0.5	20
6	嘉和变电站	E	1.22	7	7	1.5	0.5	16
7	嘉和变电站	F	1.25	9.5	5	1	0.5	16
8	嘉和变电站	F	1.25	10	15.5	1	0.5	27
9	嘉和变电站	F	1.25	13.5	10	1	0.5	25
10	嘉和变电站	F	1.25	10.5	8	1	0.5	20
11	嘉和变电站	F	1.25	10	11	1	1	23
12	嘉和变电站	F	1.25	11.5	10	1	0.5	23

续表

序号	地点	负责人	日期	穿管校正各步时间（min）				穿管校正总时间（min）
				穿入端部	穿入到底	平放校正	做好标记	
13	周口变电站	D	1.28	7	7	1	1	16
14	周口变电站	D	1.28	9	6	3	2	20
15	周口变电站	D	1.28	10	4	1	1	16
16	周口变电站	D	1.28	3	4	0.5	0.5	8
17	周口变电站	D	1.28	10	7	2	1	20
18	周口变电站	D	1.28	9	6	0.5	0.5	16
19	陕州变电站	G	2.6	5.5	6	1	0.5	13
20	陕州变电站	G	2.6	7.5	7	1	0.5	16.5
21	陕州变电站	G	2.6	4	4	1	1	10
22	陕州变电站	G	2.6	12.5	6	1	0.5	20
23	陕州变电站	G	2.6	7.5	7	1	0.5	16
24	陕州变电站	G	2.6	7	9	1.5	0.5	18
25	陕州变电站	C	2.7	5	3.5	1	0.5	10
26	陕州变电站	C	2.7	8.5	8.5	1.5	0.5	18
27	陕州变电站	C	2.7	10	4.5	1	0.5	16
28	陕州变电站	C	2.7	12.5	12	1	0.5	26
29	陕州变电站	C	2.7	6.5	8	1	0.5	16
30	陕州变电站	C	2.7	7	10.5	1	0.5	19
31	嵩山变电站	F	2.8	8	6	1.5	0.5	16
32	嵩山变电站	F	2.8	9	6	1.5	0.5	17
33	嵩山变电站	F	2.8	10	6	1.5	0.5	18
34	嵩山变电站	F	2.8	9.5	8	2	0.5	20
35	嵩山变电站	F	2.8	12	9	1	1	23
36	嵩山变电站	F	2.8	10	12	0.5	0.5	23
37	牡丹变电站	G	2.28	7	5	1	1	14
38	牡丹变电站	G	2.28	14.5	9	1	0.5	25
39	牡丹变电站	G	2.28	6.5	10	1	0.5	18
40	牡丹变电站	G	2.28	7	6.5	1	0.5	15
41	牡丹变电站	G	2.28	5	11.5	1	0.5	18
42	牡丹变电站	G	2.28	3	5	0.5	0.5	9
43	郑州变电站	C	3.2	8	6	1.5	0.5	16
44	郑州变电站	C	3.2	11	8	1.5	0.5	22
45	郑州变电站	C	3.2	10	13	1	1	25
46	郑州变电站	C	3.2	9	10	0.5	0.5	20

QC 工具运用——直方图：直方图是一种通过对大量计量值数据进行整理加工，用图形直观形象地把质量分布规律表示出来，根据其分布形态，分析判断过程质量是否稳定的统计方法。是用一系列宽度相等、高度不等的长方形表示数据的图。长方形的宽度表示数据范围的间隔，长方形的高

度表示在给定间隔内的数据值。

直方图的作用是显示质量波动的状态；较直观地传递有关过程质量状况的信息；根据质量数据波动状况，掌握过程的能力状况和受控状态，进行过程质量分析。

在实际生产过程中，虽然工艺条件相同，但生产出的产品质量却不会完全相同，而是在一定范围内波动。但这种波动是否正常，是我们希望了解和掌握的。用直方图法可以做出准确判断，查找质量问题，以便制定改进措施。

绘制直方图应注意：

（1）样本容量 $n \geqslant 50$，通常取 100，生产量少不宜用；

（2）计算组距（h），取测量单位的整数倍；

（3）确定分组界限，关键是计算第一组下限：$X_{\min} - 0.5$

（4）各组频数根据频数分布表中各组的频数记号统计，频数记号应按数据表的顺序逐个对号入座进入相应的组；

（5）作出直方图后，应在图上标出 n（样本数）、$\bar{x}$（样本平均值）、S（样本标准方差）三个数；

续表

序号	地点	负责人	日期	穿管校正各步时间（min）				穿管校正总时间（min）
				穿入端部	穿入到底	平放校正	做好标记	
47	郑州变电站	C	3.2	11	10	1	1	23
48	郑州变电站	C	3.2	12	10	0.5	0.5	23
49	嵩山变电站	E	3.5	4	10	1	0.5	15.5
50	嵩山变电站	E	3.5	4	12.5	1	0.5	18
51	嵩山变电站	E	3.5	15.5	15	1	0.5	32
52	嵩山变电站	E	3.5	10	7.5	1	0.5	19
53	嵩山变电站	E	3.5	8.5	8	1	0.5	18
54	嵩山变电站	E	3.5	4	6.5	1	0.5	12
平均值（min）				8.98	7.80	1.09	0.61	18.48
超标频次（次）				51	52	11	1	—

根据表 1-9 可以看出穿管校正作业时间非常不稳定。

（1）为了掌握穿管校正过程的受控状态和能力状况，小组成员绘制出直方图，如图 1-11 所示，整体呈右偏，有孤岛出现，且大部分高于标准值。

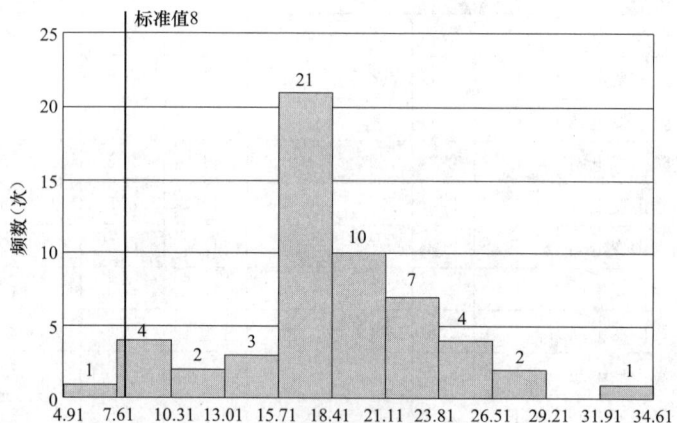

图 1-11　活动前穿管校正时间直方图

（2）为考察其过程的能力状况，计算其过程能力，见表 1-10 和表 1-11。

表 1-10　　过程能力等级表

过程能力等级	C_p 范围	过程能力
特级	$C_p \geqslant 1.67$	富余
1 级	$1.33 \leqslant C_p < 1.67$	充分
2 级	$1 \leqslant C_p < 1.33$	尚可
3 级	$0.67 \leqslant C_p < 1$	不足
4 级	$C_p < 0.67$	严重不足

表 1-11　　　　　活动前穿管校正时间过程能力计算表

项目	计算过程
平均值	$\overline{x} = \dfrac{1}{54}\sum\limits_{i=1}^{54} x_i = 18.48$
标准差	$\sigma = \sqrt{\dfrac{1}{54}\sum\limits_{i=1}^{54}(x_i - \overline{x})^2} = 5.41$
最大值	$T_U = 32$
过程能力指数	$C_{pU} = \dfrac{T_U - \mu}{3\sigma} \approx \dfrac{T_U - \overline{x}}{3s} = \dfrac{32 - 18.48}{3 \times 5.41} = 0.833$
过程能力等级	$0.67 < C_{pU} = 0.833 < 1$ 属于 3 级，过程能力不足

因此，穿管校正时间不稳定，而且过程能力不足。

（3）为找出关键问题，再根据统计出的超标频次见表 1-12，绘制出排列图，如图 1-12 所示。

表 1-12　　　　　活动前穿管校正时长超标频次统计表

序号	作业时段	超标次数	百分比（%）	累计百分比（%）
1	穿入到底	52	45.22	45.22
2	穿入端部	51	44.35	89.57
3	平放校正	11	9.57	99.14
4	做好标记	1	0.87	100
	合计	115	100	

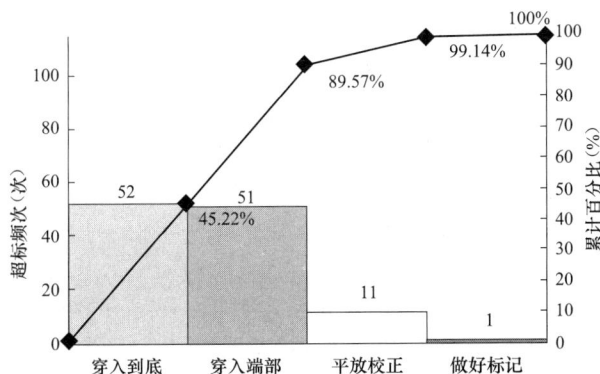

图 1-12　穿管校正时长各时段超标频次排列图

因此，穿入端部和穿入到底所占时间长，而且超标频次多，共占 89.57%，这二者均属于穿管范围，因此穿管困难是主要症结所在。

结论二：穿管困难是液压压接时间长的问题症结

（6）标出四条线：T_U（规格上限）、T_L（规格下限）、M[公差（规格）中心]、$\overline{x}$（分布中心）；

（7）计算过程能力指数，稳态可用控制图进行控制。

过程能力是指生产过程在一定时间内处于统计控制状态下制造产品的质量特性值的经济波动幅度，又叫作加工精度。过程能力通常采用质量特性值分布的 6 倍标准差，即 6σ。过程能力是描述加工过程客观存在着分散的一个参数，而反映过程能力满足产品质量标准（规范、公差等）程度的参数，就是过程能力指数，记作 C_p，它是技术要求和过程能力的比值。过程能力指数的值越大，表明产品的离散程度相对于技术标准的公差范围越小，因而过程能力就越高；过程能力指数的值越小，表明产品的离散程度相对公差范围越大，因而过程能力就越低。因此，可以从过程能力指数的数值大小来判断能力的高低。从经济和质量两方面的要求来看，过程能力指数值并非越大越好，而应在一个适当的范围内取值。

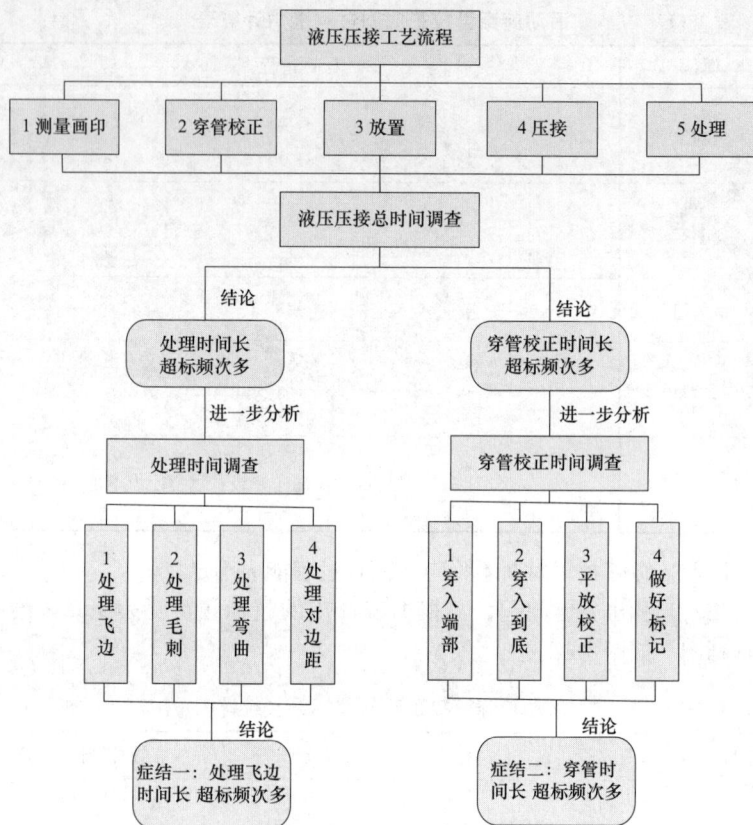

图 1-13　现状调查思路图

根据现状调查思路图图 1-13，综合上述结论一和结论二和之前调查的其他先进单位作业时间平均为 39min，因此，目标可以设定为 39min。

一方面，根据之前调查统计的数据，各阶段历史最短作业时间为 8＋4.5＋0.4＋2＋8＝32.9min，因此 39min 是可以达到的。

另一方面，如果能将两个问题的症结解决 60%，那么就可以缩短作业时间 $28.89 \times 60\% + (8.98 + 7.80) \times 60\% = 17.33 + 10.07 = 27.4min$，即可以将液压压接作业时间缩短至 60.96-27.4＝33.56min。因此，小组成员只需要将找到的问题症结解决掉 60% 即可超额完成任务。相信在小组成员的共同努力下，问题解决程度不止 60%，要达到作业时间 39min 是可行的。目标可行性分析图如图 1-14 所示。

三、设定目标

根据现状调查部分，可以设定活动目标：液压压接时间由原来的 60.96min，缩短至 39min，活动目标柱状图如图 1-15 所示。

四、分析原因

针对现状调查出来的问题症结，即压接后处理时间长、穿管困难，小组成员采用头脑风暴法，经过逐条调查、分析，针对以上调查的结果进行认真研究，查找造成钢芯铝绞线液压压接后处理时间长、穿管校正时间长的原因，形成了多个原因的关联图，如图 1-16 所示。

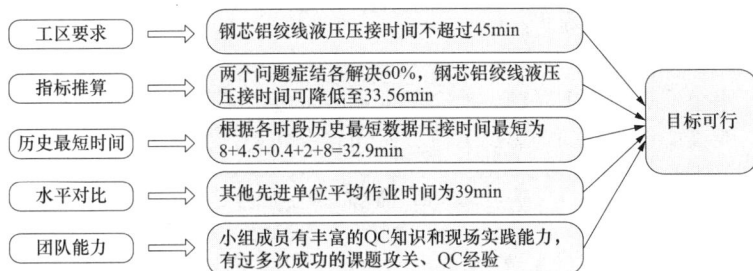

图 1-14 目标可行性分析图

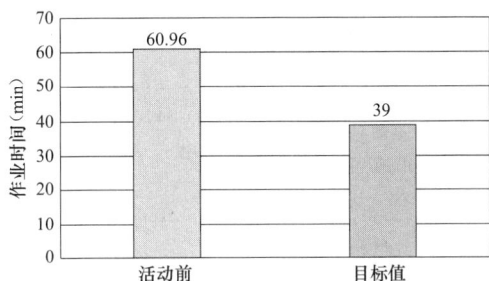

图 1-15 活动目标设定柱状图

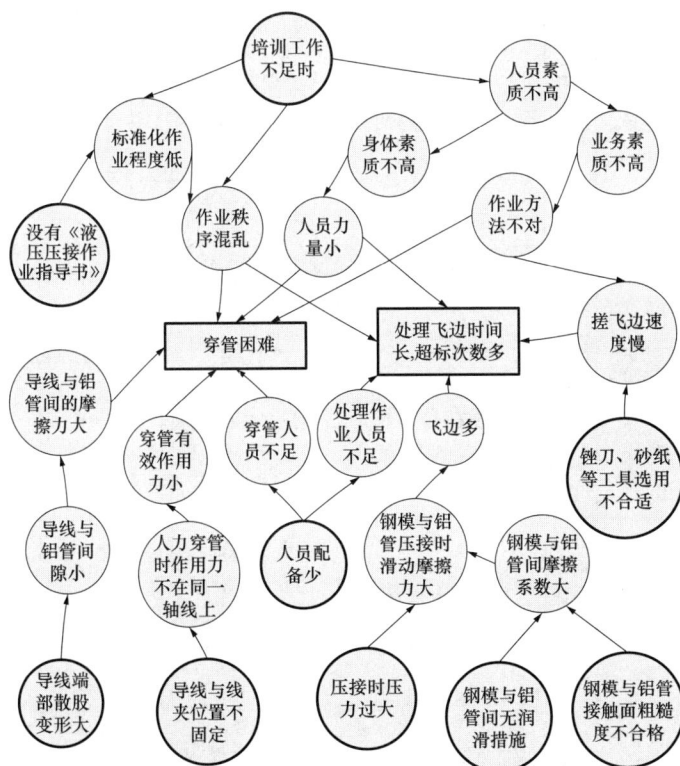

图 1-16 压接时间长原因分析关联图

该课题目标为自定目标，以同行业先进单位的平均作业时间为目标符合目标设定依据。

【持续改进】

该课题在现状调查阶段已经为目标设定提供了依据，既然进行了测算，就应该按测算值设定目标。以同行业平均值为目标不符合 QC 活动精益求精的宗旨，目标不具有挑战性。

关于原因分析：

分析原因的作用是通过对问题产生原因的分析，全面查找影响问题的原因所在，为下一步"确认要因"打好基础。有些小组由于对分析原因的作用是什么不清楚，在现状调查时已经分析出问题的症结所在，却又回到针对课题的总问题来分析原因，导致逻辑上的混乱，影响分析结果的正确性和有效性。

该课题中小组开展头脑风暴，并采用关联图对现状调查确定的主要症结"穿管困难"和"处理飞边时间长"开展原因分析，找到 9 条末端因素，工具应用恰当。

【持续改进】

1. 症结问题描述不当，"处理飞边时间长、超标次数多"

是一个问题还是两个问题不明确。

2. 末端因素描述不恰当，"锉刀、砂纸等工具选用不合适"未到可直接采取措施的阶段，到底是哪种工具应用不合适还是所有的工具应用不合适不明确，还有可能是缺少锉刀、砂纸等工具。

3. 末端因素分析到可直接采取措施即可，没必要一直往下分，例如"穿管人员不足"即可采取措施，再分解成"人员配备少"采取的措施和上一步相同。

4. 因果关系倒置。"人员素质不高"不是造成"身体素质不高"和"业务素质不高"的原因。

关于要因确认：

原因分析中的所有末端因素，有的是主要因素，有的是次要因素，有的是没有影响的因素（无关因素）。确定主要原因就是把确实影响问题的主要原因找出来，将目前状态良好、对存在问题影响不大的原因排除掉，以便为下一步制定对策提供依据。否则对所有原因都要制定对策加以实施，会造成人力、物力、财力上的浪费，加大了问题的难

五、确定主要原因

1. 绘制要因确认表

小组成员根据关联图，对全部末端因素进行了整理，并进行逐项确认，明确应该确认的内容、方法、时间和责任人，见表1-13。

表 1-13　　　　　　　　要 因 确 认 表

序号	末端原因	确认方法	考查标准	标准来源	日期	责任人
1	钢模与铝管粗糙度不合格	现场验证	钢模与铝管接触面粗糙度数不大于1.6μm	DLT 689—2012《输变电工程液压压接机》	3月20～23日	F
2	钢模与铝管间无润滑措施	现场验证调查分析	有减小钢模与铝管间摩擦系数的润滑措施	《变电检修中心施工管理规定》（省检变电〔2013〕19号）	3月20～28日	E
3	导线端部散股变形大	现场验证	导线端部应有防止散股的措施，导线端部最大直径不超过铝管内径的105%	DLT 5285—2013《输变电工程架空导线及地线液压压接工艺规程》	3月20～25日	F
4	导线与线夹位置不固定	现场验证	导线与线夹位置固定，铝管轴向与导线轴向夹角≤5°	《变电检修中心施工管理规定》（省检变电〔2013〕19号）	3月20～25日	E
5	培训工作不足时	调查分析	每月培训12学时，每人理论和实操考试成绩均应在80分及以上。	《生产技能人员培训管理规定》豫电检修〔2013〕37号	3月12～15日	H
6	人员配备少	调查确认	液压压接作业人员不少于4人	《N省电力公司检修公司岗位定员标准》豫电检修〔2013〕16号	3月16日	D
7	压接时压力过大	现场验证	不超过1.2倍液压机的额定压力	DLT 689—2012《输变电工程液压压接机》	3月20～25日	C
8	锉刀、砂纸等工具选用不合适	现场验证	对于铝层的锉刀宜选用3～4号的粗纹锉刀，并选用800～1200目的细砂纸打磨光滑	GB 5810—86《钳工锉》《变电检修中心施工管理规定》（省检变电〔2013〕19号）	3月20～25日	G

续表

序号	末端原因	确认方法	考查标准	标准来源	日期	责任人
9	没有《液压压接作业指导书》	调查分析	有规定的压接作业施工流程和工艺要求	《N省电力公司设备大修工作管理办法》豫电生〔2011〕804 号	3 月 12～15 日	J

2. 要因确认过程（见表 1-14～表 1-22）

表 1-14　　　　　　要 因 确 认 一

确认一：钢模与铝管接触面粗糙度不合格					
确认人	F	确认方法	现场验证	日期	3 月 20～23 日

确认内容	根据现场的调查验证，发现： （1）钢模均在压接前进行打磨处理，测量尺寸是否正确，对粗糙度进行测量均在 $1.6\mu m$ 以内。 （2）铝管均是新产品，而且不存在碰伤、划痕等情况，粗糙度数也满足要求。 如下图所示  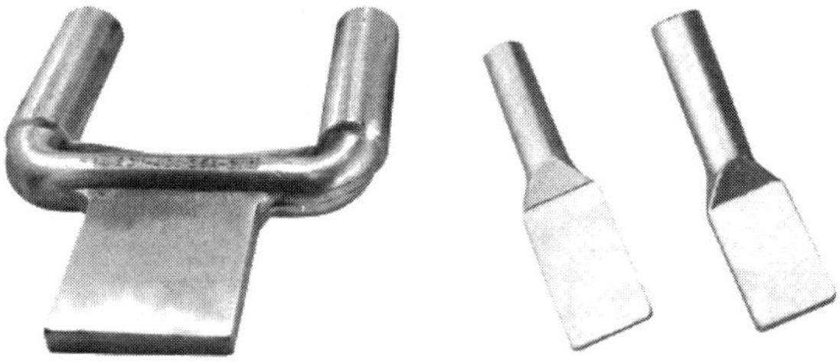
标准	钢模与铝管接触面粗糙度数不大于 $1.6\mu m$
确认分析	钢模与铝管接触面粗糙度数满足要求，因此确定为非要因
结论	非要因

度，延长了解决问题的时间。

确定主要原因的步骤是：①末端因素收集。将原因分析时所用因果图、树图或关联图中展示出的全部末端因素收集起来，以便逐条识别、确认。②不可抗拒因素的识别。将小组乃至企业都无法采取对策解决的因素加以识别并剔除，不作为确定主要原因的对象。③末端因素逐条确认。用数据说话，对每一条末端原因进行逐条确认，找出影响问题的证据，找到真正影响问题的主要原因。数据表明该因素确实对问题影响大的，那就是主要原因，否则就是次要原因。

确定主因需要注意主要原因只能在末端原因中查找，不可以在中间原因中查找；主要原因确认过程必须逐条进行，不可忽略那些小组认为的次要原因。

小组针对所有 9 条末端因素制定了要因确认（计划）表，规定了确认标准和标准来源，并逐一开展了要因确认。确认过程注重用数据、图表、工具予以分析、展现，符合 QC 活动"以事实为依据，用数据说

话"以及"应用统计方法"的要求。

【持续改进】

1. 确认计划中确认方法不当。确认要因常用的方法有三种:"现场测量"就是到现场通过亲自测试、测量,取得数据,与标准进行比较,看其符合程度来证明,一般用于机器、材料、环境因素判断;"现场试验",就是到现场通过试验取得的数据来证明,一般用于方法(工艺标准)因素判断;"调查分析",对于人员方面的因素,可以设计调查表,进行调查、分析,取得数据来分析。例如:"没有《液压压接作业指导书》"的判定,其确认方法为"调查分析",这种确认方法不恰当,这应该属于方法一类,应当通过按照标准化作业指导书施工进行现场试验的方法取得数据后进行对比,判断是否为要因,应用"现场试验"的方法。

2. 确认标准应是判断末端因素是否是影响症结问题的主要原因,应能反映对症结问题的影响程度,不能单纯地以"有"或"无"来判断要因与否。

表 1-15　　　要 因 确 认 二

确认二:钢模与铝管间无润滑措施				
确认人	E	确认方法	现场验证、调查分析	日期　3月20~28日

确认内容

(1) 现场实际做法。经过现场验证,目前液压压接时都是直接压接,即将穿好导线的铝管直接放到钢模中进行压接,钢模与铝管间的摩擦力搓着铝管外最外层"铝层"向模具吻合处集中,而模具吻合时仍然存在一定的缝隙(如下图所示),这就为飞边的形成提供了空间,产生了宽度为5mm、长80mm、厚5mm的飞边,按照工艺要求,需要用锉刀锉平,并用细砂纸打磨光滑,这就使得处理飞边的时间非常长

(2) 分析确认。如果在钢模与铝管间增加润滑措施,增大光滑程度,那么就可以减小压接时的摩擦力,通过3月20~27日间几次作业情况的对比,发现增大光滑程度的措施对消除飞边的效果显著

日期	地点	是否出现飞边(出现为1,不出现为0)												
		无润滑措施						有润滑措施						
3.20	嘉和变压器	1	1	1	1	1	1	0	0	0	0	0	0
3.20	嘉和变压器	1	1	1	1	1	1	0	0	0	0	0	0
3.21	嘉和变压器	1	1	1	1	1	1	0	0	0	0	0	0
3.21	嘉和变压器	1	1	1	1	1	1	0	0	0	0	0	0
3.22	牡丹变压器	1	1	1	1	1	1	0	0	0	0	0	0
3.22	牡丹变压器	1	1	1	0	1	1	0	0	0	0	0	0
3.23	牡丹变压器	1	1	1	1	1	1	0	0	0	0	0	0
3.23	牡丹变压器	1	1	1	1	1	1	0	0	0	0	0	0
3.24	郑州变压器	1	1	1	1	1	1	0	0	0	0	0	0
3.24	郑州变压器	1	1	1	1	1	1	0	0	0	0	0	0
3.25	郑州变压器	1	1	1	1	1	1	0	0	0	0	0	0
3.25	郑州变压器	1	1	1	1	1	1	0	0	0	0	1	0
3.26	嵩山变压器	1	1	1	1	1	1	0	0	0	0	0	0
3.26	嵩山变压器	1	1	1	1	1	1	0	0	0	0	0	0
3.27	嵩山变压器	1	1	1	1	1	1	0	0	0	0	0	0
3.27	嵩山变压器	1	1	1	1	1	1	0	0	0	0	0	0
出现飞边所占百分比		95/96=98.96%						2/96=2.1%					
(注:飞边宽度小于1mm的不计在内)													

续表

由上述统计表可以看出，有润滑措施时可以明显减少飞边出现。因此，无润滑措施时导致飞边大量出现，从而明显增加作业时间是主要原因	
标准	有减小钢模与铝管间摩擦系数的润滑措施
确认分析	根据统计表可以，无润滑措施是导致处理飞边时间长的主要原因
结论	是要因

表 1-16 要 因 确 认 三

确认三：导线端部散股变形大					
确认人	F	确认方法	现场验证	日期	3 月 20~25 日
确认内容	（1）散股变形情况说明。 （2）散股标准。 （3）现场做法。有防止导线散股的措施如下图所示。 （4）统计数据。小组成员通过对几次压接作业前的导线端部最大直径进行测量统计，数据如下表：				

（1）散股变形情况说明。

导线外径	51.36mm	铝管内径	53.5mm
配合间隙	仅 2.14mm 间隙		
铝管内径的 102%	53.5×102％＝54.57mm		

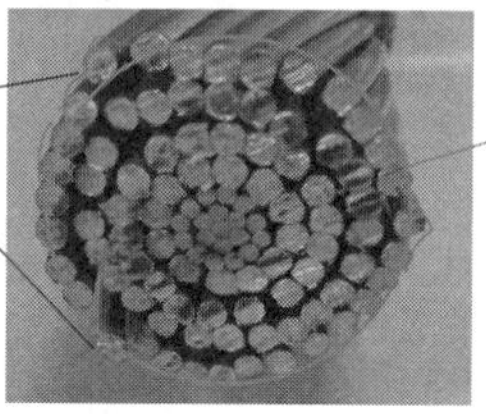

散股变形大，超出铝管内径范围
铝管内径

（2）散股标准。

标准	不合格	合格
图片说明	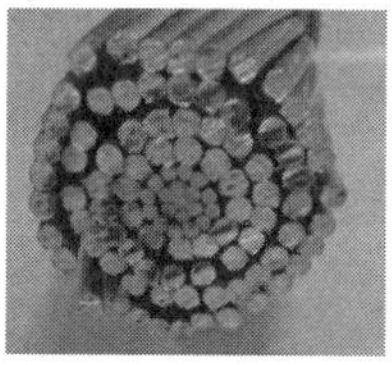	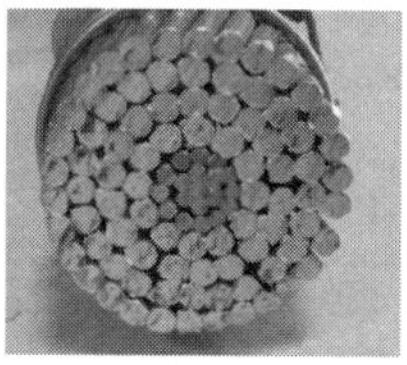

（3）现场做法。有防止导线散股的措施如下图所示。

导线端部的铝股均在铝管内径范围内
铝管内径

（4）统计数据。小组成员通过对几次压接作业前的导线端部最大直径进行测量统计，数据如下表：

3. 在要因确认二的环节中，小组通过模拟试验得出数据进行比较分析，得出"处理飞边用时长"主要原因，客观充分。

4. 在要因确认三中，小组对几次压接作业前的导线端部最大直径进行测量统计，发现偶尔有超过标准值的，但没有进行进一步说明，直接就说此项不是造成穿管难度大、时间长的主要原因，此处不妥。

单位（mm）

日期	作业 1	作业 2	作业 3	作业 4	作业 5	作业 6
3.20	52.42	53.80	52.88	53.20	53.40	53.20
3.21	53.90	52.96	53.78	53.20	53.44	53.16
3.22	53.80	54.10	53.50	54.48	54.80	52.40
3.23	52.96	53.84	53.02	53.16	53.44	53.10
3.24	54.20	55.12	53.60	53.78	54.22	54.36
3.25	55.22	52.34	53.60	53.68	53.86	53.90
标准值		53.5×102％＝54.57mm				

确认内容

根据上表画出柱状图与标准对比如下：

导线端部最大直径与标准值对比柱状图

标准　导线端部应有防散股措施，导线端部最大直径不超过 102％铝管内径的

确认分析　由调查表及柱状图可以看出，在采取防止散股的措施后，导线端部的最大直径大多数都在规定的标准 102％范围内，偶尔有超过的，但不是穿管难度大、时间长的主要原因

结论　非要因

5. 要因确认四
通过现场测试后发现确实存在偏差角大造成穿管难度增加，但是没有进一步测试对时间的增加有多大影响，是否就是造成穿管时间长的主要因素，应用数据说明。

表 1-17　　　　　　　**要因确认四**

确认四：导线与线夹位置不固定					
确认人	E	确认方法	现场验证	日期	3 月 20～25 日

确认内容

通过现场的调查验证，穿管时有 3～4 人配合进行，如上图所示，而由于导线和线夹没有固定，导致人在穿管时会存在一个如下图所示偏差角 α，偏差角越大，穿管时所受的阻力越大，穿管难度增加，费时费力：

续表

铝管轴线
线夹
铝管
铝管
导线轴线
间隔棒
铝管轴向与导线轴向的偏差角α

通过 3 月 20～25 日间作业时偏差角调查表如下：

10°	12°	15°	15°	15°	12°	10°	12°	15°	15°	15°	12°
20°	20°	17°	13°	18°	30°	20°	20°	17°	23°	18°	30°
15°	20°	30°	30°	25°	20°	15°	20°	8°	30°	15°	20°
15°	18°	18°	12°	14°	5°	15°	18°	18°	12°	14°	15°
16°	18°	20°	24°	21°	25°	16°	18°	20°	20°	22°	15°
30°	12°	23°	20°	25°	20°	30°	22°	23°	10°	25°	20°

■ 实际值 — 要求值
穿管偏差角与要求值对比柱状图

由上表及柱状图可以看出，偏差角普遍远远高于要求值。

确认内容	(见上)
标准	导线与线夹位置固定，铝管轴向与导线轴向夹角≤5°
确认分析	经验证，实际作业时偏差角普遍高于要求值，导致穿管时摩擦力更大，穿管难度增加，增加了作业时间，因此，确认为要因
结论	是要因

表 1-18　　　　　要 因 确 认 五

确认五：培训工作不足时					
确认人	H	确认方法	调查分析	日期	3 月 12～15 日

调查了 2014 年度技术培训记录本，既有理论考试，又有实操考试，理论考试主要考察作业方法、业务能力等，实操考试主要考察员工对培训课题是否达到身体素质要求、作业标准化程度如何等。经调查，发现各项培训记录均完整，理论和实操考试合格率均达到了 100%，所有人员技能等级都在高级工以上水平。

姓名	技能等级	学习次数	总学时	理论考试成绩	实操考试成绩
E	技师	12	144	88	98
F	技师	12	144	95	90
C	高级工	12	144	94	92
G	高级工	12	144	90	95
D	高级工	12	144	90	90
H	高级工	12	132	89	89
兰琦	技师	12	144	90	89
J	高技	12	132	95	88

6. 针对"培训工作不足时"这一末端因素，不能单纯调查班组成员的理论和实际操作考试成绩，应能体现出培训不足是如何对症结问题产生影响的。另外，作业人员虽然都在高级工以上，但是每个人工作习惯不同，用时长的不一定就是因为技术不过关。

续表

标准	(1) 具有培训记录，对标准化作业、业务能力、基本身体条件等； (2) 理论和实操成绩每人都大于等于 80 分； (3) 每个人都熟悉掌握液压压接作业的标准化流程，熟练掌握液压压接操作技能，熟悉掌握液压压接标准工艺规程
确认分析	经调查，小组成员培训记录完整，理论和实操考试成绩全部合格，每个人都熟悉掌握了液压压接作业的标准化流程及操作技能，熟悉掌握了液压压接标准工艺规程，所有人员技能等级都在高级工以上水平
结论	非要因

表 1-19　　　　　　　　　要 因 确 认 六

	确认六：人员配备少					
确认人	D	确认方法	调查确认	日期	3 月 16 日	
确认内容	调查变电检修中心一次设备检修班液压压接作业时的岗位定员情况：					
	姓名	E	F	G	D	
	负责项目	液压机操作、质量检查	测量画印、液压时扶平导线	压接前清擦、液压时扶平导线	穿管、压接后处理飞边、毛刺	
标准	液压压接作业人员不少于 4 人					
确认分析	变电检修中心一次设备检修班液压压接作业岗位定员安排符合规定					
结论	非要因					

表 1-20　　　　　　　　　要 因 确 认 七

	确认七：压接时压力过大				
确认人	C	确认方法	现场验证	日期	3 月 20～25 日

7. 在要因确认七中不能单纯测试压接时的油泵压力，油泵压力大小影响的是压接质量，即压接后产生的毛刺、飞边等，这样会增加处理时间，应从这个方向进行确认。

确认内容：

经过现场的验证和调查，发现使用的液压压接机是 YQS-T-200 的分体式压接机，油泵是 BETA 生产的 HPG-700 汽油泵，泵的额定输出压力是 70MPa。在压接时，每次达到 70MPa 时，液压机均能自动停止，保证了压接时的压力既满足要求，又不超标，如下图所示。在压接时，小组成员也记录了几次压接时的最大压力，见下表。

日期	地点	压接时最大压力（MPa）											
3.20	嘉和变压器	68	69	69	69	69	69	70	69	70	69	66	69
3.21	嘉和变压器	70	70	71	70	70	70	69	70	69	71	69	70
3.22	牡丹变压器	68	69	68	66	68	68	70	68	69	68	70	68
3.23	牡丹变压器	70	69	70	69	70	69	70	69	70	69	71	69
3.24	郑州变压器	70	70	69	69	70	69	68	70	69	70	70	69
3.25	郑州变压器	70	70	65	70	70	70	70	70	68	70	70	70

由上表可以看出，每次的压力值均在 1.2 倍额定压力之内，满足要求

续表

标准	不超过 1.2 倍液压机的额定压力
确认分析	经过现场调查验证，在压接时，压接机的最大压力均在 1.2 倍额定压力之内，符合标准，因此确定为非要因
结论	非要因

表 1-21　　　　　　要 因 确 认 八

确认八：锉刀、砂纸等工具选用不合适				
确认人	G	确认方法	现场验证	日期	3 月 20～25 日

确认内容	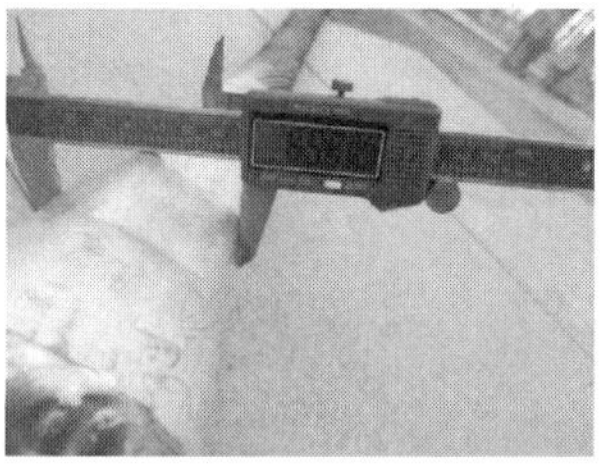  调查表如下：

项目	锉刀	砂纸	光滑程度	对边距
要求	3～4 号纹	800～1200 目	棱角圆滑	$S≤0.866D+0.2$
现场实际	3 号纹	1000 目	圆滑	$S≤0.866D+0.2$
结果	均满足要求			

标准	根据 GB 5810—86《钳工锉》，对于铝层的锉刀宜选用 3～4 号的粗纹锉刀以较快且不影响光滑度的锉掉飞边，并选用 800-1200 目的细砂纸打磨光滑即可，过细打磨时间长，过粗光滑度不够
确认分析	经验证，施工现场使用的锉光飞边的锉刀、砂纸符合标准要求，对于压接作业时间的影响不大
结论	非要因

表 1-22　　　　　　要 因 确 认 九

确认九：没有压接作业指导书				
确认人	J	确认方法	调查分析	日期	3 月 12～15 日

确认内容	小组经过调查，发现有《N 省电力公司检修公司变电检修中心钢芯铝绞线液压压接作业指导书》（省检变电〔2013〕24 号），并且指导书内有详细的作业施工流程和工艺要求 1）施工流程如下矢线图： 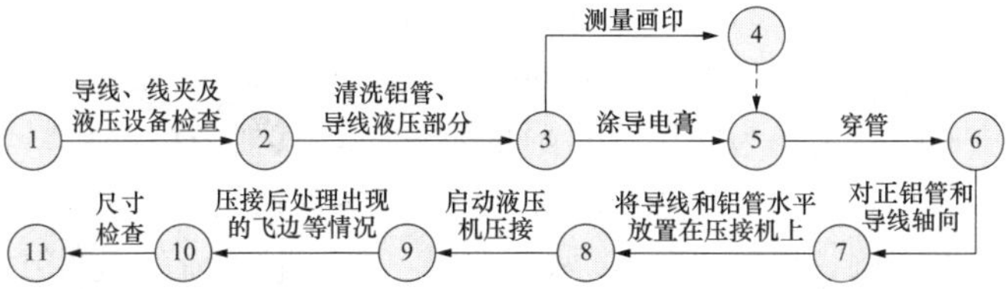

8. 要因确认九中将施工流程用矢线图描绘出来略显不当。矢线图是用网络的形式来安排一项工程（产品）的日历进度，计算作业时间并确定关键作业线路，建立最佳日程计划，该课题仅介绍工艺流程，不如用流程图更贴切。

续表

确认内容	2）工艺要求： a. 在将导线和铝管放置在压接机上后应保持导线和铝管水平状态，并与液压机轴心一致，以减少压接后铝管的弯曲。 b. 液压机的操作必须使每模合模，且多模压接应连续完成，相邻两模重叠应不小于 5mm。 c. 压接后尺寸检查，各种压接管压接后对边距尺寸 S(mm) 的最大允许值为 $S=0.866D+0.2$（D 为压接管实际外径） d. 其他应符合 DLT 5285—2013《输变电工程架空导线及地线液压压接工艺规程》的要求
标准	有规定的压接作业施工流程和工艺要求
确认分析	有《液压压接作业指导书》，液压压接作业的施工流程和工艺要求
结论	非要因

3. 要因确认汇总

由以上的要因确认，小组确定了两个导致问题症结（穿管时间长、处理时间长）的主要原因见表 1-23。

表 1-23　　　　　　　　　要 因 汇 总 表

要因一：钢模与铝管间无润滑措施					
确认人	E	确认方法	现场验证、调查分析	日期	3 月 20～28 日
标准	有减小钢模与铝管间摩擦系数的润滑措施				
确认分析	根据统计表可以，无润滑措施是导致处理飞边时间长的主要原因				
结论	是要因				
要因二：导线与线夹位置不固定					
确认人	E	确认方法	现场验证	日期	3 月 20～25 日
标准	导线与线夹位置固定，铝管轴向与导线轴向夹角≤5°				
确认分析	经验证，实际作业时偏差角普遍高于要求值，导致穿管时摩擦力更大，穿管难度增加，增加了作业时间，因此，确认为要因				
结论	是要因				

六、制定对策

（一）对策方案的选择

为了确保对策实施的有效性，小组成员针对以上确认的要因，在制定对策前进行了对策方案的选择。

1. 要因一：钢模与铝管间无润滑措施——导致处理飞边时间长

根据公式：

$$f = \mu N$$

其中 μ 为比例常数，是滑动摩擦系数。为了增加润滑措施，小组成员查阅以钢模作为摩擦主材料的情况下，其他摩擦副材料与之的摩擦系数大小，挑选出合适的润滑介质，作为润滑措施。

经查阅《机械手册》，见表 1-24，发现钢与铝在无润滑的情况下滑动摩擦系数为 0.17。①有润滑时为 0.02；②在无润滑的情况下，首先

是钢与冰的最小，为 0.014；其次是钢与聚四氟乙烯，为 0.05；再其次是高密度聚乙烯，为 0.08～0.12。

表 1-24　　　　　　　　机械手册中钢与摩擦副材料摩擦系数

摩擦主材料—副材料	摩擦系数	
	无润滑	有润滑
钢	0.1	0.05～0.1
软钢	0.2	0.1～0.2
未淬火 T8 钢	0.15	0.03
铸铁	0.16～0.18	0.05～0.15
黄铜	0.19	0.03
青铜	0.15～0.18	0.07
铝	0.17	0.02
轴承合金	0.2	0.04
夹布胶木	0.22	—
钢纸	0.22	—
冰	0.014	—
粉末冶金	0.35～0.55	—
聚四氯乙烯	0.05	
聚全氯乙丙烯	0.18	
聚偏二氯乙烯	0.25	
聚三氟氯乙烯	0.33	
低密度聚乙烯	0.26	
高密度聚乙烯	0.08～0.12	
聚氯乙烯	0.4	
聚偏二氯乙烯	0.45	
聚苯二甲酸乙二醇脂	0.28	
聚酰胺（尼龙 66）	0.34	

因冰块难以携带和保存，不作为备选方案，因此有三种方法可以选择，分别做出对比，见表 1-25。

表 1-25　　　　　　　处理时间长问题症结解决方案的选择

标准	①摩擦系数＜0.17；②相对密度在 0.5～1.5g/cm³ 之间；③作为中间介质材料厚度≤1mm；④使用后处理飞边时间≤20min，时间越短越好		
对策方案	方案 1（涂抹润滑油）	方案 2（聚四氟乙烯）	方案 3（高密度聚乙烯）
方案内容	压接前，在铝管与钢模间涂抹润滑油	使用聚四氟乙烯制品降低摩擦系数	压接前，在铝管外包裹聚乙烯塑料布
实践对比			

提出对策要针对每一条主要原因，提出尽可能多的对策，以供选择确定。如针对"工具不好用"这一主要原因，是在原有基础上改进，还是重新设计制造一个新的工具，还是用别的工具替代，对策提得越具体越好。这样，每条原因都可提出若干个对策。这里可先不必考虑提出的对策是否可行，只要是可能解决这一条主要原因的对策都提出来，这样才能做到不遗漏真正有效的对策，才能集思广益。

小组依据确认的两条要因，展开头脑风暴，整合小组意见针对各要因的对策进行优化分析，然后从要因的关键影响进行对策选优，最终确定了最优对策，并制定了对策表。对策表制作基本规范，符合 QC 活动的基本要求。提出对策要针对每一条要因，提出尽可能多的对策以供选择确定。在该课题中，针对"钢模与铝管间无润滑措施"这一要因提出的对策优化非常好，过程清晰，数据充分，值得其他小组借鉴。

QC 工具运用——亲和图：亲和图是把

收集到的大量有关特定主题的意见、观点、想法和问题，按它们之间相互亲近程度加以归类、汇总的一种图。

其主要用途：(1) 归纳整理所收集到的由"头脑风暴"法所产生的意见、观点和想法等语言资料。(2) 把大项目重新组成容易理解和处理的较小的部分。

亲和图可以进行归纳问题、整理见解，对杂乱的问题进行归纳，提出明确的看法和见解；可以研究新情况、发现新问题，掌握尚未经历或认识的事实，寻找其内在关系；可以打破常规、构思新意，构成新的见解、思想和方法；可以用于既定目标的展开落实，通过决策层与员工共同讨论、研究，发挥集体智慧，贯彻展开措施；可以用于统一思想，通过将个人的不同意见汇总、归纳，发现意见分歧原因，促进有效合作。

在使用亲和图时应注意避免卡片上的语言描述过于模糊或繁复；避免错误处理离群卡片；用于速战速决的问题和简单的问题；避免与其他的 QC 手法一起用。

续表

对策方案	方案1（涂抹润滑油）	方案2（聚四氟乙烯）	方案3（高密度聚乙烯）
摩擦系数	0.02	0.05	0.08～0.12
相对密度	油脂类，4.8g/cm³	固体，2.1～2.3g/cm³	固体，0.94～0.97g/cm³
材料厚度	0.5mm 以内，可涂抹于铝管表面	2mm 以上，硬度过高，一般成品为管、棒等	0.4～0.6mm，可以包裹在铝管外
使用后处理时间	使用后，需要处理遗留油迹，3min 左右	不可用	使用后一次成型，压接面均光滑，处理时间为0min
是否选定	不选定	不选定	选定

2. 要因二：导线与线夹位置不固定——导致穿管困难

(1) 方案选择。对于导线和线夹位置不固定的问题，小组成员认为可以制作一个穿管辅助装置来固定导线和线夹，辅助装置上还可以加入助力措施，以达到省时省力的效果，小组成员利用头脑风暴法，对穿管辅助装置进行了几种方案的讨论，如图 1-17 所示。

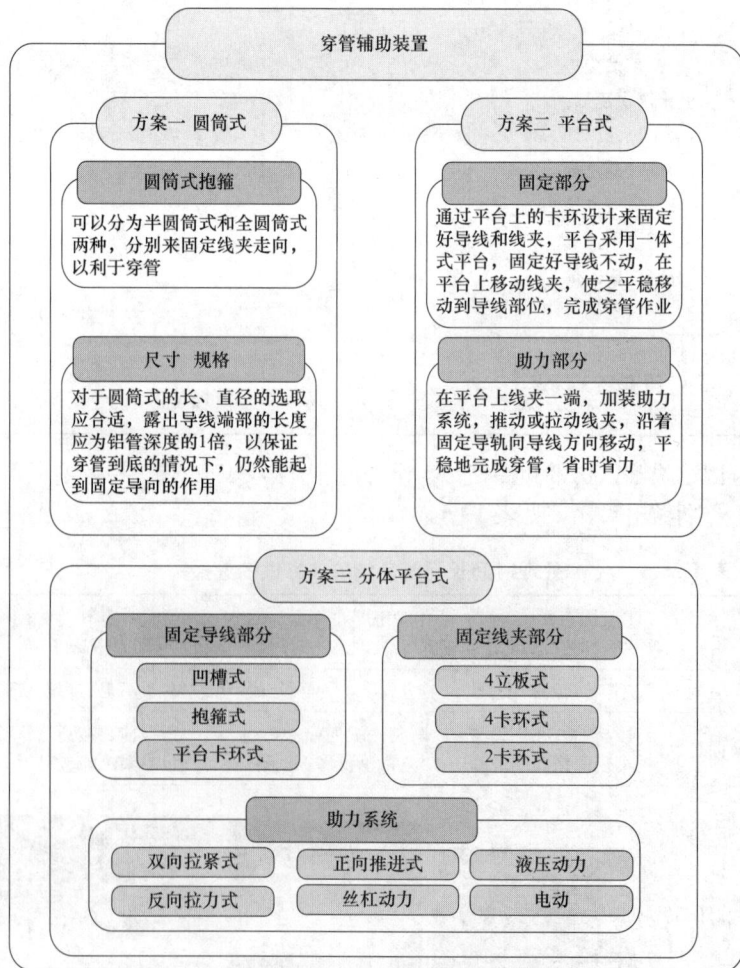

图 1-17　穿管辅助装置方案选择亲和图

根据图 1-17，对最佳方案进行选择，选择整体方案时，利用价值工程法对比方案，列出功能得分标准表（见表 1-26），再根据标准表对各个方案进行功能得分核算，然后再根据价值＝功能/成本，计算出价值。

该课题中小组立足制作一个穿管辅助装置来固定导线和线夹，开展头脑风暴，用亲和图进行归纳整理，为对策的制定提供可靠的依据。

【持续改进】
1. 使用打分法时应注意主要考虑和次要考虑的区别，在保证安全生产的前提下，该课题应本着以节约时间为主要考虑，打分值应有所侧重。

表 1-26 穿管辅助装置功能得分标准表

项目	A 实现功能	B 作业人数	C 稳定性	D 效果预估	E 实用性	F 易操作性	得分
级别	能够固定导线线夹轴向，对穿管有助力作用，对液压压接其他过程有辅助作用	1 人	穿管时，工具整体非常稳定，一次穿管成功，不会造成重复穿管	可以缩短作业时间 10min 以上	确保不会伤及导线和线夹	对没接触过的员工培训 5min 即可掌握	5
	能够固定导线和线夹轴向，对穿管有助力作用	2 人	穿管时，工具整体稳定，一次穿管成功率高，偶尔会造成重复穿管	可以缩短作业时间 6～10min	有伤及导线和线夹的可能，但损伤情况在允许范围内	对没接触过的员工培训 10min 即可掌握	4
	能够固定导线和线夹轴向	3 人	穿管时，工具整体较稳定，可以实现一次穿管成功，会造成重复穿管	可以缩短作业时间 3～5min	会伤及导线和线夹，损伤情况需要处理	对没接触过的员工培训 15min 可掌握	3
	能够固定导线	4 人	穿管时，工具整体稳定性一般，一次穿管成功率低，重复穿管较常见	可以缩短作业时间 3min 以内	不考虑	对没接触过的员工培训 20min 才可掌握	2
	能够固定线夹	不考虑	穿管时，工具整体不稳定，一次穿管成功率低，易重复穿管	不增加作业时间	不考虑	对没接触过的员工培训 30min 以内才能掌握	1
	不能固定导线和线夹	不考虑	穿管时，工具整体不稳定，需重复穿管	作业时间延长	不考虑	对没接触过的员工培训 30min 以上才能掌握	0

（2）方案具体部分的方案选择。选取好最佳方案（见表1-27），之后小组成员对穿管辅助装置的固定导线部分、固定线夹部分、助力系统的方案进行了具体设计，见表1-28。

2. 此处在进行方案选择时不建议直接用打分法，应该针对不同的方案进行模拟测试，通过测试取得用时、人工、偏差角等数据，然后进行对比选择。

表 1-27 穿管辅助装置方案选择

序号	项目		方案1 圆筒式	方案2 平台式	方案3 分体平台式
1	方案说明		使用一个半圆式抱箍，长度可以包裹住导线压接部分的3倍，其中2倍用于固定导线，并为线夹提供导向；另1倍来固定线夹，这样来保证导线和线夹的轴向在同一轴线上	使用一个平台，来固定好导线和线夹，同时加入助力系统辅助穿管，以节省人力、节省时间。另外，支架在压接时也可保持导线和线夹的水平，减少人员扶持	使用一个分体式平台，分别固定导线和线夹，同时加入助力系统辅助穿管，以节省人力、节省时间。另外，支架在压接时也可保持导线和线夹的水平，减少人员扶持
2	样图		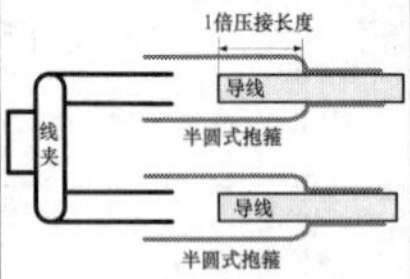	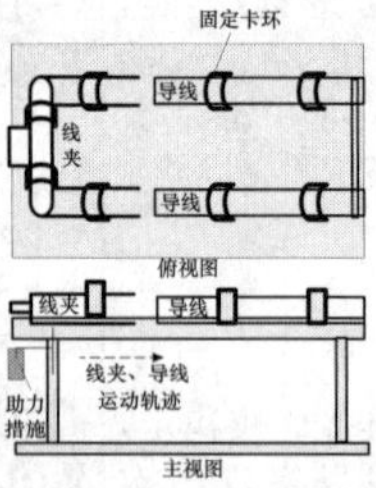	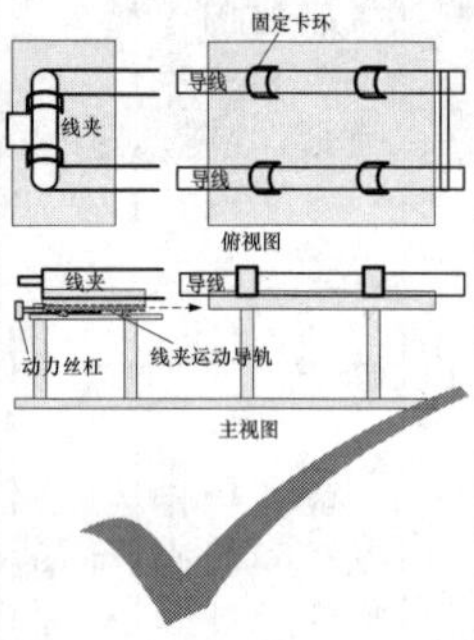
3	根据打分标准表，各级得分	A	3	5	5
		B	2	4	4
		C	3	5	5
		D	2	4	5
		E	5	3	5
		F	3	5	5
	总得分		18	26	29
4	成本		0.2万元，寿命周期2年，即0.1万元/年	0.45万元，寿命周期8年，即0.0563万元/年	0.4万元，寿命周期8年，即0.05万元/年
5	功能/成本＝价值		18/0.1＝180	26/0.0563＝461.8	29/0.05＝580
6	是否采用		否	否	是
	结论		采用方案3分体平台式		

表 1-28　　　　　　　　穿管辅助装置具体设计

项　目	具体设计示意图	设计说明
固定导线部分	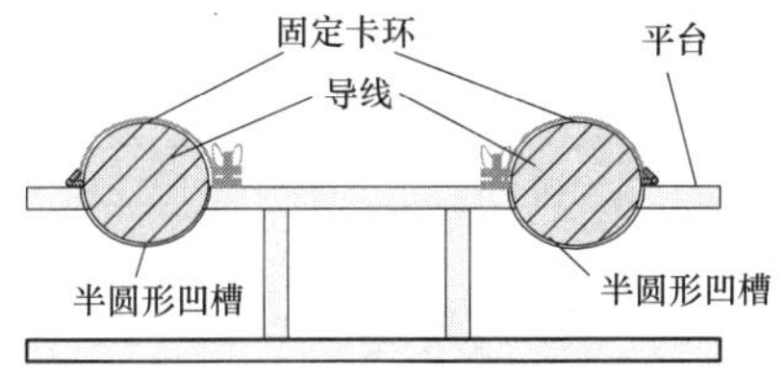 右视图 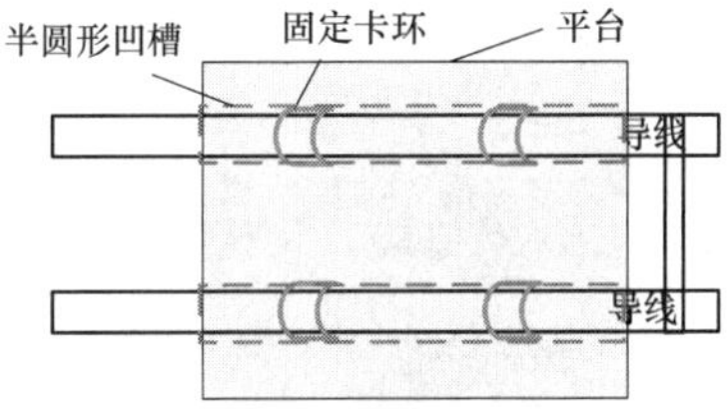 俯视图 平台卡环式	将导线放到平台上的半圆形凹槽内，用 4 个卡环分别锁紧导线，采用蝶形螺母锁紧，省时省力
固定线夹部分	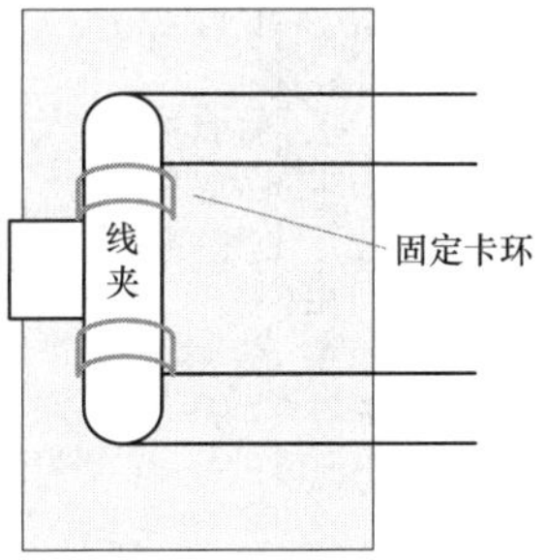 2 卡环式	将线夹放置到平台上，并用两个固定卡环固定好线夹支柱，从而在固定好线夹整体的同时，不影响穿管和压接
助力系统	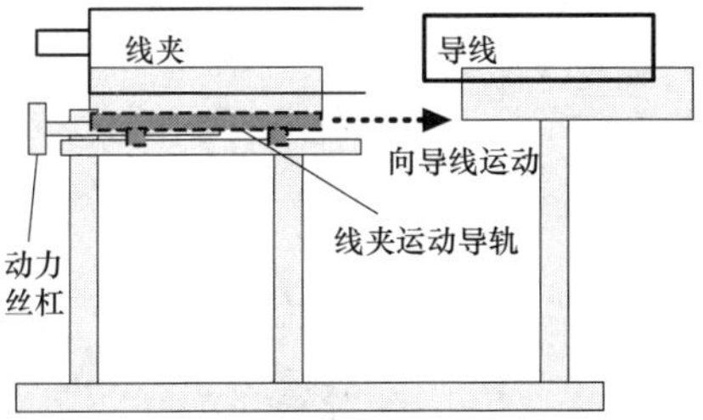 正向推进式	在线夹托板底部安装运动导轨，并焊接上动力丝杠顶点，通过下部的动力丝杠，旋转把手，采用丝杠动力，进行正向推进

　　通过以上各个部分的方案选择，确定出穿管辅助装置的最终整体方案，如图 1-18 所示。

　　通过确定出的穿管辅助装置最佳方案，来解决穿管环节导致液压压接时间长的问题。

3. 此处存在与上页改进 2 同样的问题。

4. 对策是针对主要原因采取的改进方案，指的是做什么，是框架性思路，措施是实现对策的具体做法，指的是怎么做，指的是细分了的操作步骤，该课题的对策混入了措施内容，使对策不伦不类。

5. 制定对策就是要使所针对的要因通过改进回到规格范围内，所以对策目标必须满足要因的确认标准，甚至要高于确认标准，该课题中第一条对策目标不是很符合该要因的确认标准，需要改进。

6. 对策表中的措施应能够可直接实施，在此之前应该完成实施方案的制定、材料的选择等，该课题中的措施未能达到这一要求，如"线夹铝管尺寸"在实施对策中还在进行测量以确定塑料布大小，"设计支架图纸"在实施对策中再确定等。

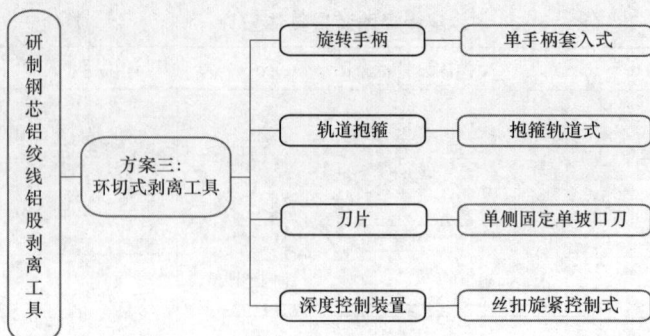

图 1-18　穿管辅助装置方案确认图

（二）对策表的制定

根据以上选定的对策方案，绘制对策表，见表 1-29。

表 1-29　　　　　　　　　　对　策　表

序号	要因	对策	目标	措施	地点	责任人	时间进度
1	钢模与铝管间无润滑措施	制作标准化聚乙烯塑料布，在压接前，将标准化塑料布包裹在铝管外	飞边情况得到极大改善，处理飞边时间缩短至 5min 以内	1. 测量不同线夹铝管尺寸，确定塑料布大小；2. 塑料布以及粘贴带标准化，使用时随手可用；3. 验证使用塑料布后的压接效果；4. 验证对策目标是否实现	备件仓库	G	4.23-5.8
2	导线与线夹位置不固定	制作一台分体式辅助穿管平台，分别固定导线和线夹，同时加入助力系统辅助穿管，以节省人力、时间，另外，支架在压接时也可保持导线和线夹的水平，减少人员扶持	导线与线夹位置固定，铝管轴向与导线轴向夹角 ≤5°，穿管时间缩短至 5min 以内，作业人员由 4 人减少至 2 人	1. 设计支架图纸；2. 购买所需材料；3. 委托加工厂制造；4. 检查对策目标是否实现	办公室、五金市场、备件仓库、加工厂	E	4.23-5.15

七、对策实施

按照上述确定的对策表，进行逐项实施。

（一）实施一：制作标准化聚乙烯塑料布

1. 制作标准化塑料布

步骤一：测量铝管尺寸，见表 1-30，确定塑料布大小。

表 1-30　　　　　　　实 施 步 骤 一

实施内容	实施时间	实施地点	负责人	实施人员
测量尺寸	2015 年 4 月 23～24 日	备件仓库	G	D J

2015 年 4 月 23～24 日小组成员查阅了 SSY-1440 设备线夹的参数，并对铝管其他参数进行了测量、核对，见表 1-31、图 1-19、图 1-20。

表 1-31　　　　　　　测 量 尺 寸　　　　　　单位（mm）

项目	外径	铝管外表面周长	铝管长度	塑料布规格
SSY-1440	80	80π＝251.33	2300	300×2300

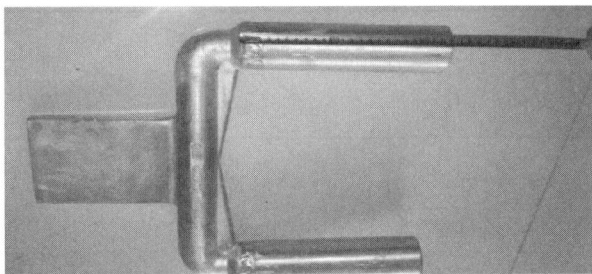

图 1-19　测量线夹铝管长度

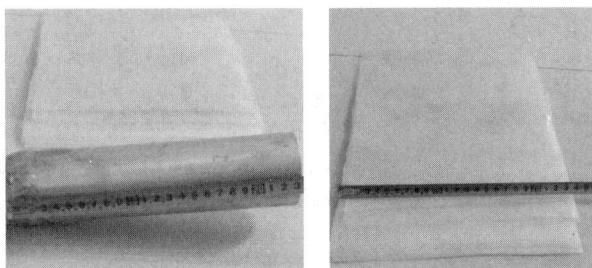

图 1-20　按铝管长度确定塑料布规格

步骤二：塑料布及粘贴带标准化见表 1-32。

表 1-32　　　　　　　实 施 步 骤 二

实施内容	实施时间	实施地点	负责人	实施人员
标准化塑料布	2015 年 4 月 24～25 日	备件仓库	G	兰琦、J

2015 年 4 月 24～25 日为了使用塑料布时更加节约时间，小组成员对其尺寸和粘贴带进行了标准化，在塑料布端部粘贴一条双面胶，这样在使用时仅需要粘贴好双面胶即可，为便于使用，还可使用彩色双面胶带如图 1-21 所示。

关于对策实施：

实施对策阶段的主要工作：一是按对策表的对策逐一实施；二是每条对策的实施要按照对策表中的措施栏目逐条实施；三是每条对策在实施完成后要立即确认其结果；四是确认没有达到对策表中所定的目标时，要评价措施的有效性，必要时要修正所采取的措施。

实施对策过程中应随时做好记录，包括每条对策的具体实施时间、参加人员、活动地点、具体做法、费用支出、遇到困难及如何克服等，以期真实反映活动全貌。

小组严格按照对策表中的措施栏目逐条实施，实施过程中也注重数据的收集和整理，并运用调查表对照对策目标进行验证，逐一交代了对策目标的实现情况。基本符合 QC 活动程序要求。

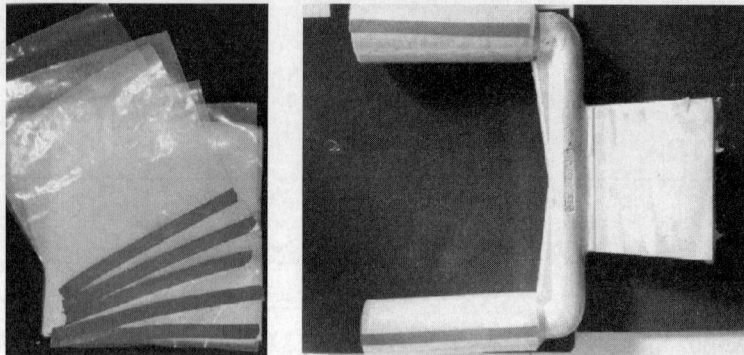

图 1-21　塑料布及粘贴带标准化

步骤三：验证使用塑料布后的压接效果，见表 1-33。

表 1-33　　　　　　　　　实　施　步　骤　三

实施内容	实施时间	实施地点	负责人	实施人员
验证效果	2015 年 4 月 26 日～5 月 6 日	备件仓库	G	E F

2015 年 4 月 26 日～5 月 6 日为了验证使用塑料布后的压接效果是否满足要求，能否缩短作业时间，小组成员通过实践操作的方法对其进行了验证，见图 1-22～图 1-25。

图 1-22　压接前准备

图 1-23　在铝管外包裹塑料布　　　图 1-24　包裹塑料布压接

【持续改进】

1. 没有验证对策实施结果对安全等方面的影响。对策实施结束后，除对对策目标确认外，还需对措施的实施是否影响安全、环境、相关质量、管理以及是否带来成本大幅度增加进行核查，以评价对策的综合有效性，当核查发现有上述影响时，应追加措施予以弥补或重新考虑更恰当的对策，该课题这一步骤中缺少相关内容。如"使用塑料布"过程中若塑料布被压入线夹中是否会影响其导电性能、在运行中是否会发生过热或闪络等故障发生等。

图 1-25　压接后效果图及效果对比图

2. 检查对策目标（见表 1-34）

表 1-34　　　　　　　　　实　施　检　查

实施内容	实施时间	实施地点	负责人	实施人员
检查对策目标	2015 年 5 月 7～8 日	备件仓库	C	E、G、F

2015 年 5 月 7～8 日，小组成员 C、E、F、G 对标准化的塑料布压接效果进行了检查试用，主要从改善飞边情况、缩短处理时间方面进行，见表 1-35。

表 1-35　　　　　　　　　对　策　目　标　检　查　表

验证内容	图片数据					
		次序	1	2	3	4	5	6
		结果	无飞边	无飞边	无飞边	无飞边	无飞边	无飞边
		处理时间	0min	0min	0min	0min	0min	0min
		注：使用后一次成型，各个压接面均比较光滑，不需要处理						

续表

检查结果	对策目标	飞边等情况得到极大改善，处理飞边时间缩短至 5min 以内
	结果	针对不同线夹，制作标准化的塑料布，使用时随手可取，有效减少了现场作业时间。经过 6 次的压接试验，使用塑料布压接后，一次成型不需要处理飞边，处理飞边时间 0min
		该对策目标实现
	负责人	C

（二）实施二：制作分体式辅助穿管平台

1. 制作辅助平台

步骤一：设计平台图纸，见表 1-36。

表 1-36　　　　　　　实　施　设　计

实施内容	实施时间	实施地点	负责人	实施人员
设计支架图纸	2015 年 4 月 23～24 日	办公室	H	C、E

小组成员通过对功能需求、制作设计的分析讨论，由 H 等成员绘制出了支架的设计草图，如图 1-26 所示。

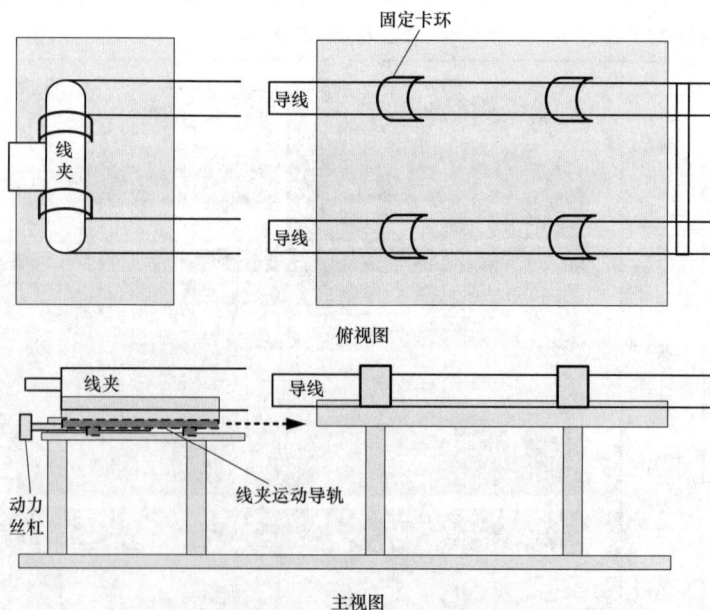

图 1-26　分体式穿管辅助平台设计图

步骤二：购买所需原材料

表 1-37　　　　　　　实　施　购　买

实施内容	实施时间	实施地点	负责人	实施人员
购买所需材料	2015 年 4 月 24～25 日	五金市场	D	G、F

2015.4.24 小组成员计算了制造助力穿管支架所需的材料：用圆管制作支架支撑杆、半圆槽，需要 ϕ35mm×20m；用铝板制作支架的台面，用以放置导线和线夹，需要 10m²；需要 5 套，每套 1 条导轨，固定导线的支架底部、固定线夹的支架底部，各 1 条，共 4 条导轨，另 1 套做备用。G、F 到郑州五金机电市场进行了订购，见表 1-38。

表 1-38　　　　　　采　购　清　单

序号	材料	样图	数量
1	方管（ϕ35mm）		20m
2	铝板		10m²
3	导轨	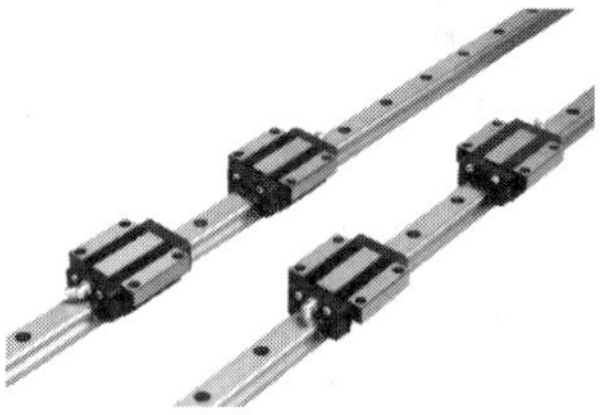	5 套

步骤三：委托加工厂加工制造（见表 1-39）

表 1-39　　　　　　实　施　委　托

实施内容	实施时间	实施地点	负责人	实施人员
委托加工厂制造	2015 年 4 月 25 日~5 月 10 日	加工厂	E	C、F

2015 年 4 月 25 日小组成员就委托加工厂的选取进行了讨论，选了 5 家加工厂，分别为荥阳进发电力配套设备厂、南阳东风电力设备厂、新密五金加工厂、郑州麦可五金机电加工有限公司、郑州华力车床加工厂，根据加工厂的规模、所需费用、距离远近等方面的情况，最终选择了郑州华力车床加工厂。

2015 年 4 月 25 日~5 月 10 日小组成员 E、F 对助力穿管支架的制造进行了全过程的监督，见表 1-40。

2. QC 小组活动应是小组成员在力所能及的范围内解决自身生产中的难题，一些材料和加工不是不可以进行购买或外委，但应是在评估自身通过努力或现有条件下无法完成的情况再进行，要充分发挥小组成员的特长和积极性。

表 1-40 　　　　　　　加工制造过程及成品图

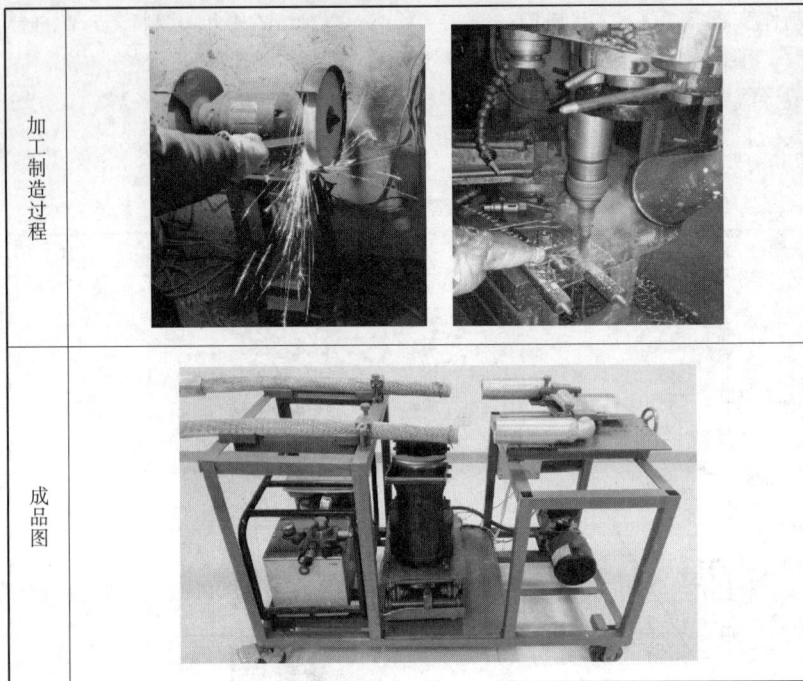

加工制造过程	
成品图	

2. 检查对策目标（见表 1-41）

表 1-41 　　　　　　　实 施 检 查

实施内容	实施时间	实施地点	负责人	实施人员
检查对策目标	2015 年 5 月 11～15 日	备件仓库	E	G、C、F

3. 此处应该特别注意，开展 QC 活动是为了解决生产中的难题，降本增效，但是绝对不可以违反现有规程，尤其对操作该类带有压力的设备时，应至少两人进行。

2015 年 5 月 11 日，小组成员 E、F、G、C 对辅助穿管平台进行了检查试用，主要从尺寸测量、固定导线和线夹稳定度、导线和线夹穿管时间上进行：①固定导线和线夹后铝管轴向和导线轴向夹角最大偏差为 2°；②经过 6 次的穿管试验，穿管时间均在 4min 左右；③穿管作业仅需要 2 人即可。

具体检查结果见表 1-42。

表 1-42 　　　　　　　对 策 目 标 检 查 表

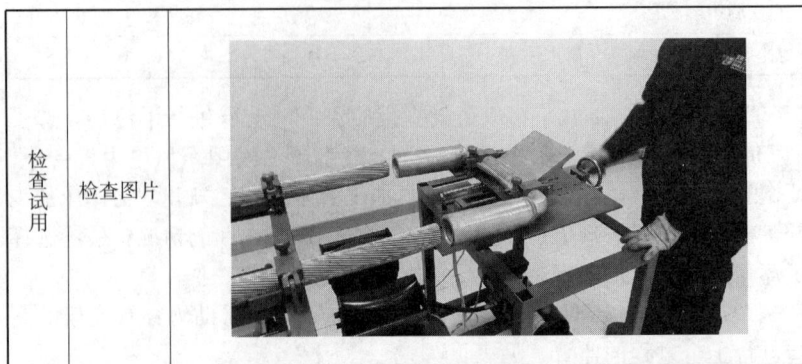

检查试用	检查图片	

续表

检查结果	对策目标	导线与线夹位置固定，铝管轴向与导线轴向夹角≤5°，穿管时间缩短至 5min，由 4 人减少至 2 人
	结果	经过测量固定导线和线夹后铝管轴向和导线轴向夹角最大偏差为 2°，而且经过 6 次的穿管试验，穿管时间均在 4min 左右，每次 2 人即可操作完成，对策目标实现
		该对策目标实现
	负责人	E

八、效果检查

（一）目标检查

2015 年 5～9 月，小组成员将制作完成的辅助穿管装置和标准化塑料布带到嘉和变电站施工现场，与活动前标准值对比，进行活动期的效果检查，统计数据并作相应分析。

1. 检查一："处理飞边时间长"问题解决情况（见表 1-43）

表 1-43　　　　活动后处理情况分类时长统计表

序号	变电站	负责人	日期	处理飞边	处理毛刺	处理弯曲	处理对边距	处理总时间（min）
				处理各种情况的时间（min）				
先进单位处理时间标准值				16.5	1	1	1	19.5
1	牡丹变电站	E	5 月 17 日	0	0	1	0.5	1.5
2	牡丹变电站	E	5 月 17 日	0	0	1	0.5	1.5
3	牡丹变电站	E	5 月 17 日	0	0	1	0.4	1.4
4	牡丹变电站	E	5 月 17 日	0	0	1	0.5	1.5
5	牡丹变电站	E	5 月 17 日	0	0	1	0.5	1.5
6	牡丹变电站	E	5 月 17 日	0	0	2	0.5	2.5
7	仓颉变电站	C	5 月 20 日	0	0	1	0.4	1.4
8	仓颉变电站	C	5 月 20 日	0	0	1	0.5	1.5
9	仓颉变电站	C	5 月 20 日	0	0	1	0.6	1.6
10	仓颉变电站	C	5 月 20 日	0	0	1	0.5	1.5
11	仓颉变电站	C	5 月 20 日	0	0	1	1.4	2.4
12	仓颉变电站	C	5 月 20 日	0	0	1	0.5	1.5
13	仓颉变电站	C	5 月 22 日	0	0	1	0.6	1.6
14	仓颉变电站	C	5 月 22 日	0	0	1	0.5	1.5
15	仓颉变电站	C	5 月 22 日	0	0	0	0.4	0.4
16	仓颉变电站	C	5 月 22 日	0	0	0	0.5	0.5
17	仓颉变电站	C	5 月 22 日	0	0	1	0.6	1.6
18	仓颉变电站	C	5 月 22 日	0	0	0	0.5	0.5
19	嘉和变电站	F	6 月 3 日	0	0	0	0.4	0.4
20	嘉和变电站	F	6 月 3 日	0	0	0	0.5	0.5
21	嘉和变电站	F	6 月 3 日	0	0	1	0.6	1.6

关于效果检查：

效果检查的目的是验证课题选择的准确性、目标设定的科学性、实施过程的有效性，内容包括：一是课题目标的检查，二是活动前后情况的对比，三是经济效益的计算，四是社会效益描述。

效果检查应注意：一是效果检查必须是在对策实施完毕（全部完成并逐条确认达到对策目标要求）后方可进行；二是能够计算经济效益的，都应计算经济效益；三是效果检查在有形效益检查的同时，也应注重无形效益的检查。

在检查中还需要关注数据的可比性，即效果检查数据时间应与现状调查的时间段可比；数据的可信性，即效果检查的目标值不能超出解决问题的范围；项目的一致性，即效果检查与实施前现状对比的项目应保持一致；项目时序性，统计实施前、后，其数据均应

按从大到小的顺序统计；项目解决的彻底性，数据不能出现"按下葫芦浮起瓢"问题。

该课题基本符合要求。

续表

序号	变电站	负责人	日期	处理各种情况的时间（min）				处理总时间（min）
				处理飞边	处理毛刺	处理弯曲	处理对边距	
22	嘉和变电站	F	6月3日	0	0	0	0.5	0.5
23	嘉和变电站	F	6月3日	0	0	0	2	2
24	嘉和变电站	F	6月3日	0	0	0	0.5	0.5
25	邵陵变电站	D	6月8日	0	0	0	0.6	0.6
26	邵陵变电站	D	6月8日	0	0	0	0.5	0.5
27	邵陵变电站	D	6月8日	0	0	1	0.4	1.4
28	邵陵变电站	D	6月8日	0	0	1	0.5	1.5
29	邵陵变电站	D	6月8日	0	0	1	0.6	1.6
30	邵陵变电站	D	6月8日	0	0	0	0.6	0.6
31	邵陵变电站	G	6月22日	0	0	0	0.5	0.5
32	邵陵变电站	G	6月22日	0	0	2	0.5	2.5
33	邵陵变电站	G	6月22日	0	0	0	0.5	0.5
34	邵陵变电站	G	6月22日	0	0	0	0.5	0.5
35	邵陵变电站	G	6月22日	0	0	1	1	2
36	邵陵变电站	G	6月22日	0	0	1	0.5	1.5
37	周口变电站	E	7月6日	0	0	1	0.5	1.5
38	周口变电站	E	7月6日	0	0	1	1.5	2.5
39	周口变电站	E	7月6日	0	0	0	0.5	0.5
40	周口变电站	E	7月6日	0	0	0	0.5	0.5
41	周口变电站	E	7月6日	0	0	1	0.5	1.5
42	周口变电站	E	7月6日	0	0	1	0.4	1.4
43	郑州变电站	D	7月7日	0	0	1	0.6	1.6
44	郑州变电站	D	7月7日	0	0	0	0.5	0.5
45	郑州变电站	D	7月7日	0	0	0	0.4	0.4
46	郑州变电站	D	7月7日	0	0	1.5	0.5	2
47	郑州变电站	D	7月7日	0	0	0	0.6	0.6
48	郑州变电站	D	7月7日	0	0	0	0.6	0.6
49	郑州变电站	C	8月26日	0	0	0	0.5	0.5
50	郑州变电站	C	8月26日	0	0	0	0.4	0.4
51	郑州变电站	C	8月26日	0	0	0	0.5	0.5
52	郑州变电站	C	8月26日	0	0	1	1.5	2.5
53	郑州变电站	C	8月26日	0	0	0	0.4	0.4
54	郑州变电站	C	8月26日	0	0	0	0.5	0.5
55	嘉和变电站	H	9月9日	0	0	1	0.6	1.6
56	嘉和变电站	H	9月9日	0	0	0	0.5	0.5
57	嘉和变电站	H	9月9日	0	0	1	0.5	1.5
58	嘉和变电站	H	9月9日	0	0	0	1	1
59	嘉和变电站	H	9月9日	0	0	0	0.5	0.5
60	嘉和变电站	H	9月9日	0	0	0	0.5	0.5

续表

序号	变电站	负责人	日期	处理各种情况的时间（min）				处理总时间（min）
				处理飞边	处理毛刺	处理弯曲	处理对边距	
61	陕州变电站	D	9月24日	0	0	1	0.5	1.5
62	陕州变电站	D	9月24日	0	0	0	0.8	0.8
63	陕州变电站	D	9月24日	0	0	0	4.5	4.5
64	陕州变电站	D	9月24日	0	0	0	1	1
65	陕州变电站	D	9月24日	0	0	0	0.5	0.5
66	陕州变电站	D	9月24日	0	0	0	0.5	0.5
平均值（min）				0	0	0.52	0.66	1.18
超标频次（次）				0	0	3	5	—

根据表 1-43，作出处理情况分类时长调查统计表，见表 1-44、图 1-27。

表 1-44　活动后液压压接处理情况分类时长超标频次统计表

序号	作业时段	平均时间	百分比（%）	累计百分比（%）
1	处理对边距	5	62.5	62.5
2	处理弯曲	3	37.5	100
3	处理飞边	0	0	100
4	处理毛刺	0	0	100
	合计	8	100	—

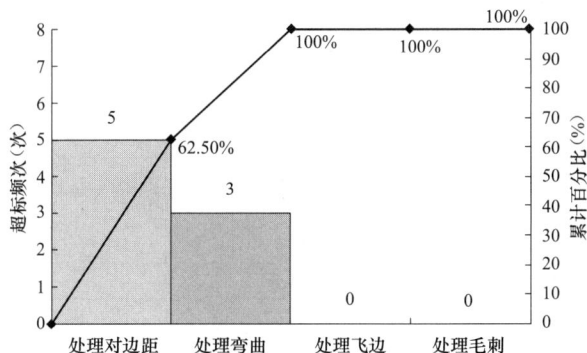

图 1-27　活动后压接后处理情况分类时长超标频次排列图

【持续改进】
1. 虽然说为了方便与现状调查进行比较，应对检查周期及使用工具进行前后呼应，但是 QC 小组活动不能流于表面而忽略本质，造成舍本逐末的现象，如在现状调查阶段虽然使用排列图找到了问题症结，但是小组活动后超标频次已经不再那么多了，样本数量不足就不适用排列图，改为饼分图即可。

处理飞边的情况，超标频次占比已经由原来的 81.82% 降低到了 0，而且处理飞边时间也由原来的 28.89min，降低到了 0min，问题解决。

检查结果一：处理飞边时间长的问题已经解决。

2. 检查二："穿管困难"问题解决情况（见表 1-45）

表 1-45　　　　活动后穿管校正时长各步时长统计表

序号	变电站	负责人	日期	穿管校正各步时间（min）				穿管校正总时间（min）
				穿入端部	穿入到底	平放校正	做好标记	
先进单位穿管校正时间标准值				3	3	1	1	8
1	牡丹变电站	E	5 月 17 日	0.5	1.4	1	0.5	3.4
2	牡丹变电站	E	5 月 17 日	0.6	1.6	1	0.5	3.7
3	牡丹变电站	E	5 月 17 日	0.5	1.5	1	0.4	3.4
4	牡丹变电站	E	5 月 17 日	0.5	1.5	1	0.5	3.5
5	牡丹变电站	E	5 月 17 日	0.5	1.4	1	0.5	3.4
6	牡丹变电站	E	5 月 17 日	0.5	1.5	1	0.6	3.6
7	仓颉变电站	C	5 月 20 日	0.5	1.5	1	0.5	3.5
8	仓颉变电站	C	5 月 20 日	0.5	1.5	1	0.4	3.4
9	仓颉变电站	C	5 月 20 日	0.5	1.5	1	0.5	3.5
10	仓颉变电站	C	5 月 20 日	0.4	1.5	1	0.5	3.4
11	仓颉变电站	C	5 月 20 日	0.5	1.5	1	0.6	3.6
12	仓颉变电站	C	5 月 20 日	0.5	1.5	1	0.5	3.5
13	仓颉变电站	C	5 月 22 日	0.5	1	1.5	0.4	3.4
14	仓颉变电站	C	5 月 22 日	0.5	1.5	1	0.5	3.5
15	仓颉变电站	C	5 月 22 日	0.4	1.5	1	0.5	3.4
16	仓颉变电站	C	5 月 22 日	0.5	1.5	1	0.6	3.6
17	仓颉变电站	C	5 月 22 日	0.5	1.5	1	0.5	3.5
18	仓颉变电站	C	5 月 22 日	1	1.5	1	0.4	3.9
19	嘉和变电站	F	6 月 3 日	0.5	1.5	1	0.5	3.5
20	嘉和变电站	F	6 月 3 日	0.5	1.2	1.3	0.4	3.4
21	嘉和变电站	F	6 月 3 日	0.5	1.4	1	0.4	3.3
22	嘉和变电站	F	6 月 3 日	0.4	1.5	1	0.5	3.4
23	嘉和变电站	F	6 月 3 日	0.5	1.7	1	0.5	3.7
24	嘉和变电站	F	6 月 3 日	0.5	1.5	1.5	1	4.5
25	邵陵变电站	D	6 月 8 日	0.5	1	1	0.5	3
26	邵陵变电站	D	6 月 8 日	0.5	1.5	1	0.4	3.4
27	邵陵变电站	D	6 月 8 日	0.6	1.6	1	0.5	3.7
28	邵陵变电站	D	6 月 8 日	0.6	1.5	1	0.5	3.4
29	邵陵变电站	D	6 月 8 日	0.5	1.5	1	0.6	3.6
30	邵陵变电站	D	6 月 8 日	0.4	1.5	1	0.6	3.5
31	邵陵变电站	G	6 月 22 日	0.5	1.2	1.5	0.5	3.7
32	邵陵变电站	G	6 月 22 日	0.4	1.4	1	0.5	3.3
33	邵陵变电站	G	6 月 22 日	0.5	1.7	1	0.5	3.7
34	邵陵变电站	G	6 月 22 日	0.5	1.5	1	0.4	3.4
35	邵陵变电站	G	6 月 22 日	0.5	1.5	1	0.5	3.5
36	邵陵变电站	G	6 月 22 日	0.5	1.4	1	0.4	3.3
37	周口变电站	E	7 月 6 日	0.5	1.5	1	0.8	3.8
38	周口变电站	E	7 月 6 日	0.4	1.4	1	0.5	3.3

续表

序号	变电站	负责人	日期	穿管校正各步时间（min）				穿管校正总时间（min）
				穿入端部	穿入到底	平放校正	做好标记	
39	周口变电站	E	7 月 6 日	0.5	1.5	1	0.5	3.5
40	周口变电站	E	7 月 6 日	0.5	1	1	1.5	4
41	周口变电站	E	7 月 6 日	0.5	1.5	1	0.5	3.5
42	周口变电站	E	7 月 6 日	1	1.5	1	0.4	3.9
43	郑州变电站	D	7 月 7 日	0.5	1.4	1	0.5	3.4
44	郑州变电站	D	7 月 7 日	0.5	1.5	1	0.4	3.4
45	郑州变电站	D	7 月 7 日	0.5	1	1.5	0.5	3.5
46	郑州变电站	D	7 月 7 日	0.5	1.7	1	0.5	3.7
47	郑州变电站	D	7 月 7 日	0.4	0.5	1	0.8	2.7
48	郑州变电站	D	7 月 7 日	0.5	1.5	1	0.5	3.5
49	郑州变电站	C	8 月 26 日	1.5	1.5	1	0.5	4.5
50	郑州变电站	C	8 月 26 日	0.5	1.5	1.5	0.5	4
51	郑州变电站	C	8 月 26 日	0.5	1.7	1	0.5	3.7
52	郑州变电站	C	8 月 26 日	0.5	1.5	1	0.8	3.8
53	郑州变电站	C	8 月 26 日	0.4	1.4	1	0.5	3.3
54	郑州变电站	C	8 月 26 日	1.2	1.5	1	0.5	4.2
55	嘉和变电站	H	9 月 9 日	0.5	1	1	0.5	3
56	嘉和变电站	H	9 月 9 日	0.4	1.5	1	0.4	3.3
57	嘉和变电站	H	9 月 9 日	0.5	1.5	1	0.5	3.5
58	嘉和变电站	H	9 月 9 日	0.5	1	1	0.5	3
59	嘉和变电站	H	9 月 9 日	0.5	1	2	0.5	3.5
60	嘉和变电站	H	9 月 9 日	1	1.5	1	0.5	4
61	陕州变电站	D	9 月 24 日	0.5	1.5	1	0.4	3.4
62	陕州变电站	D	9 月 24 日	0.6	1.6	1	0.5	3.7
63	陕州变电站	D	9 月 24 日	0.5	1.3	1	0.4	3.2
64	陕州变电站	D	9 月 24 日	0.5	1.4	1	0.5	3.4
65	陕州变电站	D	9 月 24 日	0.5	1.5	1	0.4	3.4
66	陕州变电站	D	9 月 24 日	0.4	1.4	1	0.5	3.3
平均值（min）				0.54	1.42	1.06	0.52	3.54
超标频次（次）				0	0	7	1	

由表 1-45 可以看出，穿管校正时长超标频次显著下降，而且时间均比较稳定，总体时间有大幅下降，画出直方图，与活动前对比，如图 1-28 所示。

由直方图图 1-28 可以看出，活动后整体属于正常型，且整体均小于标准值 10。再计算穿管时间过程能力指数，并与活动前对比，见表 1-46。

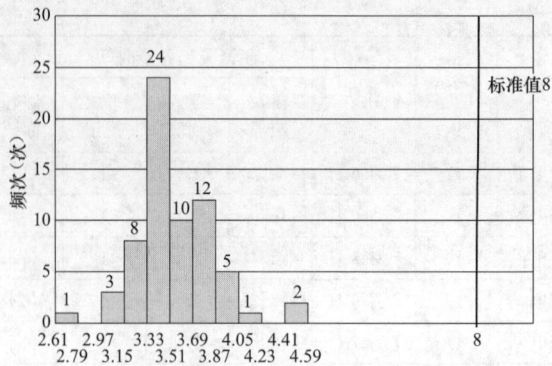

2. 此处直方图存在
与之前现状调查阶段
时所用直方图相同的
问题。

图 1-28　活动后穿管校正时长直方图

表 1-46　　　　活动前后穿管校正过程能力等级对比表

对比项目	活动前	活动后
平均值	$\overline{x} = \frac{1}{54} \sum_{i=1}^{54} x_i = 18.48$	$\overline{x} = \frac{1}{66} \sum_{i=1}^{66} x_i = 3.54$
标准差	$\sigma = \sqrt{\frac{1}{54} \sum_{i=1}^{54} (x_i - \overline{x})^2} = 5.41$	$\sigma = \sqrt{\frac{1}{66} \sum_{i=1}^{66} (x_i - \overline{x})^2} = 0.2264$
最大值	$T_U = 32$	$T_U = 4.5$
过程能力指数	$C_{pU} = \frac{T_U - \mu}{3\sigma} \approx \frac{T_U - \overline{x}}{3s} = \frac{32 - 18.48}{3 \times 5.41}$ $= 0.833$	$C_{pU} = \frac{T_U - \overline{x}}{3\sigma} = \frac{4.5 - 3.54}{3 \times 0.2264} = 1.41$
过程能力等级	$0.67 < C_{pU} = 0.833 < 1$ 属于 3 级，过程能力不足	$1.33 < C_{pU} = 1.41 < 1.67$ 属于 1 级，过程能力充分

由此，活动后穿管校正时间稳定，过程能力充分。再计算验证超标频次所占百分比，见表 1-47，图 1-29 所示。

3. 此处由于样本
数量不足不适合用排
列图，问题同上一个
排列图所述。

表 1-47　　　　活动后穿管校正时长超标频次统计表

序号	作业时段	超标次数	百分比（%）	累计百分比（%）
1	平放校正	7	87.5	87.5
2	做好标记	1	12.5	100
3	穿入端部	0	0	100
4	穿入到底	0	0	100
	合计	8	100	

由排列图图 1-29 可以看出，穿管环节超标次数为 0，而且穿管校正总体时间大幅缩短。

检查结果二：穿管困难的问题已经解决。

3. 活动总目标检查

包含上述的处理时长以及穿管校正时长统计出的 2015 年 5 月～9 月作业总时间统计表见表 1-48。

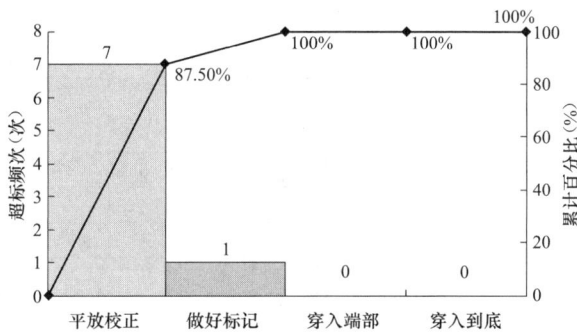

图 1-29　活动后穿管校正时长各时段超标频次排列图

表 1-48　活动后 2015 年 5～9 月活动后作业时间统计表

序号	变电站	负责人	日期	作业时间（min）					总时长（min）
				测量画印	穿管校正	放置	压接	处理	
先进单位总作业时间标准值				0.5	8	3	8	19.5	39
1	牡丹变电站	E	5 月 17 日	0.5	3.4	5	10	1.5	20.5
2	牡丹变电站	E	5 月 17 日	1	3.7	4	8	1.5	18
3	牡丹变电站	E	5 月 17 日	0.5	3.4	4	8	1.4	17.3
4	牡丹变电站	E	5 月 17 日	0.5	3.5	5	8	1.5	18.5
5	牡丹变电站	E	5 月 17 日	0.5	3.4	4	10	1.5	19.5
6	牡丹变电站	E	5 月 17 日	0.5	3.6	4	9	2.5	19.6
7	仓颉变电站	C	5 月 20 日	0.5	3.5	4	9	1.4	18.4
8	仓颉变电站	C	5 月 20 日	0.5	3.4	5	8	1.5	18.4
9	仓颉变电站	C	5 月 20 日	0.5	3.5	7	10	1.6	22.6
10	仓颉变电站	C	5 月 20 日	0.5	3.4	4	8	1.5	17.4
11	仓颉变电站	C	5 月 20 日	0.5	3.6	5	8	2.4	19.5
12	仓颉变电站	C	5 月 20 日	0.5	3.5	4	8	1.5	17.5
13	仓颉变电站	C	5 月 22 日	0.5	3.4	4	9	1.6	20.5
14	仓颉变电站	C	5 月 22 日	0.4	3.5	5	8	1.5	18.4
15	仓颉变电站	C	5 月 22 日	0.5	3.4	5	10	0.4	19.3
16	仓颉变电站	C	5 月 22 日	0.5	3.6	4.5	8	0.5	17.1
17	仓颉变电站	C	5 月 22 日	0.5	3.5	6	8	1.6	19.6
18	仓颉变电站	C	5 月 22 日	1	3.9	4	8	0.5	17.4
19	嘉和变电站	F	6 月 3 日	0.5	3.5	4.5	8	0.4	16.9
20	嘉和变电站	F	6 月 3 日	1	3.4	5	9	0.5	18.9
21	嘉和变电站	F	6 月 3 日	0.5	3.3	4	8	1.6	17.6
22	嘉和变电站	F	6 月 3 日	0.5	3.4	5	10	0.5	19.5
23	嘉和变电站	F	6 月 3 日	0.5	3.7	7	8	2	21
24	嘉和变电站	F	6 月 3 日	0.5	4.5	4	8	0.5	17.5
25	邵陵变电站	D	6 月 8 日	0.5	3	5	8	0.6	17.1
26	邵陵变电站	D	6 月 8 日	0.5	3.4	4	10	0.5	18.4
27	邵陵变电站	D	6 月 8 日	0.5	3.7	4	8	1.4	17.4

续表

序号	变电站	负责人	日期	作业时间（min）					总时长（min）
				测量画印	穿管校正	放置	压接	处理	
28	邵陵变电站	D	6 月 8 日	0.5	3.4	5	8	1.5	18.5
29	邵陵变电站	D	6 月 8 日	1	3.6	4	10	1.6	20.2
30	邵陵变电站	D	6 月 8 日	1	3.5	4	9	0.6	18.1
31	邵陵变电站	G	6 月 22 日	0.5	3.7	4	8	0.5	16.5
32	邵陵变电站	G	6 月 22 日	0.5	3.3	6	10	2.5	22.5
33	邵陵变电站	G	6 月 22 日	0.5	3.7	4	9	0.5	17.5
34	邵陵变电站	G	6 月 22 日	0.5	3.4	4.5	8	0.5	16.9
35	邵陵变电站	G	6 月 22 日	1	3.5	4	8	2	18.5
36	邵陵变电站	G	6 月 22 日	0.5	3.3	5	10	1.5	20.5
37	周口变电站	E	7 月 6 日	0.5	3.8	6	8	1.5	19.8
38	周口变电站	E	7 月 6 日	0.4	3.3	5	9	2.5	20.4
39	周口变电站	E	7 月 6 日	0.5	3.5	5	8	0.5	17.5
40	周口变电站	E	7 月 6 日	0.5	4	4.5	10	0.5	19.5
41	周口变电站	E	7 月 6 日	0.5	3.5	6	8	1.5	19.5
42	周口变电站	E	7 月 6 日	1	3.9	4	8	1.4	18.3
43	郑州变电站	D	7 月 7 日	0.5	3.4	4	8	1.6	17.6
44	郑州变电站	D	7 月 7 日	0.5	3.4	6	10	0.5	20.4
45	郑州变电站	D	7 月 7 日	0.5	3.5	4	9	0.4	17.4
46	郑州变电站	D	7 月 7 日	0.5	3.7	4.5	8	2	18.5
47	郑州变电站	D	7 月 7 日	1	2.7	4	8	0.6	16.3
48	郑州变电站	D	7 月 7 日	0.5	3.5	5	10	0.6	19.6
49	郑州变电站	C	8 月 26 日	0.5	4.5	5	8	0.5	18.5
50	郑州变电站	C	8 月 26 日	0.5	4	4	10	0.4	18.9
51	郑州变电站	C	8 月 26 日	0.5	3.7	4	9	0.5	17.5
52	郑州变电站	C	8 月 26 日	0.6	3.8	5	8	2.5	19.9
53	郑州变电站	C	8 月 26 日	1	3.3	6	10	0.4	20.9
54	郑州变电站	C	8 月 26 日	0.5	4.2	4	8	0.5	17.2
55	嘉和变电站	H	9 月 9 日	0.5	3	6	8	1.6	19.1
56	嘉和变电站	H	9 月 9 日	0.5	3.3	4	9	0.5	17.3
57	嘉和变电站	H	9 月 9 日	0.5	3.5	4.5	9	1.5	19
58	嘉和变电站	H	9 月 9 日	0.5	3	4	8	1	16.5
59	嘉和变电站	H	9 月 9 日	1	3.5	5	8	0.5	18
60	嘉和变电站	H	9 月 9 日	0.5	4	4	8	0.5	17
61	陕州变电站	D	9 月 24 日	0.5	3.4	7	8	1.5	20.4
62	陕州变电站	D	9 月 24 日	0.5	3.7	6.5	10	0.8	21.3
63	陕州变电站	D	9 月 24 日	0.5	3.2	5	10	4.5	23.2
64	陕州变电站	D	9 月 24 日	1	3.4	5	8	1	18.5
65	陕州变电站	D	9 月 24 日	1	3.4	4	10	0.5	18.9
66	陕州变电站	D	9 月 24 日	0.5	3.3	4	8	0.5	16.5
平均值（min）				0.61	3.54	4.74	8.69	1.18	18.8
超标频次（次）				12	0	66	28	0	

根据表 1-48 的统计数据，可以看出作业总时间已经远远低于活动前的标准值 39min。但为了对活动前后各个环节用时进行对比，依然统计出了超标频次的占比，统计表见表 1-49，排列图见图 1-30。

表 1-49 活动后 2015 年 5～9 月作业分段时长超标频次调查表

序号	作业时段	分段时长（min）	百分比（%）	累计百分比（%）
1	放置	66	62.26	62.26
2	压接	28	26.42	86.68
3	测量画印	12	11.32	100
4	处理	0	0	100
5	穿管校正	0	0	100
6	合计	106	100	—

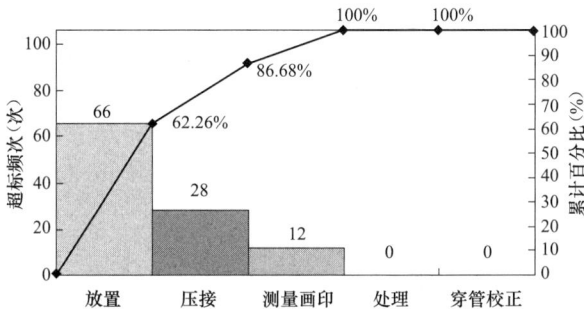

图 1-30 活动后液压压接作业时间分段时长排列图

由排列图图 1-30 可以看出，活动后处理和穿管校正两个部分已经变为次要问题，超标次数最多的是变成了放置和压接两个问题，这说明活动后放置和压接时间与活动前相比略有增加。活动后作业时间检查思路图如图 1-31 所示。

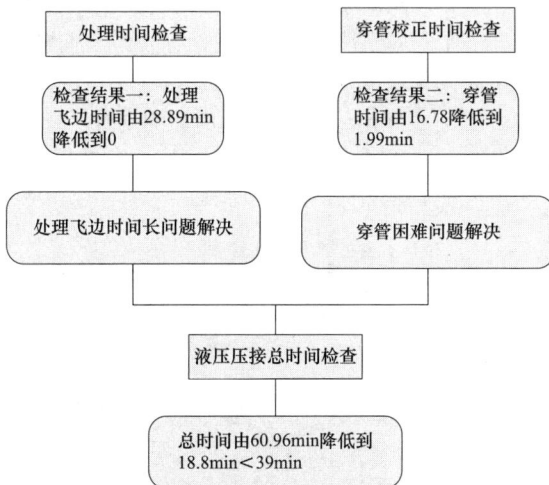

图 1-31 活动后作业时间检查思路图

【持续改进】此处排列图中显示"处理"和"穿管校正"两个部分已经变为次要问题，超标次数最多的变成了"放置"和"压接"两个问题，虽然症结问题得到解决，但是在活动前"放置"和"压接"并未出现如此大的超标频次，什么原因导致了这两个环节的超标频次骤然上升，应当明确。

根据以上的检查，活动后的作业总时间有明显的下降，平均为 $0.61+3.54+4.74+8.69+1.18=18.8\text{min}<39\text{min}$。

低于目标设定的 39min，画出折线图，如图 1-32 所示。

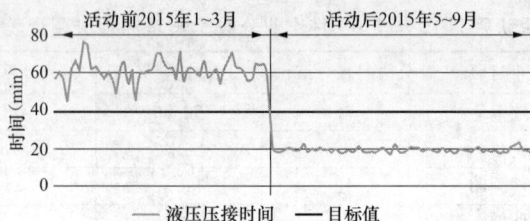

图 1-32　活动前后液压压接作业时间对比折线图

由折线图图 1-31 可以看出，活动后液压压接时间均在目标值以下，完成了活动总目标，与目标值对比柱状图如图 1-33 所示。

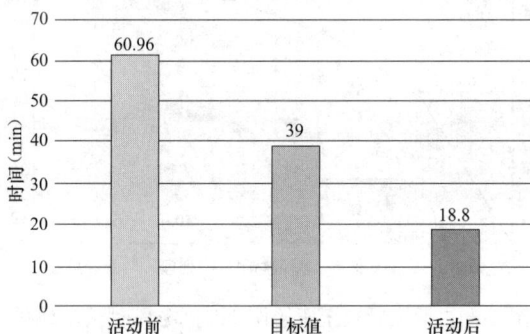

图 1-33　活动总目标检查柱状图

由目标检查柱状图 1-33 也可以看出小组活动的目标实现了。

检查结果三：活动总目标实现了。

另外，活动前需要 4 人进行液压压接作业（穿管时 1 人推动线夹，2 人扶稳导线；液压时 1 人操作液压机，1 人扶稳线夹，2 人扶稳导线），活动后仅需要 2 人即可完成（测量时 1 人即可；穿管时 1 人操作辅助穿管平台即可；液压时 1 人操作液压机，1 人观察液压状况即可；不需要处理）。在作业人数上也由 4 人减少至 2 人，节省了时间的同时，减少了劳动力。

（二）效益分析

1. 经济效益（见表 1-50）

表 1-50　　　　　　　　　经济效益分析

	收益		支出
	活动前	活动后	
作业人数	4 人	2 人	5210 元 （4200 元材料费及加工费＋1010 元差旅费）
作业时间	每次 60.96min	每次 18.8min，共 7 天	
人工成本	500 元/人·天		
活动期收益	5~9 月共进行作业 42 次，共节约 $2\times7\times500+42\times40.56\div60\div8\times500\times2=10549$ 元		
活动期经济效益	$10549-5210=5339$ 元		

4. 计算经济效益需要注意：一是正确界定计算经济效益的期限；二是实事求是客观计算产生的实际效益。

经济效益应按活动期＋巩固期计算，不可进行推算。社会效益可从安全、环保、服务等方面进行评估。

该课题在经济效益分析阶段没有考虑到厂家加工所需要费用，经济效益计算不准确。

2．社会效益

（1）缩短了作业时间，保证了工期进度，为超、特高压变电站的快速建设、停电检修提供了可靠保障。

（2）创新制作出了钢芯铝绞线液压压接辅助穿管平台，为同行业检修现场作业降低了难度、提供了方便，提高了工作效率。

（3）本课题解决液压压接后处理飞边的问题，是使用一层塑料布包裹铝管进行压接，该方法简单、方便、成本低，是对原有工艺的改良，在电力系统行业值得进行推广应用，消除飞边，以提高行业整体该项作业的工作效率。

九、巩固措施

（1）编制出了《SSY-1440 设备线夹液压压接穿管辅助平台使用说明书》。

（2）SSY-1440 设备线夹液压压接穿管辅助平台的使用，已纳入 N 省电力公司检修公司《SSY-1440 设备线夹液压压接作业指导书》（豫电检修〔2015〕27 号）。

（3）编制出了《N 省电力公司检修公司 SSY-1440 设备线夹液压压接技术标准》（豫电检修〔2015〕28 号）。

（4）本课题解决液压压接后处理问题的方法——液压前在铝管外包裹一层塑料布来消除飞边，该新方法已经形成论文，已经在国家级期刊《中国高新技术企业》2015 年第 28 期发表，如下页所示。

（5）本课题解决液压压接后处理问题的方法——液压前在铝管外包裹一层塑料布来消除飞边的工艺新方法在 2015 年"国家电网公司青年创新创意大赛"中，获得 N 省电力公司的银奖，国网公司级别获得铜奖。

（6）本课题解决液压压接后处理问题的方法——液压前在铝管外包裹一层塑料布来消除飞边，该新方法也申请了发明专利。

（7）该课题解决穿管困难问题所制作的穿管辅助平台，申请了发明专利和实用新型专利各 1 项。

（8）巩固期检查通过以上的各项标准化等巩固措施，从 2015 年 10 月 15 日到 12 月 10 日，小组成员对课题成果进行了为期两个月的巩固，对这两个月内液压压接作业的情况进行了跟踪统计。统计数据见表 1-51。

表 1-51　　活动巩固期 2015 年 10～12 月作业时间统计表

序号	变电站	负责人	日期	作业时间（min）					总时长（min）
				测量画印	放置	穿管校正	压接	处理	
1	仓颉变电站	E	10.15	0.5	4	4	8	0.5	17
2	仓颉变电站	E	10.15	1	4	3	8	0.5	16.5
3	仓颉变电站	E	10.15	0.5	5	4	8	0.5	18
4	仓颉变电站	E	10.15	0.5	5	3.5	8	0.4	17.4

关于巩固措施：

巩固措施的主要作用是巩固所取得的成果，防止问题再发生，内容包括：一是有效措施的标准化；二是检验标准化措施正确执行。有效措施标准化是把对策表中通过实施已经证明了的有效措施（如变更的工作方法、操作标准；变更的有关参数、图纸、资料、规章制度等）报有关主管部门批准，纳入企业相关标准，或将有效措施纳入班组作业指导书、办法、制度等。制定巩固措施需要注意两点：一是要将措施、落实情况形成文件清晰表述，忌用笼统语言表述不准确的、不具有可操作性的措施；二是标准化措施跟踪要用数据说明成果巩固状况，确保取得的成果真正得到巩固，并维持在良好的水平上。

【持续改进】

1．巩固措施的描述

续表

不具体，如作业指导书的编撰修订未向技术部门、安监部门等报备批准。

2. 申请专利是对知识产权的保护，不宜作为巩固措施。

3. 巩固措施除了将好的做法巩固延续之外还应观察原来的做法是否持续有效，是否有改进的地方，切实做到把好做法巩固下来，持续改进。

序号	变电站	负责人	日期	作业时间（min）					总时长（min）
				测量画印	放置	穿管校正	压接	处理	
5	仓颉变电站	E	10月15日	0.5	5	2.5	8	0.5	16.5
6	仓颉变电站	E	10月15日	0.5	4	4	9	0.5	18
7	仓颉变电站	C	10月26日	0.5	4.5	3.5	8	0.5	17
8	仓颉变电站	C	10月26日	0.5	5	5	9	0.6	20.1
9	仓颉变电站	C	10月26日	0.5	4	3	8	0.5	16
10	仓颉变电站	C	10月26日	0.5	5	4	9	0.5	19
11	仓颉变电站	C	10月26日	0.5	6	4	8	0.5	19
12	仓颉变电站	C	10月26日	0.5	4	3	9	0.5	17
13	周口变电站	G	11月5日	0.5	5	2	8	0.4	15.9
14	周口变电站	G	11月5日	0.5	4	3	9	0.5	17
15	周口变电站	G	11月5日	0.5	4	4	8	0.5	17
16	周口变电站	G	11月5日	0.5	5	4	9	0.5	18
17	周口变电站	G	11月5日	1	4	5	9	0.4	19.4
18	周口变电站	G	11月5日	1	4	3.5	8	0.5	17
19	嵩山变电站	E	11月14日	0.5	7	2.5	9	0.5	19.5
20	嵩山变电站	E	11月14日	0.4	5	6	9	0.6	21
21	嵩山变电站	E	11月14日	0.5	5	3	8	0.5	17
22	嵩山变电站	E	11月14日	0.5	4.5	4	10	0.5	19.5
23	嵩山变电站	E	11月14日	0.5	4	4	8	0.5	17
24	嵩山变电站	E	11月14日	1	4	3	8	0.5	16.5
25	庄周变电站	D	11月22日	0.5	6	2	9	0.5	18
26	庄周变电站	D	11月22日	0.5	4	3.5	8	0.5	16.5
27	庄周变电站	D	11月22日	0.5	4	4	9	0.6	18.1
28	庄周变电站	D	11月22日	0.6	4	5	8	0.4	18
29	庄周变电站	D	11月22日	0.5	4	3	9	0.5	19
30	庄周变电站	D	11月22日	0.5	4	3	8	0.5	16
31	陕州变电站	F	12月4日	0.5	6	2.5	8	0.5	17.5
32	陕州变电站	F	12月4日	0.5	4	4	9	0.5	18
33	陕州变电站	F	12月4日	0.5	4	3	9	0.4	16.9
34	陕州变电站	F	12月4日	0.5	4	4	9	0.5	18
35	陕州变电站	F	12月4日	0.5	5	3	8	0.5	17
36	陕州变电站	F	12月4日	0.5	3.5	2.5	9	0.4	15.9
平均值（min）				0.56	4.60	3.5	8.53	0.50	17.69

根据以上的数据统计表，绘制出折线图，如图 1-34 所示。

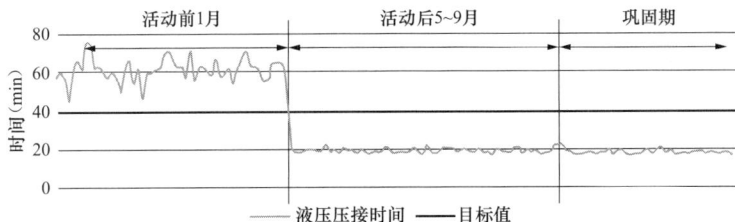

图 1-34　活动前、活动后、巩固期作业时间对比折线图

由折线图 1-34 可以看出，巩固期 10～12 月的作业时间也都在目标值以下，作业时间比活动后的 5～9 月更加稳定，巩固期效果达到预期。

十、总结和下一步打算

1. 总结

通过小组成员的共同努力，经过研讨、大量的实验、设计、试用、改进、验证等环节，最终成功解决了 SSY-1440 设备线夹液压压接时间长的难题，有效缩短了液压压接时间。

小组成员各方面有了提升。在团队的整体素质及个人素质方面，通过此次活动，小组每个成员在 QC 知识、团队协作精神、沟通协调能力、创新意识、专业技术水平等方面都有显著提升，雷达图如图 1-35 所示。

在管理方面，本小组通过组长的统一指挥、合理计划，通过 PDCA 循环逐步推进计划的实施，对 QC 工作的流程有了更加清楚的认识，大家协同工作，共同完成了此次的活动。在管理方面，本小组取得了非常有意义的经验和积累。

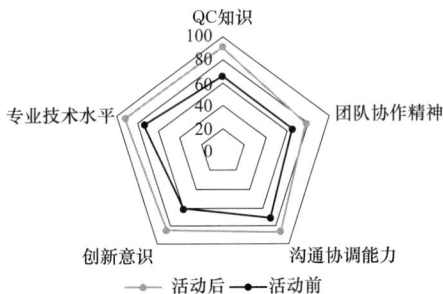

图 1-35　QC 活动小组成员 QC 知识等能力提升雷达图

在技术方面，通过大家的共同努力，解决了导致压接时间长的原因——穿管时间长、处理时间长，通过制作助力穿管支架辅助穿管作业以缩短作业时间，通过采取在铝管外包裹聚乙烯塑料布来消除飞边的方法省去压接后处理的环节，用这些方法真正降低了作业时间，本次 QC 活动圆满成功。

2. 下一步打算

今后本小组还将继续积极投入到 QC 活动中，在活动中目标检查时发现处理和穿管校正时间已经变为次要问题，而放置和压接则变为了主要问题，因此明年计划对液压压接再进行一些改进，拟定课题为《研制钢芯铝绞线液压压接专用平台》。

提高业扩服务时限达标率

市场一班 QC 小组

一、综合评价

(一)课题简述

该课题是小组针对本班组 2014 年业扩服务时限不达标,不能满足 S 省电力公司将业扩服务时限达标率中"每月业扩服务时限达标率不低于 99%"的要求而确定的。小组成员全员参与、分工清晰,遵循 PDCA 程序,每个步骤基于数据、信息等客观事实进行调查、分析、评价与决策,应用统计工具,群策群力,经过近一年持续不断地质量改进和创新活动,有效将业扩报装时限达标率从活动前的 97.5% 提高到 99.6%,实现了小组活动的目标,同时缩短了业扩报装时间,提升了客户的满意度,降低了投诉风险,树立了企业良好的社会形象。

(二)过程简介

该课题是攻关型课题,课题以事实为依据,用数据说话,严格按照 PDCA 程序开展活动,每个步骤环环相扣、循环往复、阶梯上升。

1. 选题方面

小组按照指令性课题步骤简明扼要地阐述了小组当前的实际情况与上级单位目标要求存在的差距,并根据上级要求设定活动目标;通过目标可行性分析,层层分析查找症结,最终找到了造成业扩服务时限达标率低的两个症结问题:高压客户"业扩报装方案答复时间长"和"竣工验收时间长"。

2. 原因分析方面

围绕问题症结分析原因,考虑到影响两条症结的因素之间的关联性较强,通过关联图分析共找到 8 条末端因素;针对找到的 8 条末端因素,小组制定了要因确认计划表,通过采取现场验证、调查(分析)与现场测试(测量)等方法,对收集的 8 个末端因素逐个进行确认;通过合理的验证标准最终确定了两条主要原因:"业扩流程预知时间短"和"客户附近电网情况预判正确率低"。

3. 对策与实施方面

对确定的两条要因分别提出对策方案,从经济性、实施性和有效性等方面进行综合对比,最终确定了将"实行业扩预约服务卡"和"建立 GIS 系统掌机作业平台"作为解决问题症结的对策。按照对策表中的对策措施栏目逐条实施,并且在对策实施后对每条对策的效果进行确认。

4. 效果方面

按照对策表中的对策逐条实施后,对课题设定的目标值进行检查,同时对活动实施前后的情况进行对比检查,除此之外对经济效益、社会效益进行了分析检查,最后对安全、质量、管理方面可能存在的影响风险进行了检查。为巩固小组活动成果,首先将对策表中通过实施已证明为行之有效的措施进行固化,报有关部门审批纳入企业相关标准,并在有效措施纳入标准化后,对课

题效果进行持续检查，确保取得的成果真正得到巩固，并维持在良好的水平上；最后，小组从专业技术、管理技术、综合素质三个方面对本次活动进行了全面总结，在此基础上，明确了下一步活动的努力方向，确定了下一次活动的课题。

二、主要特点与改进机会

（一）主要特点

小组选题简单明确，理由充分，课题以事实为依据，用数据说话，制定对策经过方案优化。尽管存在一定不足，但仍体现了小组主动服务于公司生产现场的宗旨和开展质量活动的进取精神。

（二）改进机会

1. 程序方面

（1）选择课题步骤。该课题为指令性课题，即由上级主管部门或领导根据组织（部门）的实际需要，以行政指令的形式向小组下达的课题。该课题中缺少上级单位对该指标要求的具体文号或标准名称，且调查数据来源缺少计算依据。

（2）目标可行性分析步骤。目标可行性分析中，应对分析的分层进行明确，有横向分层，有纵向分层，但在该课题中分层略显杂乱。另外，目标确定的依据，关键是看小组对症结的把控程度，因此报告中应当有对症结的对比和评估。

（3）分析原因步骤。在目标可行性分析阶段，找到了两条症结问题，影响这两条症结问题的各因素之间互相关联，而关联图是根据事物之间横向因果逻辑关系找出主要问题最合适的方法。该课题中，关联图的使用存在三个方面的问题。一是部分因素间的因果逻辑关系不紧密，例如"无业扩报装绩效考核制度"不是"责任心不强的"的原因；二是部分末端因素没有分析到可以直接采取对策，例如"客户附近电网情况预判正确率低"；三是因素描述不规范，例如"计划性弱，工作不能提前开展"。

（4）确定主要原因步骤。确认计划中确认方法不当。确认要因常用的方法有三种，现场测试（测量）、现场验证、调查（分析），对于人员方面的因素，可以设计调查表，进行调查、分析，取得数据来分析。例如，"缺少作业指导书"的判定，应到现场按照当前有效作业指导书的要求进行试验，取得数据，分析证明当前作业指导书的规定不影响症结，才能判定"缺少作业指导书"不是要因。而不应该检查作业指导书（该课题是《运行管理标准》）的有无情况作为判定的依据。整个确认过程缺少质量管理工具的应用，仅仅用到了简易图表，应尝试多种工具来进行总结展现。没有依据末端因素对问题症结的影响程度来判定是否是要因。如"业扩流程预知时间短"的判定，在进行现场测试取得数据后与标准进行比较，如果数据不符合规程要求，也不要轻易判定为要因，还要再进一步统计分析"业扩流程预知时间短"在 10 次业扩流程预知时间中所占比例程度，比例较大的判定是要因。

（5）制定对策步骤。在对策选择中，一是各种对策提出只展示了结果，未展现过程和统计技术应用。建议使用亲和图提出方案。二是方案对比不直观，数据对比不清晰，这里可以用到矩阵图。

（6）效果检查步骤。效果检查中，对特性值的检查周期应当与目标可行性分析中的数据周期一致，即目标可行性分析中调查了 6 个月的数据，这里也要检查 6 个月的数据，该课题中只检查了 4 个月数据，略显不严谨。

2. 统计方法方面

（1）饼分图。如果数据系列中出现零值，则该系列不需要在调查表中体现。另外，虽然饼分

图对绘制的类别数目没有限制，但该课题中缺陷项目超过 4 项，建议用排列图更加直观明了。

（2）直方图。直方图是频数直方图的简称。是一种通过对大量计量值数据进行整理加工，用图形直观形象地把质量分布规律表示出来，根据其分布形态，分析判断过程质量是否稳定的统计方法。在绘制直方图的过程中，要严格遵循绘制步骤，该课题没有展示直方图的绘制过程，比如极差的确定、组距的确定等。直方图绘制不规范、上下限的控制未明确。另外以时间作为测量单位不严谨。

名词解释

（1）业扩服务时限达标率＝每月（未超时限的当月已归档新装、增容流程数／当月已归档新装、增容流程数总和）×100％的加权平均值。

（2）业扩服务时限超时：业扩报装服务时限包含供电方案答复时限、设计文件审核时限、中间检查时限、竣工验收时限、装表接电时限，任一时限超期均视为该业扩业务超时。业扩报装流程服务时限标准见表2-1。

表2-1　　　　　　　业扩报装流程服务时限标准

业扩流程环节	供电方案答复	设计文件审核	中间检查	竣工验收	装表接电
时限要求	不超过15个工作日	不超过20工作日	不超过5工作日	不超过5工作日	不超过7工作日

课题背景

近年来S省电力公司电量增长动力不足，省公司围绕"提升效益"的目标提出了"深耕细作·双增双节"的要求，业扩报装工作作为客户和供电企业建立供用电关系的首要环节更是"双增"活动的重中之重。

2014年，S省电力公司将业扩服务时限达标率作为班组对标的一项重要指标。省公司每月会对业扩服务时限达标率完成情况进行公布。因此，提高班组对标水平，提升业扩报装速度，力争早供早售、多供多售，成为当前业扩工作的首要目标。

小组概况（见表2-2）

表2-2　　　　　　　　　小　组　概　况

小组名称	客户服务分中心市场一班QC小组		组长		A
课题名称	提高业扩服务时限达标率		所属部门		客户服务分中心
成立日期	2013.1.10	注册日期	2014.1.24	注册编号	SDJINI14ykf0301
课题类型	攻关型	出勤率	100％	活动次数	24次
活动周期	2014.1.10～2014.12.30	平均活动时间	2小时	QC培训次数	4次
人员简介					
姓名	年龄	文化程度	职称	职务	组内职务
A	46	本科	技师	班长	组长，方案设计
B	27	研究生	高级工	技术员	方案设计
C	27	本科	高级工	安全员	成果整理
D	31	本科	高级工	班员	活动实施
E	45	研究生	高级工程师	主任	方案审查
F	41	本科	高级政工师	书记	方案审查
G	46	本科	技师	主任	方案审查

续表

姓名	年龄	文化程度	职称	职务	组内职务
H	46	本科	技师	专责	收集数据
J	41	本科	技师	所长	整理资料
K	46	中专	技师	所长	整理资料
L	46	本科	技师	专工	方案实施
M	38	本科	技师	专工	方案实施
N	28	本科	高级工	班员	方案实施
P	45	本科	高级技师	班员	对策实施
Q	44	本科	技师	班员	方案实施

关于选择课题：

选择课题需要注意以下三个方面：一是课题宜小不宜大；二是课题名称应一目了然地看出要解决什么问题，不抽象；三是选题理由要充分且简明扼要。

小组通过对 2013 年 7～12 月业扩服务时限达标率作为样本期进行统计，利用折线图形象地反映出选题的必要性，理由充分、简明扼要，课题名称也一目了然地看出是要解决什么问题，不抽象。

【持续改进】S 省电力公司对业扩服务时限达标率的规定不具体（缺少文号或标准版本号）。数据缺乏必要的调查依据，百分数是如何计算得来的需要数据支撑。

一、选择课题（如图 2-1 所示）

公司班组对标 → S省电力公司班组对标体系明确业扩服务时限达标率为班组对标指标，S省电力公司济宁供电公司要求：每月业扩服务时限达标率不低于99%

表2　2013年7月～2013年12月业扩服务时限达标率统计表

月份	7	8	9	10	11	12	平均
业扩服务时限达标率(%)	99.2	97.4	99.3	96.1	96.3	96.8	97.5

课题现状 →

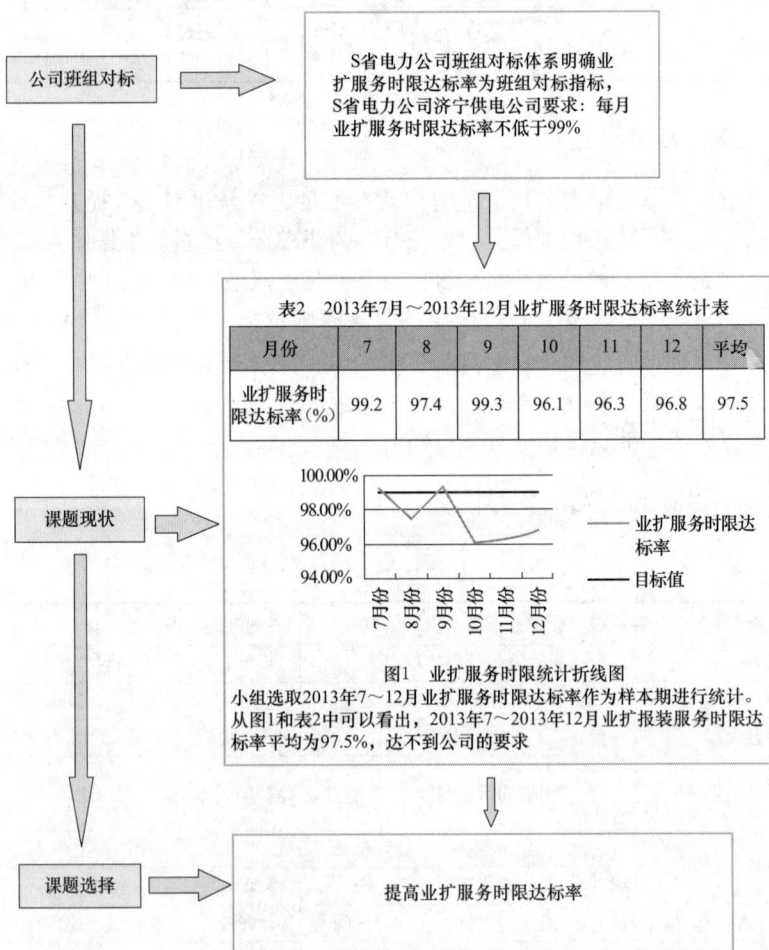

图1　业扩服务时限统计折线图

小组选取2013年7～12月业扩服务时限达标率作为样本期进行统计。从图1和表2中可以看出，2013年7～2013年12月业扩报装服务时限达标率平均为97.5%，达不到公司的要求

课题选择 → 提高业扩服务时限达标率

图 2-1　课题选择

二、设定目标

根据 S 省电力公司营销班组对标要求，小组将本次 QC 活动的目标值设定为 99%。活动前和目标值示意图如图 2-2 所示。

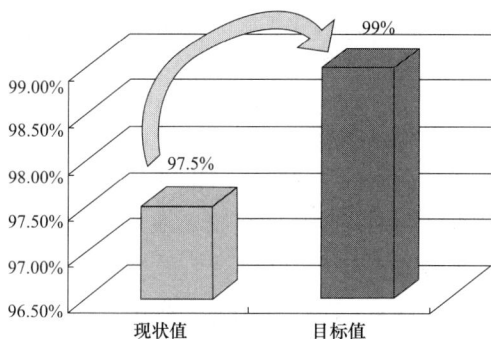

图 2-2　业扩服务时限达标率目标值设定图

三、目标可行性分析

（1）小组以 2013 年 7～12 月为样本期，对业扩服务时限达标率进行统计分析，见表 2-3 和图 2-3 所示。

表 2-3　　　　2013 年 7～12 月业扩服务时限达标率统计表

月份	达标数/个	超时数/个	总数/个	业扩服务时限达标率（%）
7	131	1	132	99.2
8	151	4	155	97.4
9	141	1	142	99.3
10	124	5	129	96.1
11	130	5	135	96.3
12	121	4	125	96.8
合计	798	20	818	97.5

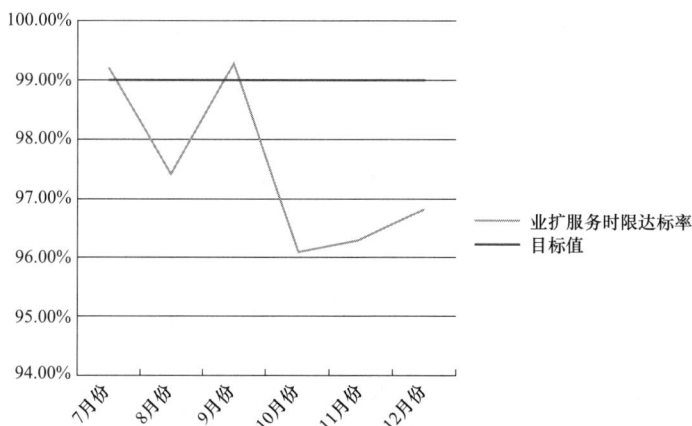

图 2-3　业扩服务时限达标率折线图

从统计表 2-3 中可以看出，2013 年 7～12 月份的业扩服务时限达标率只有 7 月份和 9 月份业扩服务时限达标率达到了公司对该指标的要求，其余月份业扩服务时限达标率均在 99% 以下，平均为 97.5%，不能满足公司对该指标的要求。

关于设定目标：

QC 小组开展质量改进活动，设定目标的目的是明确努力方向，避免活动的盲目性。按照活动目标来源不同可以分为自定目标与指令性目标，而指令性目标可分为两种情况：一是上级以指令形式下达给小组的活动目标，二是小组直接选定的上级考核指标。

该课题小组以 S 省电力公司规定"每月业扩服务时限达标率不低于 99%"作为活动依据，是指令性目标，做到了目标量化、目标设定与课题一致，符合指令性活动程序及要求。

关于目标可行性分析：

按照指令性课题的既定步骤，在设定目标之后将进行目标可行性分析。此步骤与自定目标课题的现状调查步骤不完全相同。相同之处在于都需要对当前状况进行深入调查、分析，查找出问题的症结所在。不同之处在于，指令性课题需要通过目标可行性分析对目标能否实现做进一步说明，而现状调查的一个重要作用是为目标设定提供依据。

结论：2013 年 7～12 月份业扩服务时限达标率不能满足公司要求。

（2）业扩报装业务按照电压等级可以分为高压业扩报装和低压业扩报装。小组成员 Q 对 2013 年业扩报装时限达标率情况按照高压业务和低压业务类型进行统计，统计结果见表 2-4 和如图 2-4 所示。从表 2-4 数据中可以看出，2013 年业扩服务时限不达标客户为 20 户，且这 20 户均为高压业扩报装用户。低压业扩报装业务中没有出现不达标的客户，其业扩服务时限达标率为 100%。

表 2-4 **2013 年业扩服务时限达标情况统计表**

月份	高压业扩报装业务				低压业扩报装业务			
	达标数/个	超时数/个	合计/个	达标率（%）	达标数/个	超时数/个	合计/个	达标率（%）
7	28	1	29	96.6	103	0	103	100
8	28	4	32	87.5	123	0	123	100
9	29	1	30	96.7	112	0	112	100
10	24	5	29	82.8	100	0	100	100
11	22	5	27	81.5	108	0	108	100
12	27	4	31	87.1	94	0	94	100
合计	158	20	178	88.8	640	0	640	100

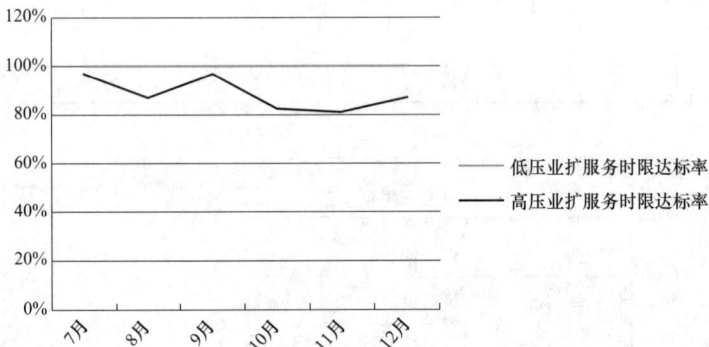

图 2-4　高、低压业扩服务时限达标率统计图

结论：造成业扩服务时限达标率低的原因是高压业扩报装服务时限达标率不合格。

（3）为了更好地掌握高压业扩报装服务时限不达标的具体情况，我们对高压业扩报装流程进行了分析，如图 2-5 所示。高压业扩报装业扩服务时限包含供电方案答复时限、设计文件审核时限、中间检查时限、竣工验收时限、装表接电时限，任一时限超期均将视为超时工作单。小组成员 J、C 对 2013 年 13 户业扩服务时限不达标客户业扩报装各流程环节时限进行调查，调查表见表 2-5（超时记为 1，不超时记为 0）。由表 2-5 统计分析业扩报装各环节时限超期情况，见表 2-6，业扩服务时限超期饼分图如图 6 所示。从表 6 和图 6 看出，业扩服务时限不达标客

户中方案答复和竣工验收超时分别占不达标客户的 45％和 40％，共计占不达标客户的 85％。

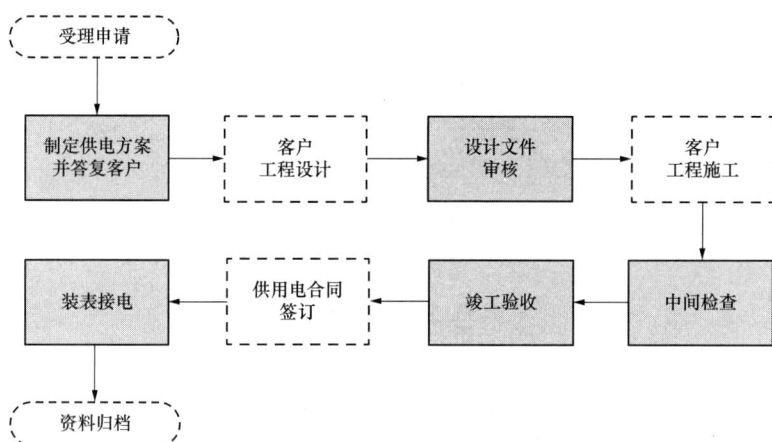

图 2-5　业扩报装流程图

表 2-5　客户业扩报装时限不达标原因调查表

序号	户名	方案答复超时（≤15工作日）	设计审核超时（≤20工作日）	中间检查超时（≤5工作日）	竣工验收超时（≤5工作日）	装表接电超时（≤7工作日）
1	兖州市漕河镇绿源食品公司	1	0	0	0	0
2	兖州市漕河镇顺达路桥公司	0	0	0	1	0
3	兖州市华胜纸制品有限公司	0	0	0	0	0
4	兖州利得石业有限公司	0	0	0	1	0
…	…	…	…	…	…	…
17	兖州康泉食品有限公司	0	0	0	1	0
18	兖州市通海纸箱厂	0	0	1	0	0
19	兖州市得胜有限公司	1	0	0	0	0
20	兖州市第十三中学	0	0	0	0	1
	合计	9	0	2	8	1

QC 工具运用——流程图：流程图是将一个过程，如工艺过程、检验过程、质量过程等的步骤用图的形式表示出来。通过对一个过程中各步骤之间关系的研究，发现潜在的原因，找到需要质量改进的环节。流程图可以用于从材料流向产品销售和售后服务的全过程所有方面，可以用来描述现有的过程，也可以用来设计一个新的过程，流程图在 QC 小组活动中和质量改进活动中都有广泛的应用。

【持续改进】该课题中流程图绘制不规范，缺少必要的"决策"环节。

QC 工具运用——饼分图：饼分图也叫饼图、圆形图，是一种把数据的构成按比例用圆的扇形面积来表示的图形。各扇形面积表示的百分率加起来应是 100%，即整个圆形面积。每个饼分图应仅有一个要绘制的数据系列，要绘制的数值不应有负值，也几乎没有零值。绘制的类别数目无限制，各类别分别代表整个饼图的一部分，通常各个部分需要标注百分比。

【持续改进】该课题中"设计审核超时"为零值，不需要在调查表中体现。

表 2-6　　　　　　　业扩服务时限超期统计表

序号	项目	超时数目/个	比例（%）
1	方案答复超时	9	45
2	竣工验收超时	8	40
3	中间检查超时	2	10
4	装表接电超时	1	5
5	设计审核超时	0	0
合计		20	100

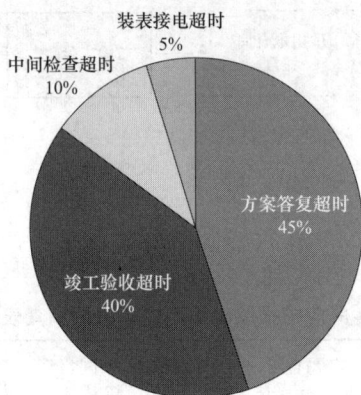

图 2-6　业扩服务时限超期饼分图

结论：业扩报装方案答复和竣工验收时间长是导致业扩服务时限达标率低的主要症结。

从以上分析中可以看出，只要将业扩报装方案答复和竣工验收这两个环节超时问题解决，就能使业扩报装服务时限达标率达到 99%。

（1）历史指标纵向对比。小组对 2013 年 7～12 月份业扩报装服务时限达标率进行了统计，见表 2-7。从表 2-5 的统计数据中可以看出，业扩服务时限达标率在 7 月份和 9 月份均在 99% 以上，达到了小组设定的目标值。

表 2-7　　　　　　　业扩服务时限达标率统计表

月份	7	8	9	10	11	12
业扩服务时限达标率（%）	99.2	97.4	99.3	96.1	96.3	96.8

（2）同专业横向对比。通过与同专业对比，我们了解到 2013 年 S 省电力公司标杆班组济宁供电公司高新分中心市场二班业扩服务时限达标率完成值一直为 100%。小组成员有着丰富的 QC 活动经验，能够熟练运用 QC 方法和工具解决问题，有较强的创新能力，并且本次活动目标明确、小组成员主动参与性较高，通过与标杆班组市场二班的沟通与交流，我们有信心实现设定的目标。

（3）车间领导支持。车间领导对此次 QC 活动很重视，从资金和技术上给予了极大的关注和支持。

四、分析原因

小组全体成员针对影响业扩服务时限达标率的主要症结，运用头脑风暴法，集思广益，进行充分的讨论，共找到了8条末端因素，绘制的关联图如图2-7所示。

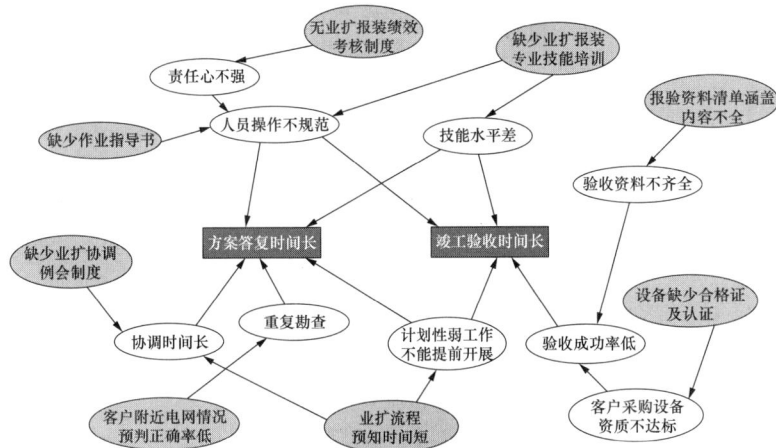

图 2-7　原因分析关联图

小组确定的末端因素共有8项，见表2-8。

表 2-8　　　　　　　　原因分析末端因素统计表

序号	末端因素	序号	末端因素
1	缺少业扩报装专业技能培训	5	设备缺少合格证及认证
2	无业扩报装绩效考核制度	6	缺少业扩协调例会制度
3	缺少作业指导书	7	业扩流程预知时间短
4	报验资料清单涵盖内容不全	8	客户附近电网情况预判正确率低

五、确定主要原因

1. 绘制要因确认表

小组成员 A、C、B 等通过采取现场实验、现场调查与现场测试等方法，对收集的8个末端因素逐个进行确认，通过合理的验证标准确定主要原因。小组制定了要因确认计划表，内容见表2-9。

表 2-9　　　　　　　　　　要 因 确 认 表

序号	末端因素	确认标准	标准出处	确认方法	日期	确认人
1	缺少业扩报装专业技能培训	（1）每人年平均培训时间：理论培训不少于12学时，实操培训不少于12学时，事故分析不少于8学时（2）培训综合考试合格率100%	《国网济宁供电公司业扩报装人员技术培训考核细则》	现场调查	2014.3.14	A C

关于原因分析：

分析原因的作用是，通过对问题产生原因的分析，全面查找影响问题的原因所在，为下一步确认要因打好基础。在分析原因时要注意"针对问题的症结分析原因"，目标可行性分析时，如果已经分析出问题的症结所在，就应针对该症结分析原因；"分析原因要彻底"，原因要层层展开分析，一直分析到末端原因，而末端原因应该是具体的、能够确认的，并可以直接采取对策的；"要展示问题的全貌"，分析原因要从各种角度把有影响的原因都找出来，尽量避免遗漏；"要正确、恰当地应用统计工具"，分析原因时常用的方法有因果图、树图和关联图三种工具。

该课题中小组开展头脑风暴，并采用关联图对目标可行性分析确定的两个症结问题开展原因分析，找到8条末端因素，工具应用恰当、规范，各因素间逻辑关系基本正确。

QC工具运用——关联图：关联图又叫关系图，是根据逻辑关系理清复杂问题，

整理语言文字资料的一种方法。关联图是运用于关系复杂、因素之间相互关联的原因与结果或目的的与手段等单一或多个问题的图示技术。关联图是把现象与问题有关系的各种因素串联起来的图形。通过关联图可以找出与此问题有关系的一切要素，从而进一步抓住重点问题并寻求解决对策，是根据事物之间横向因果逻辑关系找出主要问题的最合适的方法。

【持续改进】一是部分因素间的因果逻辑关系不紧密，例如"无业扩报装绩效考核制度"不是"责任心不强的"的原因。二是部分末端因素没有分析到可以直接采取对策，例如"客户附近电网情况预判正确率低"，怎样做才能提高预判呢？三是因素描述不规范，例如"计划性弱，工作不能提前开展"。

关于确定主要原因：

在原因分析中的所有末端因素，有的是主要因素，有的是次要因素，有的是没有影响的因素（无关因素）。确定主要原因就是把确实影响问题的主要原因找出来，将

续表

序号	末端因素	确认标准	标准出处	确认方法	日期	确认人
2	无业扩报装绩效考核制度	制定业扩报装绩效考核制度且绩效考核每月一次	《国网济宁供电公司经济责任制考核标准》	现场调查	2014.3.17	A Q
3	缺少作业指导书	（1）作业指导书满足国网公司要求（2）作业指导书内容100％覆盖工作范围	《国家电网公司营销班组标准作业指导书》	现场调查	2014.3.17	H C
4	报验资料清单涵盖内容不全	报验资料清单包含必备的竣工图等9项资料	《S省电力公司业扩报装管理工作实施细则》	现场调查	2014.3.18	Q P
5	设备缺少合格证及认证	竣工报验登记表中无缺少设备客户设备合格证、相关认证的记录	《国网济宁供电公司业扩报装管理工作规范》	现场调查	2014.3.19	H B
6	缺少业扩协调例会制度	业扩调度会每月至少两次	《国网济宁供电公司业扩报装人员安全技术培训考核细则》	现场调查	2014.3.21	H Q
7	业扩流程预知时间短	业扩人员在5个工作日前预知方案答复和竣工验收环节	《S省电力公司业扩报装管理工作实施细则》	现场测试	2014.3.25	A B
8	客户附近电网情况预判正确率低	客户附近电网情况预判正确率达到100％	《S省电力公司业扩报装管理工作实施细则》	现场测试	2014.3.27	Q C

2. 要因确认过程（见表2-10～表2-17）

表2-10　　　　　要 因 确 认 一

要因确认：缺少业扩报装专业技能培训					
确认人	A C	调查时间	2014.3.14	确认方法	现场调查

续表

<table>
<tr><td rowspan="14">确认情况</td><td colspan="5">（1）小组成员 A、C 通过翻阅培训记录，调取全员大讲堂档案材料，做出培训时间调查表。</td></tr>
<tr><td>培训类型</td><td>培训课</td><td>培训内容</td><td>参训人数</td><td>培训学时</td></tr>
<tr><td rowspan="4">理论培训</td><td>10kV 业扩工程电气部分设计审查</td><td>10kV 业扩工程电气部设计审查标准</td><td>32</td><td>2</td></tr>
<tr><td>…</td><td>…</td><td>…</td><td>…</td></tr>
<tr><td>配电室选址的设计审查</td><td>10kV 业扩工程中配电室设计审查的标准</td><td>32</td><td>1.5</td></tr>
<tr><td colspan="3">合计</td><td>13</td></tr>
<tr><td rowspan="4">实操培训</td><td>客户用电容量及供电电压等级的确定</td><td>现场勘查时客户用电容量及供电电压等级的确定</td><td>32</td><td>2</td></tr>
<tr><td>…</td><td>…</td><td>…</td><td>…</td></tr>
<tr><td>业扩工程中高压电器验收</td><td>业扩工程中高压电器的验收要求</td><td>32</td><td>2</td></tr>
<tr><td colspan="3">合计 .</td><td>13.5</td></tr>
<tr><td rowspan="4">事故分析</td><td>福建宁德电业局"3.7"人身事故</td><td>分析福建宁德电业局"3.7"人身事故原因，总结教训</td><td>32</td><td>1.5</td></tr>
<tr><td>…</td><td>…</td><td>…</td><td>…</td></tr>
<tr><td>湖北襄阳供电公司"9.26"人身死亡事故</td><td>分析湖北襄阳供电公司"9.26"人身死亡事故原因，总结教训</td><td>32</td><td>2</td></tr>
<tr><td colspan="3">合计</td><td>9</td></tr>
<tr><td colspan="4">合计</td><td>35.5</td></tr>
</table>

绘制培训时间对标条形图如下：

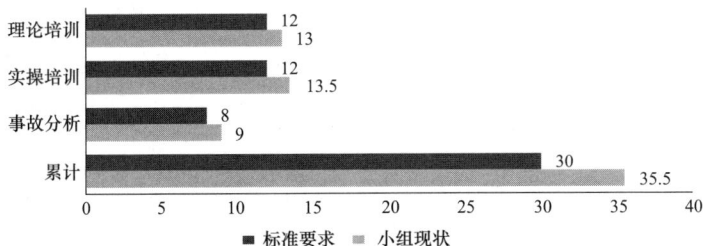

从上图可以看出，理论培训、实操培训、事故分析三项培训学时分别为 12 学时、12 个学时和 8 个学时，均超过标准要求。

（2）小组成员 A、C 调取业扩报装人员培训综合考试成绩记录（综合考试成绩＝专业技术理论成绩×50％＋专业技术实际操作成绩×50％），结果见下表。

目前状态良好、对存在问题影响不大的原因排除掉，以便为下一步制定对策提供依据。否则对所有的原因都要制定对策加以实施，会造成人力、物力、财力上的浪费，加大了解决问题的难度，延长了解决问题的时间。

确定主要原因的步骤：（1）收集所有的末端原因，识别并排除小组能力范围以外的原因；（2）对每个末端原因进行逐条确认，必要时可制订要因确认计划；（3）依据末端原因对问题或问题症结影响程度判断是否为主要原因。

该课题中小组针对所有 8 条末端因素制定了要因确认（计划）表，规定了确认标准和标准来源，并逐一开展了要因确认。确认过程注重用数据予以分析、展现，符合 QC 活动"以事实为依据，用数据说话"以及"应用统计方法"的要求。

续表

序号	姓名	理论成绩	操作成绩	综合成绩	成绩评定
1	C	98	96	97.5	优秀
2	B	98	98	98	优秀
3	A	100	97	98.5	优秀
4	D	97	92	94.5	优秀
5	E	95	95	95	优秀
6	G	94	92	93	优秀
7	H	92	90	91	优秀
8	Q	96	90	93	优秀
9	J	95	93	92	优秀
10	K	0	94	92	优秀

【持续改进】

（1）确认计划中确认方法不当。确认要因常用的方法有三种，一是现场测试（测量），就是到现场通过亲自测试、测量，取得数据，与标准进行比较，看其符合程度来证明，一般用于机器、材料、环境因素判断。二是现场验证，就是到现场通过试验取得的数据来证明，一般用于方法（工艺标准）因素判断，此类确认往往是在其他因素不变的情况下进行对比试验，根据结果有无明显差异来判断是否为要因。三是调查、分析，对于人员方面的因素，可以设计调查表，进行调查、分析，取得数据来分析。如"缺少作业指导书"的判定，应到现场按照当前有效作业指导书的要求进行试验，取得数据，分析证明当前作业指导书的规定不影响症结，才能判定"缺少作业指导书"不是要因。而不应该检查作业指导书（该课题是《运行管理标准》）的有无情况作为判定的依据。

确认情况：从表 2-11 中可以看出，小组成员综合考试合格率 100%，且均为优秀，满足业扩工作开展需要。

确认标准：1. 每人年平均培训时间：理论培训不少于 12 学时，实操培训不少于 12 学时，事故分析不少于 8 学时。2. 培训综合考试合格率 100%

确认分析：1. 小组成员年均理论培训、实操培训、事故分析三项培训时间均达到了标准要求。2. 小组成员培训综合考试成绩合格率达到 100%，且均为优秀，达到了标准要求

结论：非要因

表 2-11　　　　要 因 确 认 二

要因确认：无业扩报装绩效考核制度

确认人	A、Q	调查时间	2014.3.17	确认方法	现场调查

确认情况：市场一班调查了班组资料，制定了业扩报装绩效考核制度，且业扩报装人员绩效考核每月一次，见下图。符合国网济宁供电公司经济责任制考核标准要求

确认标准：制定业扩报装绩效考核制度且绩效考核每月一次

确认分析：具备业扩报装绩效考核制度，业扩报装人员绩效考核每月一次，且均合格

结论：非要因

表 2-12　　　　　　　　要 因 确 认 三

要因确认：缺少作业指导书					
确认人	H　C	调查时间	2014.3.17	确认方法	现场调查

小组成员 H、C 将现有作业指导书汇总如下图所示。

与国网公司要求的标准进行比对，符合国网公司业扩作业指导书标准要求。

小组日常工作范围及作业指导书情况统计见下表：

作业内容	作业指导书有无	作业指导书名称	覆盖率
现场勘查	有	高压业扩工程现场勘查作业指导书	
中间检查	有	高压业扩工程中间检查作业指导书	
竣工验收	有	高压业扩工程竣工验收作业指导书	100%
装表送电	有	高压业扩工程送电作业指导书	
MISS 系统操作	有	营销业务应用系统营销业务标准化作业指导书	

作业指导书覆盖率见下图：

标准	████████████████ 100%
现状	████████████████ 100%

经统计，工作范围内的作业指导书覆盖率已经达到 100%，满足要求

确认标准

(1) 作业指导书满足国网公司要求

(2) 作业指导书内容 100% 覆盖工作范围

确认分析

工作范围内的作业指导书满足国网公司要求，且 100% 覆盖工作范围，满足标准要求

结论

非要因

（2）整个确认过程缺少质量管理工具的应用，仅仅用到了简易图表，应尝试运用多种工具来进行总结展现。

表 2-13　　　　　　　　　　要 因 确 认 四

要因确认：报验资料清单涵盖内容不全					
确认人	Q　P	调查时间	2014.3.18	确认方法	现场调查

<table>
<tr><td rowspan="14">确认情况</td><td colspan="5">（1）小组成员 Q、P 审查了市场一班现有的竣工报验资料清单，见下表：</td></tr>
</table>

（1）小组成员 Q、P 审查了市场一班现有的竣工报验资料清单，见下表：

序号	资料名称
1	客户竣工验收申请书
2	工程竣工图及说明
3	变更设计说明
4	隐蔽工程的施工及试验记录
5	电气试验及保护整定调试报告
6	电气工程监理报告和质量监督报告
7	安全用具的试验报告
8	运行管理的有关规定和制度
9	具备进网作业资质的值班人员名单及记录
10	其他

将现有的竣工报验资料清单与国网公司要求的 9 项必备资料进行了对比，发现资料清单涵盖了国网公司必备的 9 项资料。

（2）小组成员翻阅了业扩服务时限超时的 20 个客户的业扩工程档案，对竣工报验资料清单情况进行了统计，见下表：

序号	用户名称	竣工验收所需 9 项资料
1	兖州市漕河镇绿源食品公司	有
2	兖州市漕河镇顺达路桥公司	有
...	...	有
18	兖州市通海纸箱厂	有
19	兖州市得胜有限公司	有
20	兖州市第十三中学	有

经统计，对业扩服务时限超时的 20 个客户均已提供包含必备的竣工图等 9 项验收资料，满足要求

确认标准	竣工报验资料清单包含必备的竣工图等 9 项资料
确认分析	竣工报验资料清单包含必备的竣工图等 9 项资料，且均已向客户提供竣工报验资料清单，符合标准要求
结论	非要因

表 2-14 　　　　　　 要 因 确 认 五

要因确认：设备缺少合格证及认证					
确认人	H　B	调查时间	2014.3.19	确认方法	现场调查
确认情况	小组成员 H、B 翻阅了业扩服务时限超时的 20 个客户的业扩工程档案，对竣工报验登记表情况进行了统计，见下表： 表格如下： 经统计，对 20 户客户档案资料中无缺少设备合格证、相关认证的记录，客户设备合格证及认证达到 100％					
确认标准	竣工报验登记表中无缺少设备客户设备合格证、相关认证的记录					
确认分析	业扩服务时限超时的 20 个客户的业扩工程档案无缺少设备合格证、相关认证的记录，符合标准要求					
结论	非要因					

（确认情况中嵌入表格）

序号	用户名称	设备合格证、相关认证
1	兖州市漕河镇绿源食品公司	有
2	兖州市漕河镇顺达路桥公司	有
3	兖州市华胜纸制品有限公司	有
4	兖州利得石业有限公司	有
…	…	…
17	兖州康泉食品有限公司	有
18	兖州市通海纸箱厂	有
19	兖州市得胜有限公司	有
20	兖州市第十三中学	有

表 2-15 　　　　　　 要 因 确 认 六

要因确认：缺少业扩协调例会制度					
确认人	H　Q	调查时间	2014.3.21	确认方法	现场调查
确认情况	小组成员 H、Q 查找资料，发现公司就业扩调度例会制度下发过相关文件，如下所示： **济宁供电公司** **关于下发《业扩工作调度例会管理规定（试行）》的** **通　知** 公司各有关部门、单位： 　　为深入贯彻落实集团公司、公司关于大力开拓售电市场的工作要求，强化跨专业协同配合能力，公司决定定期组织召开业扩工作调度会，及时解决制约业扩报装服务问题，提升业扩报装服务效率。现将《济宁供电公司业扩工作调度例会管理规定（试行）》印发给你们，请遵照执行。 　　　　　　　　　　　　　山东电力集团公司济宁供电公司					

续表

	按照上述管理制度公司业扩会每周进行一次，且为了加强协同配合，客户服务分中心与兖州运检室每周联合进行一次业扩调度例会，通报业扩方案及业扩工程中存在的问题。客户服务分中心与兖州运检室业扩调度例会纪要如下所示：
确认情况	
确认标准	业扩调度会每月至少两次
确认分析	客户服务分中心与兖州运检室每周联合进行一次业扩调度例会，符合标准要求
结论	非要因

（3）没有依据末端因素对问题症结的影响程度来判定是否是要因。如"业扩流程预知时间短"的判定，在进行现场测试取得数据后与标准进行比较，如果数据不符合规程要求，也不要轻易判定为要因，还要再进一步统计分析"业扩流程预知时间短"在 10 次业扩流程预知时间中所占比例程度，比例较大判定是要因。

"客户附近电网情况预判正确率低"因素的判定存在同样不足。

表 2-16　　　　　要 因 确 认 七

要因确认：业扩流程预知时间短					
确认人	A　B	调查时间	2014.3.25	确认方法	现场测试

<table>
<tr><td rowspan="12">确认情况</td><td colspan="4">小组成员 A、B 对 3 月份在途业扩工程进行方案答复和竣工验收环节时间预判，业扩流程预知时间统计表如下：</td></tr>
<tr><td>序号</td><td>客户名称</td><td>环节名称</td><td>预知工作日数</td></tr>
<tr><td>1</td><td>兖州市文化广电新闻出版局</td><td>方案答复</td><td>3</td></tr>
<tr><td>2</td><td>兖州市宏鑫塑编厂</td><td>竣工验收</td><td>0（无法预知）</td></tr>
<tr><td>3</td><td>S省兖州市兴达酒业有限公司</td><td>方案答复</td><td>2</td></tr>
<tr><td>4</td><td>兖州市勤业化工有限公司</td><td>竣工验收</td><td>0（无法预知）</td></tr>
<tr><td>5</td><td>兖州市聚鑫源商贸城有限公司</td><td>竣工验收</td><td>0（无法预知）</td></tr>
<tr><td>6</td><td>兖州市林兴工贸有限公司</td><td>竣工验收</td><td>2</td></tr>
<tr><td>7</td><td>兖州市金地房地产开发有限公司</td><td>竣工验收</td><td>0（无法预知）</td></tr>
<tr><td>8</td><td>兖州市畅通加油站</td><td>方案答复</td><td>0（无法预知）</td></tr>
<tr><td>9</td><td>兖州市新星耐磨材料有限公司</td><td>竣工验收</td><td>1</td></tr>
<tr><td>10</td><td>S澳星重工有限公司</td><td>竣工验收</td><td>0（无法预知）</td></tr>
<tr><td colspan="4">业扩流程预知时间对比图如下：</td></tr>
</table>

续表

确认情况	
	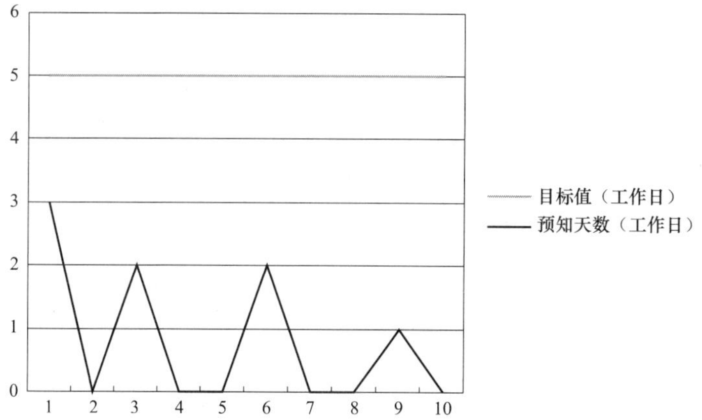 由统计表可以看出，很多业扩工程流程进行时间业扩人员无法预知，而能够预知的流程环节也仅在3天左右。而每周业扩调度例会需通告下周业扩工作开展情况，部分业扩工程需等待业扩调度例会通告，因此现有预知天数远不能达到业扩工作要求
确认标准	业扩人员在5个工作日前预知将要进行方案答复和竣工验收环节
确认分析	业扩人员对现有业扩工程环节的预知天数在3个工作日左右，且部分无法预知，不能符合标准要求
结论	要因

表 2-17　　　　　　　　要 因 确 认 八

要因确认：客户附近电网情况预判正确率低				
确认人	Q　C	调查时间	2014.3.27	确认方法	现场测试

确认情况	小组人员 Q、C 拟定兖州市范围内的 10 个业扩报装地点，让业扩人员对附近 1km 内的高压线路数量、线路接入能力进行预判，然后小组成员进行实地勘查，确定接入方案，与预判进行比较，确定预判的正确性，客户电网情况预判正确性统计表如下：

预判准确性		地址	合计	百分比（%）
正确		兖州市经济开发区大禹北路与西安中路交汇处	4	40
		兖州市建设东路 272 号		
		兖州市建设东路 36 号		
		兖州市代家村北大禹路西		
错误		兖州市建设路牛旺立交桥东头路南	6	60
		兖州市中御桥北路北关广场		
		兖州市新驿镇工业园		
		兖州市水坑村东北		
		兖州市新兖镇刘家村西南		
		兖州市小孟镇机械工业园入口处		
合计			0	

续表

	客户电网情况预判正确率条形图如下：
确认情况	 由统计表 2-17 和图 2-13 看出业扩人员对业扩报装地点附近电网情况预判正确率仅为 40％，预判正确率较低，达不到标准要求
确认标准	客户附近电网情况预判正确率达到 100％
确认分析	业扩人员对业扩报装地点附近电网情况正确性仅为 40％，无法提前确认报装点附近电网情况，不能符合标准要求
结论	要因

综上所述，通过对所有末端因素进行逐条确认，小组最终确认造成高压客户业扩报装时间长的主要原因为以下两条：

(1) 业扩流程预知时间短；

(2) 客户附近电网情况预判正确率低。

六、制定方案对策

(一) 对策方案选择

小组成员利用头脑风暴法，对确定的两条要因分别提出对策方案，从经济性、实施性和有效性等方面进行综合对比，以确定最优方案。

1. 要因一：业扩流程预知时间短

关于制定对策：

制定对策是确定主要原因后解决问题的具体措施和计划。制定对策必然针对主要原因进行，并针对要因逐条制定对策，必要时，提出对策的多种方案，并进行对策效果的评价和选择。制定对策的步骤分为提出对策、研究确定所采取的对策、制定对策表。制定对策的原则主要有三个方面：(1) 对策的有效性，即该对策应能控制或消除产生问题的原因；(2) 对策的可实施性，即选用的对策是小组可以实施的；(3) 对策的经济性，即对策应尽可能少地投入资金。

表 2-18   要 因 一 对 策 方 案

对策方案一	每周电话联系客户，询问业扩工程实际进展情况		
验证人	B C	验证时间	3 月 28 日
验证	(1) 经济性：需另配置 4 台双接口电话，小组成员对物质供应中心询价，每个为 265 元，共计 265×4＝1060 元。 (2) 实施性：需联系通讯公司开通 4 个电话端口，需要三天的时间。 (3) 工作量：小组平均每人每周需要跟客户平均联系 12 次，增加了小组人员工作量。 (4) 有效性：联系客户次数较多，易造成客户反感，容易引起投诉		
对策方案二	研制基于 MISS 系统的预约服务平台		
验证人	A D	验证时间	3 月 29 日
验证	(1) 经济性：经与专业公司进行咨询，研制基于 MISS 系统的预约服务平台需要花费 13 万元。 (2) 实施性：需要专业公司进行配合，基于 MISS 系统的预约服务平台研制时间需 23 天。 (3) 工作量：需要两名小组人员配合专业公司进行开发。 (4) 有效性：可以根据营销 MIS 系统业扩流程环节自动预约客户，省时省力		

续表

对策方案三	实行业扩预约服务卡		
验证人	P N	验证时间	4 月 2 日
验证	(1) 经济性：小组成员可以自行设计业扩预约服务卡，并交付广告公司进行印刷，每张卡片仅需 1 元。 (2) 实施性：受理客户业务时，即可当面将业扩预约服务卡交付客户，实施较为简单。 (3) 工作量：仅需两人即可完成业扩预约服务卡设计，工作量小。 (4) 有效性：明确各环节和各部门环节时间，可以有效解决问题		

针对业扩流程预知时间短所提出的三种对策方案，通过上述综合比对过程，选择最佳实施方案为：实行业扩预约服务卡。

2. 要因二：客户附近电网情况预判正确率低

表 2-19   要因二对策方案

对策方案一	开发业扩现场勘查辅助作业平台		
验证人	H	验证时间	4 月 3 日
验证方法	(1) 经济性：经与专业公司进行咨询，开发业扩现场勘查辅助作业平台需要花费 31 万元。 (2) 实施性：需要专业公司进行配合，基于 MISS 系统的预约服务平台研制时间需 18 天。 (3) 工作量：需要三名小组人员配合专业公司进行开发。 (4) 有效性：在业扩工程现场勘查时能够清晰确认客户附近电网情况，有效提高客户附近电网情况预判正确性		
对策方案二	研制 GIS 系统掌机作业平台		
验证人	J K	验证时间	4 月 4 日
验证	(1) 经济性：需要从网上下载编程语言安装包，无费用支出。 (2) 实施性：小组成员有计算机专业人员，程序开发及调试时间为 7 天。 (3) 工作量：需要四名小组人员参与。 (4) 有效性：在业扩工程现场勘查时能够清晰确认客户附近电网情况，有效提高客户附近电网情况预判正确性		
验证	(1) 经济性：需要从网上下载编程语言安装包，无费用支出。 (2) 实施性：小组成员有计算机专业人员，程序开发及调试时间为 7 天。 (3) 工作量：需要四名小组人员参与。 (4) 有效性：在业扩工程现场勘查时能够清晰确认客户附近电网情况，有效提高客户附近电网情况预判正确性		

针对客户附近电网情况预判正确率低所提出的几种对策方案，通过上述综合比对过程，选择最佳实施方案为：研制 GIS 系统掌机作业平台。

3. 研制 GIS 系统掌机作业平台方案分解

小组成员针对要因二选择的研制 GIS 系统掌机作业平台方案进行了分析讨论，确定了设计方案，如图 2-8 所示。

该课题中小组依据确认的两条要因，从经济性、实施性、工作量、有效性开展了对策选优，最终确定了最优对策，并制定了对策表。对策表制作基本规范，符合 QC 活动的基本要求。

【持续改进】(1) 对策提出只展示了结果，未展现过程和统计技术应用。建议使用亲和图提出方案。(2) 方案对比不直观，数据对比不清晰，这里可以用到矩阵图。

在"研制 GIS 系统掌机作业平台方案分解"中缺少数据支撑，仅仅是语言描述并且不准确，如"设备通用性较好""定位精度高"等，这里缺乏质量管理活动的严谨性。

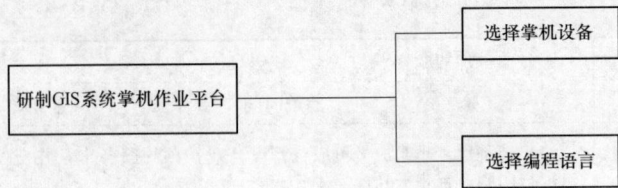

图 2-8　设计方案

（1）选择掌机设备。班组成员通过头脑风暴法对掌机设备进行选择，见表 2-20。鉴于班组已有 GPS 定位仪，以及 GPS 定位仪定位精度高的优点，小组掌机设备选择 GPS 定位仪。

表 2-20　　　　　　　　　　掌 机 设 备 对 比 表

掌机设备	掌机设备评估		选择结果
	优点	缺点	
手机	设备通用性较好，携带方便	与外网产生连接，造成信息安全漏洞，定位精度低	一般
平板	设备通用性性好，携带方便	与外网产生连接，造成信息安全漏洞，定位精度低	一般
GPS 定位仪	定位精度高，携带方便。而且班组已有 GPS 定位仪	设备通用性稍差，仅支持特定型号的定位仪	最佳

（2）选择编程语言。班组成员通过头脑风暴法对掌机设备进行选择，见表 2-21。鉴于 window Ce 编程语言的优势，以及小组成员熟悉程度，最终选择 window Ce 编程语言。

表 2-21　　　　　　　　　　编 程 语 言 对 比 表

编程语言	编程语言评估		选择结果
	优点	缺点	
VC++	功能强大的可视化应用程序开发工具；面向过程开发，以函数为中心，简单有效；面向过程开发，以函数为中心，简单有效	应用于掌机操作 Windows mobile 系统需专业技术人员转换	一般
Window Ce	直接编译生成可执行代码，编译速度快；网络开发支持、面向对象，开发效率高；该语言所编写的程序运行稳定、防病毒能力强；小组成员比较熟悉	帮助系统稍有欠缺	最佳
PB	数据访问中具有无可比拟的灵活性	应用于掌机操作 Windows mobile 系统，需专业技术人员帮助	一般

（二）制定对策

小组根据 5W1H 原则制定对策表，见表 2-22。

表 2-22　　　　　　　　　　　对　策　表

序号	要因	对策	目标	措施	负责人	地点	完成时限
1	业扩流程预知时间短	实行业扩预约服务卡	客户报装方案答复、竣工验收时间提前5个工作日预知	（1）与客户签订客户"点餐式"预约服务卡； （2）与协同单位签订内部"预约"服务卡	GHQK	市场一班	2014.4.12—2014.4.30
2	客户附近电网情况预判正确率低	建立GIS系统掌机作业平台	客户附近电网情况预判正确率达到100%	（1）安装window Ce语言； （2）从GIS系统将兖州电网地理信息图导入到GPS掌机定位仪； （3）对GIS系统掌机作业平台进行测试调试	ACMD	营业大厅市场一班	2014.5.6—2014.5.31

七、对策实施

小组成员根据确定的对策组织实施

（一）实施一

要因　业扩流程预知时间短

对策　实行业扩预约服务卡

1. 实施具体步骤

与客户签订业扩"点餐式"预约服务卡。

对外，以客户用电需求时间为服务时限，为客户提供业扩"点餐式"预约服务，服务卡如图 2-9 所示。

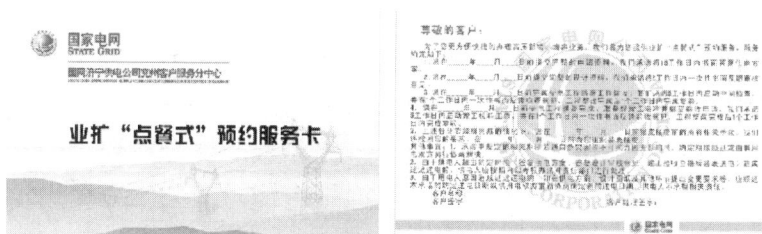

图 2-9　业扩"点餐式"预约服务卡

客户提出用电申请时，向客户提供业扩"点餐式"预约服务，客户可自愿选择是否签订。在选择签订服务卡时，与客户协商确定方案答复、设计审查、施工、验收、送电等流程节点的完成时间，并约定供用电人的权利、义务。通过服务卡确定各环节接点时间，方便了业扩人员提前开展工作。

（3）对策表虽基本符合要求，但仍存在不足。对策的目标值设定没全部选取对策自身的特性值。在此，在理解 5W1H 时理解为对策（WHAT）、目标（WHY）、措施（HOW）、负责人（WHO）、地点（WHERE）、时间（WHEN），没错，但是没有理解到深意，如 WHEN，理解为时间，即什么时间去做事，很少有人理解为做事的最佳时机。就该课题来说，与客户签订客户"点餐式"预约服务卡可以与"1. 安装 window Ce 语言"同步进行。

关于对策实施：

实施对策阶段的主要工作：一是按照对策表的对策逐一实施；二是每条对策的实施要按照对策表中的措施栏目逐条实施；三是每条对策在实施完成后要立即确认结果；四是确认没有达到对策表中所定的目标时，要评价措施的有效性，必要时要修正所采取的措施。

该课题中小组严格按照对策表中的措施栏目逐条实施，实施过程中也注重数据的收集和整理，并运用直方图等工具、方法，

对照对策目标进行验证，并逐一交代了对策目标的实现情况。基本符合 QC 活动程序要求。

【持续改进】对策实施过程过于简单。有没有遇到困难？分析解决、优化提效的过程没有展示，缺少可圈可点的地方。

QC 工具运用——直方图：直方图是频数直方图的简称。是一种通过对大量计量值数据进行整理加工，用图形直观形象地把质量分布规律表示出来，根据其分布形态，分析判断过程质量是否稳定的统计方法。是用一系列宽度相等、高度不等的长方形表示数据的图。长方形的宽度表示数据范围的间隔，长方形的高度表示在给定间隔内的数据值。其作用是：显示质量波动的形态；较直观地传递有关过程质量状况的信息；根据质量数据波动情况，掌握过程的能力状况和受控状态，进行过程质量分析。使用直方图遵循的基本步骤是：收集数据；确定数据的极差；确定组距；确定各组的界限值；编制频数分布表；按数据值比例画出横坐标；按频数值比例画纵坐标；按纵坐标画出每个长方形的高度；在直方图

与协同单位签订内部"预约"服务卡

对内，与协同单位签订内部"预约"服务卡，如图 2-10 所示。

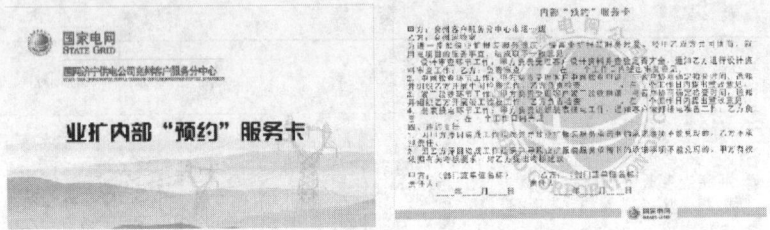

图 2-10　业扩内部"预约"服务卡

供电方案审核通过后，向业扩报装协同部门递交拟定的内部"预约"服务卡，经业扩报装相关协同部门审核后签字确认。明确各环节接点时间，优化、简化协同工作流程，明确各协同单位的响应时限及标准，实现客户需求"即时响应"。

2. 实施结果

通过实行业扩"点餐式"预约服务卡，在受理申请后即可使业扩部门和协同工作部门明晰业扩工程各环节时间节点。

方案答复环节预知工作日效果检查

针对实行业扩"点餐式"预约服务卡的客户，小组成员 B 统计了业扩工作人员对方案答复的预知工作日，结果见表 2-23 和表 2-24。

表 2-23　业扩"点餐式"预约服务卡客户方案答复预知工作日

业扩"点餐式"预约服务卡客户方案答复预知工作日（天）									
5	5	5	5	6	7	7	7	7	7
7	8	8	8	9	9	9	9	9	9
9	9	9	9	9	10	10	10	10	10
10	10	10	10	10	11	11	11	11	11
11	12	12	12	12	12	12	12	13	13
14	14								

表 2-24　业扩"点餐式"预约服务卡客户方案答复预知工作日频数分布表

组号	组界	组中值	频数分布	频数统计 f_i
1	4.5-6.5	5.5	/ / / / /	5
2	6.5-8.5	7.5	/ / / / / / / / /	9
3	8.5-10.5	9.5	/ /	22
4	10.5-12.5	11.5	/ / / / / / / / / / / /	12
5	12.5-14.5	13.5	/ / / /	4
	合计			52

方案答复预知工作直方图如图 2-11 所示。

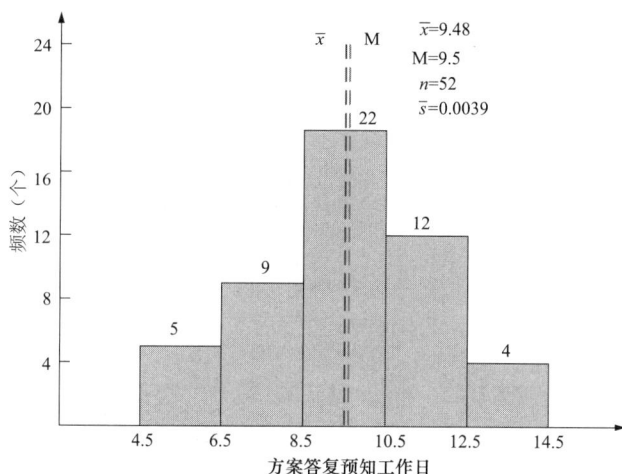

图 2-11　方案答复预知工作日直方图

从表 2-24 和图 2-11 中可以看出，实行业扩"点餐式"预约服务卡后，业扩报装人员对方案答复预知工作日分布中心与公差中心 M 近似重合，平均达到 9.48 个工作日，均大于 5 个工作日，实现了设定目标值，对策成效非常显著。

竣工验收环节预知天数效果检查

针对实行业扩"点餐式"预约服务卡的客户，小组成员 B 统计了业扩工作人员对竣工验收环节的预知工作日，结果见表 2-25 和表 2-26。

表 2-25　　　　业扩预约服务卡客户竣工验收预知工作日

业扩"预约"服务卡客户竣工验收预知工作日（天）									
6	6	7	8	9	9	9	10	11	11
12	12	12	12	13	13	14	14	15	15
15	15	15	15	15	15	15	15	16	16
16	16	16	16	16	16	17	17	17	18
18	18	19	19	20	20	21	21	22	23
24	26								

表 2-26　业扩预约服务卡客户竣工验收预知工作日频数分布表

组号	组界	组中值	频数分布																					频数统计 f_i
1	5.5-8.5	7	/	/	/	/																			4
2	8.5-11.5	10	/	/	/	/	/	/																	6
3	11.5-14.5	13	/	/	/	/	/	/	/	/															8
4	14.5-17.5	16	/	/	/	/	/	/	/	/	/	/	/	/	/	/	/	/	/	/	/	/	/		21
5	17.5-20.5	19	/	/	/	/	/	/	/																7
6	20.5-23.5	22	/	/	/	/																			4
7	23.5-26.5	25	/	/																					2
合计																									52

上标注出公差上下限、样本数、样本平均值、样本标准偏差值，以及分布中心、公差中心的位置等。

【持续改进】该课题没有展示直方图的绘制过程，比如极差的确定、组距的确定等。直方图绘制不规范，上下限的控制未明确。另外以时间作为测量单位不严谨。

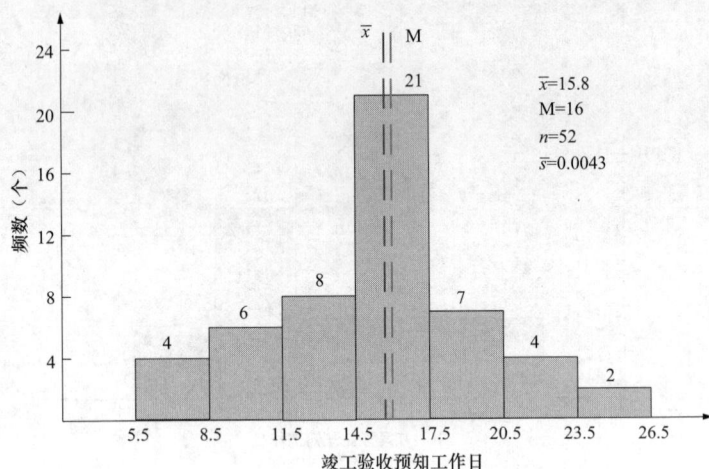

图 2-12　竣工验收预知工作日直方图

从表 2-25 和图 2-12 中可以看出，实行业扩预约服务卡后，业扩报装人员对竣工验收预知工作日分布中心与公差中心 M 近似重合，平均达到了 15.8 个工作日，均大于 5 个工作日，实现了设定目标值，对策成效非常显著。

3. 其他方面核查

☞实施后不影响安全；

☞不影响相关处的质量；

☞不影响管理。

（二）实施二

要因　客户附近电网情况呈现不全面

对策　研制 GIS 系统掌机作业平台

1. 实施具体步骤

（1）安装 window Ce 语言。小组成员 A、C 从网站上下载 window Ce 语言软件，并安装在电脑上。

（2）从 GIS 系统将兖州电网地理信息图导入到 GPS 掌机定位仪。小组成员 A、C 首先将 GIS 系统中的电网地理位置信息从 GIS 系统中导出，导出的文件默认为 TAB 格式。掌机现有系统为 Windows mobile，由于 TAB 文件无法在掌机上应用，将其转换为 MIF 格式文件。

（3）对 GIS 系统掌机作业平台进行测试调试。GIS 掌机定位仪自带经纬度采集功能，小组需要将采样到的经纬度数据和电子地图联系起来。由于采样数据是实时更新的，可以实现在电子地图中的实时定位。利用 window Ce 编制地图信息定位功能，定位程序段部分如图 2-13所示。

2. 实施结果

经过小组成员 C、B 对策实施，GIS 系统掌机作业平台应用界面如图 2-14 所示。

```
GetDiskFreeSpaceEx(Directory:PChar,varFreeAvailable,TotalSpace:
TLargeInteger,TotalFree: Double*nLongitude; // 定义经度

Double*nLongitude; //定义纬度
If (GetDiskFreeSpaceEx>SizeTarget)
Function   TForm1.CleanCardDisk (dri:FromWhere, nLongitude;

nLongitude) int64;//将经纬度坐标植入地图
Var
p:pchar;
i,j,EachClean:integer;
Writesec:sting;
driver:pchar;
fillbyte:Byte;
ActualCleanSize:int64;
begin
result:=0;
driver:=pchar('\\.\'+dri+':');
    p:=allocmem(Size nLongitude;  nLongitude);

    setlength(Size nLongitude;  nLongitude);
```

图 2-13   定位程序段部分

小组成员 C、B 以龙桥变电站附近为例，应用 GIS 系统掌机作业平台能够清晰确认龙桥变电站附近 1000m 的电网情况，如图 2-15 所示。

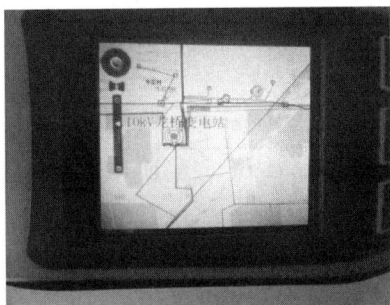

图 2-14   GIS 系统掌机作业平台
应用界面

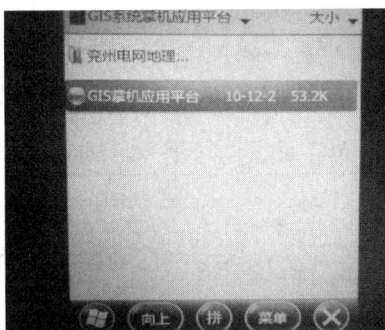

图 2-15   龙桥变电站 1000m
内电网情况

使用 GIS 系统后，小组成员 D 对 5 月份业扩报装用户附近电网情况预判正确性进行了统计，见表 2-27。

表 2-27   方案拟定时间统计表

序号	客户	预判正确性
1	兖州市长安工程机械有限公司	正确
2	兖州市住房保障中心	正确
…	…	…
14	兖州市河源房地产开发有限公司	正确
15	兖州市新璞气流纺织有限公司	正确
客户附近电网情况预判正确率		100%

这一步的实施中，"对 GIS 系统掌机作业平台进行测试调试"应体现出对调试数据的分析，因为一般情况下新编程序存在不稳定性，大部分需要改进，一步到位略显不严谨。

客户附近电网情况预判正确率柱形图如图 2-16 所示。

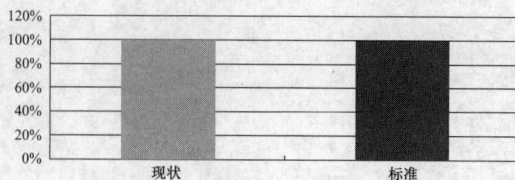

图 2-16　客户附近电网情况预判正确率柱形图

应用 GIS 系统掌机作业平台后，客户报装点附近电网情况预判正确率达到 100%，实现了目标值。

3. 其他方面核查

☞实施后不影响安全；

☞不影响相关处的质量；

☞不影响管理。

八、检查效果

（一）主要问题检查

2014 年 1～3 月，由于经济形势和春节假期营销，班组没有受理高压业扩业务。小组成员 K 对 2014 年 4～7 月份送电的 53 户高压客户业扩报装各环节超时情况进行了统计（超时记为 1，不超时记为 0），见表 2-28。

表 2-28　　　高压客户业扩报装各环节超时情况统计表

序号	客户名称	方案答复天数（≤15工作日）	设计审核天数（≤20工作日）	中间检查天数（≤5工作日）	竣工验收天数（≤5工作日）	装表接电天数（≤7工作日）
1	兖州市华鑫商贸有限公司	0	0	0	0	0
2	兖州大通公用水务有限公司	0	0	1	0	0
3	兖州市天源纸业有限公司	0	0	0	0	0
…	…	…	…	…	…	…
51	兖州市巨力塑编厂	0	0	1	0	0
52	S金植木业有限公司	0	0	0	0	0
53	兖州华煤能源有限公司	0	0	0	0	1
合计		0	0	2	0	1

由表 2-28 统计分析高压业扩各环节时限超时情况，见表 2-29，图 2-17。

表 2-29   方案答复和竣工验收超时统计表

序号	项目	超时数目/个	比例（%）
1	中间检查超时	2	66.7
2	装表接电超时	1	33.3
3	方案答复超时	0	0
4	竣工验收超时	0	0
5	设计审核超时	0	0
合计		3	100

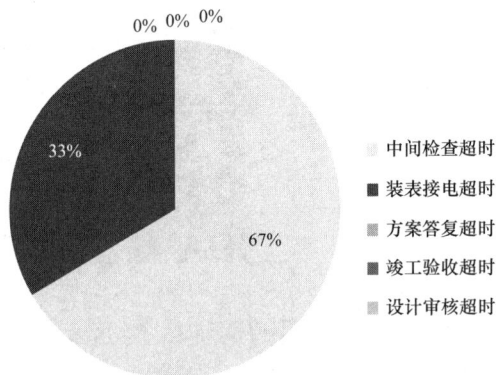

图 2-17   饼分图

从统计表 2-29 中可以看出，对策实施后，送电的高压业扩报装方案答复环节和竣工验收环节均没有出现超时的情况，已非主要问题。

（二）目标值检查

对策实施后，小组成员 N 对对策实施后的业扩报装时限达标情况进行了调查，见表 2-30 和表 2-31。

表 2-30   业扩服务时限达标率统计表

时间段	月份	高压业扩报装业务				低压业扩报装业务				合计			
		达标数/个	超时数/个	合计	达标率（%）	达标数/个	超时数/个	合计	达标率（%）	达标数/个	超时数/个	合计	达标率（%）
活动前	1月	0	0	0	—	103	0	103	100	103	0	103	100
	2月	0	0	0	—	123	0	123	100	123	0	123	100
	3月	0	0	0	—	112	0	112	100	112	0	112	100
活动中	4月	11	1	12	91.7	100	0	100	100	111	1	112	99.1
	5月	14	1	15	93.3	108	0	108	100	122	1	123	99.2
活动后	6月	13	0	13	100	94	0	94	100	107	0	107	100
	7月	15	1	16	93.8	97	0	97	100	112	1	113	99.1
合计		53	3	56	94.6	737	0	737	100	790	3	793	99.6

【持续改进】一是从效果检查中可以看到"高压业扩各环节时限"受不同月份的影响，在目标可行性分析中分析了 6 个月的数据，在此处效果检查时也应有对应 6 个月的数据检查，此处检查了不同的 4 个月的数据，略显不严谨。二是该指标从成果上看是月度指标，那么效果检查时应当看每个月的数据都不能超标才算是活动成功，而不仅仅是看平均值。

表 2-31　　　　　业扩报装服务时限达标统计表

时间段	业扩报装服务时限达标率（%）
实施前	97.5
目标值	99
活动后	99.6

业扩服务时限达标率目标完成情况对比图如图 2-18 所示。

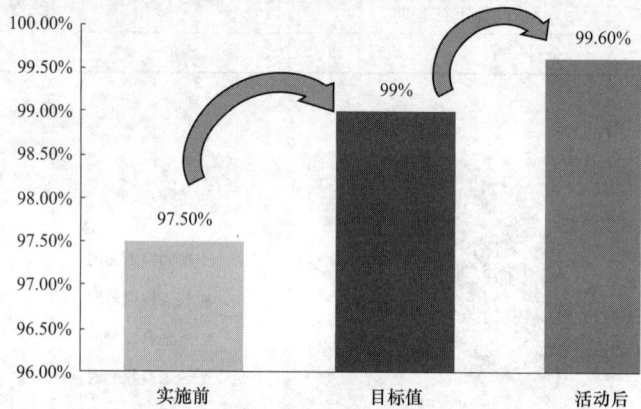

图 2-18　业扩服务时限达标率目标完成情况对比图

通过调查我们发现，对策实施后业扩报装时限达标率从课题实施前的 97.5% 提高到 99.6%，实现了目标值。

（三）效益分析

2013 年高压业扩报装用时统计表见表 2-32。

表 2-32　　　　2013 年高压业扩报装用时统计表

2013 年报装户数	方案答复用时（工作日）	设计审查用时（工作日）	中间检查用时（工作日）	竣工验收用时（工作日）	装表接电用时（工作日）	合计用时（工作日）
133 户	11.4	8.5	3.5	4.1	2	29.5

业扩报装服务时限统计表见表 2-33。

表 2-33　　　　　业扩报装服务时限统计表

月份	户数	平均答复（工作日）	平均设计审查（工作日）	平均中间检查（工作日）	平均验收（工作日）	平均接电（工作日）	合计（工作日）
4	11	5.7	8.8	3.2	2	3	22.7
5	14	5.5	8.2	3.1	2.3	3	22.1
6	13	5.2	7.5	2.4	2	2	19.1
7	15	5	8.2	2.5	2	2	19.7
8	15	5.5	7.5	3	(1) 5	3	20.5
9	15	6	8.6	2.8	2	2	21.4
10	10	5.4	8.5	2	2	2	19.9
11	8	5.6	8	1	(1) 6	3	19.2
12	12	5.8	8.4	2	(1) 5	2	19.7
平均（工作日）							20.5

效益分析中应注重对经济效益的分析，该课题在解决指标问题的同时也提升了工作效率，应对节约成本进行分析。

通过课题的实施，提高了客户服务时限达标率，缩短了客户业扩装时限，相比于 2013 年业扩报装时间平均缩短了 9 天，大大提升了客户的满意度，降低了投诉风险，提高了供电企业在社会的美誉度，树立了企业良好的社会形象。

（四）副作用检查

☞实施后不影响安全；

☞不影响相关处的质量；

☞不影响管理。

九、制定巩固措施

（一）有效措施纳入相应标准

为巩固小组成果，我们制订了一系列执行细则：

（1）小组制定客户服务分中心业扩"点餐式"预约服务卡执行办法（JNYZYX1411），如图 2-19 所示，并经营销部批准。

（2）小组制定客户服务分中心 GIS 系统掌机作业平台应用细则（JNYZYX1415），如图 2-20 所示，并经营销部批准。

图 2-19　客户服务分中心业扩"点餐式"预约服务卡管理办法封面图

图 2-20　客户服务分中心 GIS 系统掌机作业平台应用细则

（二）巩固期内效果检查

有效措施纳入标准化后，小组成员李晋对 2014 年 8～12 月份业扩服务时限达标率进行调查，见表 2-34。

表 2-34　　　　　　　业扩报装时限达标率调查表

月份	高压业扩报装业务				低压业扩报装业务				合计			
	达标数/个	超时数/个	合计	达标率（%）	达标数/个	超时数/个	合计	达标率（%）	达标数/个	超时数/个	合计	达标率（%）
8 月	14	1	15	93.3	141	0	141	100	155	1	156	99.4
9 月	17	1	18	94.4	124	0	124	100	141	1	142	99.3
10 月	16	0	16	100	113	0	113	100	129	0	129	100
11 月	18	1	19	94.7	116	0	116	100	134	0	135	99.3
12 月	15	1	16	93.8	109	0	109	100	124	1	125	99.2

关于巩固措施：

巩固措施的主要作用是巩固所取得的成果，防止问题再发生，内容包括：一是有效措施的标准化；二是检验标准化措施正确执行。有效措施标准化是把对策表中通过实施已经证明了的有效措施（如变更的工作方法、操作标准；变更的有关参数、图纸、资料、规章制度等）报有关主管部门批准，纳入企业相关标准，或将有效措施纳入班组作业指导书、办法、制度等。制定巩固措施需要注意两点：一是要将措施、落实情况形成文件清晰表述，忌用笼统语言表述不准确的、不具有可操作性的措施；二是标准化措施跟踪要用数据说明成果巩固状况，确保取得的成果真正得到巩固，并维持在良好的水平上。该课题在这一方面做得不错。

【持续改进】巩固期的检查不仅仅是对效果的检查，还要对制定巩固措施后，巩固措施执行情况及执行效果进行检查。

关于课题总结：

总结和下步打算的内容主要有：一是全面总结本次 QC 活动；二是提出下步 QC 活动方向，最好能有下一次活动的课题。总结的过程实质是一个提高的过程。通过总结成功经验，有利于今后更好地开展活动；通过吸取失误教训，避免今后的活动走弯路。通过总结，可以鼓舞士气、增强自信、体现自身价值，提高分析问题和解决问题的能力，更好地调动小组成员的积极性和创造性。总结应从专业技术方面、管理技术方面和小组成员的综合素质方面进行。

该课题中小组成员认真总结回顾了活动过程的心得体会和收获，并确定了下一步的努力方向。

【持续改进】QC 小组活动是对质量进行不断改进的过程，其间都体现出前后关联的逻辑性，下一步打算最好是将本次活动中的次要问题或者发现的新问题作为下一步的活动方向，泛泛地提出一个课题未能体现出质量管理活动的本质意义。

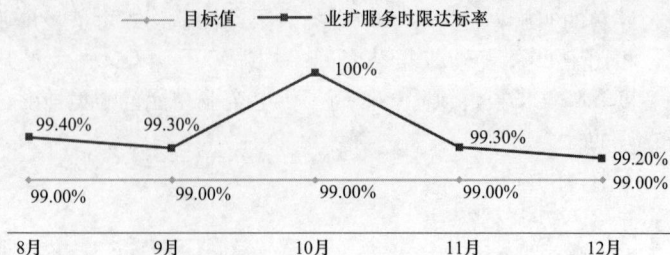

图 2-21　业扩报装时限达标率折线图

从表 2-34 和图 2-21 中可以看出，2014 年 8～12 月份巩固期内业扩服务时限达标率均在 99％以上，始终稳定在小组设定的目标值上。

十、总结及今后打算

（一）总结

（1）专业技术方面：通过开展 QC 活动，普及了对营销 GIS 系统的应用，缩短了客户业扩报装服务时间，使客户业扩服务时限达标率达到了预定目标，提升了班组优质服务水平，提高了用户满意度，并在省公司同类别班组指标对标中取得了较好的成绩。

（2）管理技术方面：小组成员严格按照科学的 PDCA 程序开展活动，灵活运用质量管理分析工具，提高了分析问题及解决问题的能力。经过 QC 活动，我们将得到的成果运用到实际工作中，提高了工作效率和管理水平。

（3）综合素质方面：通过开展 QC 活动，增强了小组成员的 QC 知识，提高了成员的质量意识、攻坚意识、个人能力和团队合作能力。更加激发了 QC 小组成员自觉运用 QC 原理解决实际问题的信心。

（二）下一步打算

通过本次活动，小组成员成功解决了业扩服务时限达标率这一课题，提高了班组对标指标排名。但随着 S 省电力公司对优质服务工作的要求越来越高，下一步小组将继续围绕提高客户服务满意率这一课题，采用 PDCA 循环方法，积极开展 QC 活动，不断创新，不断提升班组优质服务水平。

案例三

计量箱开启智能监测仪的研制

Z 公司联合 QC 小组

一、综合评价

(一) 课题简述

该课题是小组针对计量箱门的异常开启、异常开启计量箱后发生窃电案件发现时间过长的实际工作问题确定的。小组成员遵循 PDCA 程序，应用统计工具，群策群力，经过努力，成功地将用电检查人员获知计量箱开启信息时间由活动前的 6min 降至活动后的 1.03min，达到了课题目标。

(二) 过程简介

该课题是创新型课题，小组活动遵循 PDCA 循环、创新型课题程序规范，小组活动中的每个步骤都能够基于数据分析，统计技术应用恰当，逻辑关系正确，有效解决了生产现场中遇到的实际难题。

1. 选题方面

小组成员对 2014 年 11 月至 2015 年 1 月计量箱门的异常开启进行了统计和分析，发现异常开启计量箱窃电案件占比达 98.17%，且平均发现时间为高达 39 天。为解决这个问题，小组成员明确了课题目的并进行了查新，未发现相关工具和方法，从而确定研制计量箱开启智能监测仪这一课题。课题确定后，对研发活动所要达到的最终效果进行了目标制定和可行性分析。

2. 提出方案并确定最佳方案

小组成员开始对新确定的思路进行整理，提出 3 种方案，确定了基于微处理器的传感器触发报警主题方案后，对方案进行了 5 级分解，以试验数据为基础，确定了最佳方案。之后在通过矢线图确定的作业线路基础上制定了对策表。

3. 对策与实施方面

小组成员按照对策表进行了对策实施，对策实施的全过程充分运用了数据和数理工具，完成了计量箱开启智能监测仪的研制。

4. 效果方面

通过统计 18 个检测点的报警信息，用电检查人员获知计量箱开启信息活动后仅需 1.03min（以收到首条短信信息统计），对比设定的目标值 6min，有效实现了活动目标，同时注意了对创新效果和推广价值的效果检查。小组完成了专利的申请授权、相关作业指导书及管理规范的批准执行，对本次活动中在专业技术、管理技术、人员素质方面的提升效果进行了总结，并对今后打算进行了描述。

二、主要特点与改进机会

(一) 主要特点

1. 小组活动思路清晰，具有严密的逻辑性。小组通过查新获得了活动的开展思路，符合创

新型质量管理活动选题的要求。最佳方案的选择以试验结果为基础，形成了系统方案并纳入了对策表，实施过程利用箭条图法合理安排作业线路，体现了小组扎实的功底。各类数理工具使用广泛，数据较为充分。

2. 小组查新及查新结果应用较好。在课题查新过程中，不但完成了对现有工具的分析判断，明确了现有工具不适用于本次课题要求，更重要的是明确了下一步创新的可借鉴思路，为自行研制计量箱开启智能监测仪打下了理论基础。

（二）改进机会

1. 程序方面

设定目标及目标可行性分析步骤。小组直接将目标值定为了 6min，目标值的设定缺乏依据，建议补充通过查新过程中的设计思路、设备参数等计算目标值，这样更有说服力。

2. 统计方法方面

（1）该课题工具使用过度，各类数理工具应选择最恰当的，而不是越多越好。如该课题在选择单片机时使用了正交实验法，其因素分别为单片机的运行主频、箱门扫描周期和低功耗工作方式，其中运行主频 44、48、52Hz，相差不大，而箱门状态扫描周期因素为 40、45、50ms，相差更是极小，因此完全没有必要使用 2 次正交试验法来确定最佳方案。又如在确定所选电源效果时，为了确定一个稳定输出 $5.0V\pm0.5V$ 直流电压源，不但装设了保护电路，更是统计了 180 组电压输出数据，利用直方图、过程能力指数等工具进行了近 6 页的分析，明显是为了工具而使用工具。

（2）小组成员使用了 2 次正交试验法，但正交试验表的分析方法使用不正确，所使用正交表是日本正交表，必须用方差进行分析。只有中国正交表才可用极差进行分析。

小组概况（见表 3-1）

表 3-1 　　　　　　　　　小 组 概 况

小组名称	Z 公司联合 QC 小组			
活动课题名称	计量箱开启智能监测仪的研制			
注册时间	2015 年 3 月	课题类型	创新型	
活动次数	25 次	出勤率	100％	
小组成员情况				
姓名	性别	学历	职务	组内分工
A	男	大学	组长	组织协调
B	男	研究生	副组长	方案策划
C	男	大学	指导	QC 技法指导
D	男	大学	组员	方案设计
E	男	大学	组员	方案设计
F	男	大学	组员	方案实施
G	男	大学	组员	对策制定
H	女	大学	组员	对策制定
I	男	大学	组员	方案实施
J	男	大学	组员	方案实施
K	男	大学	组员	效果检查
L	男	大学	组员	效果检查
M	女	大学	组员	效果检查
N	男	大学	组员	资料收集
P	男	大学	组员	资料收集
小组获奖情况：				
2013 年度全国电力行业 QC 成果发布一等奖				
2014 年第十届海洋王杯全国 QC 小组发布赛优胜奖（即特等奖）				
2015 年度获得 Z 公司 QC 成果发布一等奖				

一、选择课题

（一）提出问题

（1）计量箱门是管理各类计量装置的"门户"，又是保障安全用电的"屏障"。箱门的异常开启，不仅会给供电企业造成经济损失，还会带来电网和人身的安全隐患。目前，对计量箱门的管理纳入反窃电工作开展。

小组对 2014 年 11 月至 2015 年 1 月窃电案例进行统计，见表 3-2。

表 3-2 　　　　　　窃电方式统计表

窃电方式	异常开启计量箱窃电	其他方式窃电
次数	107	2
百分比％	98.17	1.83

关于小组简介：

小组简介是 QC 活动的第一步，但却不能算作是个步骤之一，应单独列出。小组情况表没有固定格式，一般要列出小组名称、课题名称、注册时间、活动时间、小组成员情况。

在小组成员情况中，要列出成员姓名、学历、职务、分工等内容。性别一栏可不列。

【持续改进】 本次课题所选用小组情况表比较常规，如果能将小组成员的职务和组内分工加以具体化，与其业务特长相结合进行介绍则更好。

关于课题的选择：

"创新型"课题立足于研制原来没有的产品、软件、服务、方法、设备等。因此，在选题时，要发动全体小组成员，运用"头脑风暴法"，打破常规，大胆设想，突破现有产品（服务）、

业务、方法的局限，积极思考，从不同的角度寻求创新的想法和意见。如果是多个课题，小组可以采取少数服从多数或矩阵分析等方法，选择小组成员最感兴趣、更具挑战性的课题，以更好地调动小组成员的积极性与创造性，确保活动的顺利进行。此步是"创新型"课题活动的关键步骤。

饼分图如图 3-1 所示。

结论：异常开启计量箱窃电案件占比 98.17%。

（2）107 起异常开启计量箱窃电案件从异常开启到发现，持续时间统计：平均发现时间为 39 天（56160min）。

（3）计量箱门异常开启发现流程分析，如图 3-2 所示。

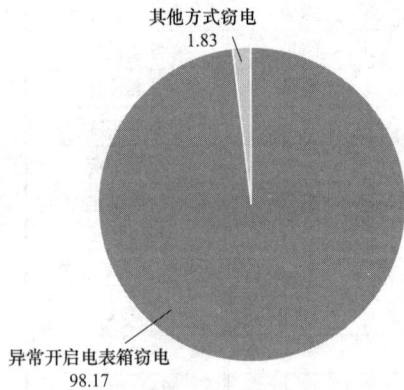

图 3-1　窃电方式统计饼分图

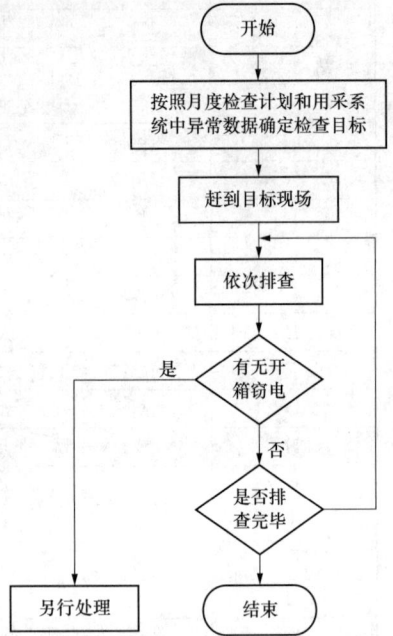

图 3-2　计量箱异常开启获知流程图

市公司共有 45 万用电客户，传统反窃电排查工作量大，存在针对性弱、及时性差等问题，对异常开启计量箱缺少有力的监测手段。

（二）明确课题需求与目的

1. 课题需求

Ⅰ. 监测箱门的开关状态；

Ⅱ. 对箱门开启的合法性进行判断；

Ⅲ. 将箱门开启信息及时告知相关工作人员。

2. 课题目的

小组想通过研制一种计量箱门开启监测仪，实现对计量箱门的实时监测。

（三）课题查新

1. 小组对计量箱开启监测仪产品或文献进行查新（见表 3-3）

关于选择课题理由：

选题理由要用简洁清楚的语言表达出课题的立意与来源，例如，没有可替代的产品及可借鉴的经验，也没有可参考的做法，从而引发了小组成员自己动手创新的想法等。要做到思路清晰，理由直接，用数据交待清楚。

表 3-3　　　　　　　　查 新 情 况 表

查新项目	计量箱箱门开启监测仪	查新人	N
查新机构	淮南创客空间	查新时间	2015.3.15
查新目的：项目鉴定			

续表

一、查新范围 中国专利数据库　中国企业·产品库 中国期刊全文数据库　中国电力科技成果库 百度搜索
二、查新点与查新要求 　　设计计量箱异常开启智能监测仪，将计量箱开启信息发送给用电检查人员，记录开启信息并告警
三、查新结论（详见截图）

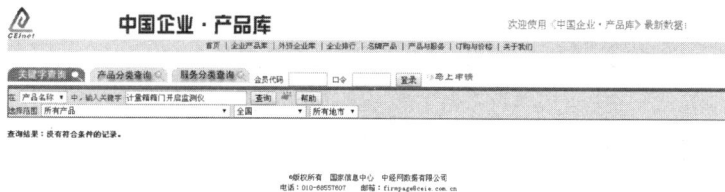

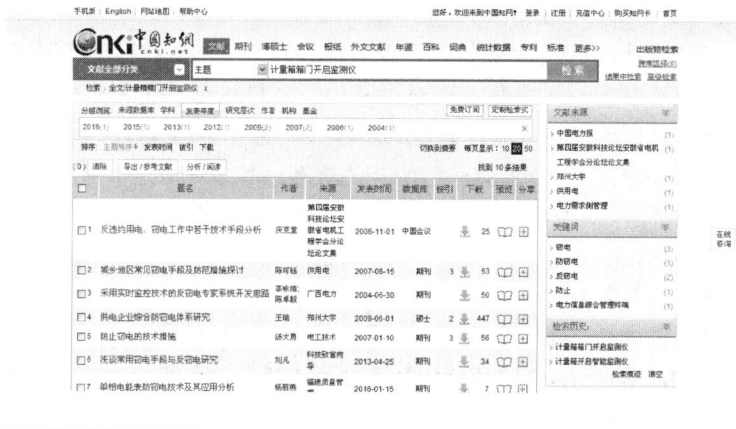

该课题中小组充分调查了工作现场存在的问题，客观地说明了选题的必要性，数据具体，工具恰当，选题来源简明扼要，选题理由充分，课题名称直接，符合创新型课题名称的要求。

关于课题查新：

　　小组针对现有的技术、工艺、技能、方法等无法实现或满足工作任务的实际需求，运用新思维选择的创新课题。

　　小组首先明确了本次课题的需求与目的，在查新的同时寻找课题的创新思路，在没有现成工具、方法的情况下，通过提炼创新思路，确定了课题，符合质量管理相关标准的要求。

续表

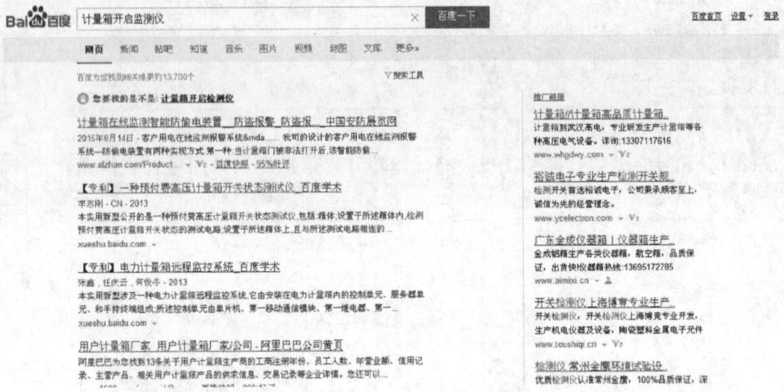

1. 四大数据库里未查到类似专利。
2. 百度搜索里发现一种箱门非法开启直接切断客户电源的装置，不符合《电力法》和《供电营业规则》规定。

经查新，国内未见计量箱开启监测仪产品或文献的报道

2. 寻找课题创新思路

对课题创新思路进行查新，通过企业现有手段分析、网上查新、市场调研多种途径发现，有三种实现远程监控的方式可供借鉴表 3-4。

表 3-4

序号	监测方式	监测原理	合法性判断思路	传输方式
1	用采系统＋智能电能表	通过监测电表内部位置开关的异动，记录表盖开门时间和次数	表盖正常情况下不允许开启，计量箱存在正常工作开启情况，无合法性判断	主信道：光纤内网＋载波通道 备用信道：移动网络
2	智能门磁	通过磁场变化来监测门的状态	通过手机 APP 进行合法性判断	WiFi、移动网络
3	网络摄像机	通过实时画面与预设画面的比对来实现异动监测	无合法性判断	WiFi 或移动网络

3. 提炼创新思路

（1）"用电信息采集系统＋智能电能表"，可以记录表盖打开次数和时间，虽然表盖正常情况下不允许开启，计量箱存在正常工作开启情况，但是其监测原理（通过监测电表内部位置开关的异动）可供借鉴；能够实现课题需求Ⅰ. 监测箱门的开关状态；其多种信道传输方式能够实现课题需求Ⅲ. 将箱门开启信息及时告知相关工作人员；

（2）"智能门磁"可以对门开启情况进行监测；通过手机 APP 进行合法性判断，其合法性判断思路可用于是否正常开启情况的判别；能够实现课题需求Ⅱ. 对箱门开启的合法性进行判断；其信道传输方式能够实现课题需求Ⅲ. 将箱门开启信息及时告知相关工作人员；

（3）"网络摄像机"可通过 WiFi 或 GPRS 网络实时观看现场情况，

其传输方式可供参考，能够实现课题需求Ⅲ。将箱门开启信息及时告知相关工作人员。

通过思路梳理，实现课题需求的基础技术条件都已具备，小组拟整合上述监测原理、合法性判断思路、传输方式，进行计量箱开启智能监测仪的研制。

（四）确定课题

计量箱开启智能监测仪的研制

（五）活动计划，如表3-5所示。

表 3-5　　　　　　　　活　动　计　划　表

阶段	时间（年、月）内容	2015									2016	
		3	4	5	6	7	8	9	10	11	12	1	2
P	选择课题												
	设定目标												
	提出方案并确定最佳方案												
	制定对策												
D	对策实现												
C	效果检查												
A	标准化												
	总结及今后打算												

注：——— 计划时间，— → 实施时间。

二、设定目标

（一）定性目标

监测仪能对计量箱门开启做出响应，并及时发送给用电检查人员。

（二）目标值量化

计量箱开启信息6min内传递给用电检查人员。

（三）可行性分析

1. 理论可行性分析（见表3-6）

表 3-6　　　　　　　理 论 可 行 性 分 析 表

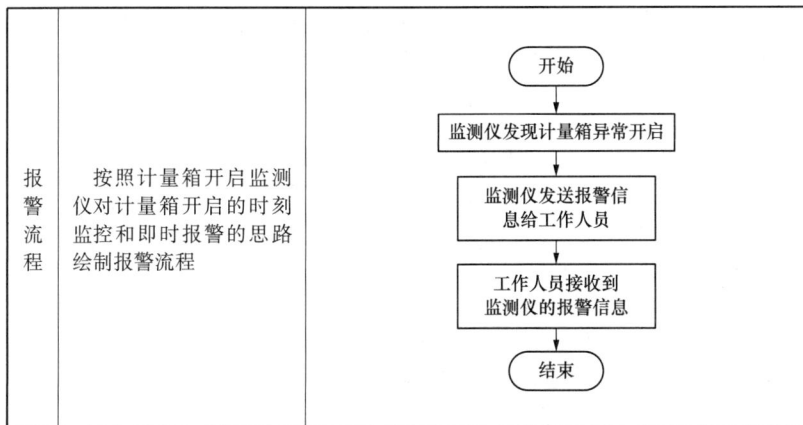

报警流程	按照计量箱开启监测仪对计量箱开启的时刻监控和即时报警的思路绘制报警流程	开始 → 监测仪发现计量箱异常开启 → 监测仪发送报警信息给工作人员 → 工作人员接收到监测仪的报警信息 → 结束

QC 工具运用——甘特图：

甘特图是箭条图的一种初级、简单的形式，小组经常运用甘特图筹划小组活动的计划和管理。

小组用甘特图来安排课题的日历进度，形象、直观、简明，作图简单，说明活动步骤之间关系（计划时间、实际完成时间）。

甘特图不需要箭头。

关于设定目标：

设定目标是为小组活动指明努力方向，并能够衡量小组活动完成的程度。因此，目标应围绕所选课题的目的而设定。创新型课题目标应是在符合原有技术性能参数或指标的基础上，进行某一功能、效能等方面的研发，故目标值应围绕此目的而设定，该课题要解决的主要问题是异常开启计量箱后发现时间过长，因此将量化目标值设定为：计量箱开启信息6min内传递给用电检查人员。

【持续改进】小组直接将目标值定为了6min，目标值的设定缺乏依据，建议补充通过查新过程中的设计思路、设备参数等计算目标值，这样更有说服力。

关于目标可行性分析：

"创新型"课题QC小组，在确定目标之后，因以前从未做过，小组确定的目标是否可行不得而知，因此，应进行目标可行性分析。主要从人、机、料、法、环、测等方面分析小组所拥有的资源、具备的能力，以及课题的难易度等。

通过目标可行性分析，一是帮助小组成员系统地发现自身优势，提高活动信心；二是使小组在活动前能够充分掌握资源配置情况，对可能遇到的问题有充分的思想准备，提高活动的成功率。如需要多少的资金投入、什么样的研发环境，以及小组成员所具备的专业能力，当前人员是否满足需求等，从中判断所设定的目标是否可行，确保目标的实现。

续表

	步骤	计量箱门开、关状态的捕获时间（min）	监测仪发送信息（min）	工作人员接收到监测仪的报警信息（min）
报警用时理论分析	理论估算	0.083（表盖开启记录时间约为0.0167min，考虑自身技术水平，设为5倍）	0.083（程序运行时间估算为0.0167min，考虑到裕度，设为5倍）	5（信息传送时间一般约为2min，考虑到裕度，设为5min）
	总用时（min）		5.176	
小结	实时监测计量箱开启，自动发出报警信息小于6min，目标可行			

2. 模拟计算分析（见表3-7）

表 3-7   计量箱开启报警实验验证分析表

步骤	开、关状态的捕获时间（min）	监测仪发送信息（min）	工作人员接收到监测仪的报警信息平均用时（min）
模拟实验	工作频率1MHz，微控制器机器周期为1微秒，每条指令周期等于12个机器周期，共需要3条指令	工作频率1MHz微控制器，机器周期为1微秒，每条指令周期等于12个机器周期，共需要10条指令	对市公司现有计量箱（移动网络、光纤内网＋载波通道）进行实验
实测值	6×10^{-7}	2×10^{-6}	2
总用时（min）	<6		

小结：通过实验验证，有能力6min内获知计量箱开启信息，目标可行。

3. 能力、资源可行性分析

（1）小组技术力量雄厚，成员中有来自B创新工作室成员，能够熟练地绘制电路图、焊接零部件和进行机械加工。曾研制的成果见表3-8。

表 3-8   小 组 研 制 成 果 列 表

序号	研制成果	研制时间
1	《智能电能表手持单元》	2009 年 6 月
2	《表库温湿度采集系统》	2011 年 7 月
3	《电能计量同负荷比对实验装置》	2012 年 6 月
4	《变电站计量装置电压回路报警器》	2013 年 6 月
5	《便携式电能计量终端外接电源》	2014 年 6 月

（2）公司创客空间拥有先进加工设备、测试仪器、实验装置和常用电子元器件，随时提供使用。创科空间主要设备及仪器列表见表3-9。

表3-9　　　　　　淮南创客空间设备、仪器、软件列表

序	名称	型号	制造商	数量	序	名称	型号	制造商	数量
1	车床	JY250V FX750	金洋机床	1	10	电动工具	GC102	科麦斯	1
2	钻铣床	WMD25VL	金洋机床	1	11	热熔胶枪	TGK-8060B	深圳德至高科技有限公司	2
3	台钳	150mm	永康市虎力	1	12	数字万用表	UT58A	伏利德科技（中国）有限公司	10
4	3D打印机	商务客	珠海西通	1	13	调压器	TDGC2-2	浙江正泰	1
5	计算机	OPTIP2 EX330	戴尔	5	14	直流电流	RXN-305D	深圳兆信	1
6	投影仪	DELL 1409X	DELL	1	15	电焊台	ATTEN 936b	深圳安泰信	3
7	直流电源	RXN-305D	深圳兆信	2	16	单片机开发软件	MDK-4.70A	Keil Software	5
8	热风拆焊台	AT-8527	深圳安泰信	1	17	电路设计软件	pads9.0	Mentor-Graphics	4
9	千分尺	0-150mm	哈尔滨刃具有限公司	5	18	单片机开发平台	STM32迷你板	广州星翼电子科技有限公司	5

（3）因项目为公司急需，特为 QC 小组活动提供研发经费，总预算不超 5 万元，单个终端预算不超 2 千元，并给予大力支持。

三、提出各种方案并确定最佳方案

（一）提出方案

运用"头脑风暴法"提出了计量箱开启智能监测仪的各种方案，见表3-10。

表3-10　　　　　　通过借鉴提出方案表

序号	设计灵感来源	借鉴点	初选方案
1	网络摄像机	监测原理、传输方式	实时网络视频监控方案
2	用采系统＋智能电能表、智能门磁	监测原理、合法性判断思路、传输方式	基于用电信息采集系统的监控方案
3	用采系统＋智能电能表、智能门磁、网络摄像机	监测原理、合法性判断思路、传输方式	基于微处理器的传感器触发监控方案

画出了亲和图，如图 3-3 所示。

该小组在进行目标可行性分析时，不但进行了理论分析，还通过模拟计算和对能力、资源的分析检测了目标设定的合理性。

关于提出各种方案并确定最佳方案：

由于小组是进行一种创新性的、以往没有过的、带有挑战性的活动，因此要实现课题目标，小组全体成员须用创造性思维，集思广益，把可能达到预定目标的各种方案（途径）充分地提出来。这些方案不受常规思维、经验的束缚，不拘泥于该

方案（途径）技术是否可行、经济是否合理、能力是否做到等。在组员提出的各种想法的基础上，运用亲和图进行整理，去掉重复的，把一些不能形成独立方案的创意归并，形成若干个相对独立的方案。但切不可去掉任何一个看似"离谱"的创意。需要强调的有以下几点：

1. 方案应为多个，至少两个以上，不要硬凑，明知确实不可用的应直接去掉。

2. 方案应该具有可比性和独立性，可比性是指单个方案提供的信息相互可比，独立性是指总体方案的实质和形式上的独立。

3. 方案应尽可能地细化分解，直至分解到可以采取对策为止。

4. 在进行方案对比选择时，要用数据逐个分析、论证和评价，对于数据比较接近或不能直接做出判断的，可通过深入调查，必要时可进行小规模的模拟试验进一步论证。

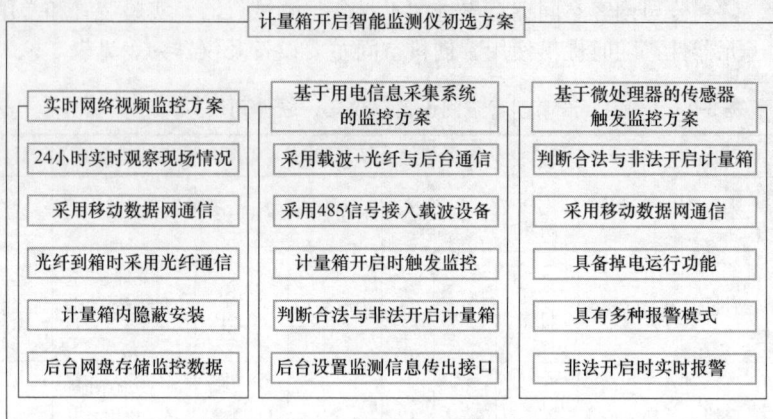

图 3-3　计量箱开启智能监测仪方案亲和图

提出三种初选方案，如图 3-4 所示。

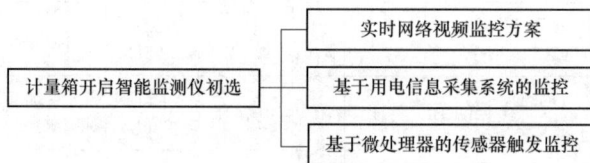

图 3-4　计量箱开启智能监测仪初选方案树图

（二）初选方案的可行性分析及评估

对三种初选方案进行初步可行性分析，见表 3-11。

表 3-11　　　　初选方案可行性分析表

选择依据	讨论认为，满足如下条件时，才能成为最佳方案：		
	有效性	在 6min 内实现报警	
	经济性	总预算不超 5 万元，单个终端预算不超 2 千元	
	安全性	装置运行安全可靠，对计量准确性无影响	
	时效性	研发周期不超过 6 个月	
	技术难度	技术方案在小组自主解决范围内	
备选方案	方案一：实时网络视频监控方案	方案二：基于用电信息采集系统的监控方案	方案三：基于微处理器的传感器触发监控方案
图示			
方案说明	通过隐蔽安装在计量箱内的摄像头远程实时监控，在后台服务器上存储数据，通过视频处理程序判断计量箱非法开启，作出报警动作	研制设备接入现有用电信息采集系统，通过用电信息采集系统将表箱开启信息传输至后台服务器进行判断，作出报警动作	研制智能设备安装在计量箱内，通过触发传感器、身份识别等手段对非法开启进行判断后作出报警动作

续表

有效性	可以及时发现计量箱的开启	可以及时发现计量箱的开启	可以及时发现计量箱的开启
经济性	（1）搭建后台服务器：30000元；（2）视频处理程序：5000元；（3）监控终端（每个）：470元；（4）网络资费：60元/月	（1）搭建后台服务器：30000元（2）传感与信息接入终端：70元	（1）终端设备成本：450元（2）通讯资费：2元/次
安全性	以GPRS网络为载体传输数据，能够安全运行	可能会对用电信息采集系统产生通信干扰	微处理器的运行安全可靠
技术难度	视频报警处理程序开发难度较大	（1）后台信息处理程序开发难度大。（2）通信接入需要大量的试验和较长时间的调试验证	小组成员有过嵌入式开发经验，技术难度不大
时效性	开发周期较长	开发周期较长	开发周期较短
综合评估	（1）一次性投入成本过高。（2）后期运行成本高。（3）开发难度大	（1）需要内网支持，需申请开通相关接口。（2）对用电信息采集系统稳定运行存在不确定的隐患	成本适中，运行安全，技术难度较小，维护方便
结论	不采用	不采用	采用

经分析，决定此次 QC 课题总体方案为：基于微处理器的传感器触发监控方案。

（三）优选方案分解

1. 方案的一级分解

经过上述分析及小组成员的讨论，监测仪应具备如下功能：

（1）能判断箱门的开启。

（2）能识别开箱人身份。

（3）能进行本地和远程报警。

（4）能采集现场图像信息。

（5）能对开门记录进行存储。

（6）能在断电后继续工作 8 小时。

因此，方案的一级分解树图如图 3-5 所示。

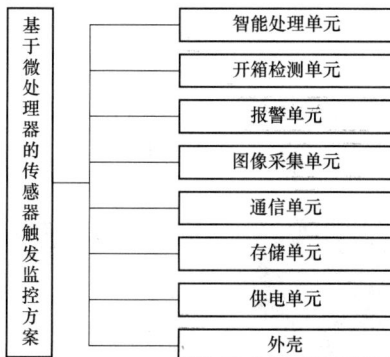

基于微处理器的传感器触发监控方案
- 智能处理单元
- 开箱检测单元
- 报警单元
- 图像采集单元
- 通信单元
- 存储单元
- 供电单元
- 外壳

图 3-5　方案一级分解树图

【特别提醒】"创新型"课题提出各种方案并确定最佳方案阶段常见问题：

方案少且没有可比性。一些小组在方案提出阶段做得不够充分、全面和严谨，所提出的方案数量少，且方案之间没有可比性。有的小组早已有了主体方案，其他的方案只是作为"陪衬"，这种做法显然违背了"创新型"课题小组活动的思想，容易造成过分主观，忽视或错失更好的方案，不利于小组准确、有效地选择出最佳方案，完成课题。

小组在课题查新时注意了创新思路的收集和分析，因此在提出方案时有的放矢，顺利地确定了本次课题的总体方案。

【持续改进】图名不对应，不严谨。

2. 方案的二级分解

（1）智能处理单元选择见表 3-12～表 3-14。

表 3-12　　　　　智能处理单元选择方案

方案需求	智能监测仪的大脑根据开箱监测单元的传感器信息对计量箱开启状态作出判断。并根据判断结果按照预先设定的要求对图像采集单元、存储单元、报警单元、通信单元等作出动作指示。要求能适应不同的现场环境	
可选方案	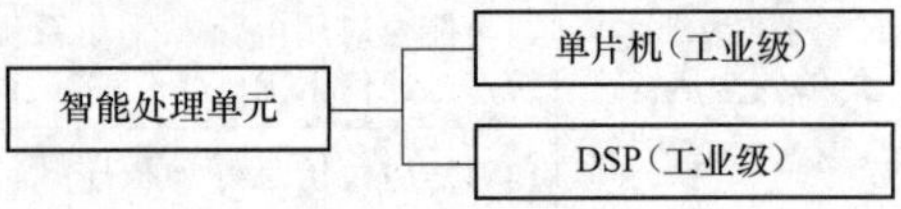 智能处理单元 —— 单片机（工业级）／ DSP（工业级）	
选择依据	（1）处理器频率应≥4MHz； （2）开发技术难度符合小组现有技术水平； （3）应用环境：主要考虑耐受－40～80 摄氏度温度	
备选方案	方案一：单片机（工业级）	方案二：DSP（工业级）
功能性	（1）能耐受－40～85 摄氏度温度； （2）工作频率 2～72MHz，运行速度较快； （3）广泛应用于智能仪器仪表、通信和网络、工业测控、家电、办公自动化等，特别适合功能复杂的监控仪表	（1）能耐受－40～85 摄氏度温度； （2）工作频率 40～400MHz，运行速度快； （3）主要用于实现语音处理、图像处理等复杂计算场合
经济性	<30 元	>80 元
技术难度	开发难度较小，小组有过开发经验	开发难度大，需要重新系统学习
开发周期	短	长
综合评估	功能较多，成本较低，开发难度小，开发周期短	功能强大，成本较高，开发难度大，开发周期长
结论	采用	不采用

表 3-13　　　　　单 片 机 选 择

可选方案	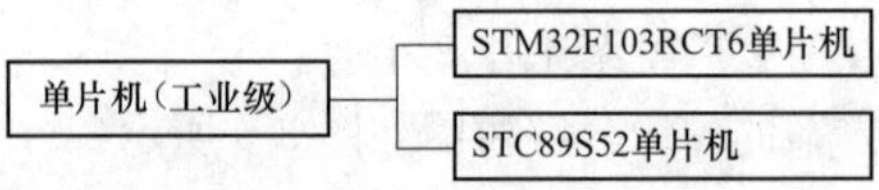 单片机（工业级） —— STM32F103RCT6单片机／ STC89S52单片机	
选择依据	（1）串口数量 3 个或以上； （2）功耗不超过 300MW； （3）处理器频率应≥4MHz	
备选方案	方案一：STM32F103RCT6 单片机	方案二：STC89S52 单片机
备选方案		

续表

功能性	工作频率 8～72MHz，引脚数为 64 个，串口数量为 3 个，尺寸 10× 10mm，支持睡眠、待机等多种低功耗工作模式	工作频率 2～12MHz，引脚数为 40 个，串口数量为 2 个，尺寸
经济性	20 元	10 元
功耗	平均功耗 65MW	平均功耗 260MW
技术难度	小组有过开发经验，开发难度相对小	需用软件增加一个模拟串口，开发难度较大
开发周期	约 30 天	约 60 天
综合评估	功能较多，功耗小，运行速度较快	功能较少，功耗较大，运行速度较慢
结论	采用	不采用

表 3-14 　　　　　单片机核心运行参数选择

可选方案			
选择方法	通过正交试验，确定单片机最佳核心运行参数		
考察指标	保证监测仪正常功能，单片机平均功耗小于 35mVA		
	第一次试验		
	因素		
因素位级	位级	A：运行主频（MHz）	B：箱门状态扫描周期（ms）	C：低功耗工作方式
	1	32	5	停机
	2	48	25	睡眠
	3	72	45	待机
	位级选择说明	单片机主频 8～72MHz，工作频率推荐外部晶振频率（8MHz）倍数下，考虑实时监测和通信实际需求，选择上述 3 种频率	扫描周期超过 50ms，可能造成扫描不到箱门开关状态变化，因此扫描周期范围定为 5～45ms	单片机低功耗工作方式共分为停机、睡眠和待机

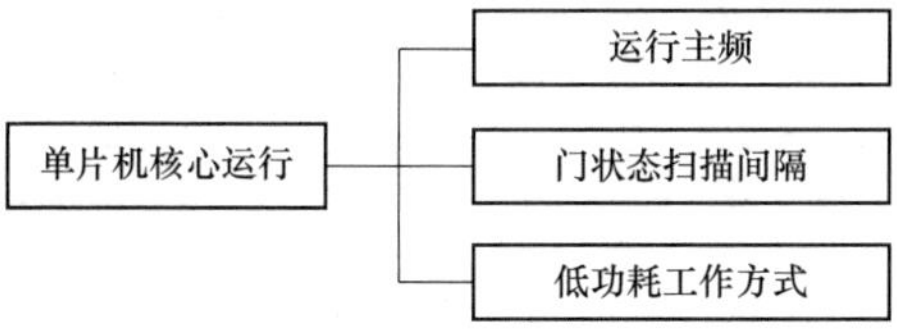

QC 工具运用——正交试验设计法：正交试验设计法（简称正交试验法）就是利用正交表来合理安排试验的一种方法。通过正交试验设计，明确试验的目的是什么，用什么指标来衡量考核试验的结果，对试验指标可能有影响的因素是什么，把影响因素选择在什么位级上，以便合理有效地安排试验，实现目标。

续表

【持续改进】正交试验表选择不正确，本表是日本正交表，必须用方差进行分析。只有中国正交表才可用极差进行分析。

试验数据

小组成员选用 L9（34）正交表来做 9 次试验。

试验号	因素			试验结果
	A：运行主频（MHz）	B：箱门状态扫描周期（ms）	C：低功耗工作方式	功耗（mVA）
1	1 (32)	1 (5)	1（停机）	37
2	1	2 (25)	2（睡眠）	42
3	1	3 (45)	3（待机）	34
4	2 (48)	1	2	24
5	2	2	3	20
6	2	3	1	24
7	3 (72)	1	3	39
8	3	2	1	33
9	3	3	2	29
K1	113	100	94	Σ＝282
K2	92	95	95	
K3	101	87	93	
极差 R	21	13	2	

（1）比较 R 值大小看各因素影响程度，按照因素影响程度从主要到此要顺序排列为：A→B→C，A、B 为主要因素，C 为次要因素。

（2）直观分析：直接比较九个试验综合评分，最高分为第 5 号方案即组合 A2B2C3。

（3）计算分析：某列的 n 位级的贡献系数为本位的 n 位级对于试验指标结果之和，从计算结果可知，较优方案为 A2B3C3。

（4）作出趋势如下：

直观分析和计算分析组合不一致，应深入分析试验结果

试验分析

对象	是否要因	待解决问题	解决方法
C 因素（低功耗工作方式）	否	次要因素不需深入探讨	忽略
A 因素（运行主频）	是	最好位级 A2 为最优位级，但左右两边邻域是否存在更好位级有待于验证	以 A2 为中心向两边寻找更优参数，在运行主频 44～52MHz 这个区间再次试验
B 因素（箱门状态扫描周期）	是	对 B3 而言，虽处局部最优点，但其两边邻域是否存在更好位级，小组决定在 B3 点之后再进行试验	缩小 B3 因素的实验范围，即扫描周期在 40～50ms 区间内再次试验
结论		小组决定再次利用正交试验进行优选方案	

续表

第二次试验		因素		
因素位级	位级	A：运行主频（MHz）	B：箱门状态扫描周期（ms）	C：低功耗工作方式
	1	44	40	停机
	2	48	45	睡眠
	3	52	50	待机

试验分析	试验号	因素			试验结果
		A：运行主频（MHz）	B：箱门状态扫描周期（ms）	C：低功耗工作方式	功耗（mVA）
	1	1（44）	1（40）	1（停机）	35
	2	1	2（45）	2（睡眠）	31
	3	1	3（50）	3（待机）	35
	4	2（48）	1	2	24
	5	2	2	3	19
	6	2	3	1	21
	7	3（52）	1	3	31
	8	3	2	1	30
	9	3	3	2	31
	K1	101	90	86	
	K2	85	80	86	∑＝257
	K3	92	87	85	
	极差 R	16	10	1	

作趋势图如下：

从试验结果可以看出，看一看和算一算的方案相同，为 A2B2C3，此次试验可以确认运行主频最佳值为 48MHz，箱门状态最佳扫描周期为 45ms，低功耗工作方式为待机状态

结论：经两次正交试验，确认单片机的核心运行参数为：主频为 48MHz，箱门状态扫描周期为 45ms，低功耗工作方式为待机状态

【持续改进】关于正交试验：
此正交试验表选择依然不正确：本表是日本正交表，必须用方差进行分析。只有中国正交表才可用极差进行分析。

（2）开箱检测单元选择见表 3-15～表 3-17。

表 3-15   开箱检测单元选择方案

方案需求	监测计量箱门的"开启""关闭"状态，识别"开启"操作者身份信息，为智能处理单元提供"开启"合法性的判断依据
方案分解	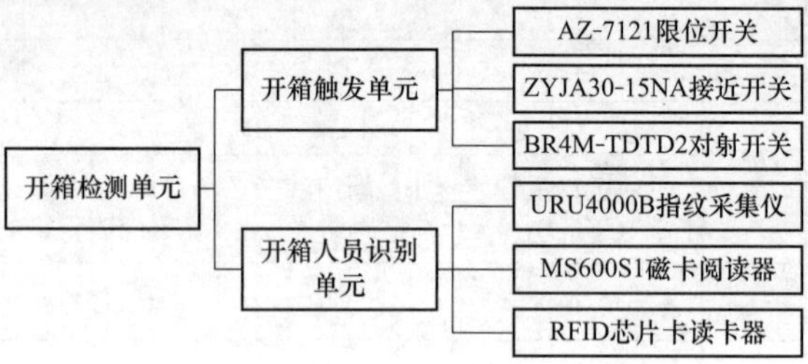

表 3-16   开箱触发单元选择

可选方案	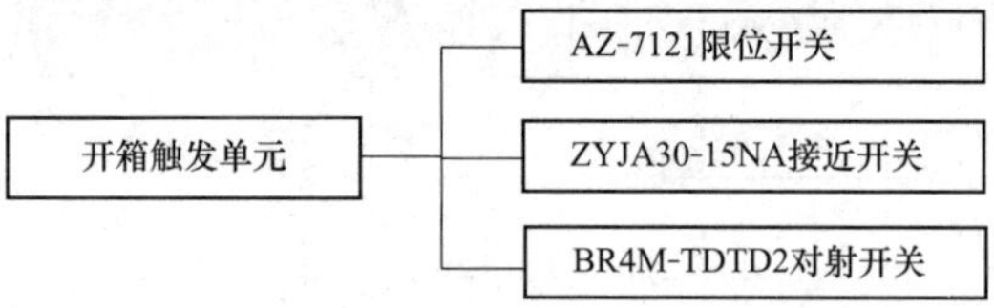
选择依据	（1）动作准确无误。 （2）易于现场的安装。 （3）运行安全可靠，使用寿命≥1 万次

备选方案	方案一：AZ-7121 限位开关	方案二：ZYJA30-15NA 接近开关	方案三：BR4M-TDTD2 对射开关

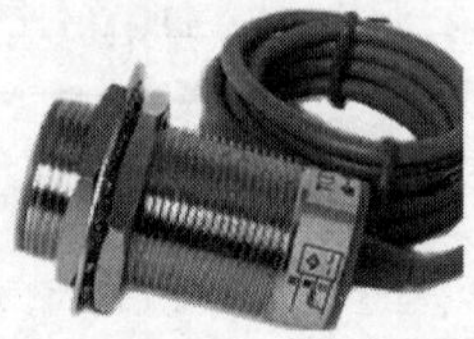

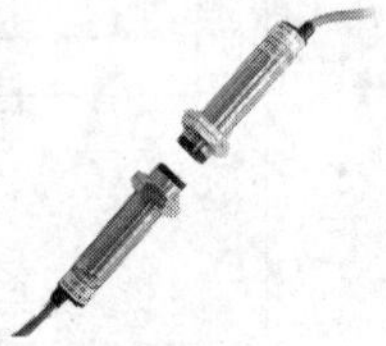

试验过程	在不同的现场由工作人员分别将三种开关安装在计量箱，对安装调试时间进行测试，并开关计量箱门 100 次，测试其动作准确性。计量箱种类：① 室外高压计量箱（不锈钢）；② 室外低压计量箱（不锈钢）；③ 室外低压计量箱（塑料）；④ 专变综合计量箱；⑤ 室内高压计量柜；⑥ 室内低压计量柜

续表

	限位开关试验			接近开关试验			对射开关试验		
	试验地点编号	安装调试分钟数	正确动作次数	试验地点编号	安装调试分钟数	正确动作次数	试验地点编号	安装调试分钟数	正确动作次数
试验数据	1	14	100	1	10	94	1	24	99
	2	13	100	2	9	95	2	23	100
	3	9	100	3	8	97	3	19	97
	4	12	100	4	13	97	4	22	98
	5	11	100	5	11	92	5	21	100
	6	10	100	6	9	96	6	20	100
	平均	12	100	平均	10	95	平均	22	98
安全性	机械结构，运行安全，使用寿命20万次			磁场感应原理，运行较安全，使用寿命35万次			光学原理，运行较为安全，使用寿命30万次		
经济性	8元			30元			87元		
技术难度	安装方便，调试简单			安装方便，安装方便，探测距离短，需要支架			安装困难，调试复杂，后期维护困难		
综合评估	动作准确性很高，安装省时，成本低			动作准确性高，安装省时，成本较高			动作准确性较高，安装费时，成本高		
结论	采用			不采用			不采用		

表 3-17　　　　　　　　开箱人员识别单元选择

可选方案	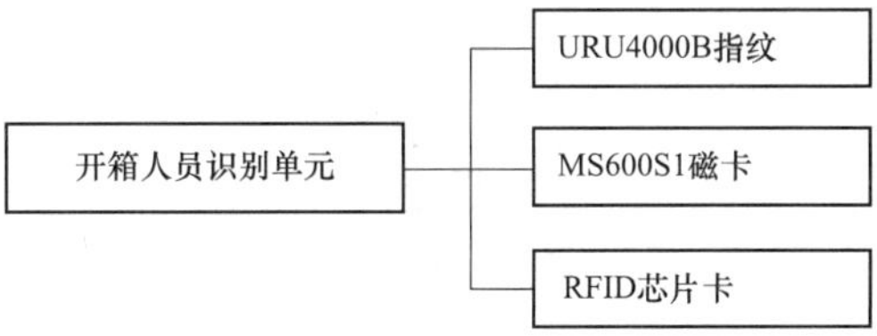
选择依据	(1) 保证身份识别的准确性。 (2) 装置小巧，便于安装。 (3) 开发难度在小组能力范围以内
备选方案	方案一：URU4000B 指纹采集仪 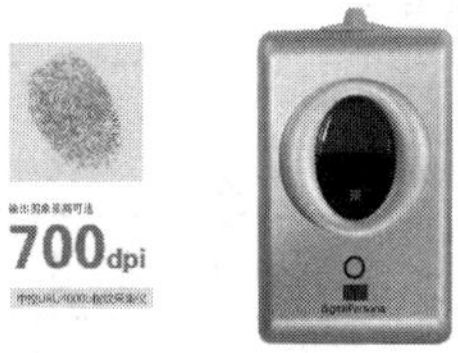	方案二：MS600S1 磁卡阅读器 	方案三：RFID 芯片卡读卡器 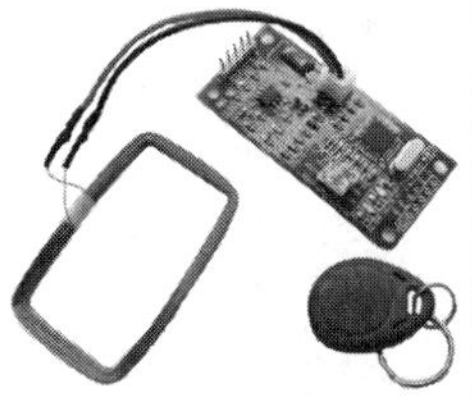

续表

功能性	能精确识别到人	能存储较大信息量	对应唯一的识别号
试验过程	事先采集好指纹后，按压 100 次指纹，测试一次性通过认证的次数	事先设好卡片信息，刷卡 100 次，测试一次性通过认证的次数	事先设好卡片信息，刷卡 100 次，测试一次性通过认证的次数

试验数据	100 次实验	准确次数	100 次实验	准确次数	100 次实验	准确次数
	指纹识别	86	磁条卡识别	99	芯片卡识别	100

经济性	368 元	179 元	32 元
技术难度	传输数据技术难度大，尺寸 170mm×120mm×40mm，不便于小型集成化	传输数据技术难度较大，尺寸 115mm×58mm×32mm，不便于小型集成化	传输数据方便，技术难度小，尺寸 50mm×20mm×6mm，易于集成
综合评估	识别准确率较高，成本较高，开发难度大	识别准确率很高，成本很高，开发难度大	识别准确率很高，身份识别满足要求，成本低，开发难度小
结论	不采用	不采用	采用

（3）报警单元选择见表 3-18～表 3-23。

表 3-18　　　　　　　　报警单元选择方案

方案需求	按照"智能处理单元"的判断结果，借助其他功能单元的协同，作出相应的报警（提示）动作，合法开启时传送文字提示信息，非法开启时进行本地和远程报警
方案分解	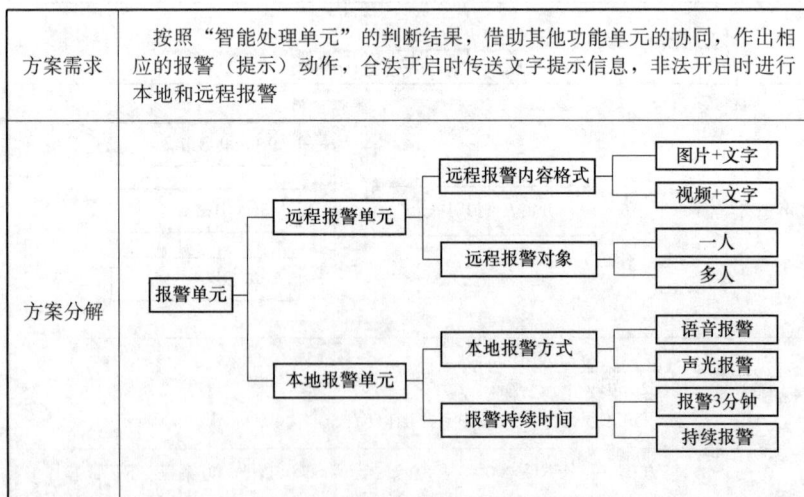

表 3-19　　　　　　　　远程报警内容格式选择

可选方案	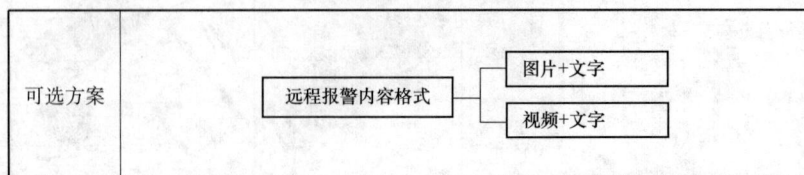

续表

选择依据	(1) 工作人员根据报警信息能够确定异常开启的地点； (2) 报警能提供尽可能多的现场信息； (3) 报警发送可靠稳定	
备选方案	1. 图片＋文字 	2. 视频＋文字
有效性	能根据文字所包含的地址、时间等信息精确查找到计量箱，且图片信息能作为查找窃电分子的证据	能根据文字所包含的地址、时间等信息精确查找到计量箱，且视频信息能作为查找窃电分子的证据
经济性	以彩信方式传送 0.3 元/条	以彩信方式传送约 0.9 元/min（每秒视频大小为 18kb，一分钟视频大小约为 1Mb，需分 3 条彩信发送）
安全性	数据容量小，传送较稳定可靠	数据容量大，有传送失败的可能性
技术难度	传输图片及文字，技术难度较大	传输视频及文字，技术难度较很大
综合评估	包含较多的现场信息	有报警失败的可能性，视频传输难度大
结论	采用	不采用

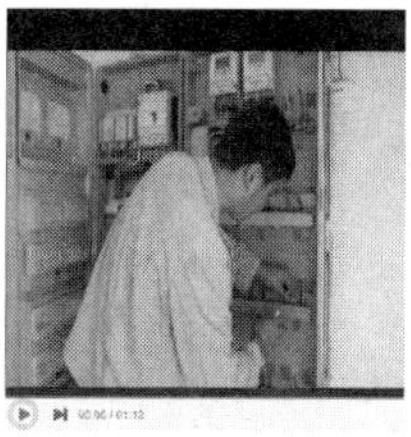

表 3-20　　　　　　　　　远程报警对象选择

可选方案		
选择依据	(1) 告警信息能够被及时查阅； (2) 非法开启后 10s 发送文字报警短信及图片报警彩信，60s 后再次发送图片报警彩信	
备选方案	方案一：一人	方案二：多人
	将信息发送给业务专责	将信息发送给电检班人员 2 人和业务专责 1 人，分管领导 1 人，共计 4 人
有效性	当人员手机故障或移动网络有异常时，信息无法传输	当某个人员手机故障或移动网络有异常时，不影响信息接收
经济性	0.4 元	2.8 元
技术难度	程序设计相对简单（约 1500 行代码）	程序设计相对复杂（约 2500 行代码）
综合评估	首次被阅读时间平均较长	首次被阅读时间平均较短
结论	不采用	采用

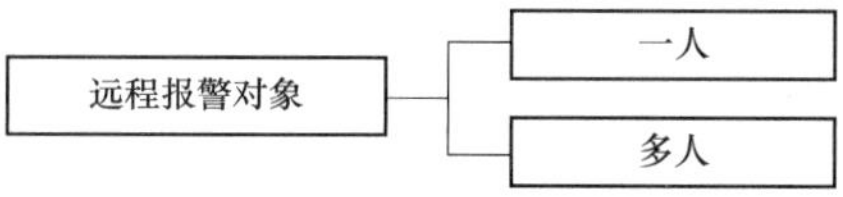

表 3-21 **本地报警方式选择**

可选方案	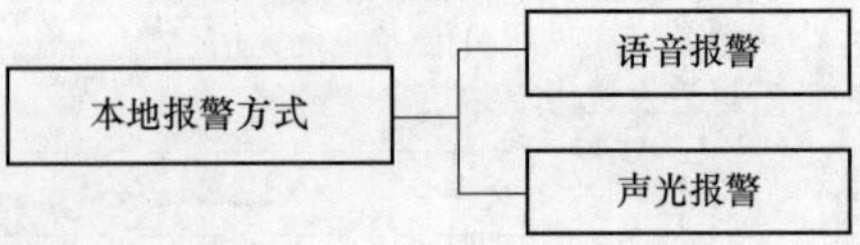 本地报警方式 —— 语音报警 / 声光报警	
选择依据	(1) 报警正确启动率应达到100%。 (2) 报警应能给窃电分子以威慑。 (3) 报警装置应简便，便于安装	
备选方案	方案一：语音报警 非法开启时，在现场播报 反窃电口号	方案二：声光报警 非法开启时，在现场发出声光
有效性	提示语音能给窃电分子以提示	报警声及红光能够震慑窃电分子
经济性	35～100 元	3～30 元
技术难度	需要事先录制口号，通电时播放；设备安装较繁琐	使用方便快捷，通电即工作，技术难度小
综合评估	成本高，技术难度大	成本低，技术难度小
结论	不采用	采用

表 3-22 **声光报警的选择**

可选方案	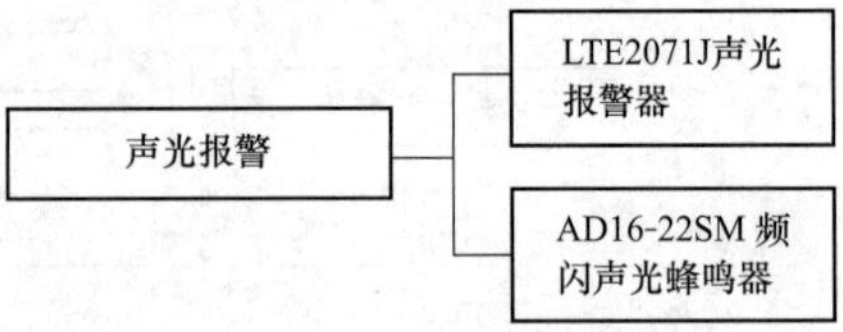 声光报警 —— LTE2071J声光报警器 / AD16-22SM 频闪声光蜂鸣器	
选择依据	(1) 现场交流电源供电。 (2) 在 20 米内可以听清（60～90 分贝）。 (3) 便于现场的安装	
备选方案	方案一：LTE2071J 声光报警器	方案二：AD16-22SM 频闪声光蜂鸣器
有效性	90 分贝	75 分贝
经济性	11.5 元	3.5 元

续表

尺寸	104mm×72mm×72mm	64mm×28mm×28mm
功耗	5W	0.5W
综合评估	功耗大，尺寸大，不利于封装	成本低，功耗小，尺寸小，利于封装
结论	不采用	采用

表 3-23　　　　　　　　　　本地报警时间选择

可选方案	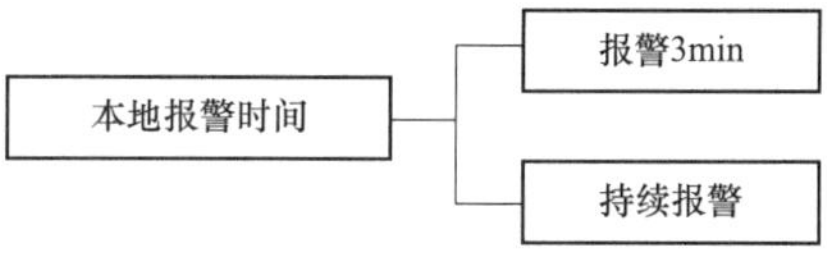 本地报警时间 ── 报警3min / 持续报警	
选择依据	(1) 报警时间足够给窃电分子以威慑。 (2) 报警尽量做到不产生噪声污染	
备选方案	方案一：报警 3min	方案二：持续报警
	计量箱非法开启后，报警 3min 停止	计量箱非法开启后，持续报警
有效性	报警效果较好	报警效果好
经济性	声光报警器工作 3min，使用寿命长	声光报警器长时间处于工作状态，减少使用寿命
环保性	噪声可接受	噪声污染严重
综合评估	使用寿命长，环保性好	使用寿命短，环保性差
结论	采用	不采用

（4）图像采集单元选择见表 3-24。

表 3-24　　　　　　　　　　图像采集单元选择

方案需求	按照"智能处理单元"的动作指示作出拍照动作，开箱后 10s 钟拍照一次，35s 拍照一次，65s 拍照一次		
可选方案	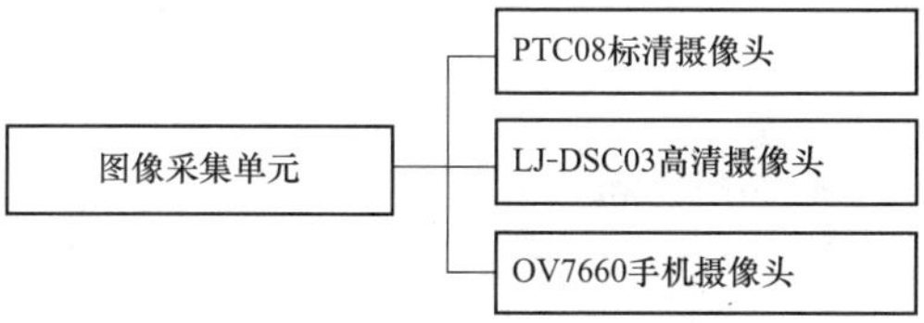 图像采集单元 ── PTC08标清摄像头 / LJ-DSC03高清摄像头 / OV7660手机摄像头		
选择依据	(1) 不同光线下清晰拍照。 (2) 体积要小，便于隐蔽。 (3) 要求串口通信		
备选方案	方案一：PTC08 标清摄像头 	方案二：LJ-DSC03 高清摄像头 	方案三：OV7660 手机摄像头 

续表

功能性	30万像素，清晰度满足要求		200万像素，清晰度很高		30万像素，清晰度满足要求	
试验过程	不同光线环境下拍照50次		不同光线环境下拍照50次		不同光线环境下拍照50次	
试验结果	50次试验	图片可识别次数	50次试验	图片可识别次数	50次试验	图片可识别次数
	PTC08标清摄像头	50	LJ-DSC03高清摄像头	50	OV7660手机摄像头	50
经济性	85元		150元		20元	
尺寸	32mm×32mm×8mm		38mm×38mm×20mm		33mm×27mm×24mm	
功耗	5V/75mA/0.375W		5V/120mA/0.6W		5V/24mA/0.12W	
技术难度	直接使用，难度较小		直接使用，难度较小		需要设计电路、控制程序，难度较大	
综合评估	成本较低，体积小，功耗小		成本高，体积较大，功耗大		成本低，技术难度大	
结论	采用		不采用		不采用	

（5）通信单元选择见表 3-25。

表 3-25　　　　　　　　　　　通信单元选择

方案需求	在"智能处理单元"指令下，为报警信息的传输提供可靠地通信网络	
可选方案		
选择依据	（1）信息能够及时准确发送； （2）开发难度不应超过小组能力范围	
	方案一：SIM900A	方案二：GU900S
备选方案		
有效性	能够正常发送彩信、短信	能够正常发送彩信、短信
经济性	63元	89元
安全性	信息传输安全可靠	信息传输安全可靠
技术难度	开发难度较小，小组有开发经验	开发难度较大，需要学习新的通信协议
综合评估	成本低，技术难度小	成本高，技术难度大
结论	采用	不采用

（6）存储单元选择见表 3-26、表 3-27。

表 3-26　　　　　　存储单元选择方案

方案需求	按照"智能处理单元"指示，临时或长时间存储相应的文字、图像或视频信息	
可选方案	存储单元 —— 外置存储卡 存储单元 —— 内置存储芯片	
选择依据	（1）存储空间≥10M（能存储不少于 10 条开门记录及照片）。 （2）数据存储安全稳定。 （3）读写速度≥20Mb/s。 （4）便于数据转存	
备选方案	方案一：外置存储卡	方案二：内置存储卡
有效性	插拔式存储，读取、存储速度约 80Mb/s，容量为 1～128G	芯片内置 FLASH 存储，读取、存储速度约 120M/s，容量为 1～64M
经济性	30～299 元	10～60 元
安全性	数据较为安全	数据安全
技术难度	数据直接转存，技术难度较小	数据转存需要驱动程序和数据线，技术难度较大
综合评估	容量大，数据转存方便	容量小，数据转存不便
结论	采用	不采用

表 3-27　　　　　　外置存储卡选择

可选方案	外置存储卡 —— SanDisk SDHC UHS-I SD 外置存储卡 —— SanDisk MicroSDHCUHS-I	
选择依据	（1）尺寸不大于 30mm×40mm×3mm。 （2）数据存储稳定可靠	
备选方案	方案一：SanDisk SDHC UHS-I SD 卡	方案二：SanDisk MicroSDHC UHS-ITF 卡
有效性	存储空间 16GB，能够存储不少于 10 条记录及图片，数据存储安全	存储空间 16GB，能够存储不少于 10 条记录及图片，数据存储较安全
经济性	39.9 元	33.5 元
尺寸	24mm×32mm×2.1mm	15mm×11mm×1mm
综合评估	成本较高，尺寸大，不方便集成	成本较低，尺寸小，方便集成
结论	不采用	采用

（7）供电单元选择见表 3-28～表 3-30。

表 3-28　　　　　　　　　供电单元选择方案

方案需求	为监测仪的正常工作可靠供电，能够在停电时保证监测仪一定时间的独立续航能力（应急状态不提供声光报警器电源），使计量箱时刻处于有效监测状态，并且带有保护功能
可选方案	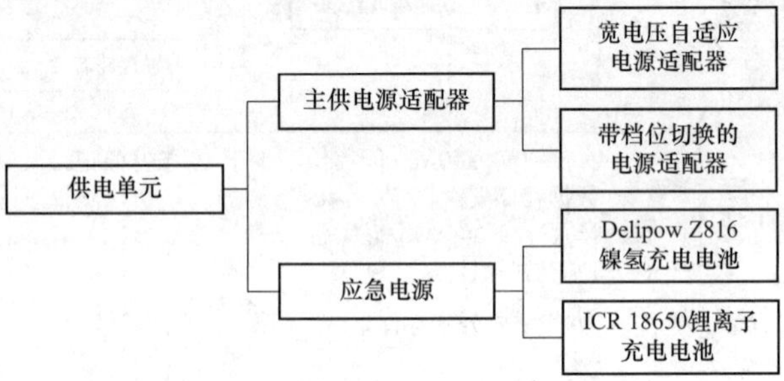

表 3-29　　　　　　　　　主供电源适配器选择

可选方案	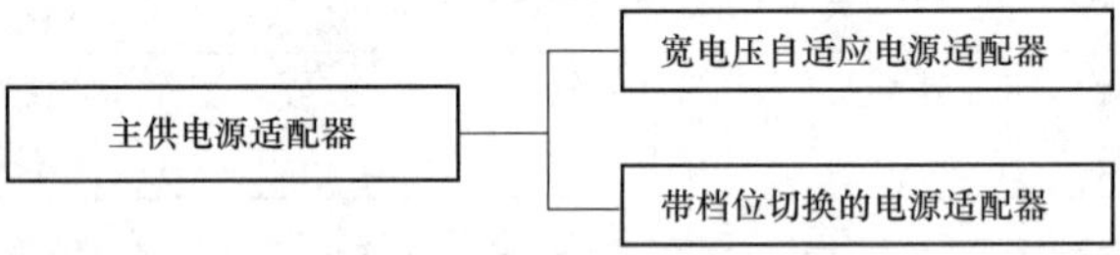
选择依据	（1）现场电源经过适配器转换之后能输出 5V±0.5V 直流电压，带载能力≥500mA。 （2）适配器要满足 100V 和 220V 两种电压等级的现场交流电源的转换需求。 （3）运行稳定可靠

备选方案	方案一：宽电压自适应电源适配器	方案二：带档位切换的电源适配器
	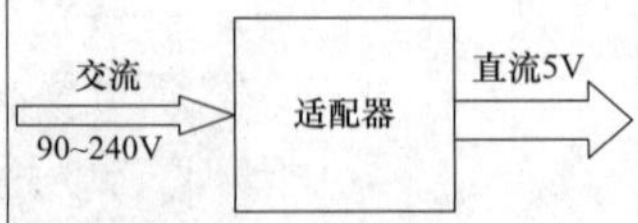	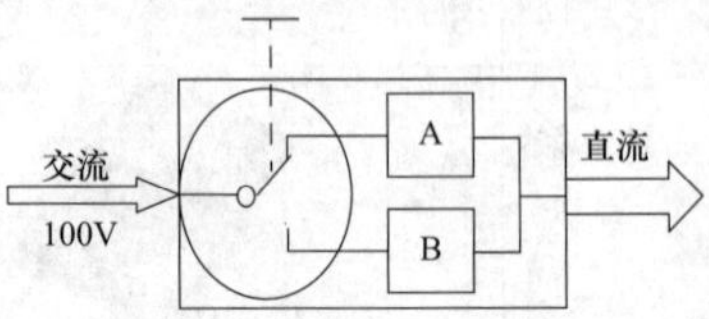
功能性	自适应 AC 90-240V 输入电压，输出电压为 5V，额定输出电流为 1A，能满足检测仪供电要求	高压计量箱使用 1 档位：AC 100V 输入，额定输出电压 5V，额定输出电流 1A，能满足检测仪供电要求。 低压计量箱使用 2 档位：AC 220V 输入，额定输出电压 5V，额定输出电流 1A，能满足检测仪供电要求

续表

经济性	20 元	100V 适配器：15 元；220V 适配器：15 元；档位转换器：5 元；计 35 元
安全性	电压自适应，安全系数较高	存在档位切换错误的可能性，安全系数较低
技术难度	直接使用，自适应不同的现场条件	制作档位切换器，在不同的现场要进行档位的切换，体积大，不便集成
综合评估	成本低，技术难度小	成本较高，技术难度较大
结论	采用	不采用

表 3-30 应急电源选择

可选方案	应急电源 —— Delipow Z816镍氢充电电源 / ICR 18650锂离子充电电源
选择依据	(1) 保证现场断电后能继续工作 8 个小时。 (2) 运行稳定安全。 (3) 能提供 5V 直流电压

备选方案	方案一：Delipow Z816 镍氢充电电池	方案二：ICR 18650 锂离子充电电池
功能性	能够为检测仪提供电源，持续供电时间为 12 小时，可重复利用	能够为检测仪提供电源，持续供电时间为 9 小时，可重复利用
经济性	电池单价 20 元/记 60 元	23 元
安全性	无保护电路，自身安全系数较低	自带保护电路，安全系数较高
技术难度	需要加装保护电路，尺寸较大，不方便集成	无需增加保护电路，尺寸较小，方便集成
综合评估	成本较高	安全良好，续航满足要求
结论	不采用	采用

（8）外壳选择见表 3-31。

表 3-31 外壳选择

方案需求	外壳内装有上述各个模块及连接导线，其尺寸主要取决于电路板和相应元器件尺寸，考虑到电路板及各种元器件的尺寸及安装位置，经测量，外壳尺寸约为 115mm×90mm×55mm

【特别提醒】"创新型"课题提出各种方案并确定最佳方案阶段常见问题：

方案选择不彻底。小组在提出各种方案过程中，常常没有将方案逐级分解到可以直接采取措施，或者是将方案的分解和选择放在制定对策或对策实施过程中进行。造成方案选择不彻底，无法针对性地制定对策和组织实施，将影响到对各个方案的评价以及小组活动的效果。

小组在完成该课题时，将方案充分分解到可以直接制定对策。

续表

可选方案	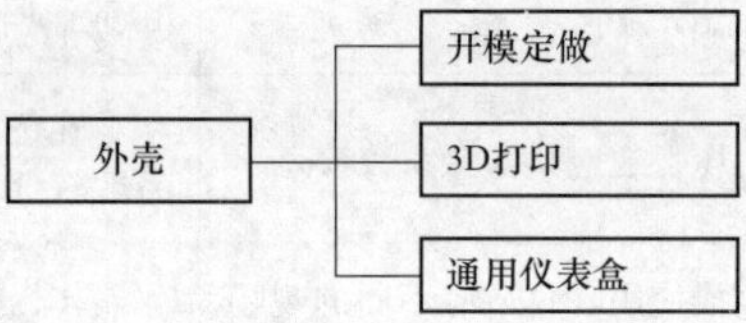 外壳 → 开模定做 / 3D打印 / 通用仪表盒

选择依据	(1) 外壳应坚固耐用。 (2) 外壳应美观大方

	(1) 开模定做	(2) 3D打印	(3) 通用仪表盒改造
备选方案	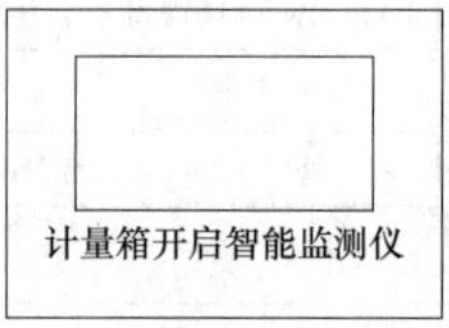 计量箱开启智能监测仪	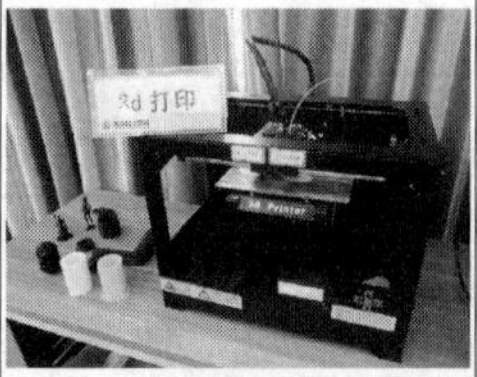 3d打印	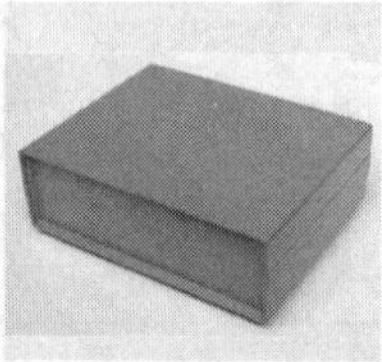
有效性	(1) 机械强度；厂家特制，符合要求。 (2) 内部容积尺寸：完全吻合需求	(1) 机械强度：5kg 重物耐压试验，没有变形，满足要求。 (2) 内部容积尺寸：完全吻合需求。 (3) 打印较为粗糙，不平整	(1) 机械强度：5kg 重物耐压试验，没有变形，符合要求。 (2) 市场在售实际尺寸与设计尺寸略有偏差
经济性	5000 元开模费 ＋4 元/个	5 元/个	3 元/个
美观性	外形标准、美观	外形不美观	外形不美观
技术难度	委托厂家订做，不存在技术难度	需要建模	需要加工、打孔
时效性	开模 20 天	打印 7 小时/个	加工 0.5 小时/个
综合评估	少量使用时费用过高，适合大批量使用	适合少量异形件使用	小批量使用时成本低
结论	不采用	不采用	采用

（四）确定最佳方案

经分析、试验和对比选择后，确定最佳方案如图 3-6 所示。

绘制了计量箱开启监测仪工作流程图如图 3-7 所示。

四、制定对策表

（1）为尽快完成计量箱开启智能监测仪的制作应用，利用箭条图法合理安排制作流程，如图 3-8 所示。

图 3-6　最佳方案树图

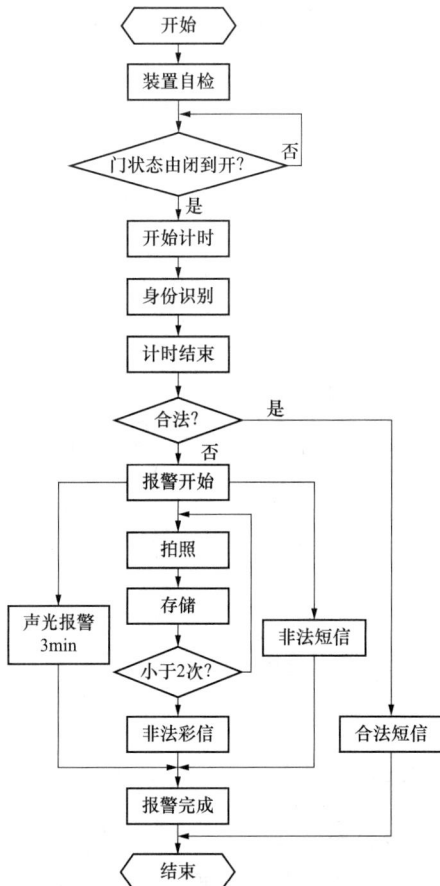

图 3-7　计量箱开启监测仪工作流程图

关于制定对策表：

　　小组在制定对策这一步骤前，先要将选定的准备实施的最佳方案具体化。由于提出并选择方案是一个边展开、边进行比较的过程，因此，在所有方案选择完之后，小组应将最终所选的方案用系统图等方法进行整理，以便纳入对策表。如果方案是唯一的，可用系统图展开或用流程图按流程进行描述；如果方案是备选的，则可以采用 PDPC 图展示。运用 PDPC 法制订对策时，应把第一套方案纳入对策表中。

QC 工具运用——矢线图：

矢线图（Arrow Diagram）又称箭条图、网络计划图或者双代号网络计划图（Activity-On-Arrow，AOA），是用网络的形式来安排一项工程（产品）的日历进度，说明其作业、工序之间的关系，计算作业时间和确定关键作业线路，建立最佳日程计划，高效地管理作业进度的一种方法。

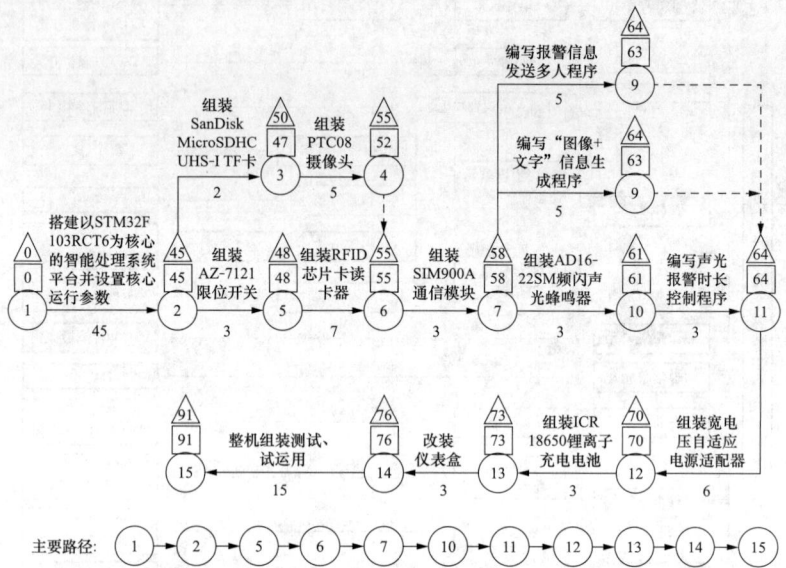

图 3-8 对策箭条图

（2）根据确定的最佳方案和箭条图，制定对策表见表 3-32。

表 3-32　　　　　　　　对　策　表

序号	对策	目标	措施	地点	实施负责人	完成时间
1	搭建以 STM-32F103RCT6 为核心的智能处理系统平台并设置核心运行参数	（1）PCB 裸板、STM32F103RCT6 单片机等电子器件针脚焊接正确率 100%，逻辑功能准确率 100%。（2）外围接口（传感器、摄像头、通信模块、记录卡、本地报警模块的通信接口）导通率 100%	（1）绘制电路图进行仿真测试，制作电路板。（2）搭建最小系统，设置核心运行参数，对每一个端口利用示波器进行逻辑判断功能测试；（3）焊接外围元器件，测试端口针脚是否接通，是否有短路、断路	创客空间	J D	2015.9.9
2	组装 AZ-7121 限位开关	限位开关动作准确率 100%	（1）安装限位开关。（2）进行开关门试验，利用万用表测试输出端通断状态	工作现场	I F	2015.9.12
3	组装 RFID 芯片卡读卡器	（1）芯片卡卡号识别正确率 100%。（2）身份判断准确率 100%	（1）焊接芯片卡识别元件。（2）编写芯片卡识别程序，并进行测试	创客空间	K	2015.9.19

续表

序号	对策	目标	措施	地点	实施负责人	完成时间
4	组装 SanDisk MicroSDHC UHS-I TF卡	数据读写正确率100%	(1) 将TF卡插入卡槽中。 (2) 编写数据写入程序，测试写入准确率。 (3) 编写数据读取程序，测试读取准确率	创客空间	G	2015.9.12
5	组装 PTC08 摄像头	拍照正确动作率100%； 图片可识别率100%	(1) 组装摄像头。 (2) 编写拍照触发程序，并进行测试	创客空间	N F	2015.9.18
6	组装 SIM900A 通信模块	信息内容发、收一致率100%	(1) 组装SIM900A通信模块，插入中国移动SIM卡。 (2) 编写信息发送程序，测试短信、彩信发送准确率	创客空间	B	2015.9.22
7	编写"文字+图片"信息生成程序	生成信息可发送率100%	(1) 编写图片调用程序，编写文字生成程序。 (2) 测试现场"图片+文字"内容准确率	创客空间	D	2015.9.27
8	编写报警信息发送多人程序	信息接收成功率100%	(1) 确定接收对象名单。 (2) 编写"多人"发送程序，测试接收成功率	创客空间	J	2015.9.28
9	组装 AD16-22SM 频闪声光蜂鸣器	声光报警器启动准确率100%	(1) 组装声光报警器。 (2) 编写启动程序，发送动作指令，并进行测试	淮南创客空间	H	2015.9.25
10	编写声光报警器时长控制程序	报警时长为3min	(1) 编写延时程序。 (2) 测试声光报警时间	创客空间	B	2015.9.28
11	组装宽电压自适应电源适配器	(1) 稳定输出5.0±0.5V直流电压； (2) 保护电路动作成功率100%。(短路、接地、过电压)	(1) 组装适配器。 (2) 测试保护电路。 (3) 在输入电压分别为240V和90V条件下测试其输出电压	创客空间	M 薛镇	2015.10.4

QC工具运用—对策表：

对策表仍需按"5W1H"的标题设计来制订。其中"对策"栏，应按上述小组选择的最佳方案（准备实施的方案）的步骤或手段（要素）逐项列出；"目标"栏，则应是每个对策步骤或手段所要达到的对策目标，要尽可能量化；"措施"栏则是指每一项对策目标实现的具体做法，要详细具体描述。

续表

序号	对策	目标	措施	地点	实施负责人	完成时间
12	组装 ICR 18650 锂离子充电电池	独立供电≥8 小时	（1）组装锂离子充电电池。 （2）测试电池独立供电续航能力	创客空间	P	2015.10.7
13	改造仪表盒	（1）开孔实际尺寸与设计尺寸偏差不大于 1.5mm。 （2）钻孔中心点偏差不大于 3mm。 （3）各元件牢固率 100%	（1）画出外观图，按照外观图，在外壳上标记需改造的位置。 （2）按照外观图，对外壳改造。 （3）按照外观图，将电路板及其他元件装入盒内，并进行测试	创客空间	F L	2015.10.10
14	整机组装测试及试运用	（1）监测仪功能完整率 100%。 （2）监测仪对计量准确度无影响。 （3）开箱监测准确率 100%。 （4）运输对整机性能无影响	（1）整机组装、编写整机程序。 （2）测试整机功耗及对计量准确性的影响。 （3）运输测试。 （4）试运用，测试不同安装条件下开箱监测准确率	创客空间、工作现场	J M	2015.10.25

五、按对策表实施

（一）搭建以 STM32F103RCT6 为核心的智能处理系统平台并设置核心运行参数（见表 3-33）

表 3-33　　　　　　　对策 1 实施表

目标	（1）PCB 裸板、STM32F103RCT6 单片机等针脚焊接正确率 100%，逻辑功能准确率 100%。 （2）外围接口（传感器、摄像头、通信模块、记录卡、本地报警模块的通信接口）导通率 100%
实施过程	（1）2015 年 8 月 10 日绘制以 STM32F103RCT6 为核心的智能处理系统平台的电气原理图，进行仿真测试，测试成功后制作电路板 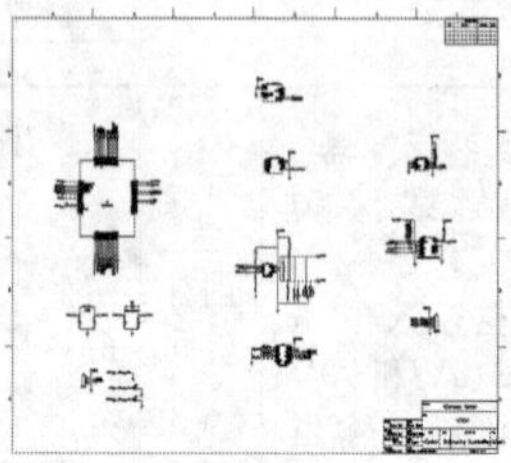 最小系统原理图 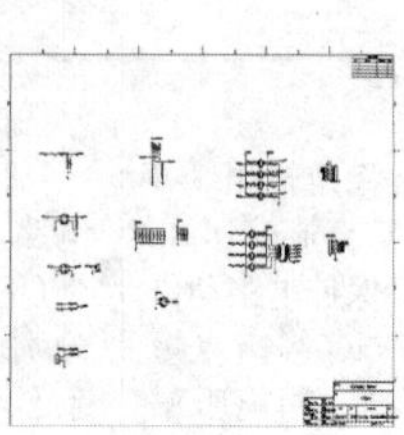　　　　外设原理图 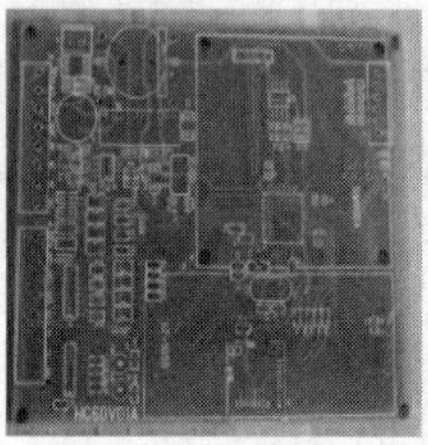　　　　PCB 电路板

续表

实施过程	（2）2015 年 8 月 26 日搭建测试最小系统，连接计算机，利用 Keil-MDK4 软件对单片机核心运行参数设置：运行主频最佳值为 48MHz，箱门状态最佳扫描周期为 45ms，低功耗工作方式为待机状态。对每一个端口利用示波器、万用表进行逻辑判断功能测试			
	（3）2015 年 9 月 7 日焊接外围元器件，组装智能处理系统平台，利用万用表测试端口针脚是否接通，是否有短路、断路			

测试结果	测试项目	参考值	实测值	测试结果
	针脚焊接正确个数	267	267	正确率 100％
	主频	48MHz	48MHz	满足
	主板电源	3.3～5.5V	5.0V	满足
	逻辑功能	$PA_{0-15}=1(\geqslant 3.0V)$	1(3.29V)	准确率 100％
		$PB_{0-15}=1(\geqslant 3.0V)$	1(3.29V)	
		$PC_{0-15}=0(\leqslant 0.3V)$	0(0V)	
		$PD_{0-15}=0(\leqslant 0.3V)$	0(0V)	
	外围接口导通个数	16	16	导通率 100％

实施效果检查	通过测试，智能处理系统平台组装合格、引脚接口导通正常、功能准确，达到目标

（二）组装 AZ-7121 限位开关（见表 3-34）

表 3-34　　　　　　　　　　　　对策 2 实施表

目标	限位开关动作准确率 100％
实施过程	（1）2015 年 9 月 11 日选取 6 种不同类型的计量箱：① 室外高压计量箱（不锈钢）；② 室外低压计量箱（不锈钢）；③ 室外低压计量箱（塑料）；④ 专变综合计量箱；⑤ 室内高压计量柜；⑥ 室内低压计量柜，将限位开关分别安装在对应地点（现场对不便安装的门框，加装支架）。 （2）2015 年 9 月 11 日分别开关门 20 次，利用万用表测试输出端通断状态

2. 在每条对策实施完成后，都应立即收集改后的数据，与对策表中的每一个对策目标进行比较，已确认对策有效。

3. 不要又进行方案的展开。对策实施应按照对策表进行，所有方案的性能、参数等均已选择完毕，在此步骤再行展开是顺序倒置，势必影响到选择活动方案是否最佳，以及活动的实施效果。

4. 修正措施，小组在实施阶段有两种情况需要对措施进行适当地修正。一是当小组成员在实施过程中遇到困难无法实施下去时，组长应及时召开小组讨论会，对无法实施下去的措施进行修改，制订新的措施计划，并按新计划实施。二是当小组确认措施实施后没有达到对策目标时，小组要对措施的有效性进行评价，必要时应修改措施内容，以实现对策目标。

续表

测试结果	序号	计量箱种类	安装地点	表箱号（客户号）	试验次数	动作准确次数
	1	室外高压计量箱（不锈钢）	蔡家岗火车站	5406000252	20	20
	2	室外低压计量箱（不锈钢）	淮舜南路 135 号	T277-81	20	20
	3	室外低压计量箱（塑料）	孔店村 28 号	XB20012-15	20	20
	4	专变综合计量箱	蔡寿路商贸文化广场旁	5483230744	20	20
	5	室内高压计量柜	山王镇毕岗村	5483230744	20	20
	6	室内低压计量柜	长江商贸新区精品 B 区东侧	5484029282	20	20
	动作准确率				100％	
实施效果检查	限位开关动作准确率 100％，达到目标					

（三）组装 RFID 芯片卡读卡器（见表 3-35）

表 3-35 　　　　　　　　　　对策 3 实施表

目标	（1）芯片卡卡号识别正确率 100％。 （2）身份判断准确率 100％
实施过程	（1）2015 年 9 月 13 日制定了 PDPC 图，选择芯片卡识别单元的最佳元件和制作实施方案，达到稳定识别到芯片卡信息的效果。 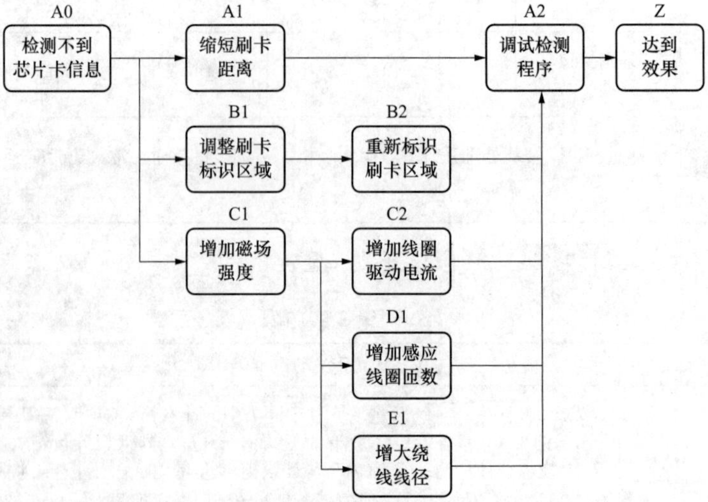 QC 小组确认有以下 5 种可选路径：① A0—A1—A2—Z；② A0—B1—B2—A2—Z；③ A0—C1—C2—A2—Z；④ A0—C1—D1—A2—Z；⑤ A0—C1—E1—A2—Z。顺利执行 PDPC①路径，效果符合要求

续表

实施过程	（2）2015 年 9 月 18 日编写芯片卡识别程序，并将 10 个不同卡号的卡分别刷卡两次，核对接收到的卡号并与实际卡号是否一致。 （3）2015 年 9 月 18 日编写身份识别程序，设置其中 4 个（4871052、4871053、4871054、4871055）为合法卡号，分别刷上述 10 张卡，另有一次试验不刷卡，对其合法性进行判断

测试结果

刷卡识别情况

序号	刷卡卡号	识别卡号
1	4871052	4871052
2	4871053	4871053
3	4871054	4871054
4	4871055	4871055
5	4871056	4871056
6	4871057	4871057
7	4871058	4871058
8	4871059	4871059
9	4871060	4871060
10	4871061	4871061
卡号识别正确率		100%

刷卡身份判断情况

序号	刷卡卡号	预设结果	判断结果
1	4871052	合法	合法
2	4871053	合法	合法
3	4871054	合法	合法
4	4871055	合法	合法
5	4871056	非法	非法
6	4871057	非法	非法
7	4871058	非法	非法
8	4871059	非法	非法
9	4871060	非法	非法
10	4871061	非法	非法
11	未刷卡	非法	非法
身份判断准确率		100%	

实施效果检查	芯片卡识别正确率 100%，身份判断准确率 100%，达到目标

（四）组装 SanDisk MicroSDHC UHS-I TF 卡（见表 3-36）

表 3-36　　　　对策 4 实施表

<table>
<tr><td>目标</td><td colspan="4">数据读写正确率 100%</td></tr>
<tr><td>实施过程</td><td colspan="4">（1）2015 年 9 月 12 日将 TF 卡插入卡槽中。
（2）2015 年 9 月 12 日将 5 组数据及图像分别用单片机写入存储卡中并在电脑中读取出来，与原数据比对，判断写入是否正确。
（3）2015 年 9 月 12 日将 5 组数据及图像分别用电脑写入存储卡中并在单片机中读取出来，与原数据比对，判断读取是否正确</td></tr>
<tr><td rowspan="8">测试结果</td><td colspan="4">单片机写入内容与电脑读取内容比对</td></tr>
<tr><td>序号</td><td>单片机写入存储卡信息</td><td>电脑读取存储卡信息</td><td>是否一致</td></tr>
<tr><td>1</td><td>卡号：4871052 </td><td>卡号：4871052 </td><td>是</td></tr>
<tr><td>2</td><td>卡号：4871053 </td><td>卡号：4871053 </td><td>是</td></tr>
<tr><td>3</td><td>卡号：4871054 </td><td>卡号：4871054 </td><td>是</td></tr>
<tr><td>4</td><td>卡号：4871055 </td><td>卡号：4871055 </td><td>是</td></tr>
<tr><td>5</td><td>卡号：4871056 </td><td>卡号：4871056 </td><td>是</td></tr>
<tr><td colspan="2">写入正确率</td><td colspan="2">100%</td></tr>
</table>

【特别提醒】“创新型”课题按对策实施的注意事项：

（1）在实施过程中各小组成员要随时做好记录，包括每条对策的具体实施时间、参加人员、活动地点、具体做法、费用支出、遇到困难及如何克服等，以真实地反映活动全貌，为小组课题完成后整理成果报告提供依据。

（2）在实施过程中，小组长除了完成自己负责的对策外，要更多地组织协调各成员之间的衔接工作，并定期检查实施进程。

（3）每条对策完成后的结果确认十分重要。很多小组没有逐条确认对策完成结果，而是到效果检查阶段直接检查课题的总体效果。这样一旦发现没有达到总体效果，就必须重新对之前的各个阶段进行检查，寻找原因，工作量和工作难度都大大增加，降低了工作效率。

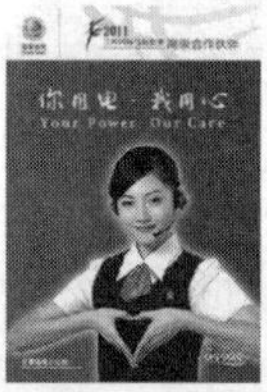

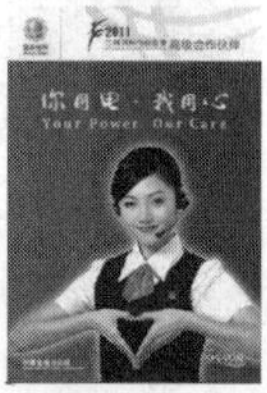

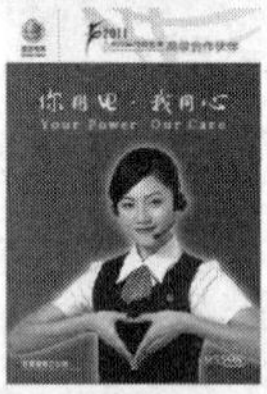

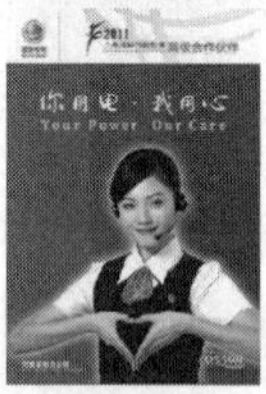

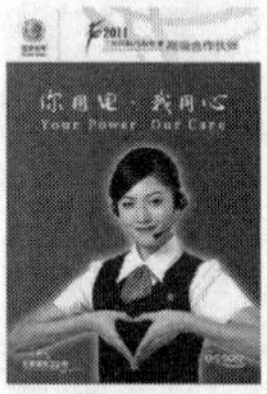

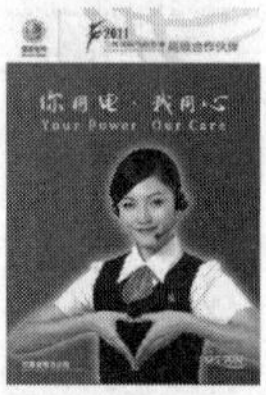

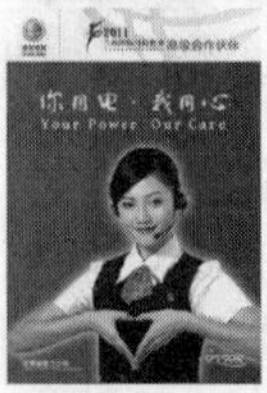

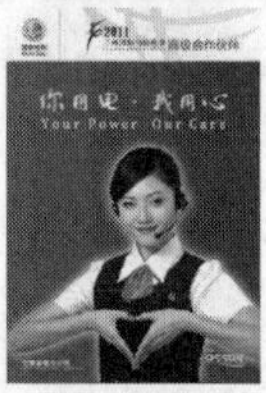

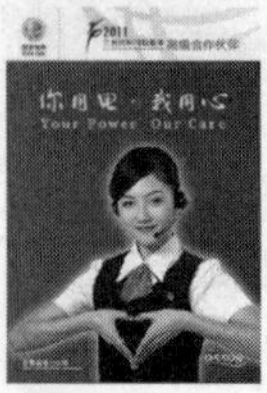

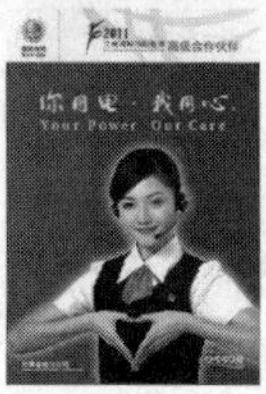

续表

测试结果	电脑写入内容与单片机读取内容比对			
	序号	电脑写入存储卡数据	单片机读取存储卡数据	是否一致
	1	卡号：4871052 	卡号：4871052 	是
	2	卡号：4871053 	卡号：4871053 	是
	3	卡号：4871054 	卡号：4871054 	是
	4	卡号：4871055 	卡号：4871055 	是
	5	卡号：4871056 	卡号：4871056 	是
	读取正确率		100%	
实施效果检查	数据读、写准确率为100%，达到目标			

另外要注意的是，部分小组每条对策实施完后不是检查对策目标实现情况，而是检查课题总目标的完成情况。由于课题总目标往往是一个综合性的指标，大多数情况下，只实施一项对策很难对总目标形成影响，所以小组每项对策实施后，只需检查相应的对策目标是否实现，而不应检查总目标的完成结果。

（4）每条对策实施后，除去对对策目标实现与否进行确认外，还需对措施的实施是否影响安全、环境、相关质量、管理以及是否带来成本大幅增加进行核查，以评价对策的综合有效性。

（五）组装 PTC08 摄像头（见表 3-37）

表 3-37　　　　　　　　　　　对策 5 实施表

目标	拍照正确动作率 100%；图片可识别率 100%		
实施过程	（1）2015 年 9 月 17 日组装摄像头。 （2）2015 年 9 月 18 日编写程序分别在白天、夜晚下发拍照指令 6 次，测试摄像头是否正确动作和图片能否识别		
测试结果	**摄像头拍摄情况统计**		
	序号	拍摄时间	是否动作	是否可识别
	1	6：30	是	是
	2	10：00	是	是
	3	13：30	是	是
	4	17：00	是	是
	5	20：30	是	是
	6	24：00	是	是
	拍照正确动作率	100%		
	可识别率	100%		

拍摄时间：10：00　　　　　　　　　20：30

实施效果检查	拍照正确动作率 100%，图片可识别率 100%，达到目标

（六）组装 SIM900A 通信模块（见表 3-38）

表 3-38　　　　　　　　　　　对策 6 实施表

目标	信息内容发、收一致率 100%		
实施过程	（1）2015 年 9 月 22 日组装 SIM900A 通信模块，插入中国移动 SIM 卡。 （2）2015 年 9 月 22 日编写信息发送程序，通过 SIM900A 模块向预设手机分别发送 3 次不同格式和内容的信息，测试发送内容和接收内容的一致性		
测试结果	**SIM900A 通信模块发送内容与实际接收内容比对**		
	序号	发送内容	接收内容	是否一致
	1	你用电，我用心	你用电，我用心	是
	2			是

续表

	序号	发送内容	接收内容	是否一致
测试结果	3	你用电，我用心	你用电，我用心	是
		信息内容发、收一致率	100％	
实施效果检查		信息内容发、收一致率100％，达到目标		

（七）编写"文字＋图片"信息生成程序（见表3-39）

表3-39　　　　　　　对策7实施表

目标	生成信息可发送率100％			
实施过程	（1）2015年9月27日为准确辨识计量箱开启信息，确定文字内容包括：开箱时间、地点、箱号；图片格式为JEPG。 （2）2015年9月27日编写报警信息生成程序，分别生成3次，对生成后的信息容量大小进行测试，整条信息不大于300KB			
测试结果	**信息可发送率测试统计**			
	序号	报警文字容量	报警图片容量	能否被发送
	1	0.5KB	12K	能
	2	0.5KB	13K	能
	3	0.5KB	13K	能
	信息可发送率	100％		
实施效果检查	生成信息可发送率100％，达到目标			

（八）编写报警信息发送多人程序（见表3-40）

表3-40　　　　　　　对策8实施表

目标	信息接收成功率100％				
实施过程	（1）2015年9月28日确定3个运营商的5个不同手机号码为接收号码。 （2）2015年9月28日编写报警信息发送多人程序，向4个人发送信息5次，测试是否成功接收				
测试结果	**信息接收成功率测试统计**				
		手机接收是否成功			
	序号	1330554×××	1811954××××	1885540××××	1300400××××	1539554××××
	1	是	是	是	是	是

测试结果	2	是	是	是	是	是
	3	是	是	是	是	是
	4	是	是	是	是	是
	5	是	是	是	是	是
	接收成功率	100%				
实施效果检查	信息接收成功率100%，实现目标					

（九）组装 AD16-22SM 频闪声光蜂鸣器（见表 3-41）

表 3-41　　　　　　　　对策 9 实施表

目标	声光报警器启动准确率100%									
实施过程	（1）2015年9月25日组装声光报警器。 （2）2015年9月25日编写启动程序，发送动作指令20次，测试是否成功动作									
测试结果	**声光报警器启动成功率测试统计**									
	试验编号	1	2	3	4	5	6	7	8	9	10
	是否动作	是	是	是	是	是	是	是	是	是	是
	试验编号	11	12	13	14	15	16	17	18	19	20
	是否动作	是	是	是	是	是	是	是	是	是	是
	启动准确率	100%									
实施效果检查	声光报警器启动准确率为100%，达到目标									

（十）编写声光报警器时长控制程序（见表 3-42）

表 3-42　　　　　　　　对策 10 实施表

目标	报警时长为3min									
实施过程	（1）2015年9月28日编写延时程序，使其报警持续3min。 （2）2015年9月28日试验20次，测试每次声光报警时间									
测试结果	**声光报警器时长控制测试统计**									
	试验编号	1	2	3	4	5	6	7	8	9	10
	报警时长（min）	3	3	3	3	3	3	3	3	3	3
	试验编号	11	12	13	14	15	16	17	18	19	20
	报警时长（min）	3	3	3	3	3	3	3	3	3	3
实施效果检查	声光报警时长为3min，达到目标									

（十一）组装宽电压自适应电源适配器（见表3-43）

表3-43　　　　　　　　对策11实施表

目标	(1) 稳定输出5.0±0.5V直流电压。 (2) 保护电路动作成功率100%。（短路、接地、过电压）				
实施过程	(1) 2015年10月4日组装适配器。 (2) 2015年10月4日分别进行①短路试验：将电源输出正负极用导线短接；②接地试验：将输出电源的正极与地短接；③过电压试验：在输入侧正负极加380V交流电压。测试保护电路能否动作。 (3) 2015年10月4日恢复保护电路，利用TDGC2-2调压器，分别在其输入端上下极限值（240V和90V电压）情况下，利用万用表测试其输出电压是否稳定（5±0.5V）				
测试结果	一、试验一：保护动作试验				

测试结果中：

一、试验一：保护动作试验

测试项目	保护电路是否动作
短路	是
接地	是
过电压	是

二、试验二：输出电压试验

（一）为检查系统在小范围试运行复电耗时的稳定性，用调压器将电压调至240V，测试输出电压，对180个数据进行测量统计，并将统计结果绘制成表格

序号	电压值单位（V）				
1	4.92	5.01	5.03	4.79	5.26
2	4.91	5.02	5.03	5.15	5.25
3	5.01	5.05	5.06	5.06	5.01
4	4.97	5.12	5.15	5.06	5.05
5	4.72	4.99	4.92	5.09	4.89
6	4.77	5.00	4.95	5.08	4.91
7	4.92	4.98	4.93	5.06	4.89
8	4.86	4.95	5.00	5.01	5.05
9	4.92	4.97	5.00	5.02	5.09
10	4.87	4.98	5.01	5.05	5.10
11	5.07	5.00	5.06	4.93	5.08
12	5.07	5.00	4.94	4.88	5.08
13	5.06	4.99	4.89	5.02	4.98
14	4.99	4.98	4.91	4.97	4.97
15	4.98	5.06	5.15	5.21	5.00
16	5.01	4.98	5.16	5.36	5.00
17	5.13	4.99	4.97	5.14	4.89
18	5.27	5.09	5.01	5.06	4.95
19	5.25	4.88	4.81	5.02	5.09
20	4.89	5.08	4.91	5.03	5.05

续表

QC 工具运用——直方图：

直方图是频数直方图的简称。是一种通过对大量计量值数据进行整理加工，用图形直观形象地把质量分布规律表示出来，根据其分布形态，分析判断过程质量是否稳定的统计方法。直方图是用一系列宽度相等、高度不等的长方形表示数据的图。长方形的宽度表示数据范围的间隔，长方形的高度表示在给定间隔内的数据值。

21	4.88	4.94	4.89	5.13	4.92
22	4.93	4.93	4.90	5.15	4.91
23	4.95	5.06	4.92	4.97	5.00
24	4.88	5.06	4.93	4.99	5.01
25	5.00	5.13	5.07	4.90	5.06
26	5.02	5.05	4.90	5.16	4.88
27	5.19	5.10	4.94	5.17	4.97
28	5.20	4.92	5.08	5.06	5.02
29	5.18	5.00	5.00	5.07	4.87
30	5.06	5.09	4.79	5.00	4.98
31	4.93	4.98	4.80	5.16	5.24
32	4.87	5.00	5.06	4.88	4.89
33	4.90	5.05	5.08	4.89	4.65
34	5.08	4.95	4.78	4.93	4.82
35	5.09	4.97	4.88	5.05	4.90
36	4.89	5.05	5.14	4.89	4.88

（测试结果）

（1）根据上面的数据，一共有 180 个测量数据，则 $n=180$。

（2）求极差 R。在数据表中找出最大值 X_{max} 和最小值 X_{min}：
$$X_{max}=5.36, \quad X_{min}=4.65$$
$$R=X_{max}-X_{min}=5.36-4.65=0.71$$

（3）确定分值数 k 及组距 h。取组数 $k=9$，将数据分成 9 组，组距 $h=R/k=0.71/9\approx0.08$

（4）确定各组的界限值。将上面的数据按照组距分为 9 组，确定各组界限值：
$$0.01/2=0.005$$
第一组下限值：$X_{min}-0.05=4.65-0.005=4.645$

第一组上限值：第一组下限值加组距，即 $4.645+0.08=4.725$

第二组下限值就是第一组上限值，即 4.725，以此类推，定出各组的界定值。依据界定值，编制出频数分布表

频 数 分 布 1

组号	组界小→大	组中值	频数统计	fi
1	4.645-4.725	4.685	//	2
2	4.725-4.805	4.765	/////	5
3	4.805-4.885	4.845	//////////////	14
4	4.885-4.965	4.925	//////////////////////// ////////////////////	42
5	4.965-5.045	5.005	//////////////////////// ///////////////////////	51
6	5.045-5.125	5.085	//////////////////////// ///////////////////	43
7	5.125-5.205	5.165	////////////////	16
8	5.205-5.285	5.245	/////	6
9	5.285-5.605	5.325	/	1
合计				180

续表

（5）绘制直方图。根据计算结果及统计频数结果，绘制直方图如下：

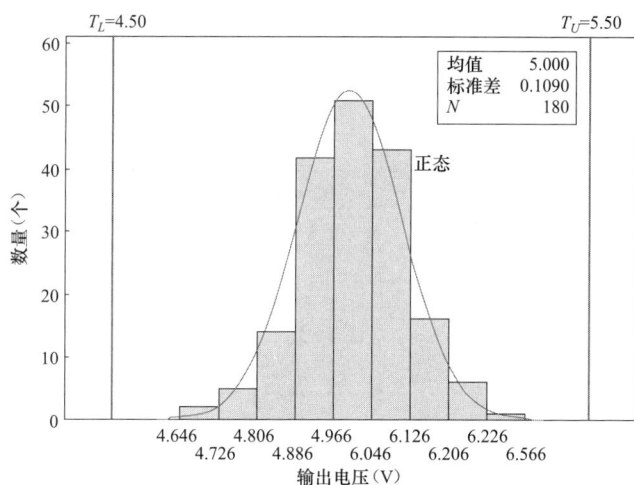

（6）分析。该直方图图形对称分布，中部有一顶峰，左右两边逐渐降低，近似对称。为正常型直方图，可判定工序运行正常，处于稳定状态。

（7）设计要求输出电压值为 (5.00 ± 0.50)V，$T_U=5.50$，$T_L=4.50$

公差中心：$M=(T_U+T_L)/2=5.00$

即样本平均值：$\bar{x}=\dfrac{1}{n}\sum_{i=1}^{n}x_i=5.00$

可见，样本平均值 $\bar{x}$ 与公差中心 M 重合。

样本平均值：$\bar{x}=\dfrac{1}{n}\sum_{i=1}^{n}x_i=5.00$

样本标准偏差：$s=\sqrt{\dfrac{1}{n-1}\sum_{i=1}^{n}(x_i-\bar{x})^2}=0.1090$

由于平均值 $\bar{x}$ 与公差中心 M 重合

过程能力指数：$C_P=T/6s=(TU-TL)/6s=(5.50-4.50)/(6\times0.1090)=1.53$

因此 $1.67>C_P\geqslant1.33$，工序等级 1 级，过程能力充分，可以判定适配器的 5V 电压输出处于稳定状态

（二）为检查适配器在高供高计环境下输出电压的稳定性，用调压器将电压调至 90V，测试输出电压，对 180 个数据进行测量统计，并将统计结果绘制成表格。

宽电压自适应电源适配器输入为 90V 时输出电压统计表

序号	电压值（V）				
1	5.00	4.95	4.98	4.69	4.75
2	4.75	5.05	4.90	4.91	4.90
3	5.06	4.99	4.89	5.13	4.89
4	5.10	4.88	5.09	4.89	5.06
5	5.08	4.88	5.06	4.94	4.93
6	4.80	4.99	4.92	5.09	4.90
7	4.65	5.00	4.93	5.14	4.95
8	5.16	5.02	5.06	4.90	5.07

在实际生产过程中，虽然工艺条件相同，但生产出的产品质量却不会完全相同，而是在一定范围内波动。但这种波动是否正常，是我们希望了解和掌握的。用直方图法可以做出准确判断，查找质量问题，以便制定改进措施。

直方图的作用是：（1）显示质量波动的状态；（2）较直观地传递有关过程质量状况的信息；（3）根据质量数据波动状况，掌握过程的能力状况和受控状态，进行过程质量分析。

续表

序号	电压值				单位：V
9	4.95	4.91	5.11	4.94	5.07
10	5.17	5.00	5.06	4.86	4.91
11	5.26	5.00	5.06	4.91	5.12
12	5.25	5.01	5.07	5.04	5.20
13	5.24	5.08	4.88	5.10	5.09
14	4.85	4.95	4.88	5.09	4.93
15	4.89	4.88	5.08	4.95	5.06
16	4.88	5.16	5.09	4.99	4.98
17	4.83	4.98	5.00	5.06	5.04
18	4.87	4.97	5.01	5.07	5.01
19	5.14	4.98	5.01	5.06	5.00
20	5.00	5.01	5.02	4.99	4.95
21	5.11	5.02	5.18	5.00	5.06
22	4.81	5.02	5.16	4.78	4.91
23	4.93	5.00	5.25	5.03	4.89
24	4.92	5.00	5.10	4.88	5.08
25	4.82	4.87	5.08	4.89	5.08
26	5.15	5.01	4.82	5.03	5.19
27	4.89	5.02	5.14	5.04	5.20
28	5.02	5.24	5.00	5.05	5.09
29	5.01	5.35	5.00	5.02	5.15
30	4.91	4.94	5.33	4.99	5.00
31	4.88	5.01	4.91	5.01	4.99
32	5.06	5.00	4.95	4.98	5.15
33	5.06	5.05	4.96	5.05	5.11
34	5.06	4.96	4.98	5.11	4.80
35	4.97	4.86	4.96	4.94	4.86
36	4.96	5.00	4.87	4.79	4.74

（1）根据上面的数据，一共有 180 个测量数据，则 $n=180$。

（2）求极差 R。在数据表中找出最大值 X_{max} 和最小值 X_{min}：

$$X_{max}=5.35, \ X_{min}=4.65$$

$$R=X_{max}-X_{min}=5.35-4.65=0.7$$

（3）确定分值数 k 及组距 h。取组数 $k=9$，将数据分成 9 组，组距 $h=R/k=0.7/9 \approx 0.08$

（4）确定各组的界限值。将上面的数据按照组距分为 9 组，确定各组界限值

$$0.01/2=0.005$$

第一组下限值：$X_{min}-0.05=4.65-0.005=4.645$

第一组上限值：第一组下限值加组距，即 $4.645+0.08=4.745$

第二组下限值就是第一组上限值，即 4.745，以此类推，定出各组的界定值。依据界定值，编制出频数分布表

续表

	频 数 分 布 2			
组号	组界小→大	组中值	频数统计	fi
1	4.645-4.725	4.685	//	2
2	4.725-4.805	4.765	///////	7
3	4.805-4.885	4.845	///////////////////	19
4	4.885-4.965	4.925	///////////////////////////////////////	39
5	4.965-5.045	5.005	//	50
6	5.045-5.125	5.085	///	41
7	5.125-5.205	5.165	///////////////	15
8	5.205-5.285	5.245	/////	5
9	5.285-5.365	5.325	//	2
合计				180

（5）绘制直方图。根据计算结果及表 3-35 统计频数结果，绘制直方图如下：

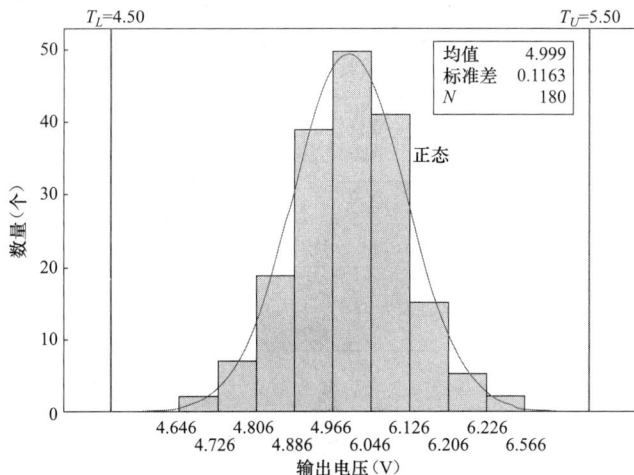

（6）分析：该直方图图形对称分布，中部有一顶峰，左右两边逐渐降低，近似对称。为正常型直方图，可判定工序运行正常，处于稳定状态。

（7）设计要求输出电压值为 （5.00±0.50）V，$T_U=5.50$，$T_L=4.50$

公差中心：$M=(T_U+T_L)/2=5.00$

样本平均值：$\bar{x}=\dfrac{1}{n}\sum_{i=1}^{n}x_i=4.999$

可见，样本平均值 $\bar{x}$ 与公差中心 M 不重合。

样本平均值：$\bar{x}=\dfrac{1}{n}\sum_{i=1}^{n}x_i=4.999$

QC 工具运用——过程能力分析：

过程能力指数的值越大，表明产品的离散程度相对于技术标准的公差范围越小，因而过程能力就越高；过程能力指数的值越小，表明产品的离散程度相对公差范围越大，因而过程能力就越低。因此，可以从过程能力指数的数值大小来判断能力的高低。从经济和质量两方面的要求来看，过程能力指数值并非越大越好，而应在一个适当的范围内取值。

C_{pk} 值越大表示品质越佳。

$C_{pk} = \min\left[(X-LSL/3s),\ (USL-X/3s)\right]$

同 C_{pk} 息息相关的两个参数：C_a，C_p。

C_a：制程准确度。
C_p：制程精密度。

$C_{pk}=C_p\times(1-|C_a|)$

C_{pk} 是 C_a 及 C_p 两者的中和反应，C_a 反映的是位置关系（集中趋势），C_p 反映的是散布关系（离散趋势）。

续表

	样本标准偏差：$s=\sqrt{\dfrac{1}{n-1}\sum_{i=1}^{n}(x_i-\bar{x})^2}=0.1163$ 由于平均值 $\bar{x}$ 与公差中心 M 不重合 平均值偏离值：$\varepsilon=\mid M-\mid\ =\mid\ 5.00-4.999\mid\ =0.001$ 过程能力指数：$C_P=(T-2\varepsilon)/6s=(T_U-T_L-2\varepsilon)/6s$ $=(5.50-4.50-2\times0.001)\div(6\times0.1163)$ ≈1.43 所以 $1.67>C_P\geqslant1.33$，工序等级 1 级，过程能力充分，可以判定适配器的 5V 电压输出处于稳定状态
实施效果检查	稳定输出 $5.0\pm0.5V$ 直流电压，保护电路动作成功率 100%，达到目标

（十二）组装 ICR 18650 锂离子充电电池（见表 3-44）

表 3-44　　　　　　　　　　　对策 12 实施表

目标	独立供电≥8 小时		
实施过程	（1）2015 年 10 月 6 日组装锂离子充电电池，将电池充满电。 （2）2015 年 10 月 7 日用锂离子电池对工作电压为 5V，功率为 2W 的灯泡进行 8 小时放电试验。用万用表测试起、始时间的电池电压和放电电流		
测试结果	锂电池电压电流测试		
	测试时间	电压值（参考值 5V±0.5V）	电流值（参考值 0.4A±0.2A）
	8：00	5.47	0.41
	16：00	4.95	0.39
实施效果检查	独立供电时长大于 8 小时，达到目标		

（十三）改造仪表盒（见表 3-45）

表 3-45　　　　　　　　　　　对策 13 实施表

目标	（1）开孔实际尺寸与设计尺寸偏差不大于 1.5mm。 （2）钻孔中心点偏差不大于 3mm。 （3）各元件牢固率 100%
实施过程	（1）2015 年 10 月 9 日画出外观图，按照外观图，在外壳上标记需改造的位置。 （2）2015 年 10 月 9 日按照外观图，对外壳进行钻孔、和打磨，并利用游标卡尺检测开孔尺寸。 （3）2015 年 10 月 9 日按照外观图，安装摄像头和报警器，将焊接好的电路板及其他元件装入盒内

续表

测试结果	加工尺寸偏差统计						
	开孔测试点	设计孔径值（mm）	孔径实测值（mm）	孔径允许偏差（mm）	孔径加工偏差（mm）	中心点允许偏差（mm）	中心点实际偏差（mm）
	报警器	22.0	23.0	1.5	1.0	3	1.5
	摄像头	12.0	12.4	1.5	0.4	3	2
	电缆孔	8.0	8.5	1.5	0.5	3	1.7
实施效果检查	所有元器件都按图纸标注的位置安装到位，元件安装牢固，没有晃动现象。达到目标						

（十四）整机组装测试及试运用（见表3-46）

表3-46　　　　　　　　对策14实施表

目标	(1) 监测仪功能完整率100%。 (2) 监测仪对计量准确度无影响。 (3) 开箱监测准确率100%。 (4) 运输对整机性能无影响
实施过程	测试流程如下： 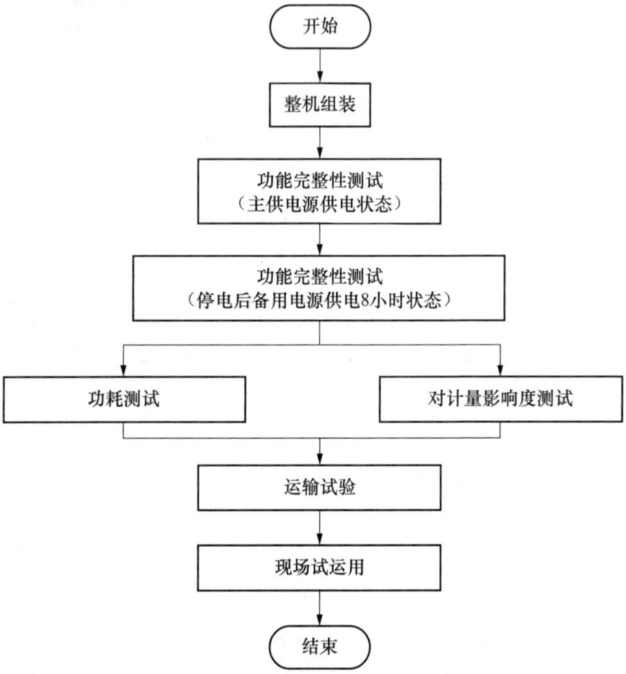 开始 ↓ 整机组装 ↓ 功能完整性测试 （主供电源供电状态） ↓ 功能完整性测试 （停电后备用电源供电8小时状态） ↓ 功耗测试　　对计量影响度测试 ↓ 运输试验 ↓ 现场试运用 ↓ 结束 (1) 2015年10月15日在创客空间组装监测仪整机，进行程序调试。分别在主供电源供电状态和停电后备用电源供电8小时状态，做如下测试：手动拨动限位开关后，分别刷合法芯片卡、刷非法芯片卡、不刷卡，检查短信、彩信内容和声光报警器动作，进行整体性能测试。

续表

（2）2015 年 10 月 15 日测试整机功耗及对计量准确度的影响。

1）100V 电压供电，分别在备用电池满电和充电状态下测量，监测仪待机、发短信、发彩信时的负载电流，计算功耗。

2）220V 电压供电，分别在备用电池满电和充电状态下测量，监测仪待机、发短信、发彩信时的负载电流，计算功耗。

3）分别安装在高压计量箱、低压计量箱内，设置监测仪电源开关，用电能表现场校验仪测量监测仪开启、关闭时电能表计量误差和表尾电压。

（3）2015 年 10 月 16 日选取本地区较差路况（从公司往返十涧湖路西谢一矿塌陷区北乡村土路，35.6 千米）将监测仪放置在尼桑 NV200 上（车牌号：皖 DGD076）进行运输测试；

（4）2015 年 10 月 17 日～24 日测试开箱监测准确率。将组装的监测仪依次安装到 5 处不同的高压计量箱和 5 处不同的低压计量箱内进行试运用，打开箱门分别刷合法芯片卡、刷非法芯片卡、不刷卡，检查短信、彩信内容和声光报警器动作，统计开箱监测准确率

报警器

测试结果

（1）主供电源供电整体性能测试统计如下：

开箱测试方式	短信内容	彩信内容	声光报警动作
刷合法芯片卡	完整准确	不发彩信	不动作
刷非法芯片卡	完整准确	图像清晰、文字准确	持续报警 3min
不刷卡	完整准确	图像清晰、文字准确	持续报警 3min
功能准确率	100%	100%	100%

（2）备用电源供电 8 小时整体性能测试统计如下：

开箱测试方式	短信内容	彩信内容	声光报警动作
刷合法芯片卡	完整准确	不发彩信	不动作
刷非法芯片卡	完整准确	图像清晰、文字准确	不动作
不刷卡	完整准确	图像清晰、文字准确	不动作
功能准确率	100%	100%	100%

续表

（3）功耗测试统计如下：

供电电压		备用电池满电状态			备用电池充电状态		
AC 100V	工作状态	待机	发短信	发彩信	待机	发短信	发彩信
	电流（mA）	4.51	9.79	10.53	8.48	13.80	14.59
	功耗（VA）	0.45	0.98	1.05	0.85	1.38	1.46
	最大功耗（VA）	1.46					
AC 220V	工作状态	待机	发短信	发彩信	待机	发短信	发彩信
	电流（mA）	2.05	4.50	4.82	3.91	6.36	6.68
	功耗（VA）	0.45	0.99	1.06	0.86	1.40	1.47
	最大功耗（VA）	1.47					

（4）2015年10月16日运输试验后未发现外壳破损及元件松动，然后再次进行整体性能测试，各项性能无变化。

（5）试运用开箱监测准确率统计如下：

安装位置及测试方式		短信内容完整准确次数	彩信内容完整准确次数
高压计量箱	刷合法芯片卡	5	不发送
	刷非法芯片卡	5	5
	不刷卡	5	5
低压计量箱	刷合法芯片卡	5	不发送
	刷非法芯片卡	5	5
	不刷卡	5	5
开箱监测准确率	100%	100%	100%

（6）电能表计量误差和表尾电压影响试验统计如下：

安装位置	监测仪开启状态	电能表误差	表尾电压（V）
低压计量箱	关闭	0.58	223.83
	开启	0.58	223.83
	影响量	0	0
高压计量箱	关闭	0.08	99.76
	开启	0.08	99.75
	影响量	0	0.01

实施效果检查

（1）监测仪能够准确检测计量箱开启状态，准确发送短信、彩信，作出正确报警动作。

（2）监测仪功耗小，最大功耗1.46VA，远小于电压互感器的二次负载容量（25~100VA）；监测仪运行对表计误差无影响。

（3）开箱监测准确率100%。

（4）运输对整机性能无影响。

达到目标

六、效果检查

（一）计量箱开启信息获知流程对比（见图 3-9）

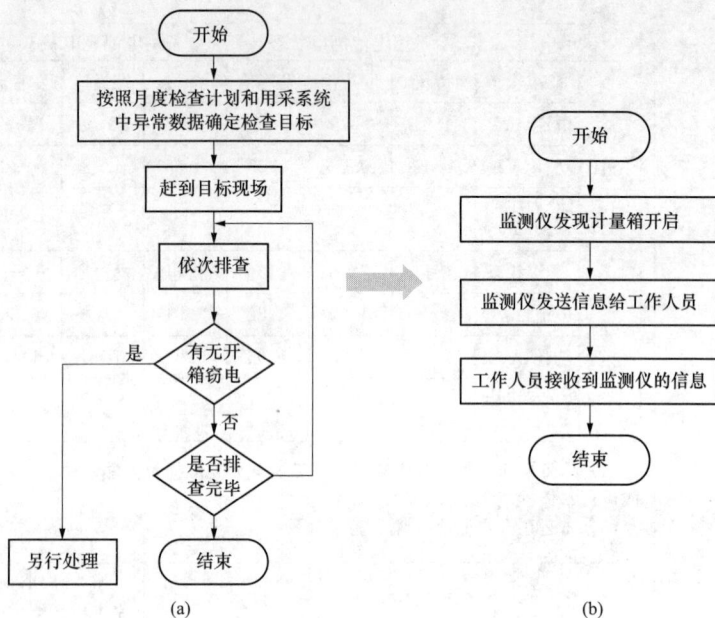

图 3-9　计量箱开启信息获知流程图
（a）活动前；（b）活动后

（二）量化目标检查

监测仪研制完成后，报经营销部同意，先后批量生产了 20 台，在 52 个计量箱进行安装，从 2015 年 11 月到 2016 年 1 月的 3 个月时间内，有 18 个安装点的监测仪相继发出报警信息。从用户非法开启计量箱到用电检查人员收到报警信息所花费的时间（以下简称获知时间）统计见表 3-47。

表 3-47　　　　计量箱非法开启获知时间统计表

序号	客户号	获知时间(min)	现场检查实际情况	序号	客户号	获知时间(min)	现场检查实际情况
1	540050 ****	0.5	未窃电	10	547823 ****	1.8	未窃电
2	543740 ****	0.6	未窃电	11	548098 ****	1.0	窃电
3	548355 ****	0.9	未窃电	12	540050 ****	1.6	未窃电
4	548232 ****	1.3	窃电	13	547322 ****	1.1	未窃电
5	547323 ****	0.5	未窃电	14	542376 ****	1.7	未窃电
6	540035 ****	0.4	窃电	15	546329 ****	1.0	窃电
7	542393 ****	1.5	未窃电	16	540154 ****	0.5	未窃电
8	542556 ****	1.2	未窃电	17	542290 ****	0.9	未窃电
9	546723 ****	0.8	未窃电	18	540089 ****	1.2	未窃电
平均获知时间		1.03min		14 名窃电分子放弃不法行为，监测仪的投入使用起到了一定的震慑作用			

活动后，用电检查人员获知计量箱开启信息活动后仅需 1.03min（以收到首条短信信息统计），对比设定的目标值 6min，达到课题目标（见图 3-10）。

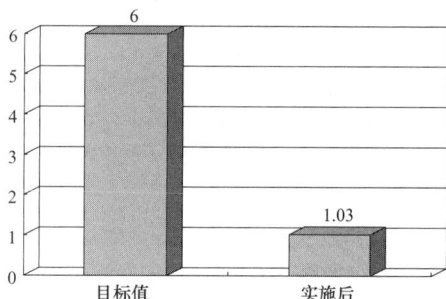

图 3-10 活动目标检查柱状图

（三）综合效果

1. 创新效果

计量箱开启智能监测仪的研制，能够及时有效地获知计量箱异常开启的时间、地点和现场图片，提高了反窃电工作的针对性和有效性，实现了反窃电工作有的放矢和快速出击，一定程度上改变了反窃电工作管理模式，并为取证工作提供了依据，避免追补电费纠纷，很大程度上打击了窃电"高发地区"不法分子的嚣张气焰。

同时，计量箱门状态的及时掌控，防范了异常开启带来的安全隐患，提高了计量箱的安全运行水平

2. 推广价值

本装置体积小、重量轻、安装方便，能够实时监测箱门的状态，完成远程报警、现场告警、传送现场情况等。

可以推广应用于监测无人值守变电站门、端子箱、配电柜、分支箱的开启情况，可以有效防范电力设备柜门异常开启带来的安全隐患（设备短路、绝缘老化等）、人身触电等问题，具有很强的推广价值

3. 经济效益

对客户进行反窃电例行检查工作量大大减少，避免了路途往返和人力浪费；窃电事件数量大幅度下降，反窃电行为被及时发现，大大降低了电费追补难度。

2015 年 11 月～2016 年 1 月，淮南公司投入使用 20 台计量箱开启智能监测仪后，小组对活动的经济效益进行了统计：

（1）节省支出

1）车辆节省方面，市公司市场及大客户服务室的 3 个用电检查班组，每周每班组现场反窃电普查用车 5 次，每个月按 4 周计，每次出车的车辆往返费用为 100 元，3 个月内节省盲目性现场普查工作费用为

$$3×5×4×100×3＝18000（元）$$

2）电量损失方面，三个月阻止和查处窃电用户 18 户，按每户平均

窃电电费 2000 元计算节省的电费为

$$2000 \times 18 = 36000（元）$$

$$节省支出总计 = 18000 + 36000 = 54000（元）$$

（2）活动成本。市场调研、运输测试约 1000 元，购买材料每套约 400 元，共制作了 20 台。

$$活动成本总计 = 1000 + 400 \times 20 = 9000（元）$$

$$本次 QC 活动的经济效益 = 节省支出 - 活动成本$$

$$= 54000 - 9000 = 45000（元）$$

4. 社会效益

小组研制的计量箱开启智能监测仪，有效减少了计量箱内私拉乱接导致的安全隐患，为广大客户提供一个安全可靠的用电环境

七、标准化

（1）把计量箱开启智能监测仪的设计资料、图纸、使用说明书纳入技术文档，经营销部批准应用到现场工作中。

（2）计量箱开启智能监测仪已获得国家实用新型专利（专利号：ZL2015 2 1005842.2），发明专利已受理（受理号：201610270718.1）。

（3）编制《计量箱开启智能监测仪现场安装作业指导书》《计量箱开启智能监测仪使用说明书》《计量箱开启智能监测仪运行管理规范》报公司营销部批准、执行。

（4）公司已打算在 2016 年全面推广该项成果，准备给营业及电费、光源公司、县公司配备 100 台监测仪，安装于各自管辖范围内的窃电高发台区，实时监测窃电高发台区的计量箱门开启状况，全面提升公司反窃电工作水平。

八、总结与今后打算

（一）总结

回首此次活动，小组通过成功研制计量箱开启智能监测仪，创造性地解决了企业经营中的实际问题，提升了工作效率，在专业技术、管理技术、人员素质方面得到了提升，为小组今后工作中解决问题积累了宝贵经验。

1. 专业技术

（1）软件方面：能熟练使用 Keil-MDK4 软件，运用 C 语言进行单片机程序开发；能熟练掌握和使用各种制图、制表软件；学会使用 3DMAX 进行建模。

（2）硬件方面：熟练使用车床、铣床等加工工具；初步学会使用 3D 打印机；能把握电子元器件的选择依据；会测试电子元器件的基础性能。

（3）动手能力方面：熟练组装摄像头、报警器、限位开关等配件，精准焊接各种电子元器件，掌握监测仪在各类计量表箱内正确安装的方法。

2. 管理技术

小组成员通过学习，掌握了各种管理工具和方法，对树图、亲和

关于标准化：

创新型课题的小组成果如果具有推广意义和价值，在今后生产、服务和工作中可再现、重复应用的，应将对策（方案）和措施进行标准化，标准化的内容可以是设计图纸、工艺规程、管理办法以及技术文件等。

【持续改进】在标准化的内容中缺少设计图纸、工艺规程以及技术文件等，建议补充。

关于总结和下一步打算：

创新型课题成果的总结是从创新角度对专业技术、管理技术，特别是小组成员素质等方面进行全面的回顾与总结，找出小组活动的不足和创新特色，激励今后更好地开展创新型课题活动。

图、箭条图、直方图、流程图、PDPC法、正交试验法、过程能力指数等管理工具能做到熟练的运用。

3. 人员素质

通过团队协作，激发了小组成员的积极性和创造性，增进了小组成员之间的交流和了解，提升了小组的凝聚力和战斗力，几位新入职大学生通过深度参与，充分感受到企业"诚信、责任、创新、奉献"的核心价值观。

小组成员努力工作的态度广受认可，B被评为2015年度"国网公司劳模"、丁鹏被评为2015年度"国网公司QC活动优秀推进者"、J被授予2015年度"淮南市五四青年奖章"、D被评为2015年度"淮南供电公司优秀职工"。

（二）今后打算

2016年，我小组为快速判断客户移交变压器绕组的材质，做到降损增效，将以《研制变压器绕组材质测试仪》作为课题继续开展QC活动。

降低 4 号炉脱硫系统石灰石粉单位消耗量

除灰脱硫运行 QC 小组

一、综合评价

（一）课题简述

该课题是小组围绕本厂"节能减排、降本增耗"的宗旨，针对 4 号炉脱硫系统石灰石粉单位消耗量不符合设计值要求确定的。小组成员遵循 PDCA 程序，应用统计工具，群策群力，经过努力，成功地将 4 号炉脱硫系统石灰石粉单位消耗量由原来的 13.55g/kWh 降低到 9.81g/kWh，实现了小组活动的目标，取得了不错的经济效益及无形效益。

（二）过程简介

该课题是现场型课题，小组按照 PDCA 程序组织开展活动，解决问题的思路清晰，具有良好的逻辑性，活动程序规范、正确。

1. 选题方面

厂技术协议中规定脱硫系统石灰石粉单耗设计值为 10.71g/kWh，小组对所辖一二三期脱硫系统的石灰石粉单耗展开了调查分析，发现 4 号炉脱硫系统石灰石粉单位消耗量为 13.55g/kWh，不能满足规定要求，小组据此选择了降低 4 号炉脱硫系统石灰石粉单位消耗量作为本次 QC 活动的课题，课题选择具体、务实。在现状调查阶段，小组对影响脱硫系统石灰石粉单位消耗量进行了分类统计，利用排列图找出钙硫比高占石灰石粉单耗高因素的 66.22%，是造成脱硫系统石灰石粉单位消耗量高的主要症结，并通过调研同期石灰石粉单耗情况确定了课题活动的目标值。

2. 原因分析方面

小组围绕主要症结并采用树图从人、机、料、法、环、测方面开展原因分析，找到 7 条末端因素。在要因确认阶段，小组针对所有 7 条末端因素制定了要因确认（计划）表，规定了确认标准和标准来源。小组通过现场测试、验证、测量、调查分析的方法，能以客观事实和数据，客观地对末端因素逐条进行要因确认，最终确定了循环泵滤网喷嘴清理周期长、石灰石供浆跟踪滞后及石膏浆液密度控制区间不当三条主要因素。

3. 对策与实施方面

小组针对每一条要因分别提出了多个对策，并通过测试、试验、分析等方法，从有效性、可行性、经济性、可靠性等方面进行对策综合评价，选择最佳对策方案并制订对策表，对策清楚、目标明确、措施具体。小组严格按照对策表的相关内容开展对策实施，实施过程中也注重数据的收集和整理，并运用图表以及折线图、柱状图等工具、方法，对照对策目标进行验证，并逐一交代了对策目标的实现情况。

4. 效果方面

在效果检查阶段，小组对 4 号炉 2015 年 7~12 月与 2014 年同期 Ca/S 进行调查，并利用排列图，对策实施后 Ca/S 已从实施前的 66.22% 降至 22.22%，且 4 号炉石灰石粉耗降到 9.81g/

kWh，实现了小组设定的目标值，获得了不错的经济效益及无形效益。巩固期内，小组将本次QC 成果的有效措施，纳入《除灰脱硫运行规程》《运行二部除灰脱硫运行制定汇编》中，将每周二实测石膏浆液密度，与 CRT 显示值比对，并将此措施录入 BFS＋＋"运行日志"→"值班记录"→"定期工作任务"中。有效措施标准化后，小组对 2016 年 1～3 月 4 号炉石灰石粉单耗的跟踪调查，石灰石粉单耗均低于规定值，说明脱硫系统优化运行后工况稳定，并将实施过程中的有效措施向其他机组进行推广。小组成员认真总结回顾了活动过程的心得体会和收获，并确定了"降低脱硫电耗"作为下一次活动的课题。

二、主要特点与改进机会

（一）主要特点

小组选题理由明确、简洁。小组活动中，能以事实为依据，注重用数据说话。小组积极尝试使用多种 QC 统计工具方法，尽管存在一定不足，但仍体现了小组勇于探索，敢于实践的进取精神。主要特点：

一是选题结合生产难点，活动成效好。二是制定对策阶段做得比较好，如针对石灰石供浆跟踪滞后及石膏浆液密度控制区间控制不当两个要因，小组分别提出了改进对策方案，并通过测试、试验、分析等方法，来选择最佳对策方案并制订对策表，对策清楚、目标明确、措施具体。

（二）改进机会

1. 程序方面

程序方面的问题主要是系统性考虑不周，存在一定程度的不严密现象。

（1）现状调查步骤。小组应明确四个调查项目标准的来源，且应围绕每一调查项目（$CaCO_3$纯度、石灰石粉的细度、Ca/S、原烟气二氧化硫）对石灰石单耗高的实际影响程度进行调查分析。从调查二的结论看，钙硫比值对石灰石浆液多少有影响，钙硫比值超过正常值说明石灰石浆液有剩余，就是说会造成石灰石粉浪费，对浪费的影响程度多大不清楚，不能判定为课题的主要症结。因此，调查二显得冗余。小组在现状调查过程中以石灰石粉单耗月度平均值来确定目标值，但该课题中厂技术协议中未明确脱硫系统石灰石粉单耗值特性，该值是周平均值、月度平均值还是年度累计平均值，逻辑关系欠严密。

（2）原因分析步骤。小组开展头脑风暴，并采用树图对现状调查中确定的主要症结开展原因分析，找到 7 条末端因素。该课题中原因不精练，部分末端因素分析不具体，如"检修对循环泵滤网、喷嘴清理周期长"是两个因素，不能归为一个末端因素。部分末端因素没有分析到可以直接采取对策，例如"石灰石浆液密度控制区间不当"，没有分析是什么原因导致密度控制区间控制不当的。

（3）要因确认步骤。小组没有根据末端因素对问题（症结）影响程度的大小判断是否为主要原因。如要因确认一的过程是想说明滤网和喷嘴清理周期长降低循环泵出力，进而影响到 Ca/S。但是，缺少循环泵的压力数据以及石灰石粉使用（或浪费）的数据，更缺少数据分析，没有证明出周期长对 Ca/S 的影响程度。因此，将该因素判断为要因证据不充分。

（4）制定对策步骤。针对要因二的对策优化，小组通过对比选择了"加装石灰石供浆自动功能"及"每班停供浆一次"两个对策方案而不是一个最优方案，在对策二方案选择过程中建议进行经济性、可实施性、安全可靠性等其他方面的对比。

（5）制定巩固措施步骤。该课题中将相关措施纳入标准化后对标准化效果进行了跟踪调查，巩固期内石灰石粉单耗特性值周期选取的是每日，而从课题目标值设定情况来看，石灰石粉单耗特性值是月度指标，逻辑不严密。建议标准化效果跟踪调查部分以月为周期统计石灰石粉单耗值。

2. 统计方法方面

应用统计方法在准确性和适宜性方面存在改进机会:

(1) 排列图。该课题现状调查一中排列图的应用不规范。同一张排列图中不可将原因和结果混杂出现,所列项目必须是具有同一分层标志的项目。该课题中 Ca/S 高是脱硫系统过程的结果,$CaCO_3$ 纯度、石灰石粉的细度、原烟气二氧化硫是影响 Ca/S 的因素。因此,此处排列图应用不当。在效果检查阶段排列图的应用不正确。排列图的数据频次要不少于 50 次。经过小组对策实施后,4 号炉脱硫系统 $CaCO_3$ 纯度、石灰石粉的细度、Ca/S、原烟气二氧化硫超标数据累计频次为 27 次,少于 50 次,不能使用排列图,建议可以使用饼分图。

(2) 树图。该课题原因分析中的树图应用不恰当。从课题简介"工艺流程图"中可以感觉到,Ca/S 高的影响因素还应考虑设备(脱水机、仓、循环泵等)、材料(水、空气等)、环境、运行人员等,很多因素在树图中看不到。因此,该课题进行原因分析应采用因果图更为恰当。

(3) 控制图。该课题要因确认二中判定控制图受控状态的条件不正确。判定控制图有 8 项准则:1 个点落在 A 区以外(点子超出控制界限);连续 9 点落在中心线同一侧;连续 6 点递增或递减;连接 14 点中相邻点子总是上下交替;连续 3 点中有 2 点落在中心线同一侧的 B 区以外;连续 5 点中有 4 点落在中心线同一侧的 C 区以外;连续 15 点落在中心线的 C 区以内;连续 8 点落在中心线两侧且无 1 点在 C 区中。该课题中应该以连续 9 点落在中心线同一侧而不能以"连续 6 点落在中心线同一侧",说明该过程处于不受控状态,该控制图受控状态判定不正确。

(4) 直方图。该课题中要因确认五中直方图分组界限不正确。直方图第一组下限值应该为所收集数据中最小值减去最小测量单位的 1/2,并根据 0.3 的组距确定后续的组界值。

点评:胡腾华 李源峰

课题简介

T厂共有8台机组，脱硫系统采用石灰石-石膏湿法脱硫工艺，脱硫吸收剂为石灰石（$CaCO_3$），采用一炉一塔的方案，工艺流程图如图4-1所示。

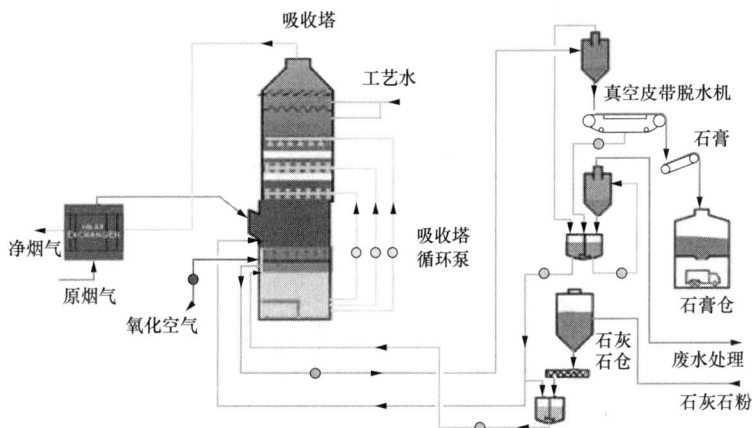

图4-1 工艺流程图

石灰石供应方式采用外购石灰石粉，由制浆系统配置成26％～30％浓度的悬浮浆液，根据烟气脱硫的需要，通过石灰石浆液泵送入吸收塔系统，浆液中的$CaCO_3$与烟气中二氧化硫及鼓入的氧化空气反应生成石膏。

小组概况（见表4-1）

除灰脱硫运行QC小组是以现场技术骨干为主体的现场型QC小组，成员有着攻克难关、不断创新的精神，并具有熟练的操作技能和理论做基础，解决了生产现场所遇到的诸多问题。

表4-1　　　　　　　　小 组 概 况

	课题名称	降低4号炉脱硫系统石灰石粉单位消耗量		
小组简介	成立时间	2010.3	课题类型	现场型
	课题注册日期	2015.1.10	注册号	DDQC2015-38
	组长	A	活动次数	14次
	活动时间	2015年1～12月	出勤率	100％
成员情况	姓名	职称	文化程度	组内分工
	A	工程师	本科	全面负责
	B	高工	本科	技术指导
	C	高工	本科	技术指导
	D	工程师	本科	技术指导
	E	工程师	本科	QC顾问
	F	工程师	本科	数据统计

关于课题简介：

该课题简介值得借鉴，用"工艺流程图"将电厂脱硫原理、过程、有关主要设备和原料等展示得清晰明了，有利于成果的展示、交流、提升。如果能将课题的专用名词——单位消耗量给予解释说明，更有利于成果交流。

关于课题类型：

现场型课题是以班组和工序现场的操作工人为主体组成的，课题难度不大，是小组成员力所能及的。攻关型课题是由领导、技术人员和操作人员组成的，课题难度大，需要投入一定资源。该课题的目标制定超越标准要求，且对策实施二中，小组将pH计进浆门及冲洗水门改为气动门，并加装了石灰石供浆自动功能，改变了原有的设计，该课题类型为攻关型比较合适。

关于小组概况：

小组简介中应体现出小组和课题注册登记、小组活动时成员出勤、小组成员组内分工及小组成员质量管理教育培训等情况。显然，小组质量教育方面未能体现出来。另，组内分工如果能与活动过程和小组成员业务专长结合更好。

续表

	G	高级技师	本科	数据统计
成员情况	H	高级工	大专	成果发布
	I	高级工	大专	安全监督
	G	助理工程师	大专	组织实施
	K	工程师	本科	组织实施

一、选择课题

石灰石粉作为脱硫吸收剂，它的供给量是脱硫系统稳定运行的基础保障，同时，石灰石粉单耗也是衡量脱硫系统经济运行的重要指标之一。

1. 小组调查

小组围绕"节能减排、降本增耗"的活动宗旨，对所辖一、二、三期 2014 年 7～12 月的石灰石粉单耗展开了调查，一、二、三期 6×330MW 机组脱硫系统石灰石粉单耗设计值为 10.71g/kWh（查阅《达拉特电厂 1～6 号机组烟气脱硫技改工程湿法 FGD 装置总承包技术协议》）。调查结果见表 4-2。

表 4-2 　　　　　　小 组 调 查 一

项目 ＼ 时间	7月	8月	9月	10月	11月	12月	均值
一期石灰石粉单耗	10.44	10.27	9.49	9.8	9.91	10.64	10.09
二期石灰石粉单耗	10.2	11.95	11.99	12.11	12.04	13.57	11.98
三期石灰石粉单耗	9.47	9.95	9.45	9.35	9.35	10.74	9.72

由表 4-2 绘制折线图，如图 4-2 所示。

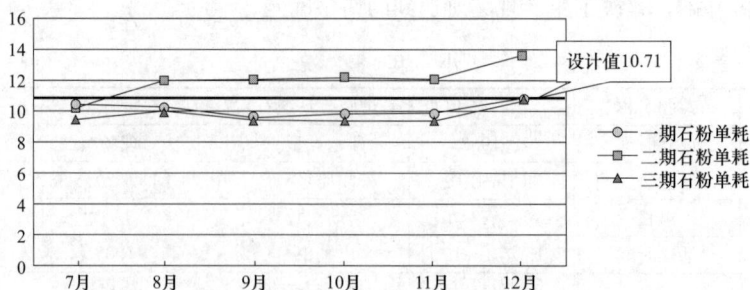

图 4-2 　一、二、三期石灰石粉单耗拆线图

调查结果：2014 年二期脱硫系统石灰石粉单耗高于设计值。

2. 小组调查二

小组对 2014 年 7～12 月二期 3、4 号炉脱硫系统石灰石粉单耗进行调查，见表 4-3。

关于选择课题：

在选择课题阶段，需要注意：（1）课题宜小不宜大。所谓小课题，就是将影响产品质量、生产效率或造成损耗、浪费的具体问题作为小组活动的课题。（2）课题名称应一目了然地看出是要解决什么问题，不抽象。课题设定时要抓住三个要素：对象、问题（特性）、结果。因此，课题名称一定要简洁、明确，一目了然，直接针对要解决的问题，避免抽象。（3）选题理由要充分且简明扼要。小组在陈述选题理由时，应简明扼要地阐述小组当前的实际情况（存在问题）与上级方针目标要求或本部门存在的差距，通过用数据进行对比，就能清晰明了地看出选此课题的目的性和必要性，切忌长篇大论。

该课题中小组根据有关技术协议中对机组脱硫系统石灰石粉单耗设计值的规定，通过调查一和调查二，客观地说明了目前脱硫系统石灰石单耗与要求存在的差距，选题理由清楚；调查三对石灰石粉消耗量的实际值与理论值对比表明：石灰石粉单耗高不仅大大增加了厂的运营成本，还不利于系统的安全稳定运行，进一步说明了选题的必要性。选题过程注重用数据说话，选题理由充分，

表 4-3 3、4 号炉脱硫系统石灰石粉单耗调查表

项目 ＼ 月份	7 月	8 月	9 月	10 月	11 月	12 月	均值
3 号炉	10.52	10.82	10.32	10.46	9.99	10.35	10.41
4 号炉	13.32	13.25	14.06	13.21	14.02	13.48	13.55

由表 2 绘制折线图，如图 4-3 所示。

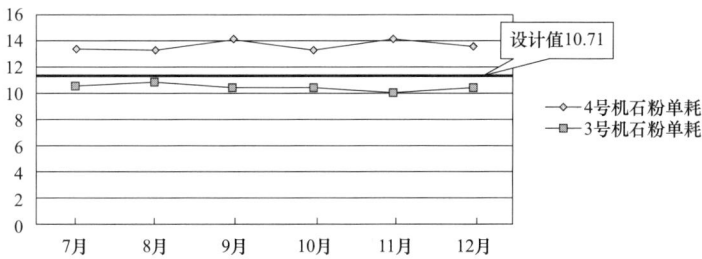

图 4-3 3、4 号炉脱硫系统石灰石粉单耗折线图

调查结果：二期 4 号炉脱硫系统石灰石粉单耗高于设计值。

3. 小组调查三

由于理论石灰石消耗量和实际消耗量之差，可以在一定程度上反映出石灰石在实际脱硫反应中的活性，小组对 2014 年 7～12 月 4 号炉石灰石粉消耗量理论值与实际值进行对比，见表 4-4。

表 4-4 石灰石粉消耗量理论值与实际值比较

理论值	7155.5t	7～12 月 4 号炉入炉煤硫份平均值为 0.848%，燃煤量为 509590t，脱硫效率平均值为 92.6% 根据公式：$G_{石灰石}=B_g×S×1.7×h_{SO_2}×1.7882$ G——石灰石耗量 B_g——锅炉燃煤量 $S×1.7$——燃煤中硫分燃烧后转换成 SO_2 的份额 h_{SO_2}——脱硫效率 1.7882——（碳酸钙分子量 100×1.03 钙硫比÷64 SO_2 分子量÷0.9 碳酸钙纯度） 石灰石粉理论消耗量 $=509590×0.00848×0.926×1.7882≈7155.5t$
实际值	8406.5t	数据来自石灰石粉用量统计报表
	+1251t	

调查结果：实际石灰石粉消耗量比理论值多 1251t（石灰石粉单价 160 元/t，折合人民币 20.02 万元）

结论：小组调查结果表明，4 号炉脱硫系统石灰石粉单耗高，长期运行不仅大大增加我厂的运营成本，还会造成浆液中未反应的 $CaCO_3$ 增加，致使脱水系统故障，不利于系统的安全稳定运行。因此，我们将此次 QC 活动课题选定为降低 4 号炉脱硫系统石灰石粉单位消耗量。

工具恰当。课题名称规范，特性值正确。

【持续改进】小组在课题选择过程中应对数据进行精练和分析，直截了当针对课题。数据从 7 月份开始统计，不能够反映问题全貌，建议数据调查周期选择全年的数据。

QC 工具运用——折线图：QC 工具折线图的运用见效果检查部分。课题选择过程中，小组运用折线图来反映 2014 年二期及二期 4 号炉脱硫系统石灰石粉单耗值变化趋势及与标准的对比情况，工具运用正确、恰当。

二、现状调查

1. 调查一

小组以 2014 年 7～12 月数据为样本，对造成脱硫系统石灰石粉单耗高的原因分别进行调查统计。调查结果见表 4-5（以下调查数据取自化学石膏浆液和石灰石粉化验报告以及 CEMS 小间上传数据）。

表 4-5　　　　　　　　石灰石粉单耗高调查表

月份＼项目	石灰石粉中 $CaCO_3$ 纯度 标准≥94%	石灰石粉的细度 标准≥95%	钙硫比 标准≤1.03	原烟气二氧化硫 设计值 1882mg/m³
7月	94.00	96.13	1.033	1762
	96.21	98.47	1.029	1651
	93.16	95.11	1.053	1634
	87.93	96.17	1.045	1823
	88.30	95.36	1.056	1493
	94.02	95.23	1.054	1732
	94.71	94.9	1.057	1722
	95.18	94.79	1.046	1521
	94.36	95.06	1.043	1823
	94.70	95.85	1.056	1203
8月	94.27	95.65	1.042	1921
	95.98	95.20	1.053	1869
	93.20	94.36	1.028	1457
	95.07	95.02	1.023	1593
	95.89	98.01	1.04	1484
	92.66	95.01	1.043	2352
	95.02	95.37	1.052	2022
	94.04	98.03	1.059	1302
	95.87	95.16	1.024	1723
	94.91	95.56	1.045	1922
9月	95.09	96.83	1.057	1956
	95.91	95.61	1.52	1689
	94.41	96.63	1.044	1769
	94.25	96.35	1.028	1944
	94.20	95.86	1.046	1723
	96.30	97.13	1.030	1832
	95.86	96.27	1.063	1922
	94.21	95.96	1.061	1823
	95.14	97.01	1.065	1744
	93.70	96.83	1.044	1733

续表

项目 月份	石灰石粉中 CaCO₃ 纯度 标准≥94%	石灰石粉的细度 标准≥95%	钙硫比 标准≤1.03	原烟气二氧化硫 设计值 1882mg/m³
10 月	95.89	96.74	1.066	1823
	94.61	96.23	1.055	1812
	95.50	95.48	1.052	1688
	90.66	96.98	1.029	1605
	94.34	96.84	1.062	1923
	94.84	96.32	1.028	1732
	94.84	96	1.057	1823
	95.76	95.37	1.063	1811
	95.13	98.34	1.054	1723
	94.07	94.82	1.043	1882
11 月	94.46	91.06	1.061	1801
	93.37	96.43	1.029	1736
	95.77	98.74	1.053	1735
	94.80	97	1.036	1654
	95.95	95.77	1.063	1734
	94.89	96.49	1.054	1893
	94.89	97.1	1.044	2021
	95.63	96.84	1.042	1701
	88.98	96.56	1.035	1584
	94.80	98.83	1.046	1793
12 月	94.45	96.45	1.052	1732
	95.29	95.77	1.045	1688
	95.02	96	1.052	1799
	95.61	95.22	1.028	1929
	95.27	98.32	1.022	1621
	90.27	96.52	1.056	1522
	94.86	95.17	1.036	1311
	95.36	96.37	1.049	1222
	95.93	95.81	1.064	1723
	94.77	95.57	1.045	1393
均值	94.49	96.28	1.047	1702
不合格次数	9	5	49	11

根据调查结果绘制统计表，见表 4-6。

度反映石灰石粉的成分、石灰石粉的细度反映石灰石粉使用过程中的工艺要求、钙硫比反映脱硫系统的结果、原烟气二氧化硫与石灰石粉没有直接关系，这是四个不同的类别层面，放在一起不可比。因此，调查一分层不恰当。

【持续改进】一是该课题中应明确四个调查项目标准的来源；二是小组应围绕每一调查项目（CaCO₃ 纯度、石灰石粉的细度、钙硫比、原烟气二氧化硫）对石灰石单耗高的实际影响程度进行调查分析。

QC 工具运用——排列图：排列图又叫帕累托图。它是将质量改进项目从最重要到最次要顺序排列的一种图表。排列图由一个横坐标、两个纵坐标、几个按高低顺序（"其他"项例外）排列的矩形和一条累计百分比折线组成。使用排列图要注意的问题：一是排列图的数据频次要不少于50 次；二是根据收集的数据，按不良项目、不良状况等不同区分标准加以整理、分类，按其大小顺序排列，排列图中其他项的频次不能是 1；三是同一张排列图中不

可将原因和结果混杂出现，所列项目必须是具有同一分层标志的项目。四是排列图的频数应是计数数据，尽量避免计量数据；五是排列图遵循"80/20"原则，用来识别关键的少数和次要的多数。

【持续改进】同一张排列图中不可将原因和结果混杂出现，所列项目必须是具有同一分层标志的项目。该课题中 Ca/S 高是脱硫系统过程的结果，$CaCO_3$ 纯度、石灰石粉的细度、原烟气二氧化硫是影响钙硫比的因素。因此，此处排列图应用不当。

现状调查二：

从调查二的结论看，钙硫比值对石灰石浆液多少有影响，钙硫比值超过正常值说明石灰石浆液有剩余，就是说会造成石灰石粉浪费，对浪费的影响程度多大不清楚，不能判定为课题的主要症结。因此，调查二显得冗余。

QC 工具运用——折线图：现状调查二中 QC 工具折线图的运用见效果检查部分。小组运用折线图来反映 4 号炉脱硫系统钙硫比每月平均值变化趋势，小组工具运用正确、恰当。

表 4-6　　　　脱硫系统石灰石粉单耗高统计表

序号	项目	频数（次·月）	累计频数（次·月）	累计频率（%）
1	钙硫比高	49	49	66.22
2	原烟气 SO_2 超标	11	60	81.08
3	石粉中 $CaCO_3$ 纯度低	9	69	93.24
4	石粉细度低	5	74	100
合计		74		

依据统计表绘制排列图，如图 4-5 所示。

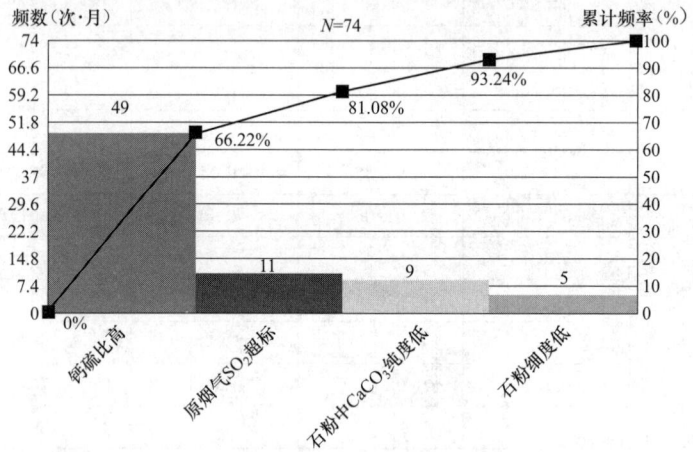

图 4-4　脱硫系统石灰石粉单耗高排列图

结论：通过调查发现，钙硫比高占石灰石粉单耗高因素的 66.22%，是造成石灰石粉单耗高的主要症结。

2. 调查二

随后小组对 2014 年 7~12 月 4 号炉钙硫比的月平均值进行了调查统计，结果见表 4-7。

表 4-7　　　　　4 号炉钙硫比的月平均值调查表

项目 \ 月份	7 月	8 月	9 月	10 月	11 月	12 月	平均值
钙硫比（≤1.03）	1.047	1.041	1.049	1.051	1.046	1.045	1.047

根据调查结果绘制折线图如图 4-5 所示。

结论：4 号炉脱硫系统钙硫比超出规定值。

查阅资料，石灰石湿法脱硫工艺钙硫比最佳状态应控制在 1.01~1.02，不超过 1.03，钙硫摩尔比是用来表示达到一定脱硫效率时所需要钙基吸收剂的过量程度，也说明在脱硫时钙的有效利用率。在区间内，钙硫比高，有利于二氧化硫的吸收，当高于设计值时，钙的利用率开始降低，钙硫比超过正常值说明石灰石浆液有剩余。

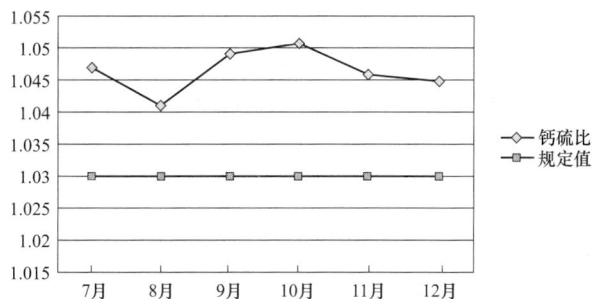

图 4-5　4号炉钙硫比的月平均值折线图

3. 调查三

同期石灰石粉单耗展开调查。

由于一、二期脱硫系统设计厂家、工艺流程相同，因此小组对 2012—2013 年一期脱硫 2 号机组同期石灰石粉单耗展开调查，调查结果见表 4-8。

表 4-8　　　　2 号机组同期石灰石粉单耗调查表

年份 项目	月份	七月	八月	九月	三季度	十月	十一月	十二月	四季度	下半年
2 号机组 2012 年	原烟气 SO_2 含量（mg/m^3）	1817	/	1482	1650	1947	1876	1765	1862	1771
	单耗（g/kWh）	9.41	/	9.89	9.65	10.15	10.27	9.99	10.136	9.92
2 号机组 2013 年	原烟气 SO_2 含量（mg/m^3）	1404	1272	/	1338	1291	1672	1671	1544	1441
	单耗（g/kWh）	9.76	10.01	/	9.885	10.22	10.35	9.94	10.17	10.04
4 号炉 2014 年	原烟气 SO_2 含量（mg/m^3）	1636	1764	1813	1737	1782	1765	1594	1713	1725.5
	单耗（g/kWh）	13.32	13.25	14.06	13.54	13.21	14.02	13.48	13.57	13.55

根据调查表，绘制柱状对比图如图 4-6 所示。

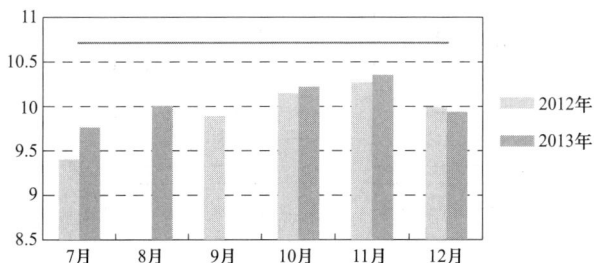

图 4-6　2 号机组同期石灰石粉单耗柱状对比图

现状调查三：

现状调查三中小组通过对脱硫系统设计厂家、工艺流程相同的一期脱硫 2 号机组同期石灰石粉单耗调查，找出主要症结问题可以解决的程度，进而为该课题目标值的设立提供了依据。

【持续改进】（1）小组对脱硫系统设计厂家、工艺流程相同的一期脱硫 2 号机组 2012～2013 年同期石灰石粉单耗进行了调查，进而为目标值的设定提供依据。但 2014 年的数据应该更贴近实际，建议小组选择脱硫 2 号机组 2014 年同期石灰石粉单耗数据。（2）小组在现状调查过程以石灰石粉单耗月度平均值来确定目标值，但该课题中公司技术协议中未明确脱硫系统石灰石粉单耗值特性，该值是周平均值、月度平均值还是年度累计平均值，逻辑关系欠严密。（3）小组以解决钙硫比高的 69.4%，进而通过计算确定了石灰石粉单耗目标值为 10.68g/kWh。该课题中目标值的计算是以解决石灰石钙硫比高不达标的次数来确定目标值，但计算过程中未明确钙硫比与石灰石单耗

调查结果：2012～2013 年 2 号炉脱硫石灰石粉单耗均在设计值以下，且 2012 年 2 号炉入口硫份与 4 号炉 2014 年同期接近。

小组针对主要症结"钙硫比高"对 2 号炉 2012～2013 年同期进行了调查统计，调查结果见表 4-9。

表 4-9　　　　　　　　　2 号炉 2012～2013 年同期调查表

项目 \ 月份	7 月	8 月	9 月	10 月	11 月	12 月	合计
钙硫比高　2 号炉 2012 年	2	2	1	1	2	0	15
钙硫比高　2 号炉 2013 年	2	2	2	1	1	1	17
钙硫比高　4 号炉 2014 年	9	7	8	8	9	8	49

结果显示：2012 年 2 号炉钙硫比高的次数仅为 15 次。

由于入口硫份为客观不可控因素，因此我们以主要症结钙硫比高的次数较低的 2012 年 2 号炉为目标，预计可解决钙硫比高的缺陷 $(49-15)/49 \times 100\% = 69.4\%$，根据小组成员多年的技术经验和能力，考虑其他突发因素，我们一致认为解决此缺陷次数的 69.4% 是可行的，如钙硫比高的缺陷可以得到解决，则 ♯4 炉石灰石粉单耗可降低到 $13.55-(1-69.4\%) \times 13.55 \times 69.4\% = 10.68$（g/kWh）。

三、设定目标

我们将本次活动的目标定为：将 4 号炉脱硫系统石灰石粉单耗由 13.55g/kWh 降至 10.68g/kWh

四、原因分析

通过现场调查掌握的现状，我小组发动全员利用头脑风暴法，对造成脱硫系统钙硫比高的主要原因通过树图进行了全面分析，如图 4-7 所示。

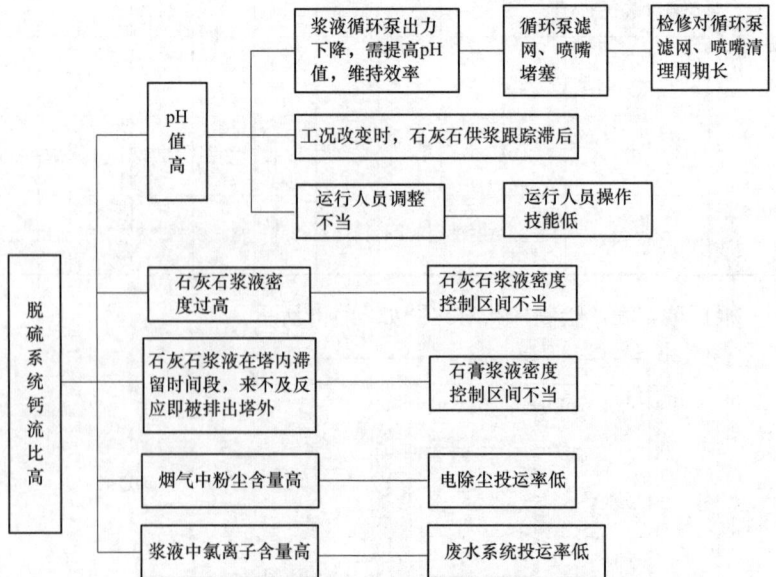

图 4-7　原因分析树图

根据分析，找出了造成钙硫比高的7条末端因素：

(1) 检修对循环泵滤网、喷嘴清理周期长。

(2) 工况改变时，石灰石供浆跟踪滞后。

(3) 运行人员操作技能低。

(4) 石灰石浆液密度控制区间不当。

(5) 石膏浆液密度控制区间不当。

(6) 电除尘投运率低。

(7) 废水系统投运率低。

五、要因确认

根据7条末端因素，小组制定了详细的要因确认计划表，见表4-10。

表4-10　　　　　　　要因确认计划表

序号	末端因素	确认内容	确认方法	确认标准	确认人	确认时间
1	检修对循环泵滤网、喷嘴清理周期长	循环泵出口压力是否低于规定值	现场调查及查阅检修台账	《除灰脱硫运行规程》2.1.1.4条规定：循环泵出口压力应在0.15mPa以上	G	2015年1月25~8日
2	工况改变时，石灰石供浆跟踪滞后	pH值是否在规定区间运行	现场调取实施曲线分析	《除灰脱硫运行规程》1.2.2.3条规定：pH值控制在5.2~5.8之间	G	2015年2月9~27日
3	运行人员业务操作技能低	运行人员能否熟练调整脱硫系统的各参数	现场技术问答及实际操作演示	《除灰脱硫运行专业岗位培训大纲及考核标准》3.3.1条规定：各岗位人员应熟悉所辖设备的操作要领，能够监视、调整各设备，使之经济稳定运行	F	2015年2月28日~3月4日
4	石灰石浆液密度控制区间不当	石灰石浆液密度是否超出规定区间	现场取样实测及调取历史曲线分析	《除灰脱硫运行规程》1.2.1.3条规定：石灰石浆密度控制1200~1250kg/m³之间	K	2015年3月7~12日
5	石膏浆液密度控制区间不当	石膏浆液密度是否在规定区间	现场取样实测	《除灰脱硫运行规程》1.2.1.4条规定：石膏浆液密度控制在1100~1150kg/m³之间	H	2015年3月16日~4月1日
6	电除尘投运率低	脱硫出口粉尘含量是否超标	调取实时曲线，查阅脱硫运行日志	国家环保局要求：脱硫出口粉尘含量小于30mg/m³	H	2015年4月6~12日

要层层展开分析，一直分析到末端原因。末端原因应该是具体的、能够确认的，并可以直接采取对策的。三是要展示问题的全貌。分析原因要从各种角度把有影响的原因都找出来，尽量避免遗漏。为此，可从"5M1E"即人、机器、材料、方法、环境、测量几个角度展开分析。四是要正确、恰当地应用统计工具。分析原因时常用到的方法有因果图、树图和关联图三种工具。

QC工具运用——树图：

树图是从一个项目出发，展开成两个或两个以上的分支，然后从每个分支再继续展开下去，以表示每个质量问题与其组成要素之间关系的一种树枝状示意图。当针对单一问题的原因进行分析，原因之间没有交叉关系，展开的层次又比较多的时候，必须应用树图。

【持续改进】(1) 该课题中小组开展头脑风暴，并采用树图对现状调查中确定的主要症结开展原因分析，找到7条末端因素。从课题简介"工艺流程图"中可以感觉到，钙硫比高的影响因素还应考虑设备（脱水机、仓、循环泵等）、材料（水、空气等）、环境、运行人员等，很多因素在树图中看不到。因此，该课题进行原因分析应采用因果图更

为恰当。(2) 该课题中原因不精练,部分末端因素分析不具体,如"检修对循环泵滤网、喷嘴清理周期长"是两个因素,不能归为一个末端因素。(3) 部分末端因素没有分析到可以直接采取对策的程序,例如"石灰石浆液密度控制区间不当",没有分析是什么原因导致密度控制区间控制不当的。

关于要因确认:

在原因分析中的所有末端,有的是主要因素,有的是次要因素,有的是没有影响的因素。确定主要原因就是把确实影响问题的主要原因找出来,将目前状态良好、对存在问题影响不大的原因排除掉,以便为下一步制定对策提供依据。确定主要原因的基本原则是必须依据客观事实,根据末端因素对问题(症结)影响程度的大小判断是否为主要原因。

该课题中小组针对所有 7 条末端因素制定了要因确认(计划)表,规定了确认标准和标准来源,并逐一开展了要因确认。确认过程注重用数据、图表、工具予以分析、展现,符合 QC 活动"以事实为依据,用数据说话"以及"应用统计方法"的要求。

【持续改进】(1) 确认计划中确认方法不当。确认要因常用的方法有三种:一是现

续表

序号	末端因素	确认内容	确认方法	确认标准	确认人	确认时间
7	废水系统投运率低	石膏浆液中氯离子含量是否超标	现场调查	《除灰脱硫运行规程》1.2.1.6 条规定:石膏浆液中氯离子含量控制在 2% 以下	I	2015 年 4 月 13～19 日

要因确认见表 4-11～表 4-17。

表 4-11　　　　　　　　　　　**要 因 确 认 一**

确认一	检修对循环泵滤网、喷嘴清理周期长
确认方法	现场调查及查阅检修台账
确认标准	T 厂企业标准除灰脱硫运行规程 Q/HN-1-7130.10.007—2011 中 2.1.1.4 条规定:循环泵出口压力应在 0.15MPa 以上
确认过程	(1) 脱硫系统在长时间运行后会发生沉淀现象,检修导则要求最长不超过一年需清塔一次,对浆液循环泵喷嘴、滤网进行疏通。小组对 2010～2014 年 4 号炉脱硫设备检修台账进行调查,见下表:

4 号塔循环泵检修记录

停机时间	清理日期	间隔周期
2010 年 10 月 24～12 月 1 日	2010 年 10 月 27 日	14 个月
2011 年 5 月 5～7 月 12 日	未清理	
2012 年 1 月 3～25 日	2012 年 1 月 12 日	15 个月
2012 年 12 月 1～24 日	未清理	
2013 年 10 月 19～29 日	2013 年 10 月 12 日	19 个月
2014 年 3 月 5 日～5 月 4 日	未清理	
2014 年 10 月 7 日～12 月 9 日	2014 年 11 月 28 日	13 个月

结果显示,4 号塔循环泵清理周期最短为 13 个月,最长达 19 个月,不符合检修导则要求,长时间不清理导致循环泵喷嘴、滤网结垢、堵塞,降低了循环泵的出力。

(2) 小组对 4 号塔浆液循环泵的出力情况展开了调查(见下图)。通过就地

4号塔循环泵就地出口压力表　　　　3号塔循环泵就地出口压力表

续表

		1.25	1.26	1.27	1.28	1.29	1.30	1.31	2.1	2.2	2.3
A循环泵		0.144	0.143	0.144	0.145	0.147	0.146	0.144	0.145	0.145	0.147
B循环泵		0.138	0.139	0.138	0.138	0.140	0.140	0.139	0.138	0.138	0.141
C循环泵		0.135	0.134	0.132	0.134	0.135	0.136	0.133	0.134	0.135	0.134

压力表比对看出，4号塔循环泵出口压力明显低于3号塔。调查期间小组抽取了4号塔2015年1月25日～2月3日的三台循环泵出口压力数据，列表如下：

依据调查表做出折线对比图如下：

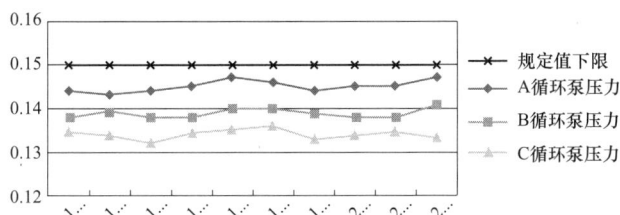

结果显示，4号塔循环泵出口压力在规定值以下，循环泵出力降低，喷淋层浆液对逆流而上的烟气的阻力降低，烟气流速增高，烟气在塔内停留时间短，气液接触时间短，脱硫效率降低，为维持脱硫效率需加大供浆量，提高pH值运行。

调查期间小组对同等负荷、同等硫份下的3、4号炉运行工况做出对比统计表：

序号	机组	负荷 (MW)	入口SO$_2$ (mg/Nm^3)	pH值	循环泵运行方式	效率 (%)
1	3号炉	220	1640	5.31	AB	94
	4号炉	210	1680	5.62	ABC	92.5
2	3号炉	252	1236	5.23	AB	94.5
	4号炉	257	1254	5.65	ABC	91
3	3号炉	280	1880	5.35	ABC	94.2
	4号炉	276	1900	5.72	ABC	90.8
4	3号炉	198	1466	5.22	BC	94.1
	4号炉	200	1472	5.58	AC	92
5	3号炉	165	1773	5.24	BC	95
	4号炉	163	1760	5.61	AB	92%

依据调查表做出柱状对比图：

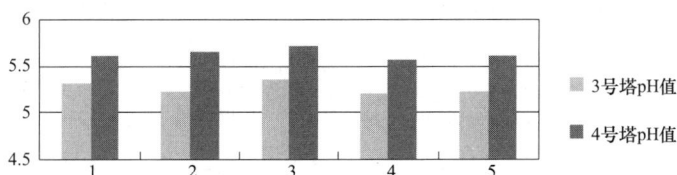

确认过程

场测量，就是到现场通过亲自测试、测量，取得数据，与标准进行比较，看其符合程度来证明，一般用于机器、材料、环境因素判断。二是现场试验，就是到现场通过试验取得的数据来证明，一般用于方法（工艺标准）因素判断。三是调查分析，对于人员方面的因素，可以设计调查表，进行调查、分析。

（2）确认一的过程是想说明滤网和喷嘴清理周期长降低循环泵出力，进而影响到钙硫比。但是，缺少循环泵的压力数据以及石灰石粉使用（或浪费）的数据，更缺少数据分析，没有证明出周期长对钙硫比的影响程度。因此，将该因素判断为要因证据不充分。

QC工具运用——折线图：要因确认一中QC工具折线图的运用见效果检查部分。小组运用折线图来反映4号塔循环泵每日出口压力变化趋势，小组工具运用正确、恰当。

续表

确认过程	结论：通过调查分析，同等工况，在保证脱硫效率达标的前提下，4 号塔 pH 值均高于 3 号塔。 依据灰石—石膏湿法脱硫工艺脱除 SO_2 的化学原理： $$SO_2 + H_2O \longrightarrow H_2SO_3 \qquad (1)$$ $$H_2SO_3^- \longrightarrow H^+ + HSO_3^- \qquad (2)$$ $$H^+ + HSO_3^- + 1/2O_2 \longrightarrow 2H^+ + SO_4^{2-} \qquad (3)$$ $$2H^+ + SO_4^{2-} + CaCO_3 + H_2O \longrightarrow CaSO_4 \cdot 2H_2O + CO_2 \uparrow \qquad (4)$$ 从方程（1）、（2）可知：氢离子在 SO_2 的吸收过程中起着重要作用，pH 高有利于 SO_2 吸收，但过高的 pH 值影响 $CaCO_3$ 中 Ca^{2+} 的溶解速度减慢，石灰石活性降低
确认结果	由于检修未按规定每次停机都对循环泵滤网、喷嘴进行疏通清理，造成喷嘴、滤网堵塞严重，设备出力下降，为维持脱硫效率需加大补浆量，从而加快了系统堵塞结垢的速度，形成恶性循环，是造成 pH 值高的原因
确认人	G

确认时间	2015 年 1 月 25 日～2 月 8 日

确认结论	要因

表 4-12 要 因 确 认 二

确认二	工况变化时，石灰石供浆跟踪滞后
确认方法	现场调取实时曲线分析
确认标准	《除灰脱硫运行规程》1.2.2.3 条规定：pH 值控制区间在 5.2～5.8
确认过程	（1）石灰石供浆是根据机组负荷及入口硫份调整石灰石供浆量，从而维持稳定的 pH 值运行区间。小组调取一组 4 号炉负荷和 pH 值的对比曲线如下： 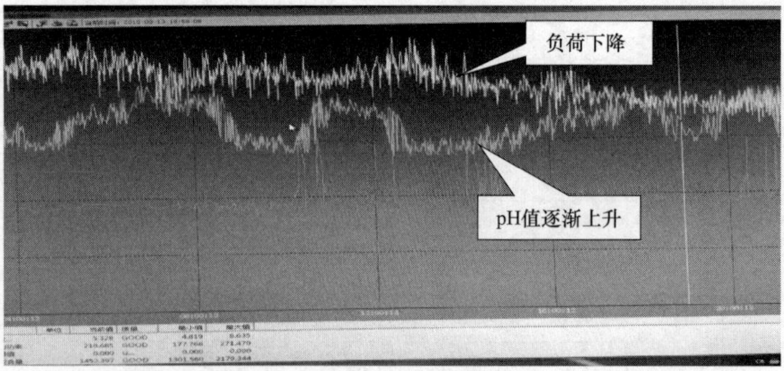 从曲线可以看出，在负荷下降时，pH 值逐渐上升至 5.8 以上，超出规定区间，运行人员虽及时关闭供浆门，但 pH 值具有一定的惯性和延迟性，下降趋势缓慢。 （2）小组在调查期抽取一组 4 号塔的 pH 值数据并进行分析，通过"平均值-极差"控制图分析工况改变时 pH 值运行情况。连续采集数据 5 次为一个样本，样本容量 $n=5$，每 1h 抽取一个样本，共抽取 20 个，即样本个数 $k=20$。记录如下：

续表

样本号	X_1	X_2	X_3	X_4	X_5	$\sum$	$\overline{X}$	R
1	5.68	5.89	6.04	5.47	5.51	28.89	5.72	0.42
2	6.08	5.57	5.90	6.0	5.89	29.44	5.88	0.51
3	5.86	5.70	5.80	5.64	6.07	29.07	5.81	0.43
4	5.92	5.67	5.84	5.83	5.83	29.09	5.81	0.78
5	5.76	5.98	5.78	5.68	6.11	29.31	5.86	0.46
6	5.68	5.89	5.88	5.73	5.79	28.97	5.79	0.62
7	5.86	5.46	5.64	5.5	5.43	27.89	5.57	0.5
8	5.80	5.57	5.69	5.85	5.79	28.7	5.74	0.53
9	5.32	5.46	5.89	5.90	5.83	28.4	5.68	0.58
10	5.84	5.63	5.64	5.72	5.56	28.39	5.67	0.76
11	5.61	5.66	5.70	5.78	5.80	28.55	5.71	0.6
12	5.49	5.67	5.74	5.56	5.69	28.15	5.63	0.65
13	5.90	5.84	5.63	5.75	5.71	28.83	5.76	0.27
14	5.45	5.67	5.25	5.59	5.75	27.71	5.54	0.62
15	5.63	5.77	5.80	5.53	5.64	28.37	5.67	0.23
16	5.34	5.64	5.56	5.45	5.83	27.82	5.56	0.49
17	5.68	5.72	5.32	5.89	5.66	28.17	5.65	0.57
18	5.73	5.34	5.63	5.78	5.48	27.96	5.59	0.44
19	5.48	5.71	5.57	5.63	5.73	28.12	5.6	0.67
20	5.23	5.67	5.84	5.73	5.78	28.15	5.63	0.46
					累计		113.89	12.08
				$\overline{X}=5.69$			$\overline{R}=0.604$	

计算每个样本的统计量（5个样本平均值）和R（样本极差）。

第一号样本：$\overline{X_1}=(5.68+5.89+6.04+5.47+5.51)/5=29.59/5=5.72$，$R_1=6.04-5.47=0.42$

以此类推

计算各统计量的控制界线：

平均值控制图：中心线：$CL=\overline{\overline{X}}=\sum\overline{X}/k=113.89/20=5.69$

上界线：$UCL=\overline{\overline{X}}+A_2\overline{R}=5.69+0.577\times0.604=6.0385$

下界线：$LCL=\overline{\overline{X}}-A_2\overline{R}=5.69-0.577\times0.604=5.3414$

极差控制图：

$CL=\overline{R}=0.604$

上界线：$UCL=D_4\overline{R}=2.115\times0.604=1.2774$

下界线：$LCL=D_3\overline{R}=0$

（A_2、D_3、D_4为随样本容量n变化的系数，$n=5$时，$A_2=0.577$，$D_4=2.115$，D_3为负，所以LCL取0）

依据控制线画控制图并将各样本的平均值$\overline{X}$和极差R分别在平均值和R图上打点连线。

确认过程

QC工具运用——控制图：控制图是一种将显著性统计原理应用于控制生产过程的图形方法，是用来区分过程中的偶然波动和异常波动，并判断过程是否处于统计控制状态的一种工具。判定控制图有8项准则：1个点落在A区以外（点子超出

控制界限）；连续 9 点落在中心线同一侧；连续 6 点递增或递减；连接 14 点中相邻点子总是上下交替；连续 3 点中有 2 点落在中心线同一侧的 B 区以外；连续 5 点中有 4 点落在中心线同一侧的 C 区以外；连接 15 点落在中心线的 C 区以内；连续 8 点落在中心线两侧且无 1 点在 C 区中。

【持续改进】该课题中应该以连续 9 点落在中心线同一侧而不能以"连续 6 点落在中心线同一侧"说明该过程处于不受控状态，该控制图受控状态判定不正确。

续表

确认过程	分析"平均值—极差"控制图，控制图连续 6 点落在中心线同一侧，说明该过程处于不受控状态
确认结果	工况改变时，石灰石供浆跟踪滞后，导致 pH 值波动大，超限运行
确认人	G	确认时间	2015 年 2 月 9 日～2 月 27 日
确认结论	要因

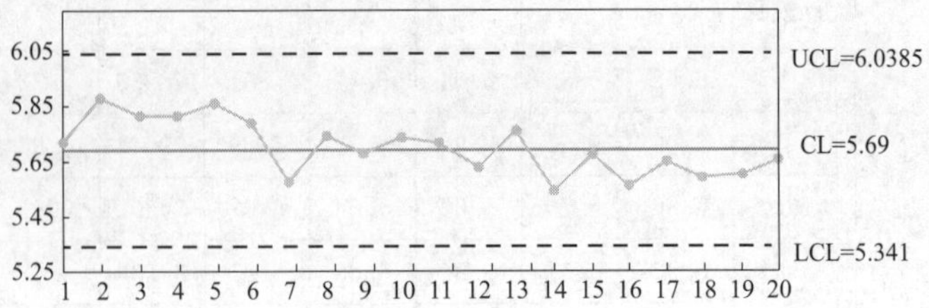

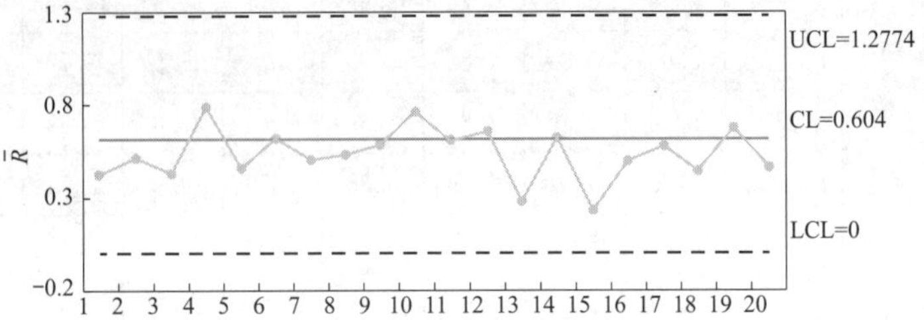

（4）要因三——"运行人员业务操作技能低"的判定，应当对现有业务人员进行有针对性的业务能力测试，取得测试数据，并分析证明现有人员的业务技能不影响症结，该课题中对"运行人员业务操作技能低"这一末端因素的确认，仅以专业理论知识及实际操作水平的问卷调查作为判断的依据理由不充分。

表 4-13 　　　　要 因 确 认 三

确认三	运行人员操作技能低
确认方法	现场调查、问卷考试
确认标准	《除灰脱硫运行专业岗位培训大纲及考核标准》3.3.1 条规定：各岗位人员应熟悉所辖设备的操作要领，能够监视、调整各设备，使之经济稳定运行
确认过程	对运行五个班组在岗位人员的专业理论知识及实际操作水平进行现场问卷调查  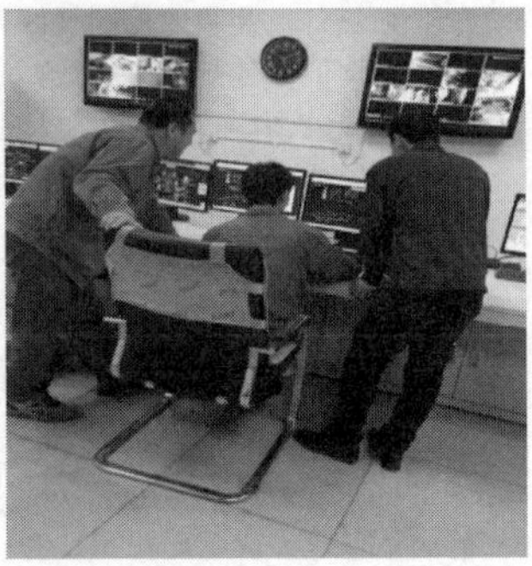

续表

	调查一：				

班组	总人数	调查人数	理论知识掌握程度	实际操作能力
运行一班	12	12	9	10
合格率（％）	—	—	75	83.3

结论：运行一班各岗位人员理论知识及实际操作能力达优的人数分别为 75％、83.3％

调查二：

班组	总人数	调查人数	理论知识掌握较好	实际操作能力较高
运行二班	11	11	10	8
合格率（％）	—	—	90.9	72.7

结论：运行二班各岗位人员理论知识及实际操作能力达优的人数分别为 90.9％、72.7％

调查三：

班组	总人数	调查人数	理论知识掌握较好	实际操作能力较高
运行三班	13	13	11	12
所占比例（％）	—	—	84.6	92.3

结论：运行三班各岗位人员理论知识及实际操作能力达优的人数分别为 84.6％、92.3％。

调查四：

班组	总人数	调查人数	理论知识掌握较好	实际操作能力较高
运行四班	12	12	11	10
合格率（％）	—	—	91.6	83.3

结论：运行四班各岗位人员理论知识及实际操作能力达优的人数分别为 91.6％、83.3％。

调查五：

班组	总人数	调查人数	理论知识掌握较好	实际操作能力较高
运行五班	11	11	9	9
合格率（％）	—	—	81.8	81.8

结论：运行五班各岗位人员理论知识及实际操作能力达优的人数分别为 81.8％、81.8％。

确认结果	运行五个班组各岗位人员理论知识及实际操作能力均合格		
确认人	F	确认时间	2015 年 2 月 28 日～3 月 4 日
确认结论	非要因		

表 4-14   要 因 确 认 四

确认四	石灰石浆液密度控制区间不当
确认方法	现场取样实测及调取历史数据分析论证
确认标准	T 厂企业标准除灰脱硫运行规程 Q/HN-1-7130.10.007—2011 中 1.2.1.3 条规定：石灰石浆液密度控制在 1200~1250kg/m³ 之间
确认过程	(1) 小组调阅过去 6 天石灰石浆液密度的历史曲线： 结论：石灰石浆液密度控制区间在规定范围内 (2) 小组在 2015 年 3 月 10~15 日对石灰石浆液密度进行实测，数据收集如下：

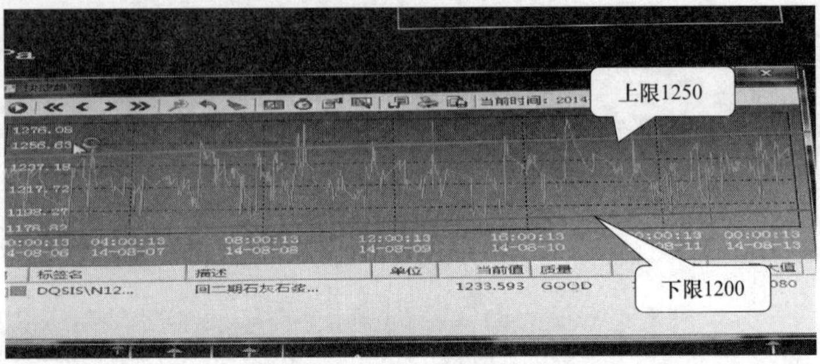

时间 项目	3月7日	3月8日	3月9日	3月10日	3月11日	3月12日
1	1245	1245	1250	1230	1210	1240
2	1240	1235	1255	1230	1226	1245
3	1225	1240	1240	1242	1230	1230
4	1235	1245	1220	1240	1230	1245
5	1250	1260	1235	1244	1220	1254

由调查表绘制折线图：

续表

确认过程	结论：实测石灰石浆液密度只有 3 次超上限，合格率为 90％
确认结果	石灰石浆液密度控制区间在规定范围内之间

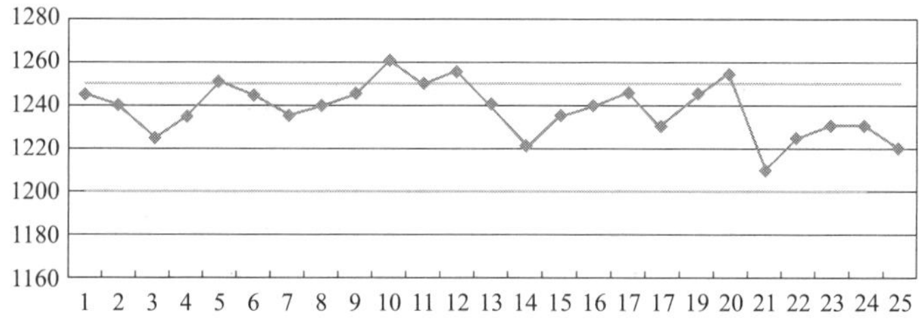

确认人	K	确认时间	2015 年 3 月 7～12 日

确认结论	非要因

表 4-15　　　　　　　　要 因 确 认 五

确认五	石膏浆液密度控制区间不当
确认方法	现场取样调查
确认标准	T 厂企业标准除灰脱硫运行规程 Q/HN-1-7130.10.007—2011 中 1.2.1.4 条规定：吸收塔石膏浆液密度控制在 1100～1150kg/m³
确认过程	2015.3.13-3.19 日小组对 4 号塔石膏浆液密度进行连续一周的就地实测，收集数据如下：

时间\日期	8：00	10：00	12：00	14：00	16：00	18：00
3 月 13 日	1080	1085	1072	1110	1090	1092
3 月 14 日	1075	1099	1113	1093	1100	1098
3 月 15 日	1145	1130	1122	1113	1090	1099
3 月 16 日	1095	1081	1086	1090	1089	1087
3 月 17 日	1090	1100	1096	1076	1078	1098
3 月 18 日	1082	1074	1085	1128	1085	1092
3 月 19 日	1093	1102	1095	1084	1093	1092
均值	1088	1095	1106	1099	1091	1094

（5）要因五——"石膏浆液密度控制区间不当"要因确认过程中，应当确认其对主要症结影响程度的大小来判断是否是主要原因，不能以"石膏浆液密度控制区间不当，密度过低"进行确认。

续表

确认过程

依据调查结果，做出折线图：

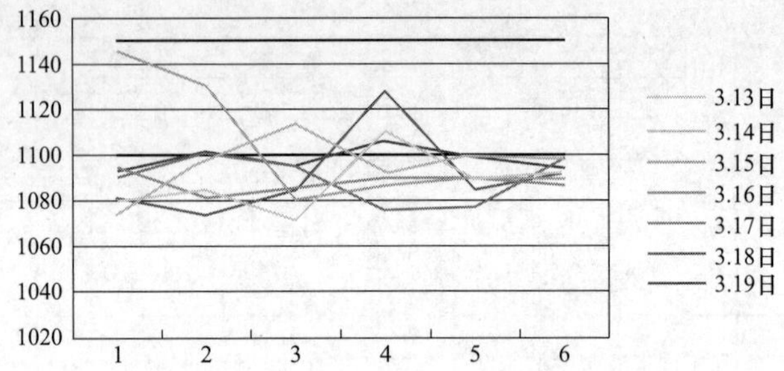

结论：石膏密度低于下限值的次数为 37 次，不合格率为 88.1%

石膏浆液密度长时间在规定值以下运行，会有大量的石灰石被带出吸收塔，我们以石膏中 $CaCO_3$ 含量来判断石灰石的利用率，规程规定：$CaCO_3$ 应小于 3%。调查期小组抽取了一组 4 号塔石膏中 $CaCO_3$ 含量的数据，（数据来自化学上报的石膏浆液化验报告）：

3.07	2.12	2.44	2.8	3.15	3.07	3.08	3.12	3.88	3.8
4.52	2.93	2.12	2.15	3.75	3.78	2.09	3.75	3.5	3.15
4.04	3.75	4.63	4.23	2.45	4.63	2.98	2.55	3.08	3.1
3.48	4.43	4.84	3.78	3.94	3.88	4.01	3.88	4.44	3.03
4.11	3.16	3.25	3.89	4.04	3.98	3.87	4.07	3.4	2.05

石膏中 $CaCO_3$ 含量的最大值减去最小值 $R=X_{max}-X_{min}=0.45-0.2=2.79$，得到极差为 2.79，确定组距为 0.3，数据量 $N=50$，组数 $K=10$ 组，平均值为 3.084。标准偏差为 0.294，数据填入下列频数分布表：

组号	组界	频数统计									f_i
1	1.75-2.05	2.05									1
2	2.05-2.35	2.11	2.09	2.21							3
3	2.35-2.65	2.44	2.45	2.55	2.48	2.43					5
4	2.65-2.95	2.8	2.8	2.88	2.93						4
5	2.95-3.25	3.07	3.15	2.98	3.08	3.12	3.03	3.15	2.98		8
6	3.25-3.55	3.44	3.3	3.26	3.23	3.54	3.42	3.43			7
7	3.55-3.85	3.72	3.75	3.78	3.75	3.76	3.54	3.65	3.7		8
8	3.85-4.14	3.89	4.04	3.98	3.87	3.95	4.12	4.02	4.1		7
9	4.15-4.45	4.12	4.23	4.32	4.32	4.43					5
10	4.45-4.75	4.84	4.63								2
	合计										50

依据调查表绘制直方图如下：

QC 工具运用——直方图：直方图是频数直方图的简称，是一种通过对大量计算值数据进行整理加工，用图形直观形象地把质量分布规律表示出来，根据其分布形态，分析判断过程质量是否稳定的统计方法。该课题中直方图样本分布中心与公差中心有较大偏移，直方图为偏向型，说明 $CaCO_3$ 含量值极易不满足规定要求。

【持续改进】该课题中该直方图的应用存在几点不足：一是直方图画法不规范。直方图下方的标注应该为所取得的组界值，而不是阿拉伯数字。二是直方图分组界限不正确。直方图第一组下限值应该为所收集数据中最小值减去最小测量单位的 1/2，该课题中下限值应该为 2.05－0.01/2＝2.045，所以第一组的组界应该为 2.045－2.345，并根据 0.3 的组距确定后续的组界值。三是数据本身有问题，调查数据与分析数据不一致。

续表

确认 过程	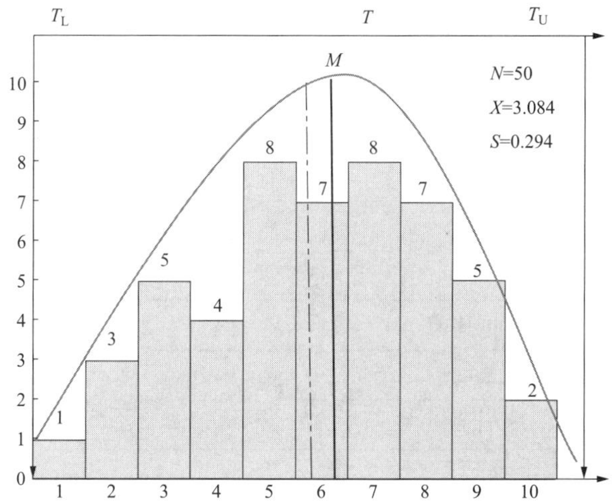 结论：直方图呈向右偏斜的吗偏态直方图，半数以上 $CaCO_3$ 含量值高于规定值，说明浆液在塔内停留时间短，有大量的 $CaCO_3$ 来不及参与反应即被排出塔外，造成石粉的浪费。		
确认 结果	石膏浆液密度控制区间不当，密度过低		
确认人	H	确认时间	2015 年 3 月 16 日～4 月 1 日
确认 结论	要因		

表 4-16　　　　　要　因　确　认　六

确认六	电除尘投运率低
确认 方法	调取历史数据分析论证
确认 标准	根据国家环保排放标准：脱硫出口粉尘含量<30mg/Nm³
确认 过程	烟气中的粉尘进入吸收塔内会不断溶出重金属离子，会降低石灰石中钙离子的溶出速率，浆液中过多的石灰石不能参加反应而造成，石灰石消耗量的增加，钙硫比升高 （1）小组调取 4 号炉一周净烟气粉尘含量实时曲线，粉尘含量在规定值 30mg/Nm³ 以下。 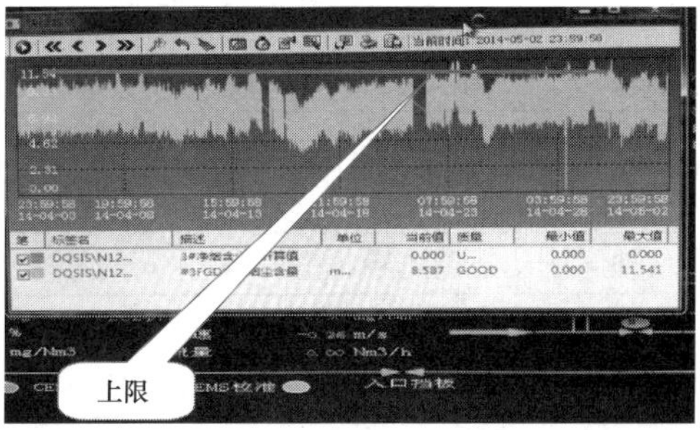

续表

QC 工具运用——折线图：折线图的运用见效果检查部分。小组运用折线图来反映 4 号炉每日烟气系统粉尘含量与原烟气烟尘含量对比情况，小组工具运用正确、恰当。

确认过程	2. 小组对 2015.4.6—4.12 日 4 号炉烟气系统粉尘含量进行调查统计（数据来自 CEMS 小间实时上传数据）		

项目 日期	原烟气烟尘含量 （mg/Nm³）	净烟气烟尘含量 （mg/Nm³）
6 日	22.46	15.45
7 日	23.78	14.24
8 日	34.65	17.59
9 日	29.77	15.56
10 日	38.78	18.78
11 日	35.45	17.89
12 日	38.11	20.43

依据调查表绘制折线图如下：

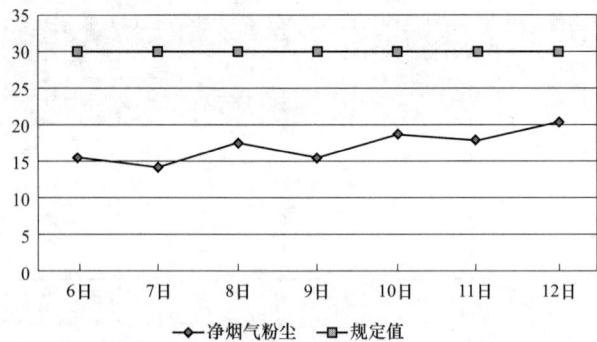

净烟气粉尘　规定值

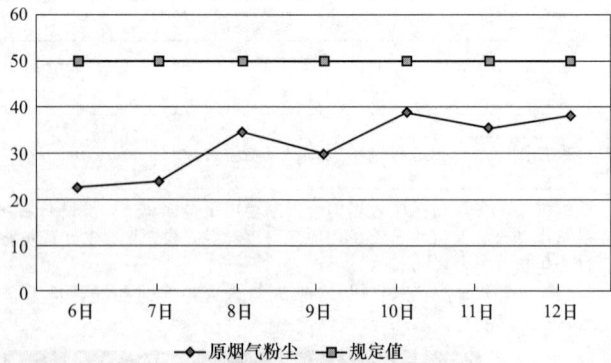

原烟气粉尘　规定值

确认结果	4 号炉原、净烟气粉尘含量均合格		
确认人	H	确认时间	2015 年 4 月 6～12 日
确认结论	非要因		

表 4-17　　　　　　　　　　　要 因 确 认 七

确认七	废水投运率低
确认方法	现场数据分析论证
确认标准	《除灰脱硫运行规程》1.2.1.6条规定：石膏浆液中氯离子含量控制在20000ppm以下
确认过程	石膏浆液中过量的氯根会大量吸收钙离子，增加石灰石的消耗，造成钙硫比高。 小组对2015年4月13~19日石膏浆液化验报告中的氯离子进行调查统计：

日期 项目	4月13日	4月14日	4月15日	4月16日	4月17日	4月18日	4月19日
CI-(ppm)	10476	14378	12181	9604	10476	14133	10569

依据调查表做折线图：

确认结果	4号机组电除尘原净烟气粉尘含量均在规定值以下
确认人	H		确认时间		2015年4月13~19日
确认结论	非要因

六、制定对策

通过要因确认，我们找出了造成钙硫比比高的三条主要原因，小组成员从多方面考虑，提出相应对策，并从技术方面、工作时间、可行性等多个方面进行分析、讨论。

针对要因一制定对策，见表4-18。

表 4-18　　　　　　　　　　针对要因一的对策

要因	检修对循环泵滤网、喷嘴清理周期长		
方案	预案方法	可行性分析	结论
缩短清理周期	机组连续运行时间超过3个月，停机一次进行喷嘴、滤网的清理	（1）优点：定期停炉清理，保持喷嘴、滤网的清洁、畅通，保证循环泵出力正常，提高脱硫效率，节电、节粉。	不采用

关于制定对策：

制定对策的步骤分为提出对策、研究确定所采取的对策、制定对策表。（1）提出对策：首先针对每一条主要原因，让小组全体成员开动脑筋、敞开思想，从各个角度提出改进的想法；（2）研究、确定所采取的对策。从针对每一条主要原因所提出的若干个对策中分析研究对策，究竟选用什么样的对策和解决到什么程度。主要考虑：分析研究对策的有效性；分析研究对策的可实施性；避免采用临时性的应急措施作为对策；尽量依靠小组自己的力量，自己动手能采取的对策。（3）制定对策表。针对每一条主要原因，按"5W1H"原则制定对策表。

该课题中小组依据确认的 3 条要因，通过实验取得相关数据，最终确定了最优对策，并制定了对策表。对策表制作基本规范，符合 QC 活动的基本要求。

【持续改进】(1) 针对要因二的对策优化，小组通过对比选择了"加装石灰石供浆自动功能"及"每班停供浆一次"两个对策方案而不是一个最优方案，在对策二方案选择过程中建议进行经济性、可实施性、安全可靠性等其他方面的对比。

续表

要因		检修对循环泵滤网、喷嘴清理周期长	
方案	预案方法	可行性分析	结论
缩短清理周期	机组连续运行时间超过 3 个月，停机一次进行喷嘴、滤网的清理	(2) 缺点：缩短机组长周期运行时间，限制了机组的负荷率，影响发电任务的完成。停机清理时间至少需 5 天时间，按每天负荷率 70% 来算，一周损失电量约 27720000kWh，每度电上网电价 0.23 元/kWh，停机一次会造成约 637.5.5 万元的损失	不采用
	利用停炉大小检修期间进行清理	(1) 优点：随机停运后清理，检修时间宽裕，可以对循环泵喷嘴、滤网彻底清理 (2) 缺点：机组运行周期不确定，清理时间不确定查阅《T 厂机组检修导则》：A 级检修周期为 3 年，B 级检修周期为 1 年，C 级检修周期为 6 个月，即：机组运行时间超过 6 个月即停炉进行一次小修，可利用停炉期间进行清理喷嘴、滤网，此方案不影响机组的负荷率，符合实际情况	采用

针对要因二制定对策，见表 4-19。

表 4-19   针对要因二的对策

要因		工况变化时，石灰石供浆跟踪滞后	
方案	预案方法	可行性分析	结论
优化 pH 值运行区间	加装 pH 计声响报警装置	(1) 优点：设置 pH 值上限 5.8 时声响报警，可以及时提醒操作员调整供浆量，减少 pH 值超限运行时间。 (2) 试验方案：在负荷下降后，手动关闭供浆门，观察 pH 值运行情况。 (3) 试验过程：2015 年 4 月 21 日 12：25 4 号炉负荷 23 万 kW，硫份 1549mg/m³，pH 值 5.5，12：30 负荷降至 19 万 kW，硫份降至 1232mg/m³，手动关闭供浆门，12：53 pH 上升至 5.67 万 kW，13：14 pH 值升至 5.8 万 kW 以上，14：17 pH 降至 5.7 万 kW 以下。 (4) 试验结果表明：在负荷下降后，关闭供浆门，pH 值 50 分钟内逐渐升至上限以上，pH 值超限时间约 1 小时，因此加装声响报警并不能从根本上解决 pH 值对工况的适应，如果依靠报警提醒，会造成供浆滞后，造成 pH 值大幅波动	不采用
	加装石灰石供浆自动功能	(1) 优点：可以实行供浆调门按调节规律控制 pH 值在期望值的 ±2 范围内，减少超限几率。 (2) 缺点：为提高 pH 计监测准确性需将 pH 计冲洗改为自动，但 4 号塔 pH 计供浆门为手动门，需改造为气动门，为实现供浆自动，供浆门需配置为调节型阀门。 (3) 现场调查： 1) 原系统设计的供浆调门为电动调门，实现供浆自动只需增加一个控制逻辑，不需要新增设备。	采用

续表

要因		工况变化时，石灰石供浆跟踪滞后		
方案	预案方法	可行性分析		结论
优化pH值运行区间	加装石灰石供浆自动功能	 2）询问检修人员，pH 计进浆门和冲洗水门可以废旧利用，不需新购设备。 3）询问热工技术人员，做逻辑可以在机组运行期间进行下装组态，不影响机组的运行。 因此认为次方案可以执行		采用
	每班停供浆一次，防止浆液过饱和	（1）优点：适当降低 pH 值将使反应向有利于石灰石溶解的方向进行。 （2）试验过程： 1）第一次试验。为保证脱硫效率，在负荷低于 70%时，控制 pH 值在 4.8～5.2 区间，试验期间抽取一组石膏中 $CaCO_3$ 含量数据： 表格见下 依据调查表做出折线图如下： 图见下 结果表明 $CaCO_3$ 含量降至规定值以下，考虑到如 pH 值低于 5.0 可能会造成系统亚硫酸盐析出，我们调取同期亚硫酸盐数据，化学石膏浆液监督标准要求亚硫酸盐含量不得高于 0.2%。 表格见下		采用

1.85	1.31	0.97	2.12	1.67	2.01
1.96	1.48	0.93	1.65	1.93	2.43
1.88	0.96	1.39	0.95	3	2.01
0.83	0.98	0.67	1.18	0.83	2.36
1.66	1.16	1.83	0.67	1.12	1.84

0.0194	0.0218	0.0754	0.1383	0.0282	0.0194
0.0355	0.0698	0.0900	0.1388	0.0633	0.0355
0.0425	0.0833	0.2107	0.1623	0.08	0.0425
0.0153	0.0202	0.0377	0.1201	0.0661	0.0153
0.0167	0.0189	0.0308	0.0990	0.0699	0.0167

续表

要因	工况变化时，石灰石供浆跟踪滞后		
方案	预案方法	可行性分析	结论
	每班停供浆一次，防止浆液过饱和	依据调查表做出折线图如下： $CaCO_3$ 含量实验结果，亚硫酸盐含量并未超限。 2）第二次试验。控制 pH 值在 5.2～5.5 区间抽取一组石膏中 $CaCO_3$ 含量数据： 依据调查表做出折线图： 结果表明：石膏中 $CaCO_3$ 含量仍在规定值以下。 3）第三次试验。将 pH 值控制在 5.5～5.8，抽取一组石膏中 $CaCO_3$ 含量数据： 依据调查表做出折线图： 结果表明：石膏中 $CaCO_3$ 含量明显上升，已经有多次超出规定值。 结论：pH 值在 5.2～5.5 区间，对于控制石膏中 $CaCO_3$ 含量为最佳区间，pH 值过低会造成系统亚硫酸盐快速析出，经试验证明，pH 值在 4.8 时，并未造成浆液中亚硫酸盐的超标，此方案可行	采用

第二次试验数据表：

2.22	1.51	2.07	2.21	1.07	2.01
1.36	1.29	1.93	1.45	1.23	2.43
1.28	0.96	1.39	0.95	3.02	3.01
1.83	2.38	0.56	1.21	0.83	2.26
2.56	0.96	1.53	0.67	2.12	1.44

第三次试验数据表：

3.22	2.72	2.01	1.03	3.23	3.32
3.27	3.06	1.87	2.65	2.75	3.12
3.65	3.05	3.33	3.05	3.20	1.91
3.13	2.33	1.32	3.66	3.22	2.21
2.03	1.92	2.2	3.31	3.42	3.45

针对要因三制定对策，见表4-20。

表 4-20　　　　　　　　　针对要因三的对策

要因	石膏浆液密度控制区间不当			
方案	预案方法	可行性分析	结论

| 优化石膏密度控制区间 | 定期停出石膏 | (1) 优点：每天定期停出石膏，可以增加石灰石浆液反应时间，有利于石膏晶体的形成。
(2) 缺点：负荷、硫份等工况不稳定，不能保证石膏密度在 1100～1150 的区间。
(3) 试验方案：试验期间，规定每天晚上 23∶00 停出石膏，早上 8∶00 投出石膏。试验期间，抽取一组石膏密度值，制作折线图如下：

表格与折线图如下

结果表明：以固定的时间段来作为石膏投退的标准，不符合实际运行工况，容易造成石膏密度过低或过高的情况 | 不采用 |
| | 寻找石膏密度的最佳控制区间，根据期望值间断出石膏 | (1) 优点：以石膏密度值来决定投退石膏时间，可将密度控制在最佳区间。
(2) 缺点：在表计不准的情况下，容易造成误判。
经过小组商讨，认为运行中，可通过人工实测密度与表计比对，降低表计检测的偏差，避免误判。淘宝询价，密度计约 8 元左右 1 支，量杯约 30 元 1 个，一套测量设备大约需 340 元，在小组能力承受范围内。
(3) 试验方案：控制不同的石膏密度控制区间，测量石膏中 $CaCO_3$ 含量（我们以石膏中 $CaCO_3$ 含量来判断石灰石的利用率，化学石膏浆液监督制表要求石膏中 $CaCO_3$ 含量不超 3%）。
1) 第一次试验。控制石膏密度在 1090～1120kg/m³ 之间，抽取一组 $CaCO_3$ 含量数据：

数据表如下

依据调查表做出折线图如下： | 采用 |

试验数据表（定期停出石膏）：

时间	5月11日	5月12日	5月13日	5月14日	5月15日	5月16日
8∶00	1124	1153	1173	1150	1163	1163
23∶00	1082	1123	1130	1083	1130	1130

第一次试验 $CaCO_3$ 含量数据表：

4.5	2.34	3.21	2.0	3.93	2.56
3.01	3.15	3.27	4.01	2.44	4.32
2.55	3.65	3.53	3.36	3.32	4.02
3.21	3.34	2.57	4.32	3.76	3.62

（2）要因三最优方案选择过程中小组通过对比选择了根据石膏密度间断出石膏这一方案。该课题《除灰脱硫运行规程》1.2.1.4 条规定：石膏浆液密度控制在 1100～1150kg/m³ 之间。然而小组在通过实验选择最优石膏密度区间的过程中，小组设定的值分别 1090～1120kg/m³，1120～1140kg/m³，1140～1160kg/m³，很明显第一和第三组实验数据超出了规定要求，自然就不会选择这两个密度区间，小组三次试验结果说服力不强，可能会遗漏最佳的密度区间选择区域。

（3）在制定对策表时需要注意以下问题：不要将对策和措施混淆；目标要尽可能量化；针对要因逐条制定对策；避免抽象用语；避免采用临时性的应急对策；尽量依靠小组自己的力量。该课题中对策表虽基本符合要求，但存在一些不足。一是不能把手段作为目标。如"保持循环泵出口压力在 0.15MPa以上"是判断喷嘴清理的手段。二是对策表中的目标不全面。如该课题对策实施二过程中，小组通过对策的实施对 pH 值进行了调查，发现小组pH 值区间在 5.2～5.4 区间的合格率为91%，那么在对策表中对 pH 值运行区间在 5.2～5.4 的合格率有所规定，逻辑上就会更加严密。三是措施不具体。措施是实现对策（改进方案）的具体做法，指的是怎么做，是细分了的可操作步骤。该课题中"改造 pH 计进浆门和冲洗水门"，未交待如何改造？三是对策表中的对策实施时间与对策实施步骤中的时间不一致。如该课题中对策三的实施过程时间2015.7.20～7.28 与

续表

要因		工况变化时，石灰石供浆跟踪滞后	
方案	预案方法	可行性分析	结论
优化石膏密度控制区间	寻找石膏密度的最佳控制区间，根据期望值间断出石膏	结果表明石膏 $CaCO_3$ 含量在上限左右波动，不符合要求。 2）第二次试验。控制石膏密度在 1120～1140kg/m³ 之间，抽取一组 $CaCO_3$ 含量数据： 依据调查表做出折线图如下： 结果表明，石膏 $CaCO_3$ 含量降至下限值，符合要求。 3）第三次试验。控制石膏密度在 1140～1160kg/m³ 之间，抽取一组 $CaCO_3$ 含量数据： 依据调查表做出折线图如下： 结果显示：石膏 $CaCO_3$ 含量升高，在上限值左右波动，不符合要求。 通过试验证明石膏密度的最佳区间是 1120～1140kg/m³	采用

第二次试验数据表：

1.23	1.34	1. 34	0.94	1.21	2.01
2.21	1.22	0.94	0.75	1.46	2.57
1.34	0.78	1.23	1.46	1.32	1.02
1.92	2.01	1.34	0.96	0.87	1.53

第三次试验数据表：

3.76	3.04	2. 64	2.56	3.72	2.43
3.01	1.76	3.42	1.43	3.21	2.57
1.68	3.18	2.33	2.98	3.0	2.21
1.37	2.38	3.26	3.54	2.65	1.76

通过以上分析，小组选择了相应的对策，并按照 5W1H 原则制定对策表，由专人负责，在规定的时间内完成，见表 4-21。

表 4-21 对 策 表

要因	对策	实施目标	措施	负责人	地点	时间
检修对循环泵滤网、喷嘴清理周期长	利用停炉检修期间进行清理	保证循环泵出口压力在 0.15MPa 以上	（1）停机后 8 小时内倒空吸收塔。 （2）协调检修人员对喷嘴、滤网进行清理	G	吸收塔	利用机组停运期间
优化 pH 值运行区间	加装石灰石供浆自动功能	控制 pH 值运行区间在 5.2～5.4	（1）联系检修改造 pH 计进浆门和冲洗水门。 （2）联系热工人员做 pH 计自动及石灰石供浆自动的逻辑并下装脱硫操作员站。 （3）实行负荷低于 70%，每班停供浆一次的措施	H	脱硫循环泵房/工程师站	6 月 18 日～7 月 18 日
石膏密度控制区间不当	根据石膏密度间断出石膏	控制石膏密度区间 1120～1140kg/m³ 之间	（1）定期实测石膏浆液密度，排除表计误差。 （2）石膏密度在 1100kg/m³ 以下停出石膏之间，1150kg/m³ 以上投出石膏	F	脱硫控制室	2015 年7 月 20 日

七、对策实施（见表 4-22～表 4-24）

表 4-22 对 策 实 施 一

要因	检修对循环泵滤网、喷嘴清理周期长
对策	利用停炉检修期间进行清理
措施	实施过程：2015 年 6 月 9 日停炉后，对 4 号塔循环泵滤网、喷嘴检查情况如下： 循环泵滤堵塞严重　　循环泵喷嘴堵塞严重

对策表中的时间不一致。四是措施不能是临时性措施。如"协调检修人员对喷嘴、滤网进行清理"，应修订、执行规程。

关于对策实施：

实施对策阶段的主要工作是：一是按对策表的对策逐一实施；二是每条对策的实施要按照对策表中的措施栏目逐条实施；三是每条对策在实施完成后要立即确认结果；四是确认没有达到对策表中所定的目标时，要评价措施的有效性，必要时要修正所采取的措施。

该课题中小组按照对策表中的措施实施，实施过程中也注重数据的收集和整理，并运用图表等工具、方法，对照对策目标进行验证，并逐一交代了对策目标的实现情况。基本符合 QC 活动程序要求。

【持续改进】（1）小组在对策实施的过程中未严格按照对策表中指定的措施实施。如该课题对策实施一的过程中没有对策表中制定的"停机后 8 小时内倒空吸收塔"的措施。

续表

要因	检修对循环泵滤网、喷嘴清理周期长

措施	 检修人员清理堵塞的循环泵滤网 检修人员清理堵塞的循环泵 检修人员清理塔底积泥

效果检查	对检修后的 4 号塔循环泵入口滤网喷嘴进行验收，并注水进行动态试验，逐个逐层检修喷嘴畅通情况

循环泵喷嘴动态试验效果 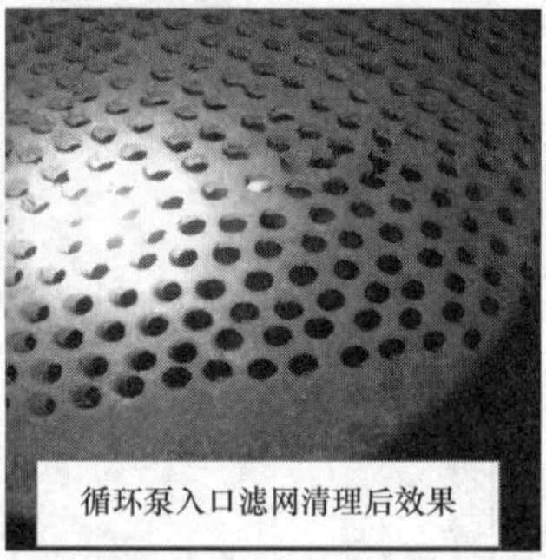   循环泵入口滤网清理后效果

对比措施实施前后 4 号塔循环泵出口压力变化

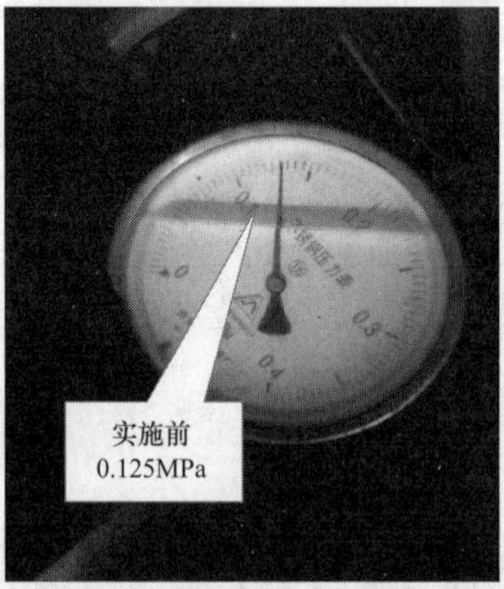

实施前 0.125MPa   实施后 0.165MPa

编号	滤网堵塞率（%）	喷嘴堵塞率（%）	出口压力（MPa）
A	30	13	0.1
B	30	17	0.125
C	40	15	0.13

编号	滤网疏通（%）	喷嘴疏通数（个）	出口压力（MPa）
A	30	7	0.155
B	30	9	0.16
C	40	8	0.17

续表

要因	检修对循环泵滤网、喷嘴清理周期长		
效果检查	绘制柱状对比图如下： 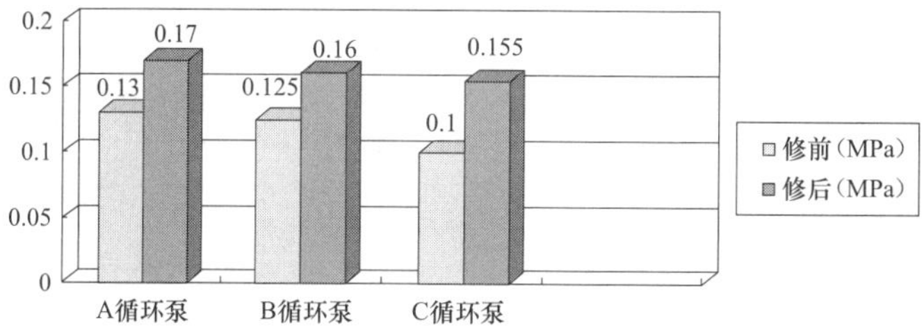		
	实施人	G	实施时间	2015.6.9—6.15
结论	措施实施后三台循环泵出口压力上升，达到对策实施目标		

表 4-23　　　　　　　对 策 实 施 二

要因	工况变化，石灰石供浆跟踪滞后
对策	加装石灰石供浆自动功能
措施	实施过程： （1）已通过做试验，对 pH 值控制区间寻优，控制在 5.2～5.4 区间为最佳。 （2）将 pH 计进浆门及冲洗水门改为气动门。 pH计进浆门、冲洗门改为气动门  （3）增加 pH 计自动冲洗逻辑，逻辑设置冲洗间隔 30min、冲洗时间 120s。 （4）增加石灰石供浆自动功能，供浆调门开度跟踪 pH 值设定值自动调节流量，将最佳区间上限值 5.4 最为期望值，使 pH 值始终在期望值的±0.2 区间波动。逻辑图如下。 （5）下装逻辑组态至 DCS 操作员站。 （6）规定各班组在负荷率低于 70% 的情况下，每班停供浆一次，降 pH 值至 4.8。 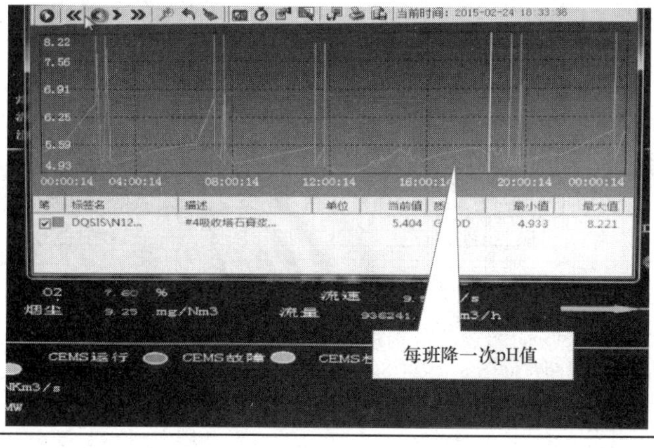 每班降一次pH值

QC 工具运用——柱状图：柱状图的运用见该课题效果检查部分。小组运用柱状图来对比措施实施前后 4 号塔循环泵出口压力变化情况，达到了小组既定目标。小组工具运用正确、恰当。

（2）没有验证对策实施后对其他方面的影响。对策实施结束后，除对对策目标确认外，还需要对措施的实施是否影响安全、环境、相关质量、管理以及是否带来成本大幅增加进行核查，以评价对策的综合有效性。当核查发现有上述影响时，应追加措施予以弥补或重新考虑更恰当的对策。如该课题中对策实施二，小组针对"优化 pH 值运行区间"这一要因，将 pH 计进浆门及冲洗水门改为气动门，对策实施后要验证对成本、相关方质量及安全造成的影响。

要因	工况变化，石灰石供浆跟踪滞后

（1）小组对 2015.7 月份 4 号炉 pH 值进行不定期的就地实测，数据统计如下：

项目 \ 时间		7.1 日	7.2 日	7.3 日	7.4 日	7.5 日	7.6 日	7.7 日
1	pH 值	5.28	5.39	5.34	5.47	5.51	5.41	5.32
2	pH 值	5.81	5.39	5.25	5.24	5.29	5.65	5.22
3	pH 值	5.3	5.3	5.5	5.46	5.42	5.39	5.21
4	pH 值	5.26	5.28	5.35	5.82	5.23	5.22	5.2
5	pH 值	5.32	5.47	5.27	5.33	5.49	5.29	5.9

依据调查表绘制折线图如下：

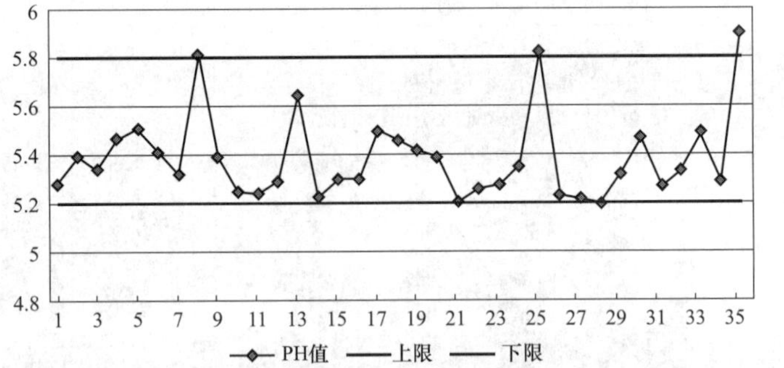

QC 工具运用——折线图。折线图的应用说明见该课题中效果检查部分。在对策二的实施过程中，小组运用折线图 4 号塔石膏浆液中 $CaCO_3$ 含量，对策实施后达到了小组设定的效果，工具运用合理、恰当。

实施效果

—◆— PH值　—— 上限　—— 下限

结论：措施实施后 pH 值运行区间能保持在区间范围内，通过 35 次的抽检，不合格次数仅为 3 次，合格率为 91%。

（2）小组对 4 号炉负荷变化时 pH 值数据进行实时跟踪调查，DCS 对比曲线如下：

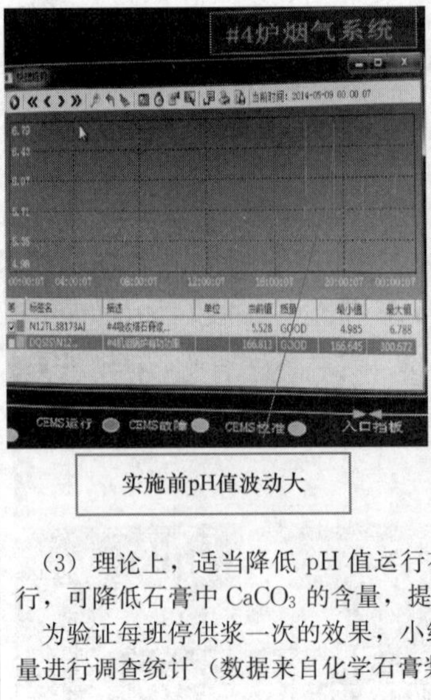

实施前pH值波动大

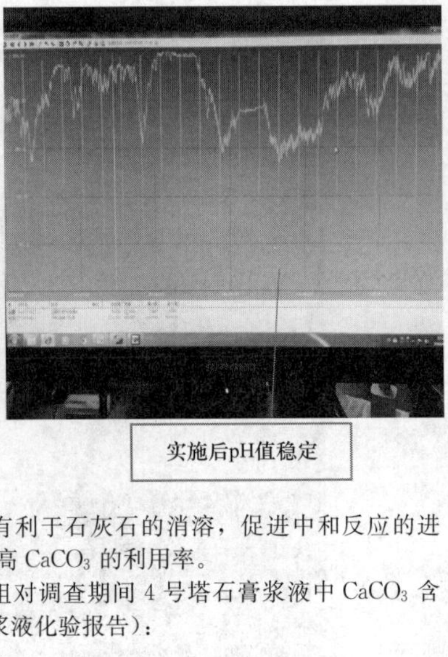

实施后pH值稳定

（3）理论上，适当降低 pH 值运行有利于石灰石的消溶，促进中和反应的进行，可降低石膏中 $CaCO_3$ 的含量，提高 $CaCO_3$ 的利用率。

为验证每班停供浆一次的效果，小组对调查期间 4 号塔石膏浆液中 $CaCO_3$ 含量进行调查统计（数据来自化学石膏浆液化验报告）：

续表

要因	工况变化，石灰石供浆跟踪滞后						

日期	1	2	3	4	5	6	7
石膏中 $CaCO_3$ 含量（≤3%）	0.81	0.55	0.73	0.66	0.81	0.55	0.68
日期	8	9	10	11	12	13	14
石膏中 $CaCO_3$ 含量（≤3%）	0.94	1.02	1.23	0.97	0.84	0.76	0.65

实施效果

依据调查表绘制柱状图如下：

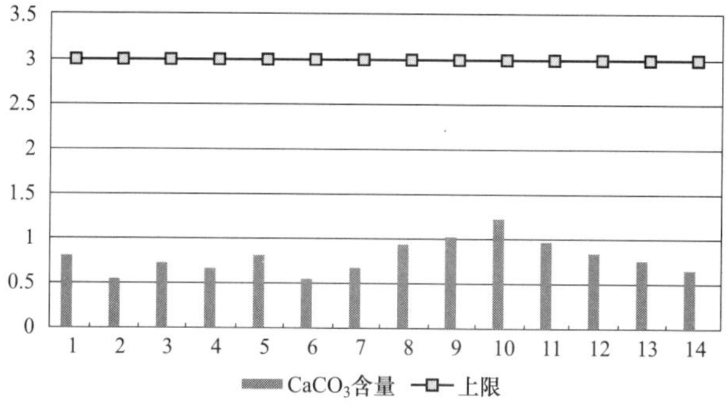

实施人	H	实施时间	2015 年 6 月 18 日～7 月 18 日

结论

1. 措施实施后，克服了负荷变化时对 pH 值惯性和延时的影响，使 pH 值运行在规定区间，减少了 pH 值超标次数，对策目标实现。

2. 每班停供浆一次的措施实施有效，石膏中 $CaCO_3$ 含量均降至规定值以内

表 4-24　　　　　　　　　对　策　实　施　三

要因	石膏密度控制区间不当
对策	控制石膏密度在规定范围
措施	实施过程： （1）每周二早班实测一次石膏密度，排除表计的误差

QC 工具运用——柱状图。柱状图的应用说明见效果检查部分。在对策二效果检查过程中，建议小组运用折线图来说明 4 号塔石膏浆液中 $CaCO_3$ 含量变化趋势以及与标准的对比情况，因为折线图非常适用于显示在相等时间间隔下数据的变化趋势。

续表

（3）对策实施结束后目标值验证不一致。如该课题中对策实施三"根据石膏密度间断出石膏"的措施实施完后，小组对石膏浆液密度进行了实际测量并取得相关数据，结果表明石膏密度低于石膏规定区间的下限不合格次数仅为 2 次，合格率为 96.2%，但该对策表中的目标值是"控制石膏密度区 1120～1140kg/m³ 之间"，并未对密度区间合格率有相应规定。如果规程要求密度区间达标率为 100%，则小组的目标没有实现，还需要进一步分析并优化对策方案。该课题中对策实施二的目标值验证同样存在相同的问题，这都是因为对策表中的目标值制定不全面。

关于效果检查：

效果检查的目的是验证课题选择的准确性、目标设定的科学性、实施过程的有效性，内容包括：一是课题目标的检查；二是活动前后情况的对比；三是经济效益的计算；四是社会效益描述。

要因	石膏密度控制区间不当
措施	（2）依据试验结果，确定石膏密度最佳区为 1120～1140kg/m³ 之间，我们定为石膏密度高于 1150kg/m³ 投出石膏，低于 1100kg/m³ 停出石膏，增加石灰石粉在塔内反应时间，避免浆液中的未来得及反应的 $CaCO_3$ 被石膏带走，造成石粉的浪费

措施实施后，小组对调查期石膏浆液密度进行实测，收集数据统计如下：

时间\项目	8：00	10：00	12：00	14：00	16：00	18：00
7 月 20 日	1153	1145	1132	1130	1120	1090
7 月 21 日	1125	1135	1143	1140	1123	1118
7 月 22 日	1142	1150	1142	1133	1132	1119
7 月 23 日	1155	1152	1146	1134	1123	1127
7 月 24 日	1160	1155	1140	1126	1138	1148
7 月 25 日	1145	1148	1153	1148	1135	1098
7 月 26 日	1123	1132	1145	1134	1123	1122
7 月 27 日	1143	1145	1143	1135	1127	1120
7 月 28 日	1150	1145	1140	1137	1140	1132

实施效果

依据调查表绘制折线图如下：

结论：措施实施后经过一个月的跟踪调查，石膏密度维持在了规定区间内，低于下限不合格次数仅为 2 次，合格率为 96.2%

实施人	F	实施时间	2015 年 7 月 20～28 日

结论	间断出石膏密度制度实行后，石膏密度运行在规定值范围内，达到了对策实施的目标

八、效果检查

1. 主要问题解决情况

小组在以上一系列措施实施后，对 4 号炉 2015 年 7～12 月与 2014

年同期钙硫比进行调查统计，统计表见表 4-25。

表 4-25　　　　　　钙硫比调查统计表

时间	7 月	8 月	9 月	10 月	11 月	12 月	均值
2014 年	1.047	1.041	1.049	1.051	1.046	1.045	1.047
2015 年	1.021	1.018	1.022	1.03	1.012	1.015	1.019

绘制折线图如下：

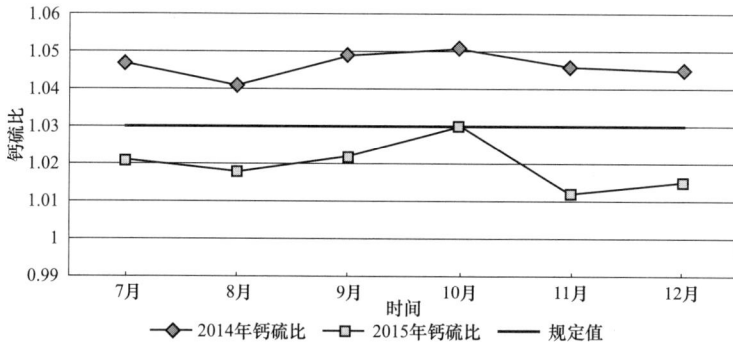

图 4-8　钙硫比折线图

结论：实施后，4 号炉钙硫比降至规定值以下。

小组对造成 4 号炉"石灰石粉单耗高"的症结钙硫比高与实施前进行对比，结果见表 4-26。

表 4-26　　　　　　实施前后对比表

月份\项目	7月	8月	9月	10月	11月	12月	合计	月份\项目	7月	8月	9月	10月	11月	12月	合计
钙硫比高	9	7	8	8	9	8	49	原烟气二氧化硫超标	3	2	2	1	2	1	11
原烟气二氧化硫超标	0	4	3	1	2	1	11	钙硫比高	3	1	0	1	1	0	6
石粉中 $CaCO_3$ 纯度低	3	2	1	1	1	1	9	石粉中 $CaCO_3$ 纯度低	2	3	0	0	1	0	6
石粉细度低	2	1	0	1	1	0	5	石粉细度低	1	0	1	1	0	1	4

绘制排列图如图 4-9 所示。

结论：造成 4 号炉"石灰石粉单耗高"的症结钙硫比高已从实施前的 66.22% 降至 22.22%。

2. 课题完成情况

我们对措施实施前后石粉单耗进行调查统计，见表 4-27。

该课题基本符合要求。小组通过活动成功解决了原来的症结，实现了小组设定的目标，并取得了不错的效益。

工具运用——折线图：折线图也叫波动图。它可以显示随时间（根据常用比例设置）而变化的连续数据，因此非常适用于显示在相等时间间隔下数据的变化趋势。在折线图中，类别数据沿水平轴均匀分布，所有值数据沿垂直轴均匀分布。折线图适宜用来表现数据的变化趋势。该课题中小组运用折线图的形式来表现 4 号炉 2015 年 7～12 月与 2014 年同期钙硫比变化趋势，工具运用正确、恰当。

工具运用——排列图：排列图应用注意事项请参考现状调查部分对该工具的描述。小组在主要问题解决情况检查步骤中的排列图使用不规范：一是排列图调查表不正确。正确的做法应是按"原烟气二氧化硫超标""钙硫比高""石粉中 $CaCO_3$ 纯度低""石粉细度低"进行数据调查，并基于调查表做出各类别频数、频率及累计频率的排列图统计表。二是排列图的频次不能少于 50 次。该课题中的数据频次为 27 次，不能使用排列图，建议可以使用饼分图。

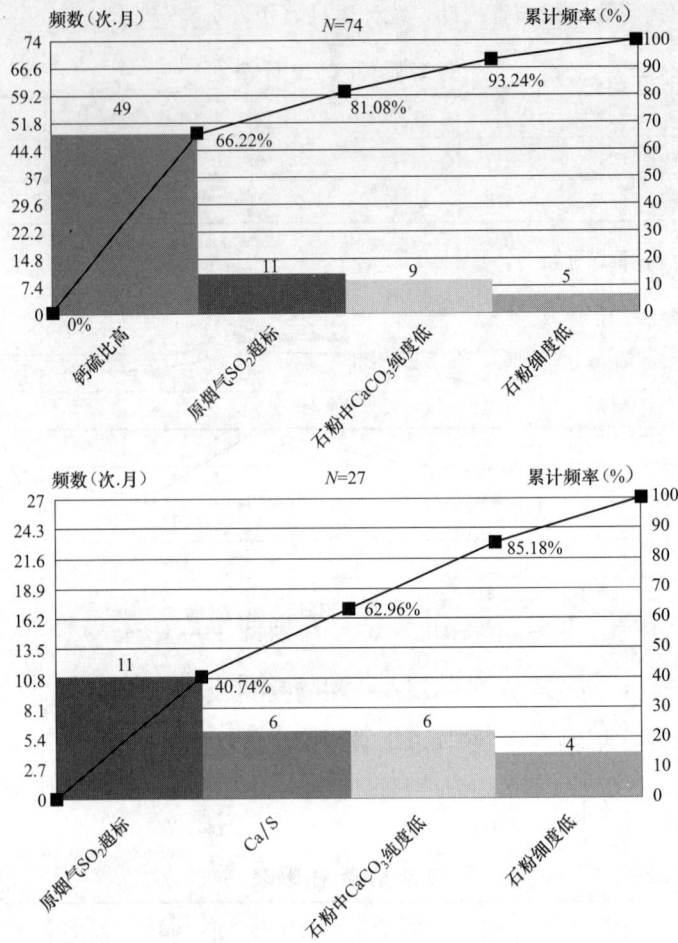

图 4-9　排列图

表 4-27　2015 年 7～12 月与 2014 年同期 4 号炉石粉单耗统计表

	7月	8月	9月	10月	11月	12月	均值
2014 年	13.32	13.25	14.06	13.21	14.02	13.48	13.55
2015 年	10.14	10.07	9.43	10.06	9.37	9.84	9.81

根据调查结果，绘制折线图，如图 4-10 所示。

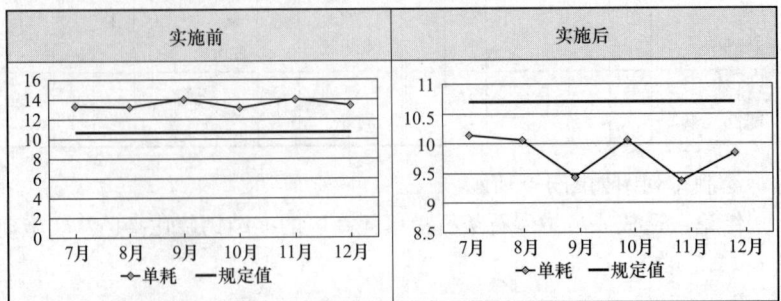

图 4-10　折线图

结果显示：措施实施后4号炉石粉单耗降至规定值以下。

3. 目标完成情况

活动后脱硫石灰石单耗有了明显的下降，我们根据统计表绘制了柱状对比图，如图4-11所示。

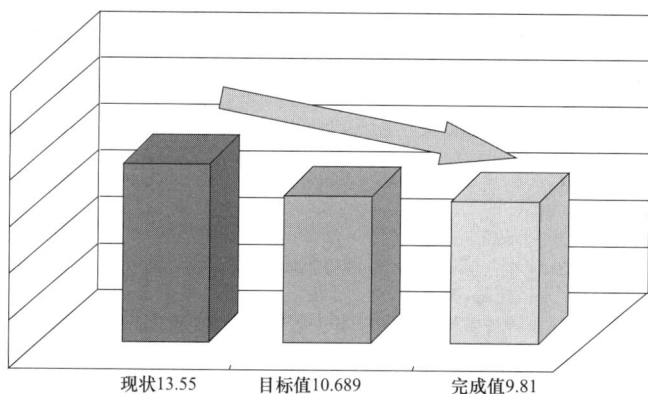

现状13.55　　　目标值10.689　　　完成值9.81

图4-11　柱状对比图

结论：活动后石粉单耗目标值实现，此次QC活动目标完成，活动成功。我们通过设备治理，制定并实施一系列优化运行措施，将石灰石粉耗降到9.81g/kWh，比目标值降低0.87g/kWh，与2014年同期相比环比下降27.6%，与2015年北方公司平均水平相比（14.85g/kWh）比较低33.93%。

4. 效益分析（见表4-28）

表4-28　　　　　　　　　效　益　分　析

直接经济效益	（1）节约石灰石粉。通过优化运行调整方式，控制pH值及石膏密度在最佳区间，提高了石灰石粉的利用率，减少石灰石粉的用量调取了2015年与2014年同等工况下，4号炉石灰石粉用量的对比值。			

项目 时间	负荷率（%）	入口 SO_2 含量月平均值（mg/Nm^3）	石灰料用量（t）
2014.8	63.1	1786	2207
2015.8	62.8	1801	1856
环比	—	—	−351

按以上列表统计：2207−1856＝351（t/月）

石灰石料单价为160元/t

以此计算：

351×160×6＝33.696（万元）

（2）节省电耗。合理的pH值区间，也可缓解系统结垢、堵塞的现象，提高设备处理能力，提高脱硫效率，同等工况下，可少运行一台循环泵，降低脱硫电耗。仍以2015年与2014年8月份为比对依据，对比脱硫电耗值

工具运用——柱状图：柱状图是一种以长方形（或柱图）的长度为变量的表达图形的统计报告图。它由一系列高度不等的纵向条纹表示数据分布的情况。柱状图只用一个变量，通常用于较小的数据集分析。柱状图也可横向排列或用多维方式表达。该课题中小组用柱状图来表示课题活动前后脱硫石灰石单耗值变化情况，工具运用正确、恰当。

计算经济效益要实事求是、客观地计算产生的实际效益，并按活动期＋巩固期计算，不可进行推算。该课题中经济效益只计算了2015年8月份的，经济效益计算周期不符合要求。

续表

项目 时间	发电量 （kWh）	入口 SO₂ 含量 月平均值（mg/Nm³）	脱硫电耗 （%）
2014 年 8 月	194251	1786	0.73
2015 年 8 月	193423	1801	0.65
环比	—	—	−0.08

直接经济效益	脱硫耗电成本＝发电量×电耗×上网电价 上网电价约为 0.23 元/kWh 单月脱硫耗电成本下降：193423×(0.73−0.65)×0.23≈3558.9 元/月 全年脱硫电耗成本下降 3558.9×6≈2.14 万元 两项共节省＝33.69+2.14≈35.83 万元 （3）投入成本。pH 计投入自动功能时将两个手动门改为气动门，阀门利旧，增加 DCS 逻辑控制功能，未发生费用。石灰石供浆投入自动功能只增加逻辑控制功能，未发生费用。实施措施过程中实测石膏密度计，采购密度计、量杯共：350 元 （4）实际节约 35.486 万元
间接经济效益	降低石灰石粉单耗，可以减少脱硫副产物中的石灰石含量，有利于提高石膏的品质，增加回收效益
社会经济效益	石灰石粉单耗降低，是脱硫效率达标的保障，将会降低对环境的污染，产生不可估量的社会经济效益

九、巩固措施

1. 制定巩固措施（见表 4-29）

表 4-29　　　　巩 固 措 施

序号	项目	巩固措施	负责人	时间
1	实行修后功能再鉴定制度	针对要因一我们制定的措施是，每次停炉检修后，吸收塔注清水动态试验循环泵，运行人员逐台、逐个检查喷嘴畅通情况，保证设备出力，提高脱硫效率。并将此制度写入《运行二部除灰脱硫运行专业管理制度汇编》中第十三章 1.2.1 中 	I	2015 年 12 月 27 日
2	优化 pH 值运行区间	将本次活动采取负荷低于 70% 每班供浆降 pH 值至 4.8 的措施已经向其他机组推广，并编入《除灰脱硫运行规程》中的第五章运行补充规定第 2.1.2 条中并要求各岗人员认真实施，严格执行	H	2015 年 12 月 21 日

关于巩固措施：

巩固措施的主要作用是巩固所取得的成果，防止问题再发生，内容包括：一是有效措施的标准化；二是检验标准化措施正确执行。制定巩固措施需要注意两点：一是要将措施、落实情况形成文件清晰表述，忌用笼统语言表述不准确的、不具有可操作性的措施；二是标准化措施跟踪要用数据说明成果巩固状况，确保取得的成果真正得到巩固，并维持在良好的水平上。

续表

序号	项目	巩固措施	负责人	时间
2	优化pH值运行区间	编号：Q/HN-1-7130.10.007—2016 附：运行脱硫规程修改申报表 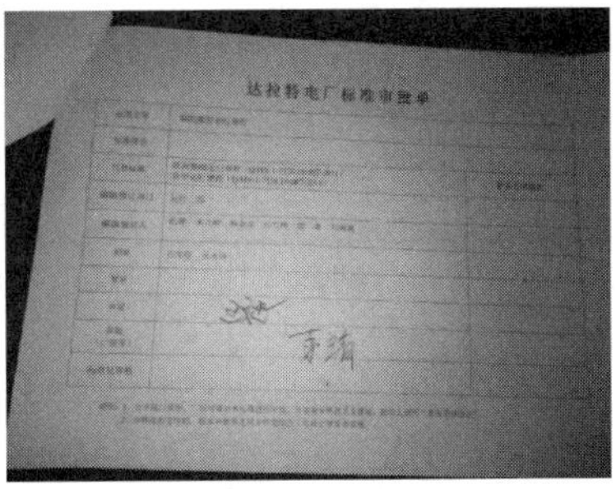 	H	2015年12月21日
3	定期实测石膏密度	将本次活动采取的密度在1150kg/m³投出石膏，1100kg/m³以下停出石膏的措施向其他机组推广，并编入《除灰脱硫运行规程》中第五章运行补充规程的第2.3.1条中，要求各岗位人员认真执行 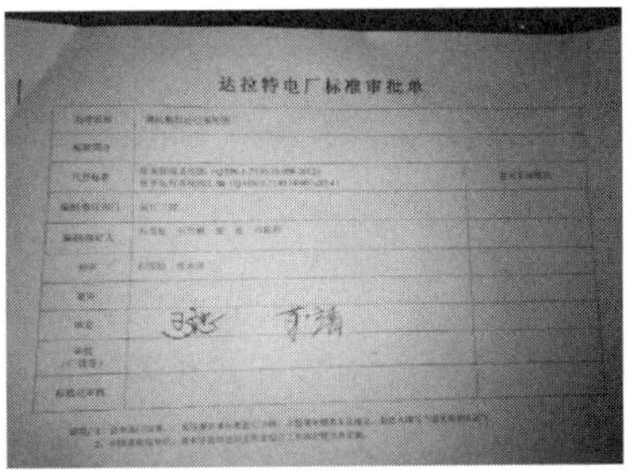 	G	2015年12月23日
4		每周二实测石膏浆液密度，与CRT显示值比对，并将此措施录入BFS＋＋"运行日志"→"值班记录"→"定期工作任务"中 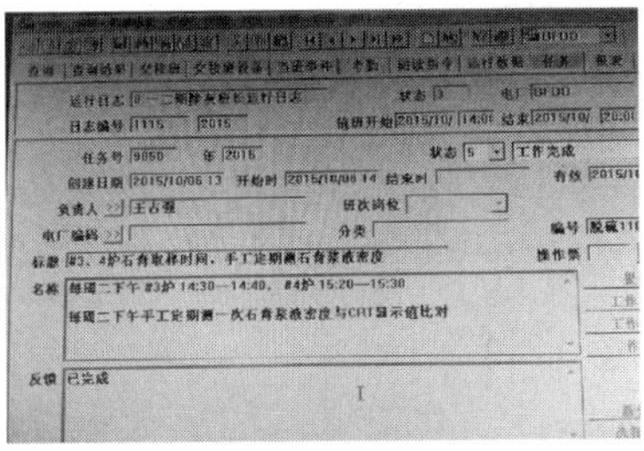 	I	2015年12月28日

2. 跟踪调查

小组对2016年1～3月4号炉石灰石粉单耗跟踪调查，见表4-30。

【持续改进】该课题中将相关措施纳入标准化后对标准化效果进行了跟踪调查，巩固期内石灰石粉单耗特性值周期选取的是每日，而从课题目标值设定情况来看，石灰石粉单耗特性值是月度指标，逻辑不严密。建议标准化效果跟踪调查部分以月为周期统计石灰石粉单耗值。

关于课题总结：

总结和下步打算的内容主要有：一是全面总结本次QC活动；二是提出下步QC活动方向，最好能有下一次活动的课题。总结一般从专业技术、管理技术及小组成员综合素质方面进行。下步打算一是必须建立在进行了全面总结的基础上；二是下步打算应尽可能地提出下一次活动课题，将小组活动持续地开展下去。

该课题中小组成员认真总结回顾了活动过程的心得体会和收获，并确定了下一步的努力方向。

【持续改进】(1) 小组没有针对本次活动在专业及管理技术方面进行总结。(2) 下步提出要解决的问题可以从三个方面来选取：一是在现状调查分析问题症结时，找出的关键少数问题已解决，原来的次要问题会上升为主要问题，可把它作为下次活动课题；二是在最初选择课题时，小组成员曾提出过可供选择的多个课题，经小组评估得分最高者已解决，可在其余问题中选择作为下次活动课题。三是再次发动小组成员广泛提出问题，从中评估选取新课题。该课题中下一步课题"降低脱硫电耗"，应该是小组成员选择的新课题，应该体现出小组评估选择课题的过程。

表 4-30   跟 踪 调 查 表

	1日	2日	3日	4日	5日	6日	7日	8日	9日	10日
2016.1	9.79	9.52	10.01	10.32	9.67	10.24	10.34	10.02	10.22	9.24
2016.2	10.21	9.67	9.82	9.50	10.43	10.11	9.13	9.32	9.54	10.33
2016.3	10.04	10.26	9.37	10.19	10.32	9.60	10.65	10.42	9.86	10.36

根据调查表绘制折线图，如图 4-12 所示。

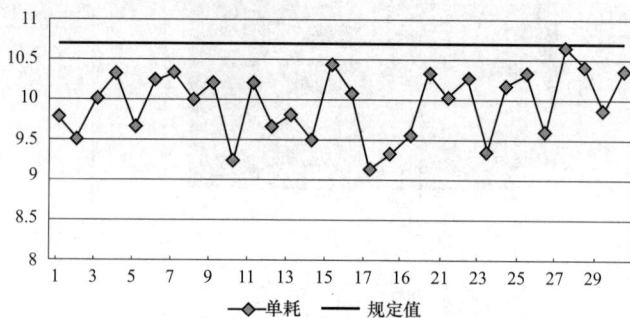

图 4-12　折线图

通过对 2016 年 1～3 月 4 号炉石灰石粉单耗的跟踪调查，可以看出石灰石粉单耗均低于规定值，说明脱硫系统优化运行后工况稳定。因此确定我们采取的措施有效。我们将实施过程中的有效措施向其他机组进行推广。

十、总结及今后打算

本次 QC 活动达到了预期目的，在本次活动中，不但实现了脱硫运行成本的下降，而且也为今后的运行调整方式积累了经验。

在本次的 QC 活动中，大家充分发挥了各自的聪明才智，每个人都积极的参与进来，使小组活动取得圆满成功。大家认为，通过此次 QC 活动增长了见识，开阔了眼见，丰富的理论知识，调动了工作积极性和热情，决心一定要把 QC 活动长期不懈的坚持下去，相信我们会受益匪浅。

在下一步的工作中，我们将法院团队精神，解决身边问题，继续开展 QC 活动，小组准备的下一个课题是"降低脱硫电耗"。

降低燃煤发电厂定硫仪故障率

Z 厂化水分场入炉煤化验班"黑金子"QC 小组

一、综合评价

（一）课题简述

该课题是小组针对定硫仪故障率高，不能满足《Z 厂化水分场入炉煤管理规定》要求确定的。小组成员遵循 PDCA 程序，群策群力，科学运用质量管理的方式方法，成功地将原来定硫仪故障率从 3.68% 降至活动后的 1.88%，实现了既定目标，对安全运行产生了积极影响。

（二）过程简介

该课题是现场型课题。小组紧随企业要求，运用全面质量管理的思路和方法选择课题，制定质量改进计划，按照 PDCA 循环组织开展 QC 小组活动，活动程序规范、正确，注重数据的收集，工具应用恰当，解决问题的思路清晰，具有良好的逻辑性。

1. 选题方面

HS/RLM 01—2013《Z 厂化水分场入炉煤管理规定》规定：用于入炉煤全硫测定的定硫仪故障率应小于 3.00%，小组对 2013 年 10 月至 2014 年 3 月定硫仪故障情况进行调查，发现定硫仪故障率平均为 3.68%，达不到厂部定硫仪故障率小于 3.00% 的要求，小组据此选择了"降低燃煤发电厂定硫仪故障率"作为本次 QC 活动的课题。在现状调查阶段，为正确把握课题现状，小组采用分层法对现状进行层层调查，运用调查表和折线图形象地反映出定硫仪故障情况的现状。先是对定硫仪故障情况从设备组件部分进行调查，发现主机械部分在 2013 年 10 月至 2014 年 3 月发生了 28 次故障，占比 84.85%，进一步对该部分进行细致调查，发现测量回路在主机械部分发生的 28 此故障中占到 23 次，又对测量回路故障进行调查，通过调查表与饼分图展示出"定硫仪气体流量不稳定"这一影响定硫仪故障率高的症结，参照定硫仪历史故障情况最好水平设定目标。

2. 原因分析方面

小组围绕问题症结运用关联图从人、机、料等方面对"定硫仪气体流量不稳定"这一症结进行原因分析，共找到包括"气源胶管老化"在内的 9 条末端因素。在要因确认阶段，小组制定了详细的要因确认计划表，明确确认内容、确认方法和确认标准，通过现场调查、现场测试和现场试验的方法进行确认，确认过程注重用数据、图表、工具予以分析、展现，符合 QC 活动"以事实为依据，用数据说话"以及"应用统计方法"的要求，最终找到"电解池上盖螺口处漏气"和"干燥管后无过滤装置"两条要因。

3. 对策与实施方面

在制定对策过程中，小组充分发挥成员的见解针对要因提出多种方案，针对"电解池上盖螺口处漏气"采取了改进电解池杯口方法，针对"干燥管后无过滤装置"提出"定期用筛子过滤细小颗粒""在干燥管进、出口加纱布或脱脂棉""加装过滤管"三种方案，通过模拟试验取得数

据，经过可靠性、经济性等方面的对比确定对策，对策表符合"5W1H"的原则，目标可量化、可检查，措施具体。在实施对策过程中，通过在电解杯口处开凹槽、在槽内加密封垫、密封剂由凡士林更换为密封硅脂的方法对电解池杯口进行改造，改造后电解池密封处无漏气情况发生；在干燥管后加过滤管，并定期轮换，实施后无破碎硅胶进入气体管路，整个过程注意收集数据，每项实施后注重效果验证，值得其他小组借鉴。

4. 效果方面

在效果检查阶段，小组运用调查表和饼分图对现状调查环节的各项问题进行检查，发现经过对策的实施，症结问题得以解决，有效将原来定硫仪故障率从 3.68% 降至活动后的 1.88%，符合本厂管理规定，不但实现了预期目标，还取得了一定的经济效益，故障率的降低保证了测量准确率，对安全运行产生了积极影响，降本增效，符合 QC 活动的基本原则。为对活动所取得的成果加以巩固，防止类似问题再次发生，小组通过完善《煤的全硫测定作业指导书》、对图纸及相关制度及时更新来巩固活动成果，在巩固期检查中，小组运用折线图来反映活动前、活动中、活动后、效果跟踪期的定硫仪故障率，说明活动效果持续有效。小组成员着重从专业技术方面和综合素质方面认真总结回顾了活动过程的心得体会和收获，并确定了"降低除尘系统漏粉率"作为下一次活动的课题。

二、主要特点与改进机会

（一）主要特点

小组选题简单明确，理由充分，抓住"定硫仪气体流量不稳定"这一症结，经过方案优化制定对策。在"要因确认"和"实施对策"这两个环节中注重模拟测试和数据对比，内容较为翔实客观，体现了小组主动服务于本厂生产现场的宗旨和开展质量活动的进取精神。

主要亮点：在制定对策和对策实施阶段，小组充分立足现场，进行了大量的试验取得数据，进行分析对比，内容具有说服力，实施过程清晰易懂，对相关专业具有借鉴意义。

（二）改进机会

1. 程序方面

各步骤之间的逻辑关系还不明确，出现混淆：

（1）现状调查步骤。这一步骤的基本任务有两个：一是把握问题的现状，掌握问题严重到什么程度；二是要找出问题的症结所在，以确认小组从何处改进及能够改进的程度，从而为目标值的设定提供依据。该课题现状调查未能为课题目标值提供依据，而是将此部分放在了"设定目标"这一步骤。

（2）设定目标步骤。提供的依据不严密，与现状调查关联不大，目标能否达成依据不足，虽然历史达到过，但是鉴于设备随着使用年限的增加，由于老化等问题发生故障的可能性增大，有些问题是否为小组力所能及属于未知。

（3）原因分析步骤。因果关系不成立或出现倒置，例如"电解池上盖螺口处漏气"不是造成"更换操作不当"的原因，"更换操作不当"与"气体流量不稳定"不存在直接关联；末端因素未分析到可直接采取对策，例如"人员培训不到位"，到底是培训的效果不佳还是缺少相应的培训还没分析出来。

（4）确定主要原因步骤。确认计划中确认方法不当。所有确认方法均采取现场调查的方法，没有对设备等的测试和对方法的试验，如"干燥管后无过滤装置"的判定，其确认方法为"查看设备维护记录寻找依据"，这种确认方法不恰当，应当在检查没有过滤装置后进行测试，看其对气体流量不稳定的影响程度。针对"人员培训不到位"进行确认时，应看人员进行模拟操作时是

否会影响造成气体流量不稳定这一症结问题，不能单纯看证件或是查看记录。

（5）效果检查步骤。对症结问题的检查中，小组虽然解决了"气体流量不稳定"这一问题，但是后续又对"测量回路故障"和"主机机械部分故障"进行了验证，到底哪一个是症结问题在这里给人一种迷惑之感。另外，这两个问题虽然占比有所下降，但是仍然是主要问题，严格来说活动效果仍有改进提升之处。

（6）制定巩固措施步骤。描述不具体，如作业指导书修订后未向技术部门、安监部门等报备批准，第四条将巩固措施纳入体系不是小组成员力所能及的；在效果跟踪期定硫仪故障率存在反复，这是什么原因导致的小组需要进行明确，应当加以重视并检查，并根据需要增加相关措施。

2. 统计方法方面

应用的统计方法在准确性和适宜性方面存在改进机会，分层法的使用不规范：运用分层法寻找问题的症结，分层过细，没有理解分层法的内涵。分层法又叫分类法、分组法，它是按照一定的标志，把搜集到的大量有关某一特定主题的统计数据按照不同的目的、特征加以归类、整理和汇总的一种方法。该课题采用层层聚焦，在找问题症结的时候演变成了对症结问题的原因分析，通过对该课题症结问题的换算，本症结仅占课题问题的 45% 左右，不符合 80/20 原则，即除此之外还有其他的症结没有找到，1 项症结至少应在 60% 以上或者 2 项症结累计在 70% 属于合理范畴。

3. 其他方面

（1）成果报告统计方法的应用较单一，在要因确认和对策实施过程中试验数据的样本数不够，这会使试验结果存在较大误差。

（2）成果报告规范性有待提高，表头图注应标示清晰、位置准确。

小组概况（见表 5-1）

表 5-1　　　"黑金子" QC 小组概况及成员一览表

小组名称	"黑金子"QC 小组	课题名称	降低燃煤发电厂定硫仪故障率		
成立日期	2012.4	课题类型	现场型	发布人	E
所在部门	化水分场	注册号	114－2014	注册日期	2014 年 4 月 2 日
成员人数	11	组长	A	活动次数	12
		出勤率	98.15%	活动时间	2014 年 4 月～2015 年 3 月

小组成员	姓名	性别	文化程度	职称	小组职务
	B	男	大专	工程师	组员
	C	男	大专	高级技师	组员
	A	女	大专	高级工	组长
	D	男	本科	助理工程师	副组长
	E	女	本科	高级工	副组长
	F	男	中专	高级工	组员
	G	女	本科	技师	组员
	H	女	大专	高级工	组员
	I	女	大专	高级工	组员
	J	女	大专	高级工	组员
	K	女	大专	高级工	组员
	L	女	大专	高级工	组员

所获荣誉	（荣誉照片略）2014 年全国优秀质量管理小组	（荣誉照片略）2014 年全国电力行业优秀质量管理小组特等奖
	（荣誉照片略）2014 年华电国际山东分公司一等奖	（荣誉照片略）2013 年全国电力行业优秀质量管理小组

课题背景

硫是一种有害元素。煤中的全硫是评价煤质的主要指标之一，煤燃烧后产生的二氧化硫气体是大气污染中主要的污染源之一，生成的二氧化硫和三氧化硫与水蒸气结合，会生成亚硫酸和硫酸蒸汽进而严重腐蚀锅炉的管道。

Z厂入炉煤化验班所使用的湖南三德公司的SDS616定硫仪（以下简称定硫仪）2006年3月份投用，常规库仑滴定法，其原理是：煤样在催化剂作用下，于空气流中燃烧（1150℃）分解，煤中硫生成硫氧化物，其中二氧化硫和少量的三氧化硫被电解池中碘化钾溶液吸收，以电解碘化钾溶液所产生的碘进行滴定，根据电解所消耗的电量计算煤中全硫的含量。

定硫仪测定流程示意图如图5-1所示。

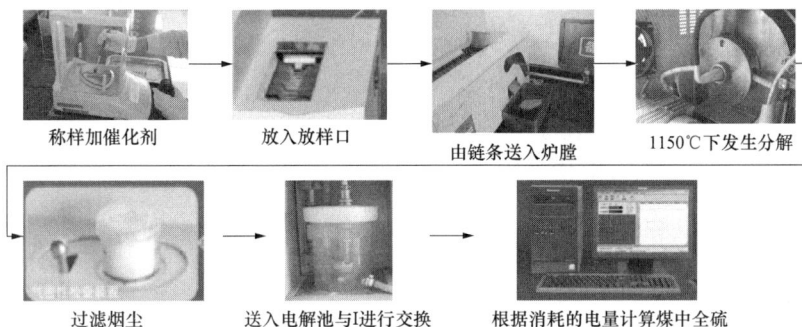

图5-1 定硫仪测定流程示意图

一、选择课题

厂部要求：《Z厂化水分场入炉煤管理规定》HS/RLM 01－2013规定：用于入炉煤全硫测定的定硫仪故障率应小于3.00%。以保证向企业提供准确可靠的信息反馈，为正平衡计算和掺配掺烧工作提供准确数据，正确地指导生产和经营活动。

生产现状：小组成员对2013年10月～2014年3月定硫仪故障情况进行调查，数据见表5-2。

表5-2　2013年10月至2014年3月定硫仪故障情况调查表

时间	测定次数	合格次数	故障次数	故障率（%）
2013.10	152	145	7	4.61
2013.11	148	144	5	3.38
2013.12	153	147	4	2.61
2014.1	152	147	5	3.29
2014.2	142	136	7	4.93
2014.3	152	147	5	3.29
合计	899	866	33	22.11
月平均故障率	3.68			

由图5-2可知：Z厂入炉煤2013年10月～2014年3月定硫仪故障率平均为3.68%，达不到厂部定硫仪故障率小于3.00%的要求。选定

【持续改进】 "表头" "图注" 一般表头和图注应有说明，且表头在表上部，图注在图片下部，制表人、制图人及时间也应该标注出来，报告通篇存在此类问题，这一点有待改进。

关于现状调查：
现状调查的主要目的：一是把握问题现状，找出问题症结，确定改进方向和程度；二是为目标设定和原因分析提供依据。现状调查这一步骤是一个很重要的环节，在整个 QC 小组活动程序中起到承上启下的作用。通过对 2013 年 10 月至 2014 年 3 月定硫仪故障发生情况进行调查，发现 "主机机械部分故障" 是造成定硫仪故障率高的主要问题。接下来对 "主机机械部分故障" 分析，发现定硫仪气体流量不稳定是造成定硫仪主机机械部分故障率高的主要问题。针对选题理由反映出的差距，通过对调查所收集到的数据进行整理、分析，找出造成这个差距的症结（关键点）所在，并为目标设定提供依据和支撑。

课题：降低燃煤发电厂定硫仪故障率。

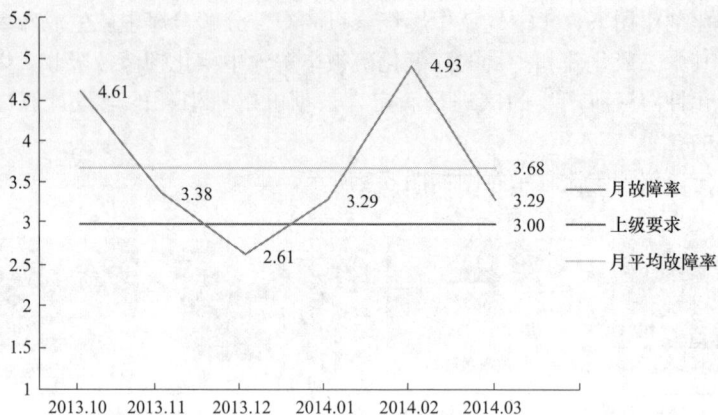

图 5-2　2013 年 10 月～2014 年 3 月定测仪故障率折线图

二、现状调查

选定课题后，小组成员对定硫仪故障存在的问题进行了深入细致的调查。

（1）小组成员根据《入炉煤设备维修记录》对 2013 年 10 月～2014 年 3 月定硫仪故障发生情况进行分析统计，见表 5-3。从图 5-3 可以看出，2013 年 10 月～2014 年 3 月定硫仪主机机械部分故障达 28 次，占到总故障率的 84.85%，是造成定硫仪故障率高的主要原因。

表 5-3　2013 年 10 月～2014 年 3 月定硫仪故障发生情况统计表

序号	项目	频数（次）	百分值（%）
1	主机机械部分故障	28	84.85
2	主机控制系统故障	2	6.06
3	计算机软件系统故障	1	3.03
4	主机测量部件故障	2	6.06
	合计	33	100

（2）小组成员对 2013 年 10 月～2014 年 3 月定硫仪主机机械部分故障情况进行分析统计，见表 5-4。由图 5-4 可以看出 2013 年 10 月～2014 年 3 月定硫仪测量回路故障占到了主机机械部分故障的 84.85%，是造成定硫仪主机机械部分故障高的主要原因。

（3）小组成员又对造成定硫仪测量回路故障情况进行分析统计，见表 5-5。由图 5-5 可以看出 2013 年 10 月～2014 年 3 月定硫仪气体流量不稳定占到了定硫仪测量回路故障的 69.57%，是造成定硫仪主机机械部分故障率高的主要原因。

计算机软件系统故障，3.03%
主机测量部件故障，3.03%
主机控制系统故障，9.09%
主机机械部分故障，84.85%

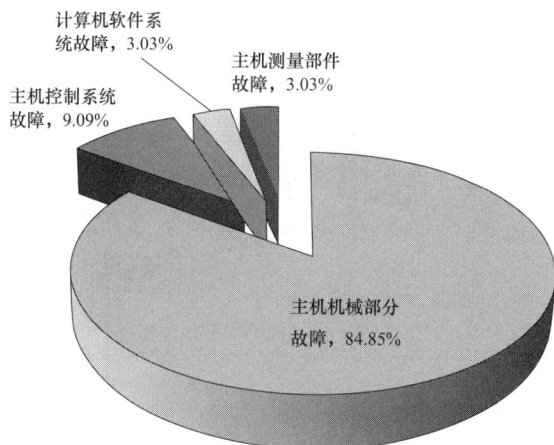

图 5-3　定硫仪故障统计饼分图

表 5-4　　2013.10—2014.3 定硫仪主机机械部分故障统计表

序号	项目	频数（次）	百分值（%）
1	测量回路故障	23	82.14
2	送回样机械系统故障	2	7.14
3	加热系统故障	1	3.57
4	其他	2	7.14
合计		28	100

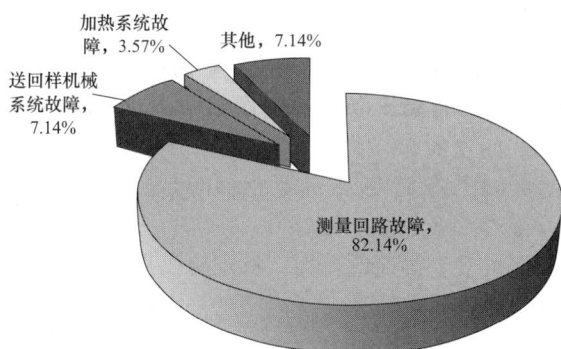

加热系统故障，3.57%
其他，7.14%
送回样机械系统故障，7.14%
测量回路故障，82.14%

图 5-4　定硫仪机械部分故障统计饼分图

表 5-5　　　　　　　定硫仪测量回路故障统计

序号	项目	频数（次）	百分值（%）
1	气体流量不稳定	16	69.57
2	称样瓷舟老化断裂	3	13.04
3	电解液浓度超标	2	8.70
4	限位器故障	1	4.35
5	送样石英舟脱落	1	4.35
合计		23	100

【持续改进】

1. 在现状调查一中，调查表中"主机控制系统故障"与"主机测量部件故障"数据与饼分图不一致。

2. 分层法又叫分类法、分组法，它是按照一定的标志，把搜集到的大量有关某一特定主题的统计数据按照不同的目的、特征加以归类、整理和汇总的一种方法。该课题采用层层聚焦，在找问题症结的时候演变成了对症结问题的原因分析。通过对该课题症结问题的换算，本症结仅占课题问题的45%左右，不符合80/20原则，即除此之外还有其他的症结没有找到，1项症结至少应在60%以上或者2项症结累计在70%属于合理范畴。

3. 该课题现状调查未能为课题目标值提供依据。

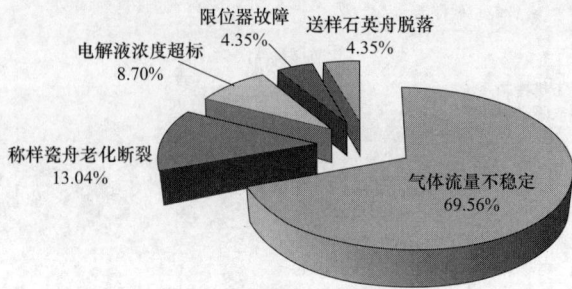

图 5-5　定硫仪测量回路故障分类统计

三、确定目标

小组成员通过对我班定硫仪投用以来每年的故障频数进行统计，发现我班同台定硫仪，2011 年 10 月至 2012 年 3 月定硫仪故障发生频数 12 次。故障发生频数曾经达到过较低水平，见表 5-6。

表 5-6　　　　　　　定硫仪每年故障频数统计表

名称 ＼ 时间 ＼ 频数	2013 年 10 月至 2014 年 3 月	2011 年 10 月至 2012 年 3 月
	频数（次）	频数（次）
气体流量不稳定	16	5

这样，如果我们通过活动找到解决问题的根源，就能实现历史最好水平的目标，把气体流量不稳定故障次数由 16 次减少 11 次，变为 5 次，即解决这一问题的 68.75%〔(16−5)/16＝68.75%〕，就可使定硫仪故障率由 3.68% 降低到 2.45%（3.68%−3.68%×84.85%×82.14%×69.57%×68.75%＝2.45%）。

因此，2014 年我们的课题目标：将定硫仪故障率由原来的 3.68% 降低到 2.45%，如图 5-6 所示。

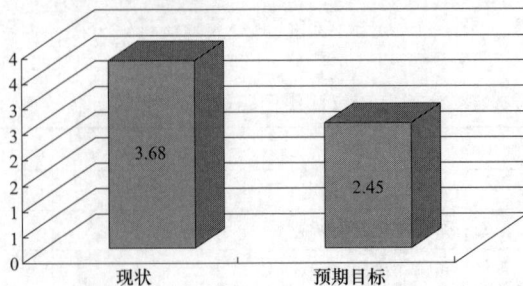

图 5-6　小组活动目标柱形图

关于目标设定：

目标可按以下进行分类：(1) 按活动目标来源不同可分为自定目标与指令性目标；(2) 按照活动目标结果不同可分为定性目标与定量目标。该课题目标为自定目标，以自身历史最优值为目标，符合目标设定依据。

【持续改进】

1. 该课题目标设定提供的依据不严密，与现状调查关联不大，目标能否达成依据不足，虽然历史达到过，但是鉴于设备随着使用年限的增加，由于老化等问题发生故障的可能性增大，有些问题是否为小组力所能及属于未知。

四、原因分析

小组成员根据定硫仪使用情况及设备维护记录，针对"气体流量不稳定"故障频发问题应用关联图进一步进行分析，找出末端因素。

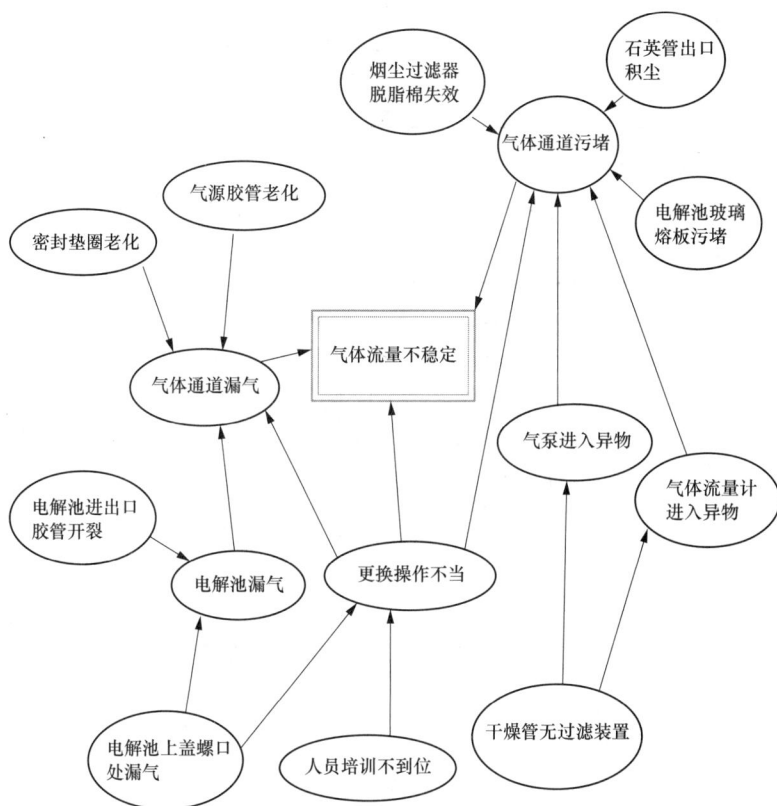

图 5-7 定硫仪气体流量不稳定原因关联图

由图 5-7 可知，造成定硫仪气体流量不稳定的末端因素见表 5-7。

表 5-7 末端因素统计表

序号	末端因素
1	气源胶管老化
2	电解池上盖螺口处漏气
3	电解池进出口胶管开裂
4	密封垫圈老化
5	电解池玻璃熔板污堵

关于原因分析：

分析原因的作用是通过对问题产生原因的分析，全面查找影响问题的原因所在，为下一步"确认要因"打好基础。原因要层层展开分析，一直分析到末端原因。而末端原因应该是具体的、能够确认的，并可以直接采取对策的。

原因分析可用的三个统计工具分别是因果图、树图、关联图。（1）因果图是表达和分析因果关系的一种图表，一般用于单一问题且原因之间没有交叉影响的原因分析。展开层次一般不超过四层。（2）树图是表达质量问题与组成要素之间关系的一种树枝状图表，树图可系统地把质量问题分解成很多要素，并显示问题和要素、要素和要素之间的逻辑和顺序关系。一般用于单一问题且原因之间没有交叉影响的原因分析。展开层次没有限制。（3）关联图是解决关系复杂、因素之间又相互关联的原因和结果的一个或多个问题的图表。一般用于两个以上问题且部分原因把两个以上问题纠缠在一起时的原因分析，展开层次没有限制。

小组开展头脑风暴，并采用关联图对现状调查确定的主要症结"气体流量不稳定"开展原因分析，找到 9 条末端因素，工具应用恰当。

续表

序号	末端因素
6	石英管出口积尘
7	烟尘过滤器脱脂棉失效
8	干燥管后无过滤装置
9	人员培训不到位

五、要因确认

针对九个末端因素，小组制定了要因确认计划表，见表5-8。

表 5-8 要因确认计划表

序号	末端因素	确认内容	确认方法	确认标准	确认负责人	确认日期
1	气源胶管老化	气源胶管的老化情况	现场调查，查看设备维修记录	外观检查，无粘连和龟裂情况。HS-FC-RLM/ZYZD-012《Z厂定硫仪保养制度》规定，每半年全部更换气源胶管一次	J	2014年5月8～12日
2	电解池上盖螺口处漏气	电解池上盖螺口处的密封情况	现场调查	厂家《定硫仪使用说明书》要求：电解池上盖与杯体结合处漏气率0%，间隙尺寸=0mm	L	2014年5月10～13日
3	电解池进出口胶管开裂	电解池进出口胶管情况	现场调查，查看设备维修记录，查看电解池进出口胶管有无开裂现象	HSFC-RLM/ZYZD-012《Z厂定硫仪保养制度》规定，定期检查更换电解池进出口胶管，确保电解池漏气率为0%	C	2014年5月11～13日
4	密封垫圈老化	净化器及烟尘过滤器密封垫圈的老化及更换情况	现场调查，检查净化器及烟尘过滤器密封垫圈有无腐蚀、龟裂现象，查看设备维修记录	外观检查，无干裂情况。严格按照《全硫测定作业指导书》要求每半月对密封圈进行涂凡士林保养一次，每半年或出现干裂老化现象时更换一次	K	2014年5月10～15日
5	电解池玻璃熔板污堵	检查玻璃熔板使用情况	现场调查，查看设备维护记录	外观检查。厂家《定硫仪使用说明书》要求：电解池玻璃熔板应每月清理一次	D	2014年5月12～17日

【持续改进】
1. 因果关系不成立，"电解池上盖螺口处漏气"不是造成"更换操作不当"的原因，"更换操作不当"与"气体流量不稳定"不存在直接关联。
2. 末端因素未分析到可直接采取对策。例如"人员培训不到位"，到底是培训的效果不佳还是缺少相应的培训应该明确。

关于要因确认：
确定主要原因就是把确实影响问题的主要原因找出来，将目前状态良好、对存在问题影响不大的原因排除掉，以便为下一步制定对策提供依据。确定主要原因的基本原则就是必须依据客观事实，根据末端因素对问题（症结）影响程度的大小判断是否为主要原因。
小组针对所有9条末端因素制定了要因确认（计划）表，规定了确认标准和标准来源，并逐一开展了要因确认。确认过程注重用数据、图表、工具予以分析、展现，符合QC活动"以事实为依据，用数据说话"以及"应用统计方法"的要求。
【持续改进】
1. 确认计划中确认方法描述不当。确认要因常用的方法有三种，"现场测量"就是到现场通

续表

序号	末端因素	确认内容	确认方法	确认标准	确认负责人	确认日期
6	石英管出口积尘	检查石英管出口情况	现场调查，打开仪器检查石英管出口情况	外观检查，无积尘情况。GB/T 214－2007《中华人民共和国国家标准》规定：开动抽气泵流量应能调节到约1000mL/min	I	2014年5月10～17日
7	烟尘过滤器脱脂棉失效	检查烟尘过滤器脱脂棉的使用情况	现场调查，查看设备维护记录	GB/T 214－2007《中华人民共和国国家标准》规定：在燃烧管出口处充填洗净、干燥的玻璃纤维棉，在距出口端约（80～100）mm处充填厚度约3mm的硅酸铝棉。外观检查，无严重变色和湿粘情况。厂家《定硫仪使用说明书》规定：仪器测试前或试验一段时间后（一般80～100次），若烟尘过滤器脱脂棉受潮或有灰尘应立即或清洗烟尘过滤器	G	2014年5月15～17日
8	干燥管后无过滤装置	检查气体流量计和气泵运行情况，如有异物，确认异物为何物，如何进入流量计和气泵	现场调查，查看设备维护记录寻找依据	GB/T 214－2007《中华人民共和国国家标准》规定：气泵抽气量约1000mL/min。气体管路严禁有异物进入	A	2014年5月10～22日
9	人员培训不到位	化验员是否全部持证上岗；技术培训是否全面且与实际工作相结，否是按要求进行更换操作	现场调查、查看人员持证上岗和培训考试情况	《华电集团公司五星级企业查评标准》中要求：化验人员持证上岗率100%，业务技能考试≥85分	E	2014年5月23～25日

要因确认见表5-9～表5-17。

过亲自测试、测量，取得数据，与标准进行比较，看其符合程度来证明，一般用于机器、材料、环境因素判断。"现场试验"就是到现场通过试验取得的数据来证明，一般用于方法（工艺标准）因素判断。"调查分析"，对于人员方面的因素，可以设计调查表，进行调查、分析。如"干燥管后无过滤装置"的判定，其确认方法为"查看设备维护记录寻找依据"，这种确认方法不恰当，应当在检查没有过滤装置后进行测试，看其对气体流量不稳定的影响程度。针对"人员培训不到位"进行确认时，应看人员进行模拟操作时是否会影响症结问题即造成气体流量不稳定，不能单纯看证件或查看记录。

2. 在末端因素的确认过程中，小组注重数据的收集，但是缺少统计方法的应用，没有系统地对整个确认过程进行数理统计分析。

在"气源胶管老化"分析中，应当进行测试，看看气源胶管老化对"气体流量不稳定"这一症结问题是否有影响，影响程度如何，单纯检查气源胶管老化与否不恰当。

3. 检查记录的"配置日期"与确认时间"2014 年 5 月 12 日"矛盾。

4. 确认二，该因素没有依据对问题或问题症结影响程度判断是否为主要原因。在此部分，不但要依据确认标准确定电解池上盖螺口处的密封情况，还要说明此处漏气是否一定会引起测量回路的气体流量不稳定，如此方能确定该因素是否是要因。

表 5-9　　　　　　　　**要因确认一：气源胶管老化**

确认标准	外观检查，无粘连和龟裂情况。HSFC－RLM/ZYZD－012《Z 厂定硫仪保养制度》规定，每半年全部更换气源胶管一次
确认方法	现场调查，查看设备维修记录
确认内容	气源胶管的老化情况
确认过程	（1）查阅设备维护记录气源管更换及时。 （2）现场解体检查气源胶管完好，无龟裂现象。 **进行气密性试验无漏气现象** （3）进行气密性试验，各胶管连接处等密封测试情况良好，无漏气现象。

时间	气体流量（mL/min）	判断	标准
2014 年 5 月 9 日 10：00	1000/150	合格	抽气量达到约 1000mL/min，关闭气体管路活塞应下降至 300mL/min 以下
2014 年 5 月 10 日 10：00	1000/150	合格	
2014 年 5 月 11 日 10：00	950/200	合格	

续表

<table>
<tr><td rowspan="18">确认结果</td><td colspan="8">2014 年库仑测硫仪电解液配制及气源胶管检查记录如下：</td><td rowspan="18">实际工作中，我们编制定期检查表，安排专人对气源胶管进行检查更换，2013 年 10 月至 2014 年 3 月份未出现因此项因素引起的气体流量不稳定情况，因此此项因素为非要因</td></tr>
<tr><td>序号</td><td>配制日期</td><td>值别</td><td>负责人</td><td>序号</td><td>配制日期</td><td>值别</td><td>负责人</td><td>临时配样检查人员</td></tr>
<tr><td>1</td><td>2014.1.8</td><td>丙值</td><td></td><td>14</td><td>2014.7.9</td><td>丁值</td><td></td><td></td></tr>
<tr><td>2</td><td>2014.1.22</td><td>戊值</td><td></td><td>15</td><td>2014.7.23</td><td>甲值</td><td></td><td></td></tr>
<tr><td>3</td><td>2014.2.5</td><td>乙值</td><td></td><td>16</td><td>2014.8.6</td><td>丙值</td><td></td><td></td></tr>
<tr><td>4</td><td>2014.2.19</td><td>丁值</td><td></td><td>17</td><td>2014.8.20</td><td>戊值</td><td></td><td></td></tr>
<tr><td>5</td><td>2014.3.5</td><td>甲值</td><td></td><td>18</td><td>2014.9.3</td><td>乙值</td><td></td><td></td></tr>
<tr><td>6</td><td>2014.3.19</td><td>丙值</td><td></td><td>19</td><td>2014.9.17</td><td>丁值</td><td></td><td></td></tr>
<tr><td>7</td><td>2014.4.2</td><td>戊值</td><td></td><td>20</td><td>2014.10.1</td><td>甲值</td><td></td><td></td></tr>
<tr><td>8</td><td>2014.4.16</td><td>乙值</td><td></td><td>21</td><td>2014.10.15</td><td>丙值</td><td></td><td></td></tr>
<tr><td>9</td><td>2014.4.30</td><td>丁值</td><td></td><td>22</td><td>2014.10.29</td><td>戊值</td><td></td><td></td></tr>
<tr><td>10</td><td>2014.5.14</td><td>甲值</td><td></td><td>23</td><td>2014.11.12</td><td>乙值</td><td></td><td></td></tr>
<tr><td>11</td><td>2014.5.28</td><td>丙值</td><td></td><td>24</td><td>2014.11.26</td><td>丁值</td><td></td><td></td></tr>
<tr><td>12</td><td>2014.6.11</td><td>戊值</td><td></td><td>25</td><td>2014.12.20</td><td>甲值</td><td></td><td></td></tr>
<tr><td>13</td><td>2014.6.25</td><td>乙值</td><td></td><td>26</td><td>2014.12.24</td><td>丙值</td><td></td><td></td></tr>
<tr><td>确认时间</td><td colspan="4">2014 年 5 月 12 日</td><td colspan="2">确认负责人</td><td colspan="2">葛昕</td></tr>
<tr><td>确认结论</td><td colspan="9">非要因</td></tr>
</table>

表 5-10　　　要因确认二：电解池上盖螺口处漏气

<table>
<tr><td>确认标准</td><td colspan="2">厂家《定硫仪使用说明书》要求：电解池上盖与杯体结合处漏气率为 0%，间隙尺寸＝0mm</td></tr>
<tr><td>确认方法</td><td colspan="2">现场调查</td></tr>
<tr><td>确认内容</td><td colspan="2">电解池上盖螺口处的密封情况</td></tr>
<tr><td rowspan="5">确认过程</td><td colspan="2">（1）现场调查，每次试验做完后，应将电解液放出，装入棕色玻璃瓶内避光、密封保存以备下次使用，并用蒸馏水将电解池清洗干净。我厂入炉煤化验为跟班运行，每 4～5 时便会操作一次，盖与壳体间螺口结合面处磨损严重，用塞尺测量其结合面，存在 0～1.2mm 不等间隙。一旦内密封圈漏气一定会发生漏气现象</td></tr>
<tr><td rowspan="4">电解池上盖与壳体检查</td><td>项目</td></tr>
<tr><td>间隙（mm）　1～1.5</td></tr>
<tr><td>密封层　　无</td></tr>
<tr><td>材料　　无</td></tr>
</table>

续表

确认过程	(2) 定期使用凡士林处理密封处，但使用一段时间后或环境温湿度变化时凡士林易乳化。现场查看维护记录 2013 年 10 月～2014 年 3 月出现气体流量异常共 6 次统计，见下表：						
		2013 年 11 月 7 日	2013 年 12 月 21 日	2014 年 1 月 7 日	2014 年 1 月 19 日	2014 年 1 月 21 日	2014 年 2 月 22 日
	气体流量（mL/min）	1000/450	1000/500	1000/550	1000/600	1000/650	1000/450
	标准	抽气量约 1000mL/min，关闭气体管路活塞应下降至 300mL/min 以下					
	判断	不合格	不合格	不合格	不合格	不合格	不合格

确认结果	实际工作中，因电解池操作频繁，上盖与壳体间螺口结合面处磨损严重，气密性变差。凡士林在高低温环境下使用易乳化，产生漏气现象，因此此项为要因		
确认时间	2014 年 5 月 13 日	确认负责人	孟青
确认结论	是要因		

5. 确认三，同样应当进行测试，看看电解池进出口胶管开裂对"气体流量不稳定"这一症结问题是否有影响，影响程度如何，单纯检查胶管老化与否不恰当。

表 5-11　　　　**要因确认三：电解池进出口胶管开裂**

确认标准	HSFC-RLM/ZYZD-012《Z 厂定硫仪保养制度》规定，定期检查更换电解池进出口胶管，确保电解池漏气率为 0%
确认方法	现场调查，查看设备维修记录，查看电解池进出口胶管有无开裂现象
确认内容	电解池进出口胶管使用情况
确认过程	(1) 现场电解池进出口胶管完好，无开裂现象。

续表

确认过程	时间	气体流量（mL/min）	判断	标准
	2014 年 5 月 11 日 10：00	1000/100	合格	抽气量达到约 1000mL/min，关闭气体管路活塞应下降至 300mL/min 以下
	2014 年 5 月 12 日 10：00	950/150	合格	
	2014 年 5 月 13 日 10：00	1000/100	合格	

（2）进行气密性试验密封情况良好，无漏气现象。
（3）查看设备维护记录电解池进出口胶管与设备气源管道合并进行更换，更换及时

确认结果	电解池进出口胶管更换及时，无开裂漏气现象。因此此项因素为非要因
确认时间	2014 年 5 月 13 日	确认负责人	颜磊
确认结论	非要因

表 5-12　　　　　　　要因确认四：密封垫圈老化

确认标准	外观检查，无干裂情况。严格按照《全硫测定作业指导书》要求每半月对密封圈进行涂凡士林保养一次，每半年或出现干裂老化现象时更换一次
确认方法	现场调查，检查净化器及烟尘过滤器密封垫圈有无腐蚀、龟裂现象，查看设备维修记录
确认内容	净化器及烟尘过滤器密封垫圈的老化及更换情况
确认过程	（1）查阅设备维护记录，我班每半月左右对密封垫圈进行涂凡士林保养一次，每半年或出现干裂老化现象时及时进行更换；

时间	维护措施	维护人	备注
2013 年 10 月 25 日	更换净化器和烟尘过滤器密封圈并涂凡士林处理（上次更换时间 2013.5.2）	焦莉	—
2013 年 11 月 11 日	对密封圈涂凡士林处理	葛昕	—
2013 年 11 月 27 日	对密封圈涂凡士林处理	孟青	—

（2）现场试验检查密封圈无腐蚀、龟裂老化现象，气密性检查合格无漏气现象。

续表

确认过程	时间	气体流量（mL/min）	判断	标准
	2014 年 5 月 12 日 9：00	1000/100	合格	抽气量达到约 1000mL/min，关闭气体管路活塞应下降至 300mL/min 以下
	2014 年 5 月 13 日 10：00	1000/150	合格	
	2014 年 5 月 14 日 10：00	950/150	合格	

密封垫圈更换及时，材质合格

确认结果	实际工作中，我们定期干燥管、烟尘过滤器密封圈的更换和保养工作，2013 年 10 月至 2014 年 3 月份未出现因干燥管、烟尘过滤器密封圈老化因素而出现的气体流量不稳定情况，因此此项因素为非要因
确认时间	2014 年 5 月 15 日　　　　　确认负责人　　　　　K
确认结论	非要因

表 5-13　　　　要因确认五：电解池玻璃熔板污堵

确认标准	外观检查。厂家《定硫仪使用说明书》要求：电解池玻璃熔板应每月清理一次
确认方法	现场调查，查看设备维护记录
确认内容	检查玻璃熔板使用情况
确认过程	（1）查看设备维护记录每月对电解池烧结玻璃熔板及其管道进行清洗。

时间	维护措施	维护人	备注
2013 年 10 月 15 日	清洁玻璃熔板及管道、电极	徐涌	
2013 年 11 月 14 日	清洁玻璃熔板及管道	K	
2013 年 12 月 14 日	清洁玻璃熔板及管道、电极	孙莉	

（2）现场检查，电解池烧结玻璃熔板清洁无污堵情况。

续表

确认结果	2013 年 10 月～2014 年 3 月份未出现因电解池烧结玻璃熔板污堵而引起的气体流量不稳定情况，因此此项因素为非要因		
确认时间	2014 年 5 月 17 日	确认负责人	贾喆
确认结论	非要因		

表 5-14　　　　要因确认六：石英管出口积尘

确认标准	外观检查，无积尘情况。GB/T 214—2007《中华人民共和国国家标准》规定：开动抽气流量应能调节到约 1000mL/min
确认方法	现场调查，打开仪器侧盖检查石英管出口情况
确认内容	检查石英管出口情况
确认过程	（1）现场检查石英管内外无开裂和破损现象，内涂层完好无异常。 维护保养及时，品质可靠 （2）现场试验抽气流量均能调节到约 1000mL/min。

时间	抽气流量（mL/min）	判断	标准
2014 年 5 月 14 日 9：00	1000	合格	抽气量约 1000 mL/min，关闭气体管路活塞应下降至 300mL/min 以下
2014 年 5 月 15 日 10：00	1000	合格	
2014 年 5 月 16 日 10：00	950	合格	

确认结果	2013 年 10 月～2014 年 3 月份未出现因石英管积尘而引起的气体流量不稳定的情况，因此此项因素为非要因		
确认时间	2014 年 5 月 17 日	确认人	I
确认结论	非要因		

表 5-15　　　　要因确认七：烟尘过滤器脱脂棉失效

确认标准	外观检查，无严重变色和湿粘情况。GB/T 214—2007《中华人民共和国国家标准》规定：在燃烧管出口处充填洗净、干燥的玻璃纤维棉，在距出口端约（80～100）mm 处充填厚度约 3mm 的硅酸铝棉。厂家《定硫仪使用说明书》规定：仪器测试前或试验一段时间后（一般 80～100 次），若烟尘过滤器脱脂棉受潮或有灰尘应立即或清洗烟尘过滤器。

6. 确认七，应该有对烟尘过滤器脱脂棉的更换工作的调查表，单纯的文字叙述缺乏客观说服力。

续表

确认方法	现场调查，查看设备维护记录寻找依据
确认内容	检查烟尘过滤器脱脂棉的使用情况
确认过程	（1）查看设备维护记录，每一周（约 84 个样）更换烟过滤器脱脂棉一次，满足试验要求。 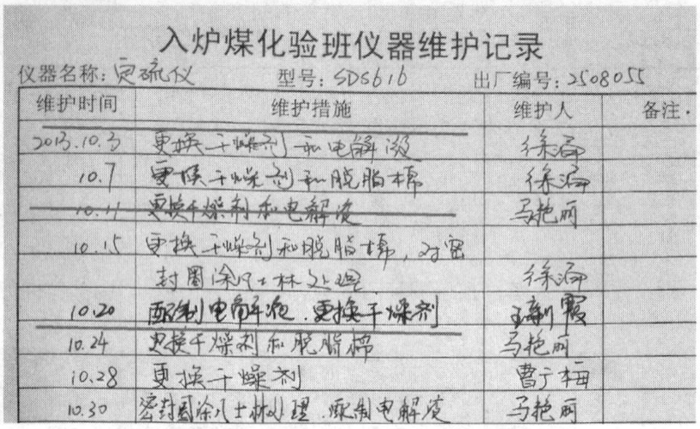 入炉煤化验班仪器维护记录 （2）经询问值班员，每日试验前检查烟尘过滤器内脱脂棉外观，当脱脂棉变黄、变黑或明显潮湿时及时更换。  脱脂棉更换及时
确认结果	实际工作中，我们及时进行烟尘过滤器脱脂棉的更换工作，2013 年 10 月至 2014 年 3 月份未出现因此项而引起的气体流量不稳定情况，因此为非要因
确认时间	2014 年 5 月 17 日	确认负责人	焦莉
确认结论	非要因

7. 确认八，该因素没有依据对问题或问题症结的影响程度判断是否为主要原因。小组在这一确认中模仿正常试验状态进行了模拟试验，但是没有试验数据的收集和整理，即没有调查表和统计表，没有用到统计方法来科学客观地反映试验情况。

表 5-16　　　　要因确认八：干燥管后无过滤装置

确认标准	GB/T 214—2007《中华人民共和国国家标准》规定：气泵抽气量约 1000mL/min。气体管路严禁有异物进入
确认方法	现场调查，查看设备维护记录寻找依据
确认内容	检查气泵和流量计运行情况，查看有无异物进入，如有异物，确认异物为何物，如何进入气泵和流量计

续表

确认过程	（1）现场检查气泵有异音，出力不足，查看维护记录 2013 年 10 月至 2014 年 3 月份出现抽气量异常共 10 次统计如下： **[表格]** 抽气量不能满足气泵抽气量要求。 （2）检查气体流量计内悬垂上下浮动不能稳定，调整流量旋钮无明显变化。 （3）解体气体流量计及气泵，内有细小颗粒状物，经确认为变色硅胶粉末，仪器运行中随气流由干燥管进入流量计和气泵造成污堵。经分析确认仪器存在设计问题。  气泵、流量计有异物，有污堵现象 （4）模仿正常试验状态，按正常运行状态连接相关管件，开动气泵，调节抽气流量约 1000mL/min，保持连续运行两小时（正常试验连续运行约 1.5 小时），期间启停气泵 3 次（模仿气密性检查），试验后检查颗粒收集器内有破碎硅胶颗粒约 1.5g。 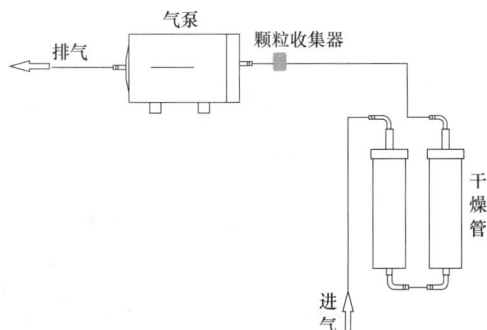

时间	2013.10.12	2013.11.6	2013.11.22	2013.12.10	2013.12.12
抽气量（mL/min）	650	750	700	650	600
判断	不合格	不合格	不合格	不合格	不合格
时间	2013.12.17	2014.2.15	2014.3.6	2014.3.21	2014.3.25
抽气量（mL/min）	850	650	650	850	850
判断	不合格	不合格	不合格	不合格	不合格
标准	气泵抽气量应达到约 1000mL/min				

续表

确认结果	仪器在运行过程中因干燥管出口无过滤装置，会出现异物进入气泵和流量计的情况发生，2013 年 10 月至 2014 年 3 月份因气泵和气体流量计进入异物而引起的气体流量不稳定的次数为 10 次，因此此项为要因		
确认时间	2014 年 5 月 22 日	确认负责人	徐涌
确认结论	要因		

8. 确认九，针对"人员培训不到位"这一末端因素，不能单纯调查班组成员的理论和实际操作考试成绩，应能体现出人员培训不到位是如何对"气体流量不稳定"产生影响的。另外，作业人员持证上岗是该厂的规定，此处可不赘述。

表 5-17　　　要因确认九：人员培训不到位

确认标准	化验人员持证上岗率 100%，化验人员持证上岗率 100%，业务技能考试 ≥85 分
确认方法	现场调查、查看人员持证上岗和培训考试情况
确认内容	化验员是否全部持证上岗；技术培训是否全面且与实际工作相结，是否按要求进行更换操作
确认过程	1. 对职工进行本专业技能考试，内容以 GB/T 214—2007《中华人民共和国国家标准》和燃料化验员技术问答为主，成绩>85 分； 2. 现场进行全硫测定，职工均能独立高质量完成。

班组成员理论及实际操作考试成绩统计

序号	姓名	理论成绩	操作成绩	理论标准	技能标准	是否超过标准
1	A	94	92	>85	>85	否
2	G	95	96	>85	>85	否
3	B	92	93	>85	>85	否
4	H	93	97	>85	>85	否
5	E	92	95	>85	>85	否
6	F	92	89	>85	>85	否
7	K	93	95	>85	>85	否
8	I	95	91	>85	>85	否
9	J	92	95	>85	>85	否
10	D	95	92	>85	>85	否
11	L	95	96	>85	>85	否
12	C	97	91	>85	>85	否

3. 所有化验员全部经考试合格持证上岗，持证上岗率 100%。

续表

确认结果	2013 年 10 月～2014 年 3 月未出现因人员培训不到位因素而出现的气体流量异常情况，因此此项为非要因	
确认时间	2014 年 5 月 25 日	确认负责人
确认结论	非要因	

通过以上的原因确认，我们找出造成定硫仪气体流量不稳定的主要原因有：

（1）电解池上盖螺口处漏气。

（2）干燥管后无过滤装置。

六、制定对策

（1）通过对以上要因确认，共找出了两项造成定硫仪气体流量不稳定的主要原因，我们小组针对干燥管后无过滤装置这一要因进行了分析，并提出了三种解决方案，见表 5-18。

表 5-18　　　　　　　　三 种 解 决 方 案

序号	名称	示意图
方案一	定期用筛子过滤细小颗粒	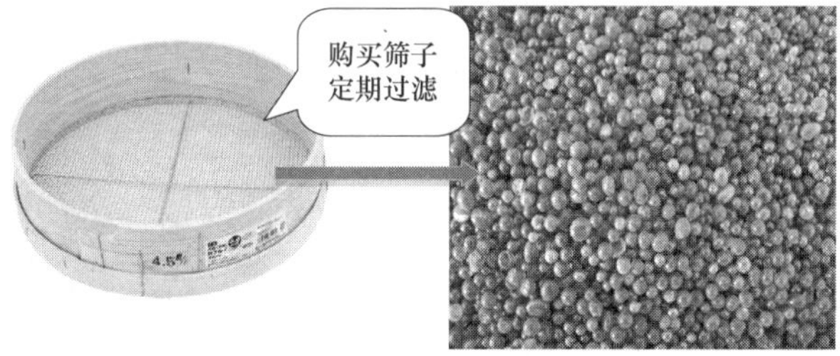 购买筛子定期过滤
方案二	在干燥管进、出口加纱布或脱脂棉	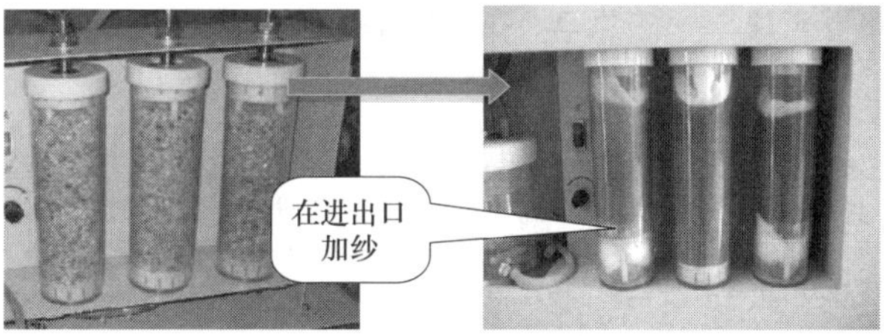 在进出口加纱
方案三	加装过滤管	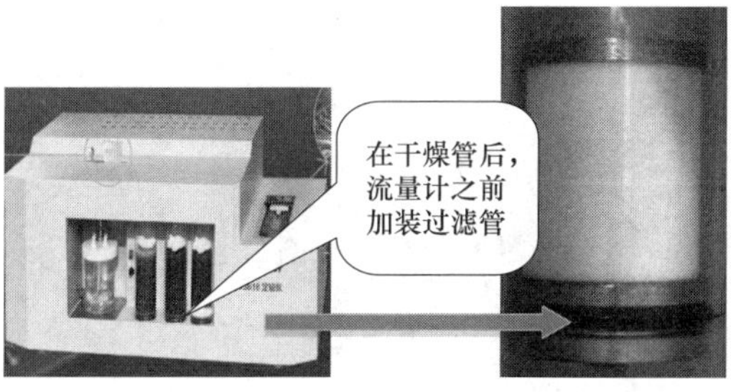 在干燥管后，流量计之前加装过滤管

关于制定对策：

制定对策的步骤分为提出对策、研究确定所采取的对策、制定对策表三个步骤。（1）提出对策。首先针对每一条主要原因，让小组全体成员开动脑筋，敞开思想、独立思考，相互启发，从各个角度提出改进的想法。（2）研究、确定所采取的对策。从针对每一条主要原因所提出的若干个对策中分析研究，究竟选用什么样的对策和解决到什么程度。这要考虑以下几点：①分析研究对策的有效性。②分析研究对策的可实施性。③避免采用临时性的应急措施作为对策。④尽量依靠小组自己的力量，自己动手能采取的对策。（3）制订对策表。针对每一条主要原因，按"5W1H"原则制定对策表。"5W1H"是六个英文单词的第一个字母，即 What（对策）、Why（目标）、Who（负责人）、Where（地点）、When（时间）、

How（措施）。制定对策的原则主要有三个方面：对策的有效性，即该对策应能控制或消除产生问题的原因；对策的可实施性，即选用的对策是小组可以实施的；对策的经济性，即对策应尽可能减少资金投入。制定对策表需要关注六个方面内容：不要将对策和措施混淆、目标要尽可能量化、针对要因逐条制定对策、避免抽象用语、避免采用临时性的应急对策、尽量依靠小组自己的力量。

小组依据确认的两条要因，展开头脑风暴，整合小组意见针对各要因的对策进行优化分析，然后从可靠性、经济性两个方面进行对策选优，最终确定了最优对策，并制定了对策表。对策表制作基本规范，符合 QC 活动的基本要求。提出对策要针对每一条要因，提出尽可能多的对策以供选择确定，在这一步中可先不必考虑提出的对策是否可行，只要是能解决这一条要因的对策都提出来，这样才能尽量做到不遗漏真正有效的对策，集思广益，在该课题中，针对"干燥管后无过滤装置"这一要因提出的对策优化非常好，过程清晰，数据充分，值得其他小组借鉴。

（2）根据提出的方案进行试验和优化见表 5-19～表 5-21。

表 5-19   方案一：定期用筛子过滤细小颗粒

方案目的	经济高，操作简单易行	试验时间	6月5～8日
实验地点	元素分析室	负责人	贾喆

2014 年 6 月 5 日采购了 15 元一个的 2mm 圆孔筛，在 6 月 7 日连续三次对同一干燥管内变色硅胶颗粒进行反复过滤，每次过滤均有一定量的破碎细小颗粒通过：

	变色硅胶总重量（g）	筛上物重（g）	过筛颗粒重（g）
第一次	110	101	3
第二次	101	96	2
第三次	96	92	2

结论	用筛子过滤硅胶虽然经济性高，没有正规厂家生产的过滤专用筛，市场上买来的筛子品质较差，孔径大小不一，使用中易破损，破碎硅胶过筛率高，反复过滤，操作繁琐

表 5-20   方案二：在干燥管进、出口加纱布或脱脂棉

方案目的	成本低，可靠性较好	试验时间	6月8～9日
实验地点	元素分析室	负责人	E

2014 年 6 月 8～10 日在干燥管进、出口分别加装纱布或脱脂棉，然后模仿正常试验状态，对气体管道进行气体流量冲击试验，当气流的变化和更换硅胶时纱布易易位，破碎的小颗粒硅胶易渗入纱布间隙。如下表：

续表

	工作状态（mL/min）	变色硅胶总重量（g）	通过颗粒重量（g）
第一次	1000mL/min 保持 2h 100mL/min 保持 2min	110	1
第二次	1000mL/min 保持 2h 150mL/min 保持 2min	108	1
第三次	1000mL/min 保持 2h 150mL/min 保持 2min	115	2
结论	在干燥管进、出口加纱布或脱脂棉虽然成本低，但当气流的变化和更换硅胶时纱布易易位，破碎小颗粒硅胶易渗入纱布间隙，进入气路中，可靠性低，且更换操作繁琐		

表 5-21　　方案三：在干燥管进、出口加纱布或脱脂棉

方案目的	过滤装置安全、稳定、可靠性最高，长期使用无需更换	试验时间	6 月 10～13 日
实验地点	元素分析室	负责人	徐涌

（1）设备备件中有相似功能过滤管，大小尺寸匹配。

212 定硫仪过滤管	
尺寸	Φ3.0×7.8
功能	烟尘过滤

（2）2014 年 6 月 10～13 日模仿正常试验状态（1000mL/min 保持 30min），按正常运行状态连接相关管件，开动气泵，调节抽气流量约 1000mL/min，保持连续运行两小时（正常试验连续运行约 1.5 小时），期间启停气泵 3 次（模仿气密性检查），试验后检查颗粒收集器内无破碎硅胶颗粒

结论	过滤管大小尺寸匹配，避免了加工工艺和技术水平的限制。性能稳定、可靠性高，长期使用无需更换

【持续改进】

1. 在该课题中仅对其中一条要因制定了对策，缺少"电解池上盖螺口处漏气"这一要因的对策优化过程，直接在对策表中体现，不符合活动实际。

2. 制定对策就是要使所针对的要因通过改进回到规格范围内，所以对策目标必须满足要因的确认标准，甚至要高于确认标准，该课题中第二条对策目标不能完全满足该要因的确认标准，需要改进。

3. 对策是针对主要原因采取的改进方案，指的是做什么，是框架性思路；措施是实现对策（改进方案）的具体做法，指的是怎么做，是细分了的可操作步骤。

对策优化属于制定对策步骤的工作，是在用头脑风暴法提出对策后，对对策的补充、完善。对策表中的措施应能够可直接实施，在此之前应该完成实施方案的制定、材料的选择等，该课题中的措施未能达到这一要求，把对策优化放到实施当中显得不妥，如"确定安装位置""支架设计安装"等。

（3）确定最佳方案，见表 5-22。

表 5-22　　　　　　　最 佳 方 案

序号	方案	可靠性	经济性	优缺点	预计效果	结论
1	定期用筛子过滤细小颗粒	一般	15元	优点：方法简单易行。缺点：没有正规厂家生产的过滤专用筛，市场上买来的筛子经济性高，但品质较差，孔径大小不一，使用中易破损，破碎硅胶过筛率高$(3+2+2)/(110+101+96)=2.28\%$，且操作繁琐	此方案可以在一定程度上解决问题，但运行中仍会有破碎硅胶颗粒通过，但操作繁琐，稳定性差。	不采用
2	在干燥管进、出口加纱布或脱脂棉	一般	1元	优点：基本没有经济投入。缺点：更换操作繁琐，气流的变化和更换硅胶时易易位，破碎的小颗粒硅胶易渗入纱布间隙，进而进入气体管路，漏入率$(1+1+2)/(101+96+92)=1.38\%$	此方案可以基本上解决问题，但运行中不排除会有渗入纱布的小颗粒进行气体管路的可能，稳定性较差。	不采用
3	加装过滤管	可靠	380元	优点：安全、稳定、可靠性最高，长期使用无需更换。漏入率为0%。缺点：需制作安装支架，较上两项成本高，过滤管280元；支架制作约100元，经济性低	此方案可以从根本上解决问题，虽然需要一定的费用，但从长期运行效果看，稳定且可靠性高。	采用
分析	经过以上分析对比可以看出方案三虽然经济性最低，但其效果明显，安全稳定可靠性高，总体评价是优					
结论	选择方案三					

（4）制定对策表，见表 5-23。

表 5-23　　　　　　　对 策 表

序号	要因	对策	目标	措施	地点	负责人	完成日期
1	电解池上盖螺口处漏气	改进电解池杯口	电解池上盖与杯体结合处不漏气，间隙尺寸=0mm	（1）绘制图纸	元素分析室	F	6.17
				（2）在电解池杯口处开 $\Phi=1.8mm$ U形凹槽，在凹槽内添加 $\Phi=2mm$ 的密封垫圈	元素分析室	A	6.20
				（3）更换耐酸性高的密封硅脂	元素分析室	H	6.22
				（4）确定更换电解液周期	元素分析室	J	6.25

续表

序号	要因	对策	目标	措施	地点	负责人	完成日期
2	干燥管后无过滤装置	加装过滤管	破碎胶硅进入气体管路率0％	1. 确定安装位置	元素分析室	C	6.17
				2. 支架设计安装	元素分析室	G	6.22
				3. 进行安装前后气体流量对比，合格后投入使用	元素分析室	L	6.30

七、对策实施（见表5-24和表5-25）

表5-24　　　　　　　　　实施一：改进电解池杯口

对策	改进电解池杯口
实施过程	1. 绘制图纸工作由 F 于 2014 年 6 月 17 日完成，如下图 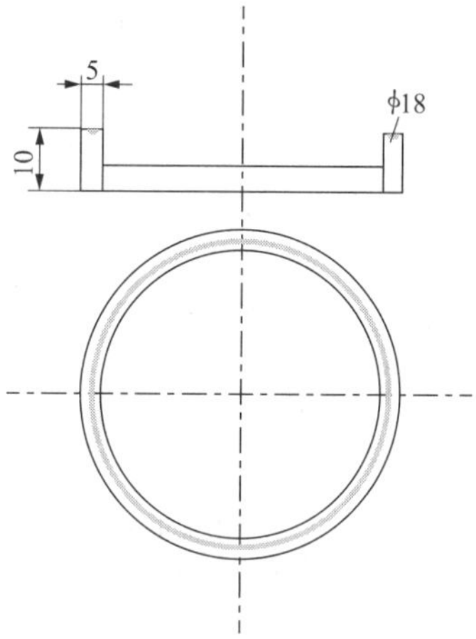 2. 在电解池杯口处开 $\Phi=1.8mmU$ 形凹槽，在凹槽内添加 $\Phi=2.0mm$ 的密封垫圈。此项工作由徐涌、I 于 2014 年 6 月 20 日完成  两级密封确保无漏气 3. 将原来使用的密封剂凡士林更换为耐酸的密封硅脂。小组成员孙莉于2014 年 6 月 22 日购买正规厂家生产的耐酸硅脂代替了原有的凡士林

关于对策实施：

　　实施对策阶段的主要工作：一是按对策表的对策逐一实施；二是每条对策的实施要按照对策表中的措施栏目逐条实施；三是每条对策在实施完成后要立即确认其结果；四是确认没有达到对策表中所定的目标时，要评价措施的有效性，必要时要修正所采取的措施。

　　每条对策实施完成后，应立即收集改进后的数据，与对策表中每条对策应达到的目标进行比较，以明确对策的有效性。如果已达到目标要求，说明此项改进对策已有效地改变了该要因的现状，使其达到受控状态，不会再对问题造成影响，该对策方为实施完毕。

　　实施对策过程中应随时做好记录，包括每条对策的具体实施时间、参加人员、活动地点、具体做法、费用支出、遇到的困难及如何克服等，以期真实反映活动全貌。小组严格按照对策表中的措施栏目逐条实施，实施过程中也注重数据的收集和整理，并运用调查表对照对策目标进行验证，逐一交代了对策目标的实现情况。基本符合QC活动程序要求。

续表

【持续改进】

1. 实施步骤的叙述过于笼统，不显精彩。如"改进电解池杯口"中第一步仅简单叙述小组成员于何时完成图纸的制作，该步骤应该在"制定对策"这一步骤中完成，且应将图纸确定的过程记录下来。

2. 没有验证对策实施结果对安全方面的影响。对策实施结束后，除对对策目标确认外，还需对措施的实施是否影响安全、环境、相关质量、管理以及是否带来成本大幅度增加进行核查，以评价对策的综合有效性，当核查发现有上述影响时，应追加措施予以弥补或重新考虑更恰当的对策，该课题这一步骤中缺少相关内容。如"加装过滤管"，小组选择的过滤管是否存在在运行中会产生不良杂质的情况，改变设计前是否经过相关技术部门的鉴定等。

对策	改进电解池杯口

凡士林　　　　　　　　　　耐酸硅脂

实施过程

4. 小组成员葛昕、F 对 2014 年 6 月 10 日 2014 年 6 月 25 日的电解液使用中的 pH 值情况进行了跟踪，确定了更换电解液周期：

样品测定次数	新配制	第 100 个	第 200 个	第 250 个
pH 值	2.02	1.58	1.06	0.95

电解液 pH 值在 1～2 时，碘才会被首先析出进行滴定，当电解液 pH＜1 时，I 和 Br 的光敏反应增强而额外生成 I_2 和 Br_2，这些 I_2 和 Br_2 是非电解产生的，将导致测硫值偏低。因此为保证测定结果准确性和减少腐蚀，确定在测定到第 200 个试样左右时，更换新的电解液

目标检查

实施后效果检查如下表：

	项目	实施前	实施后
实施效果	间隙 mm	0～1.2	0
	密封层	无	$\Phi=2.0mm$
	材料	无	圆形密封圈
结论	改进后，电解池上盖与杯体间增加 $\Phi2.0mm$ 厚密封圈实现电解池上盖与杯体结合处不漏气，间隙尺寸＝0mm		

实施后电解池密封处漏气情况检查统计表如下：

时间	抽气流量（mL/min）	气密性检查流量（mL/min）
2014 年 6 月 22 日 10：00	1000	150
2014 年 6 月 23 日 10：00	1000	150
2014 年 6 月 24 日 10：00	1000	200

实施后电解池密封处严密无漏气情况发生，对策目标实现

实施人	B A F J H I	完成时间	2014 年 6 月 25 日

表 5-25　　　　　　　　　　　实施二：加装过滤管

对策	加装过滤管
实施过程	（1）确定安装位置。2014 年 6 月 17 日，小组成员焦莉、E 经测量分析，确定在干燥管后，流量计之前加装过滤管，以起到阻挡烟尘、防止破碎硅胶进入气泵和流量计的作用。过滤管加装图如下： （2）支架设计及安装。在电解池旁安装 22.5×3.5cm 支架，此项工作由 K 和 L 于 2014 年 6 月 22 日共同完成 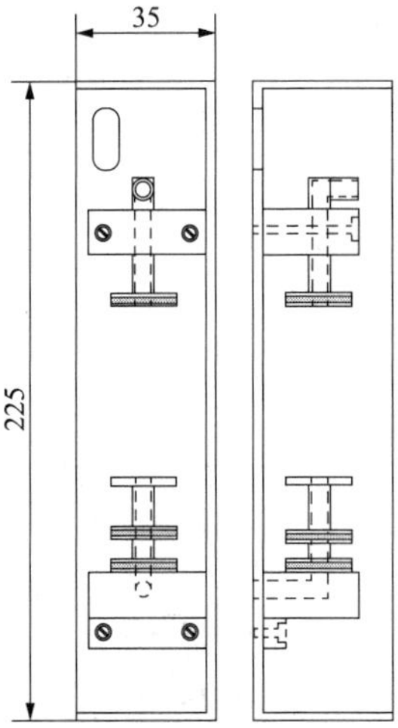

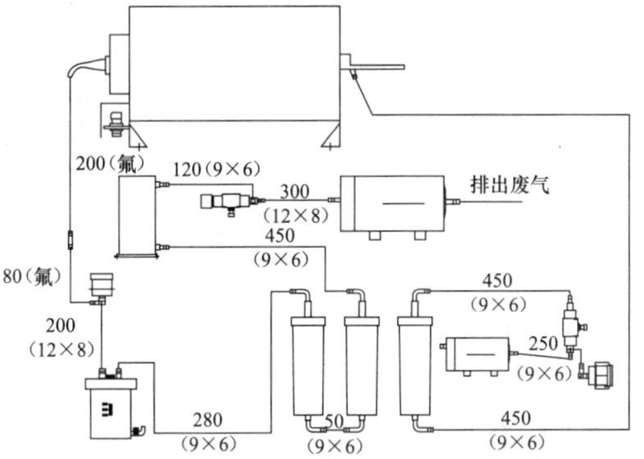

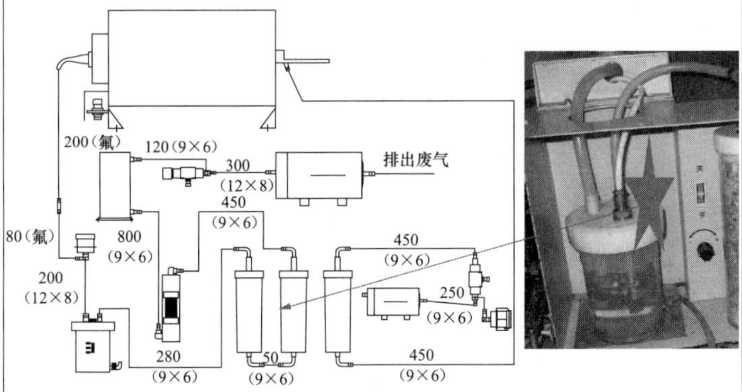

续表

实施过程	安装前　　　　　　　　　　安装后  	

（3）班组实行仪器定期轮换制，每半月切换设备一次，小组成员 K 和 L 收集 2013 年 10 月 8～23 日、2014 年 6 月 16～30 日安装前后抽气流量对比如下：

安装前抽气流量（mL/min）		安装后抽气流量（mL/min）	
2013 年 10 月 8 日	1000	2014 年 6 月 16 日	1000
2013 年 10 月 15 日	1000	2014 年 6 月 23 日	950
2013 年 10 月 23 日	950	2014 年 6 月 30 日	1000

可以看出，安装过滤管后对抽气流量并无影响

实施后效果检查

实施效果	项目	实施前	实施后
	漏入量（g）	1.5	0
结论	改进后，无破碎硅胶进入气体管路，破碎胶硅进入气体管路率 0%		

实施后因干燥管后无过滤装置导致气体流量不稳定情况检查表

时间	抽气流量（mL/min）	气密性检查流量（mL/min）	判断
2014 年 6 月 30 日 9：00	1000	150	合格
2014 年 6 月 30 日 11：00	950	150	合格
2014 年 6 月 30 日 15：00	1000	100	合格

实施后无破碎硅胶进入气体管路对策目标实现。

实施人	C　E　D K　G　L	完成时间	2014 年 6 月 30 日

（左侧表格第一列标题：目标检查）

八、效果检查

（一）效果对比

小组成员对活动前（2013 年 10 月～2014 年 3 月）和活动后（2014 年 7 月～2014 年 12 月）的效果进行了对比。

效果对比一见表 5-26、表 5-27 和图 5-8。

关于效果检查：

效果检查的目的是验证课题选择的准确性、目标设定的科学性、实施过程的有效

表 5-26　　　　　　　活动前后故障情况对比表

故障名称	活动前	
	频数（次）	百分值（%）
气体流量不稳定	16	69.57
称样瓷舟老化断裂	3	13.04
电解液浓度超标	2	8.70
限位器故障	1	4.35
送样石英舟脱落	1	4.35
合计	23	100

表 5-27　　　　　　　活 动 后 效 果

故障名称	活动后	
	频数（次）	百分值（%）
称样瓷舟老化断裂	3	42.86
电解液浓度超标	1	14.29
限位器故障	2	28.57
送样石英舟脱落	1	14.29
合计	7	100

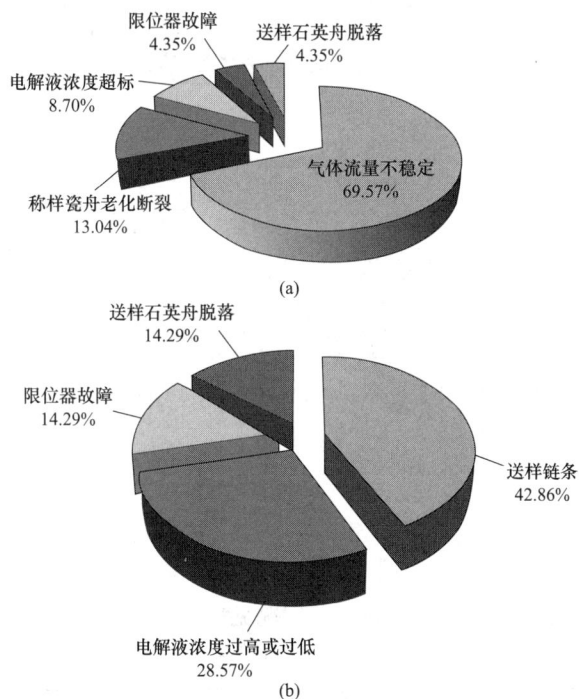

限位器故障 4.35%　　送样石英舟脱落 4.35%

电解液浓度超标 8.70%

气体流量不稳定 69.57%

称样瓷舟老化断裂 13.04%

(a)

送样石英舟脱落 14.29%

限位器故障 14.29%

送样链条 42.86%

电解液浓度过高或过低 28.57%

(b)

图 5-8　活动前后饼分图

（a）活动前；（b）活动后

结论：活动前后的统计图 5-8 和表 5-26、表 5-27 可以看出，因气体流量不稳定导致定硫仪故障率由原来的 69.57％下降为 0％，解决了因"气体流量不稳定"导致的定硫仪故障发生的主要问题。

性，内容包括：一是课题目标的检查，二是活动前后情况的对比，三是经济效益的计算，四是社会效益描述。该课题基本符合要求。

效果检查应注意：一是效果检查必须是在对策实施完毕（全部完成并逐条确认达到对策目标要求）后方可进行。二是能够计算经济效益的都应计算经济效益；三是效果检查在进行有形效益检查的同时，也应注重无形效益的检查。

在检查中还需要关注数据的可比性，即效果检查数据时间应与现状调查的时间段可比；数据的可信性，即效果检查的目标值不能超出解决问题的范围；项目的一致性，即效果检查与实施前现状对比的项目应保持一致；项目时序性，统计实施前、后，其数据均应按从大到小的顺序统计；项目解决的彻底性，数据不能出现"按下葫芦浮起瓢"问题。

【持续改进】

1. 对症结问题的检查中，小组虽然解决了"气体流量不稳定"这一问题，但是后续又对"测量回路

效果对比二见表 5-28 和图 5-9。

表 5-28　　　　　　　效 果 对 比 二

故障名称	活动前		活动后	
	频数（次）	百分值（%）	频数（次）	百分值（%）
测量回路故障	23	82.14	7	58.33
送回样机械系统故障	2	7.14	2	16.67
加热系统故障	1	3.57	1	8.33
其他	2	7.14	2	16.67
合计	28	100	12	100

结论： 由统计图 5-9 表 5-28 可以看出，因测量回路故障导致定硫仪故障率由原来的 82.14% 下降为 58.33%。

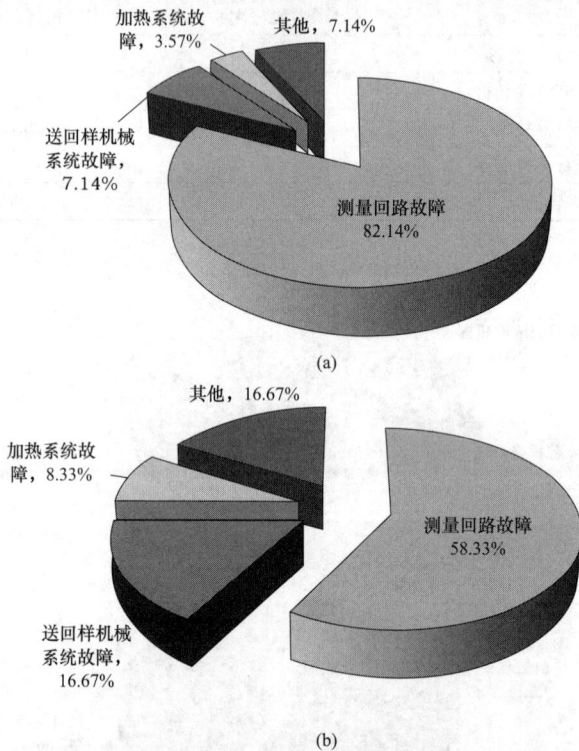

图 5-9　活动前后定硫仪机械部分故障统计饼分图
(a) 活动前；(b) 活动后

效果对比三：定硫仪故障发生情况见表 5-29 和图 5-10。

表 5-29　　　　　　　效 果 对 比 三

故障名称	活动前		活动后	
	频数（次）	百分值（%）	频数（次）	百分值（%）
主机机械部分故障	28	84.85	12	70.59
主机控制系统故障	2	6.06	2	11.76
计算机软件系统故障	1	3.03	1	5.88
主机测量部件故障	2	6.06	2	11.76
合计	33	100	17	100

故障"和"主机机械部分故障"进行了验证，到底哪一个是症结问题在这里给人一种迷惑之感，另外，这两个问题虽然占比有所下降，但是仍然是主要问题，严格来说活动效果仍有改进提升之处。

(a)

(b)

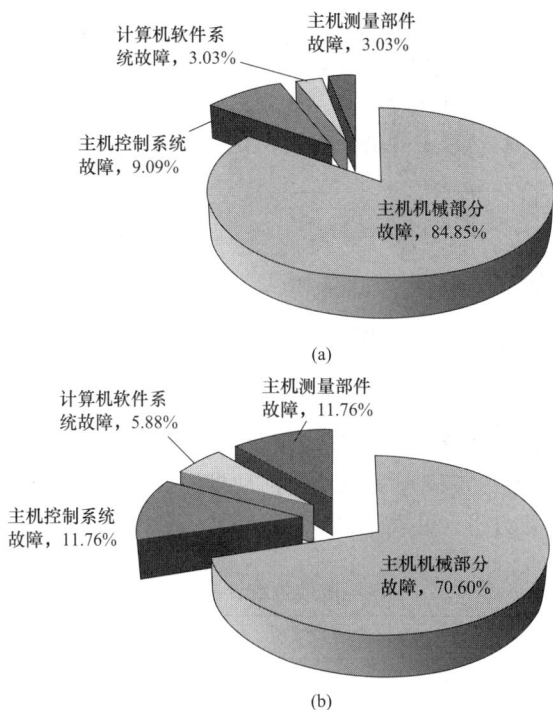

图 5-10　活动前后定硫仪故障统计饼分图

（a）活动前；（b）活动后

结论： 由统计表 5-29 和图 5-10 可以看出，因测量回路故障导致定硫仪故障率由原来的 84.85％下降为 70.59％。

（二）目标值检查（见表 5-30 和图 5-11）

表 5-30　　　　　　　目标值活动前后对比表

活动前				
时间	测定次数（次）	合格次数（次）	故障次数（次）	故障率（％）
2013.10	152	145	7	4.61
2013.11	148	144	5	3.38
2013.12	153	147	4	2.61
2014.1	152	147	5	3.29
2014.2	142	136	7	4.93
2014.3	152	147	5	3.29
合计	899	866	33	22.11
月平均故障率％	3.68			
活动后				
时间	测定次数（次）	合格次数（次）	故障次数（次）	故障率（％）
2014.7	151	145	3	1.98
2014.8	148	144	3	2.03
2014.9	153	147	3	1.96
2014.10	152	147	3	1.97
2014.11	145	136	2	1.38
2014.12	152	147	3	1.97
合计	901	884	17	11.29
月平均故障率（％）	1.88			

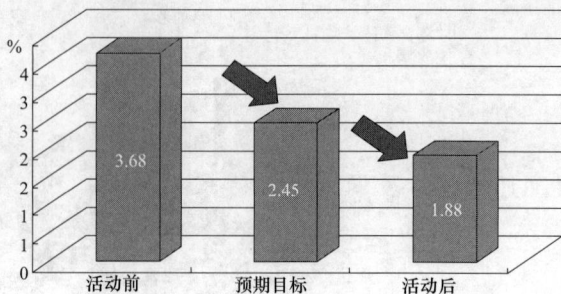

图 5-11 活动前后月平均故障率对比柱形图

结论：根据班组设备台账故障统计，定硫仪发生故障率由 2013.10—2014.3 的 3.68％，下降至 2014 年 7～12 月份的 1.88％，较目标值 2.45％低 0.57％，完成小组活动目标。

（三）效益分析（见表 5-31）

表 5-31　　　　　　　　经济效益统计表

直接经济效益（2014 年 7～12 月）					
依据		计算公式			
厂家气泵及流量计单价分别为：1150 元及 380 元；其他相关配件约 100 元；共两台设备		直接经济效益＝（气泵＋流量计＋配件）×台数×时间×更换周期。 直接经济效益＝（1150＋380＋100）×2×（6/12）×（12/3）＝6520 元			
投入资金	序号	项目	数量	单位	单价（元）	合计
	1	过滤管	1	个	280	280
	2	支架	1	个	100	100
	总计（元）		380 元			
共增加经济效益		直接经济效益－投入资金＝6520 元－380 元＝6140 元			
间接效益					
（1）故障率的降低保证了测量准确率，我班 2014 年向我厂锅炉的掺配掺烧和设备技改工作提供数据准确率 100％。为我厂锅炉的安全经济运行提供了有效保障。 （2）故障次数的减少有效减少了人员的劳动时间和强度					

九、巩固措施

通过小组活动定硫仪发生故障次数明显降低，为巩固取得的成果，小组制定了如下巩固措施：

（1）进一步完善《煤的全硫测定作业指导书》编号 HSFC－RLM/ZYZD－007，于 2015 年 1 月 1 日起执行。

（2）更换仪器图纸，对《煤的全硫测定作业指导书》等相关制度进行更改。

---

2. 计算经济效益需要注意：一是正确界定计算经济效益的期限；二是实事求是、客观计算产生的实际效益。经济效益应按活动期＋巩固期计算，不可进行推算。

3. 社会效益（间接效益）应当切实从目前安全、环保、服务等方面进行阐述，通过活动的开展取得的效益应当不夸大也不应该过于笼统地介绍。

关于巩固措施：

巩固措施的主要作用是巩固所取得的成果，防止问题再发生，内容包括：一是有效措施的标准化；二是检验标准化措施正确执行。有效措施标准化是把对策表中

（3）完善 HSFC－RLM/ZYZD－004《入炉煤设备维护记录》于2015年1月1日起执行。

（4）2015年1月1日将以上三条纳入《入炉煤质量控制体系》，见表5-32和图5-12。

表5-32　　　　活动后效果跟踪期月平均故障次数统计表

时间	测定次数	合格次数	故障次数	故障率（％）
2015.1	153	151	2	1.31
2015.2	152	149	3	1.98
2015.3	163	160	3	1.84
合计	468	460	8	1.71

结论：通过严格执行巩固措施，2015年1～3月定硫仪发生故障率平均为1.71％。

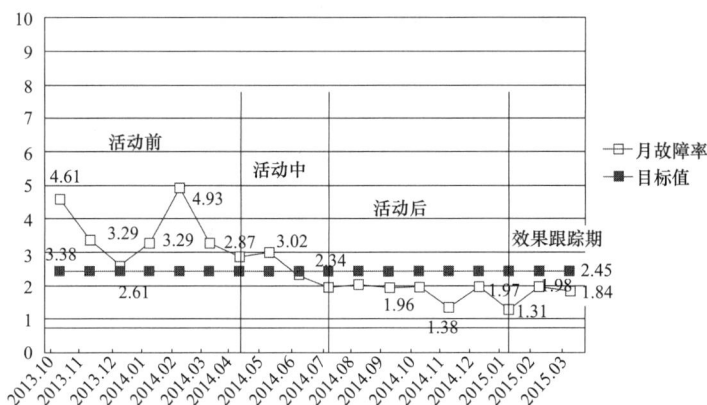

图5-12　活动前后故障率折线图

十、总结及下一步的打算

（一）总结

（1）专业技术方面：通过本次活动，小组成员在技术提升和业务能力方面有明显提高，增强了自身理论基础，并学会使用了相关数理统计工具。

（2）管理方面：通过本次活动，运用 PDCA 循环的手段，使小组成员凝聚力得到了提高，团队意识得到了增强，组员的协作能力得到了锻炼，提高了组员的工作热情，培养了质量意识。

（3）小组成员综合素质方面：小组成员得到了能力锻炼，增强了自身的团体意识和协作意识，提高了自身学习能力和业务能力，但由于知识水平有限，对应用 QC 工具的技巧还有待提高，今后我们将进一步完善自我，全面提高小组综合素质。

通过实施已经证明了的有效措施（如变更的工作方法、操作标准；变更的有关参数、图纸、资料、规章制度等）报有关主管部门批准，纳入企业相关标准，或将有效措施纳入班组作业指导书、办法、制度等。制定巩固措施需要注意两点：一是要将措施、落实情况形成文件清晰表述，忌用笼统语言表述不准确的、不具有可操作性的措施；二是标准化措施跟踪要用数据说明成果巩固状况，确保取得的成果真正得到巩固，并维持在良好的水平上。

【持续改进】

1. 巩固措施的描述不具体，如作业指导书修订后未向技术部门、安监部门等报备批准，第四条将巩固措施纳入体系不是小组成员力所能及的。

2. 在效果跟踪期定硫仪故障率存在反复，是什么原因导致的应当明确，应当加以重视并检查，并根据需要增加相关措施。

3. 巩固措施除了将好的做法巩固延续之外还应观察原来的做法是否持续有效，是否有改进的地方，切实做到把好的做法巩固下来，持续改进。

关于课题总结：

　　总结的过程实质是一个提高的过程，通过总结成功经验，有利于今后更好地开展活动，通过汲取教训，避免今后活动走弯路，通过总结提高分析问题和解决问题的能力。该课题中小组成员认真总结，从专业技术、管理层面和小组成员综合素质方面回顾了活动过程的心得体会和收获，取得了实际效果。

【持续改进】

　　1. 总结应具体些，如提升哪些技术、学会了什么统计工具等。

　　2. 下一步打算中若能提供设备故障率统计数据会更好。

（二）下一步打算

　　根据设备台账故障率统计，2015 年将对制样自动除尘系统进行设备技术改进和规范化操作，课题为《降低除尘系统漏粉率》，以进一步提高设备管理水平，为我厂的掺配掺烧、锅炉的经济燃烧和正平衡计算煤耗工作提供更加科学、准确的数据

案例六

缩短三期直流系统接地故障处理时间

Z公司运行二分场"烽火"QC小组

一、综合评价

（一）课题简述

该课题是小组针对三期直流系统发生直流接地时查找时间较长，致使故障处理时间过长，不符合公司对直流接地处理时间的要求确定的。小组成员遵循PDCA程序，灵活运用流程图、调查表、排列图、柱状图等工具，群策群力，成功地将原来查找直流系统接地故障平均时间120min降至活动后故障排查工作35min，实现了小组活动的目标，提升了三期直流系统发生直流接地时处理的工作效率。

（二）过程简介

该课题是现场型课题，活动程序正确（指令性活动程序），每个步骤能够基于数据分析，统计技术应用恰当。

1. 选题方面

小组成员对2014年10月至2015年3月直流系统绝缘下降及接地情况进行了统计和分析，用折线图展现出大于公司规定的60min，以此作为依据选择了课题，并制定了小组活动计划表。在目标可行性分析中，小组灵活运用流程图、调查表、排列图、柱状图等方法，对直流系统故障处理5个工序的平均时间统计分析，发现三期直流系统直流接地处理时，支路排查和故障判断这两项用时较长，随后对处理直流接地时间进行了统计，找到了"支路排查时间长"和"故障判断时间长"两个影响处理直流接地故障时间的症结问题，并通过推算和同条件相似设备横向水平对比论证了活动目标的可实现性。

2. 原因分析方面

小组围绕主要症结并采用关联图开展原因分析，找到"未及时修订作业指导书"等10条末端因素。针对所有10条末端因素制定了要因确认（计划）表，明确了确认内容、确认方法和确认标准，通过大量的调查、测试收集数据，进行分析，以客观事实和数据，客观地对末端因素逐条进行要因确认，最终确定了"接地误报警""断开点设置不合理""存在环路""蓄电池报警设计不完善"四条主要因素。

3. 对策与实施方面

小组针对每条要因分别提出多种方案加以对比优选，并通过测试、试验、分析等方法，从经济性、可靠性等方面进行对策综合评价，确定了对误报警回路、存在环路的直流二次回路、蓄电池报警回路进行改造和解决断开点设置不合理问题作为解决问题症结的方法，并根据"5W1H"原则制定了对策表，对策清楚、目标明确、措施具体。小组严格按照对策表的相关内容开展对策实施，在对误报警回路进行改造的过程中，通过绝缘仪进行回路测试，找出了支路电容大于2微法、影响测量精度的回路，并通过大电容补偿使支路电容小于2微法，也解决了两台绝缘监测装

置相互干扰造成接地误报问题；在对存在环路的直流二次回路改造中，通过在距离远的直流回路设置断开点并控制其开断状态，达到了节省了故障查找时间的目的；通过解除直流回路环路（环网），并重新设置断开点来实现存在环路的改造；针对蓄电池报警回路设计的缺陷进行改造来改善蓄电池报警设计，实施过程注重实施效果的及时验证，均实现了对策的目标。

4. 效果方面

在效果检查阶段，通过以上对策的实施有效将原来查找直流系统接地故障的平均时间120min 降至活动后故障排查工作 35min，从而提升了三期直流系统发生直流接地时处理的工作效率。但是通过排列图可以发现，虽然症结问题大幅度减少，但仍然是影响课题的主要问题，说明小组活动还有提升的空间。巩固期内，小组通过将优化后的直流接地查找流程结合相关处理规定录入规程、编制《直流接地故障定位仪使用说明书》、重新绘制回路接线图纸等措施有效巩固了现有成果，在巩固期检查中，对各阶段排查接地时间绘制出折线图，发现查找接地的平均时间已达到公司质量标准时间，实现了缩短查找接地故障时间的目标。

二、主要特点与改进机会

（一）主要特点

小组选题简单明确，理由充分。目标可行性推算时，小组对两个症结进行细分调查，发现两点可以完全排除的工作环节：一是在直流屏安装初期，未出现误报现象，说明刚投运时绝缘监测装置选线率达到 100%；二是环路也是在后期设备改造后出现，环路完全可以消除，活动前故障判断和支路排查两个工序时间可分别由 250min、341min 缩短至 82min、61min，如果能将 82min、61min 这两个工作环节的时间降低 80%，处理直流接地故障的平均时间就可达到 52min，完成目标，目标可行性分析依据充分、合理。紧抓"支路排查"和"故障判断"时间过长这两个症结，制定对策经过方案优化，优化过程基于显示测试，数据充分。

（二）改进机会

1. 程序方面

程序方面的问题主要是先后步骤之间的衔接有问题：

（1）选择课题步骤。QC 活动步骤之间有时间上的先行和后续的衔接关系，如，"制定对策"后，进入"对策实施"步骤；"对策实施"结束，才能进行"效果检查"，显然该课题问题比较明显。

（2）设定目标步骤。目标可行性分析，同条件相似设备横向水平对比略显多余。原因是怡力铝电投产时间晚，设备新，直流接地故障较少，可比性不强。如果怡力铝电直流系统与公司系统属于同一生产厂家，并且技术类型一致，投产时间接近，便可以同比。

（3）原因分析步骤。部分因素间的因果逻辑关系不紧密，例如"两票不合格"不是"操作人员技术差"的原因；部分末端因素没有分析到可以直接采取对策，例如"电缆标识不规范"，是公司缺少相关要求，还是相关人员没执行有关标准要求；"断开点设置不合理"是设计问题，还是施工技改问题，等等；症结分析没有充分展示问题全貌，原因分析考虑到人、机、料、法、环等类别，没有考虑测量管制，例如是否需要对直流系统、支路进行定期检测（项目、指标、方法、仪器等，检验点设置）。

（4）确定主要原因步骤。确认计划中确认方法不当。"未及时修订作业指导书"的判定，应到现场按照当前有效作业指导书的要求进行试验，取得数据，分析证明当前作业指导书的规定不影响症结，才能判定"未及时修订作业指导书"不是要因。而不应该检查作业指导书（该课题是《运行管理标准》）的修订情况，以是否及时修订作为判定的依据。

（5）制定对策步骤。对策表存在两点不足。一是对策的目标值设定没全部选取对策自身的特性值，对策分目标未完全量化，如确实无法量化也应确定为可供检查的事实。二是部分措施不具体，如"解决两台绝缘监测装置相互干扰造成接地误报问题"，如何做到不干扰未说明，"对蓄电池报警回路进行改造，消除缺陷，达到公司管理标准"，如何改造也没有叙述。

（6）效果检查步骤。小组活动后，支路排查和故障判断两个工序时间大幅缩短，但仍排在排列图频数的前两位，既没有从排列图中消失，也没有排序退后，说明两个工序仍是影响三期直流系统接地故障处理时间的关键，至少说明课题活动目标还有空间。

2. 统计方法方面

应用的统计方法在准确性和适宜性方面存在改进机会，排列图的使用不规范：

该课题确定症结使用排列图不恰当，排列图的频数应是计数数据，尽量避免使用计量数据。使用排列图分析计量数据时，如分析工序耗时不稳定，应累计统计不少于 50 个流程耗时的数据，每个工序耗时的数据均不小于 50 次（应分析、剔除异常数据，避免不稳定因素对分析工序耗时的异常干扰），并且各工序耗时的数据处于稳态（可使用过程能力指数、控制图等工具分析判断），才可使用排列图进行分析。该课题确定症结使用饼分图比较合适。

3. 其他方面

（1）课题报告将活动前 120min 描述为"查找直流系统接地故障平均时间为 120min"是不恰当的，一是与课题和活动后目标不一致，二是与目标可行性分析中的调查统计不一致，是描述性错误，欠严密。

（2）课题报告文字描述过多，QC 统计方法应用不足。

小组概况（见表6-1）

QC 小组成立于 2010 年 4 月，组员均由多年运行经验的成员组成，小组自成立以来，以"安全生产，改进质量"为主线，以提高电气设备运行可靠性为总抓手，每年开展 QC 小组活动，不断解决生产现场的各种问题，通过长期的 QC 活动，小组成员充分发挥自身创造性思维和主观能动性，推进了企业的安全生产，为企业创造了巨大的经济效益和社会效益

表 6-1 小 组 概 况

小组名称	运行二分场"烽火" QC 小组	组长	A	发布人	G
成立日期	2010 年 4 月 1 日	课题注册时间	2015 年 4 月 1 日	课题注册号	YR-QC-2015-011
课题名称	缩短三期直流系统接地故障处理时间				
活动时间	2015 年 4～10 月	活动次数	12 次	课题类型	现场型
指导老师	全国质量管理小组活动高级诊断师——刘晶				
小组成员简介					
姓名	性别	年龄	职务	文化程度	小组职务
A	男	44	班长	大专	组长
B	男	51	主任师	大专	技术顾问
C	男	43	副主任	大本	组织协调
D	男	41	专工	大专	方案制定
E	女	45	专工	大本	技术指导
F	男	35	值班员	大专	副组长
G	女	35	电工	大专	组员
H	男	41	值班员	大专	组员
I	男	40	值班员	大专	组员
J	男	38	值班员	大专	组员
K	男	35	值班员	大专	组员
小组活动情况	活动宗旨	安全第一 预防为主 开拓创新 确保安全			
	选用主要工具	排列图、雷达图、关联图、折线图、调查表等			

小组由有多年运行经验的成员组成，其中男 9 人，女 2 人，有较强的工作能力和现场处理经验。2015 年 QC 成果"研制多功能一体化绝缘测量装置"，分别荣获华电山东分公司、水电质协 QC 发布特等奖、第一名；"2015 年全国优秀质量管理小组"称号及全国第 37 次优秀质量管理小组代表会议发表优胜奖。通过 QC 活动研制的"多功能一体化绝缘测量装置"已获得国家实用新型专利

一、选择课题

1. 名词解释

直流系统接地是一种易发生且对电力系统危害较大的故障。直流

系统接地可能引起信号装置、继电保护及自动装置、断路器的误动作或拒绝动作，还可能造成直流电源短路、熔断器熔断，或快分电源开关断开，使设备失去操作电源，引发电力系统严重故障乃至事故。直流接地按接地的情况可分为单点接地、多点接地、环路接地和绝缘降低。

直流系统接地的危害：

（1）正接地可能导致断路器误跳闸。

（2）负接地可能导致断路器的拒跳闸。

2. 背景介绍

我公司三期直流系统为 PZQZ 型直流屏，高频开关电源模块采用并联运行，将输入的交流电源整流后为直流母线为蓄电池充电并向负载供电，如图 6-1 所示。

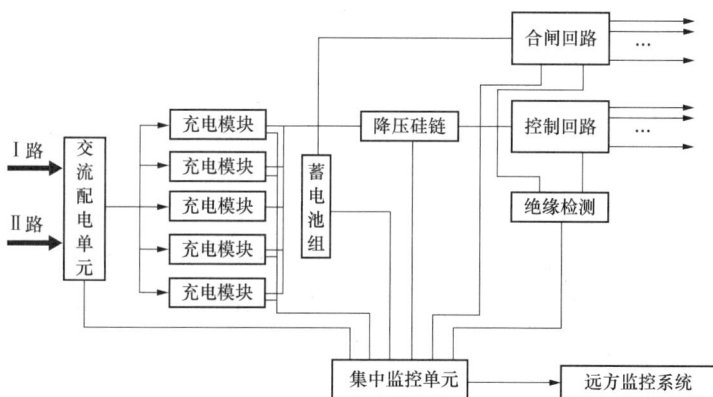

图 6-1　三期直流系统

直流系统可划分为电源变换、监控系统、绝缘监测仪、直流馈出等几个部分，如图 6-2 所示。

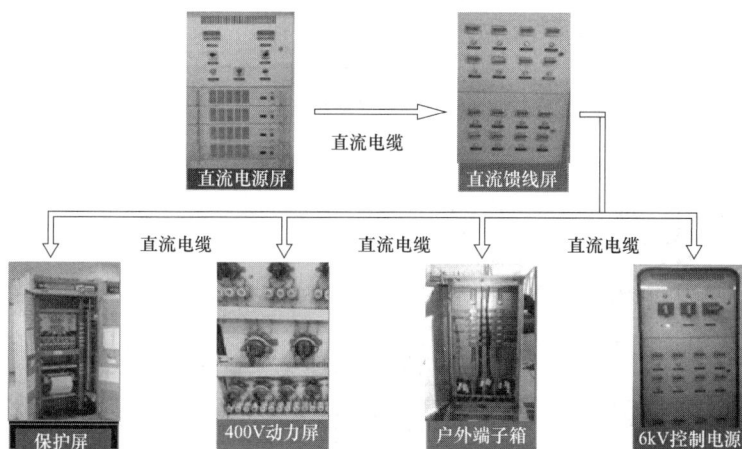

直流电源屏　　直流电缆　　直流馈线屏

直流电缆　　　直流电缆　　　直流电缆

保护屏　　400V动力屏　　户外端子箱　　6kV控制电源

图 6-2　三期直流系统接线图

直流系统可靠与否对发电厂能否安全运行起着至关重要的作用，

背景介绍，名词解释、背景介绍不是十个步骤中的内容，可放在主报告之前或放在小组简介部分。若成果交流属于同行业内交流，无需进行名词解释、背景介绍。

关于选择课题步骤：

选择课题应注意以下问题：（1）课题宜小不宜大。（2）课题名称应一目了然地看出要解决什么问题，不抽象。（3）选题理由要充分且简明扼要。

课题名称是本次小组活动内容、解决问题的浓缩，因此，课题名称一定要简洁、明确，一目了然，直接针对所要解决的问题，避免抽象。

小组利用公司规定和现状折线图相结合进行选题，通过公司规定和现状对比，客观地说明了选题的必要性，数据具体，工具恰当，选题来源简明扼要，选题理由充分，课题名称直接，问题特性值正确。

是安全运行的保证。我公司直流系统分支较多且接线复杂，正确判断查找接地点，及时排除故障是保证设备运行的安全保障。

3. 选题理由（如图 6-3 所示）

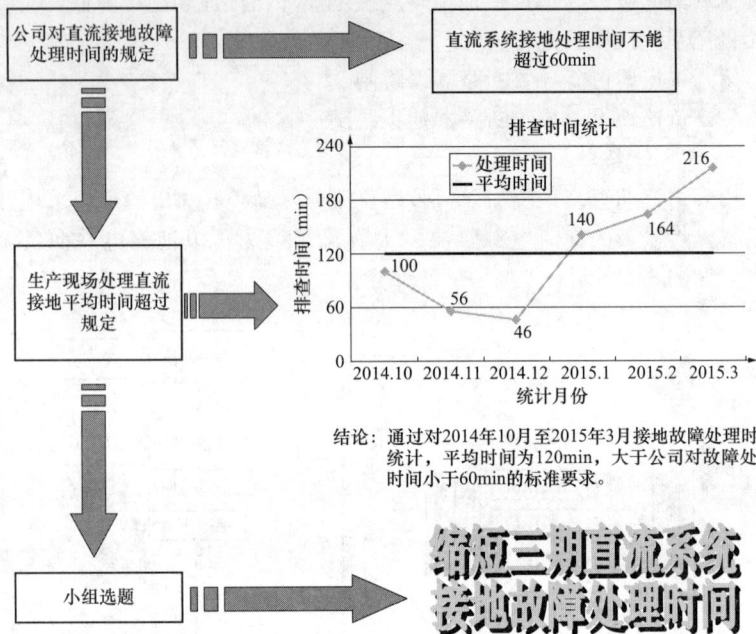

图 6-3 选题理由

直流接地处理时间的长短，直接关乎于整个系统的运行安全。基于以上原因，为了更好地保证直流系统的稳定运行，减少处理直流接地的时间，我们 QC 小组将此次活动课题选定为"缩短三期直流系统接地故障处理时间"。"烽火"小组 QC 活动时间表见表 6-2。

表 6-2　　　　　　　"烽火"小组 QC 活动时间表

时间＼项目	项目	活动时间						
		4 月	5 月	6 月	7 月	8 月	9 月	10 月
P	选择课题	▸						
P	设定目标	▸						
P	目标可行性分析		▸					
P	原因分析		▸					
P	要因确认			▸				
P	制定对策			▸				
D	对策实施				▸	▸		
C	效果检查					▸	▸	
A	巩固措施						▸	
A	课题总结							▸

二、设定目标（如图 6-4 所示）

2014 年 10 月～2015 年 3 月期间查找直流系统接地故障平均时间为 120min，查找时间较长，不符合公司对直流接地处理时间的要求。我们 QC 小组决定通过设备改造和使用其他技术手段，将故障处理时间控制在公司规定的 60min 内。

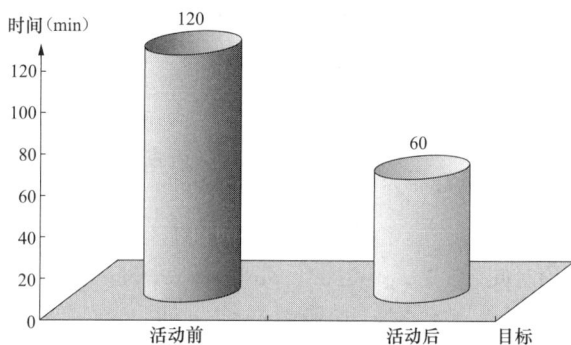

图 6-4　目标柱形图

三、目标可行性分析

1. 现状

当直流系统发生直流接地时，运行人员要按规定的操作流程去处理，操作流程执行的正确与否，直接关系到整个接地的处理时间的长短。

图 6-5 为我们现场处理直流接地故障过程的流程图。

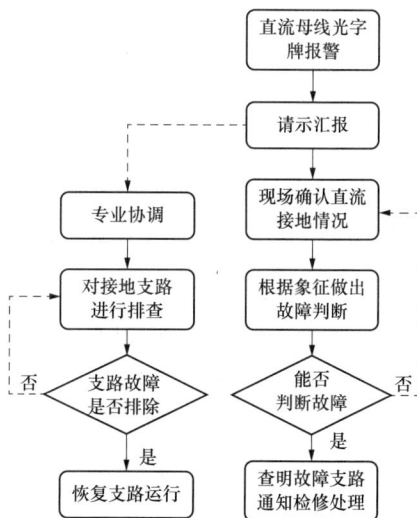

图 6-5　现场处理直流接地故障过程流程图

图中循环部分可分为故障判断和支路排查这两部分，查找直流接地时要根据现场实际情况来决定是否需要进行再循环检查。

我们小组对 2014 年 10 月至 2015 年 3 月直流系统绝缘下降及接地

关于设定目标：

小组以公司规定的"直流系统接地处理时间不能超过 60min"作为活动依据，将活动后故障处理时间控制在公司规定的 60min 内，是指令性目标，做到了目标量化、目标设定与课题一致，符合指令性活动程序及要求。

【持续改进】课题报告将活动前 120 min 描述为"查找直流系统接地故障平均时间为 120min"是不恰当的。一是与课题和活动后目标不一致，二是与目标可行性分析中的现状调查统计不一致，是描述性错误，欠严密。

关于目标可行性分析：

"可行性分析"和"现状调查"一样都需要对当前状况进行深入调查、分析，查找问题的症结所在，为目标设定提供依据。不过"可行性分析"是针对指令性目标而言。

小组依据现场处理直流接地故障过程的流程图，对 2014 年 10 月至 2015 年 3 月发生的 6 次直接系统接地故障处理的 5 个工序平均时间统计分析，使用排列图找到了支路排查和故障判断困难（时间较长）两个症结，并通过推算和对比法对比论证了活动目标的可实现性。

情况进行了统计和分析，见表 6-3。

表 6-3　　　直流系统绝缘下降及接地情况统和分析表

序号	日期	接地支路名称	故障类型	处理故障时间（min）
1	2014.10.12	400V 配电室控制电源Ⅰ	直接接地	100
2	2014.11.15	热工控制电源Ⅱ	瞬时接地	56
3	2014.12.25	400V 综合 A 段控制	直接接地	46
4	2015.01.14	6kV 配电室合闸电源Ⅱ	瞬时接地	143
5	2015.02.18	热工控制电源Ⅰ	环网接地	161
6	2015.03.21	母线绝缘下降	瞬时接地	216
合计				722

得到平均时间：$722 \div 6 = 120.33（min） \approx 120min$

通过分析这六组数据，得到的平均时间已经大于公司要求的 60min。

我们根据处理接地各项时间做了统计调查，见表 6-4。

表 6-4　　　　　处理接地时间统计调查表

类别\项目	400V 配电室控制电源Ⅰ	热工控制电源Ⅰ	400V 综合 A 段控制	6kV 配电室合闸电源Ⅱ	热工控制电源Ⅱ	母线绝缘下降	合计
请示汇报	5′	8′	6′	8′	7′	10′	44′
故障判断	35′	14′	16′	60′	50′	75′	250′
支路排查	45′	20′	15′	61′	89′	111′	341′
专业协调	10′	6′	4′	8′	8′	10′	46′
其他工作	5′	8′	5′	6′	7′	10′	41′
总时间	100′	56′	46′	143′	161′	216′	722′

通过以上数据调查，我们发现三期直流系统直流接地处理时，支路排查和故障判断这两项用时较长。我们对处理直流接地时间进行了统计，见表 6-5。

表 6-5　　　　　处理直流接地时间统计表

序号	项目	平均时间（min）	累计时间（分）	累计百分比（%）
1	支路排查	341	341	47%
2	故障判断	250	591	82%
3	专业协调	46	637	89%
4	请示汇报	44	681	95%
5	其他工作	41	722	100%
6	合计	722		

处理直流接地时间排列图，如图 6-6 所示。

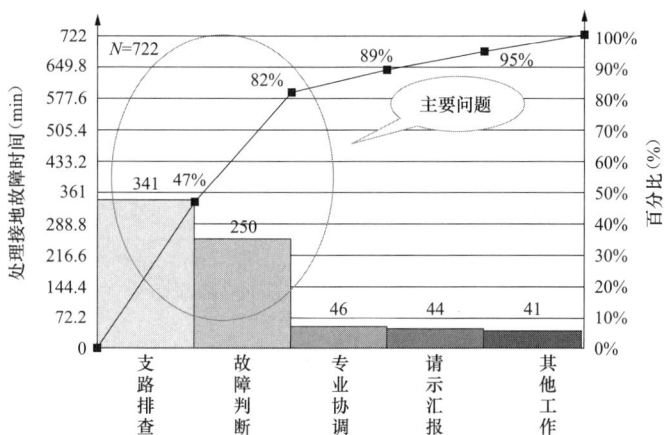

图 6-6　处理直流接地时间排列图

结论：经过统计分析，发现在多次处理接地故障时，支路排查和故障判断时间占全部处理时间的 80％左右，是影响处理直流接地故障时间的主要问题。我们只要将这两项的时间合理缩短，就会将整个处理过程时间缩短。

2. 目标可行性推算

为了更加明确目标，我们通过对处理接地时间较多的故障项进行进一步分析，见表 6-6。

表 6-6　　　　　　　处理接地时间较多故障项统计表

故障线路名称	故障分类	400V 配电室控制电源 I	6kV 配电室合闸电源 II	热工控制电源 II	母线绝缘下降
故障判断	故障类型判断	8	10	12	10
	故障分支判断	7	12	11	12
支路排查	环路故障负荷转移	45	0	95	0
	配电室往返	20	10	19	12
	接地误报排查	0	89	0	152

由表 6-6 可以看出，关键因素故障判断及支路排查，接地误报排查及环路故障负荷转移占时间最多。在直流屏安装初期未出现误报现象，公司规定绝缘监测装置选线率应达到 100％，不允许出现误报现象，环路也是在后期设备改造后出现的，而且直流网络正常运行不允许环网运行。如果我们通过 QC 活动将这两项故障排除，恢复到安装初期时的状况，将分析表重新整理，见表 6-7。

表 6-7　　　　　　　故障判断和支路排查统计表

故障线路名称	故障分类	400V 配电室控制电源 I	6kV 配电室合闸电源 II	热工控制电源 II	母线绝缘下降
故障判断	故障类型判断	8	11	12	10
	故障分支判断	7	12	11	12

排列的矩形和一条累计百分比折线组成。其主要用途：（1）按顺序显示每个质量改进项目对整个质量问题的影响度；（2）识别进行质量改进的机会；（3）对比质量改进的绩效。

使用排列图进行项目分类时应当注意根据所收集的数据，按不良状况、不良项目、不良发生位置等不同区分标准而加以整理、分类，按其大小顺序排列，从排列图可看出哪一项目是影响小组问题的关键症结，其影响度如何，以判断问题所在。项目的分类应当注意以下问题：分析质量问题时可根据目的要求，用结果或原因两种方法来确定分类项目。但同一张排列图中不可将原因和结果混杂出现，所列项目必须是具有同一分层标志的项目。否则，数据收集层级混乱，将造成重复统计，造成假象，不能找到真正影响问题的关键症结。

该课题确定症结使用排列图不恰当，排列图的频数应是计数数据，尽量避免使用计量数据。使用排列图分析计量数据时，

如分析工序耗时不稳定，应累计统计不少于 50 个流程耗时的数据，每个工序耗时的数据均不小于 50 次（应分析、剔除异常数据，避免不稳定因素对分析工序耗时的异常干扰），并且各工序耗时的数据处于稳态（可使用过程能力指数、控制图等工具分析判断），才可使用排列图进行分析。另外，排列图的绘制也不规范，两个纵坐标不应有箭头，到频数上限或 100% 即停止向上延伸。该课题确定症结使用饼分图比较合适。

续表

故障分类 故障线路名称		400V 配电室 控制电源Ⅰ	6kV 配电室 合闸电源Ⅱ	热工控制 电源Ⅱ	母线绝 缘下降
支路 排查	环路故障负荷转移	0	0	0	0
	配电室往返	0	0	0	0
	接地误报排查	20	10	19	12

与所有项内容汇总后，可计算出平均时间，见表 6-8。

表 6-8　　　　　　　故障项目时间统计表

类别 项目	400V 配电室 控制电源Ⅰ	6kV 配电室 合闸电源Ⅱ	热工控 制电源Ⅱ	母线绝 缘下降	时间 合计（min）
请示汇报	5	8	7	10	30
故障判断	15	22	23	22	82
支路排查	20	10	19	12	61
专业协调	10	8	8	10	36
其他工作	5	6	7	10	28

如果解决这两个关键因素的 80%，我们处理直流接地故障的平均时间：

$$[(30+36+28)+(82+61)×80\%]÷4=(94+114.4)÷4=208.4÷4≈52min<60min$$

结论： 按照公司及两措要求，装置误报和环网存在违反规定，需进行整改，以达到直流屏安装初期运行水平。排除违反规定的项目，解决支路排查和故障判断关键因素的 80%，即可达到公司要求的处理接地时间不超过 60min 的目标，而且其他各项之间互相关联，还留有一定的空间，我们可以达到目标。

3. 同条件相似设备横向水平对比

沿海地区空气潮湿，附近电厂各项环境相似，各项参数有一定的可比性，设备原理相同，而且处理接地故障方法类似。我们选择南山怡力铝电 330MW 机组直流系统接地故障作为对比见表 6-9 和图 6-7。

【持续改进】 1. 目标可行性推算时，小组对两个症结进行细分调查，发现两点可以完全排除的工作环节：一是在直流屏安装初期，未出现误报现象，说明刚投运时绝缘监测装置选线率达到 100%。二是环路也是在后期设备改造后出现，环路完全可以消除。活动前故障判断和支路排查两个工序时间可分别

表 6-9　　　　　　　故障对比调查表

项目 序号 序号	单位	Z	怡力铝电		Z	怡力铝电	
	型号	JYM	HCH8201	WZCK-20	JYM	HCH8201	WZCK-20
	时间	接地故障次数			故障平均时间（min）		
1	2014.12	5	3	2	121	32	28
2	2015.1	4	2	1	48	45	35
3	2015.2	6	2	1	55	50	40
4	2015.3	3	1	1	135	65	26

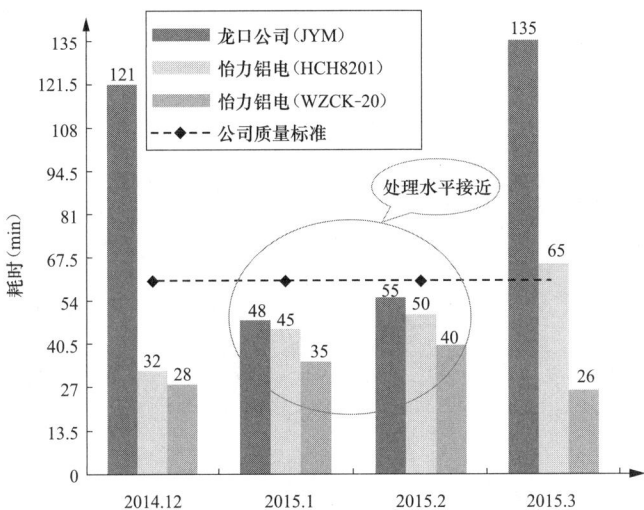

图 6-7　故障对比调查对比表

结论： 通过以上发现，怡力铝电投产时间晚，设备新，直流接地故障较少。在 2015 年 1、2 月份，我公司平均处理时间和其接近，达到公司质量标准的要求，我们有能力将故障处理时间控制在小于60min 范围内。

目标确认如图 6-8 所示。

1. 公司规定：直流系统接地处理时间不能超过 60min，我们设定的目标值为 60min 内，符合公司规定。
2. 现场情况：查找直流接地时间包括：
（1）往返距离集控室较远配电室（20~50min）；
（2）排除接地误报耗时（大于 30min）；
（3）环网接地转移负荷耗时（大于 60min）。
　　我们将通过改造设备，将这些时间缩短，就能够减少处理故障的时间。
3. 历史最好水平：我们小组在 2015 年 1 月和 2 月，处理接地故障时间均小于 60min时，说明将处理时间控制在 60min 内是可行的。

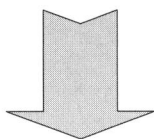

理论：将处理直流接地故障的时间控制在60min内的目标值是可以达到的。

图 6-8　目标确认

四、原因分析

我们小组成员对故障判断困难和支路排查困难原因进行分析，就主要问题展开讨论，进行原因分析，并绘制了关联图，如图 6-9 所示，以找到症结所在。

由 250 分钟、341 分钟缩短至 82 分钟、61 分钟，如果能将 82 分钟、61 分钟这两个工作环节的时间降低 80%，处理直流接地故障的平均时间就可达到 52 分钟，完成目标。目标可行性分析依据充分、合理。

2. 同条件相似设备横向水平对比略显多余。原因是怡力铝电投产时间晚，设备新，直流接地故障较少，可比性不强。如果怡力铝电直流系统与公司系统属于同一生产厂家，并且技术类型一致，投产时间接近，便可以同比。关于原因分析：

分析原因的作用是：通过对问题产生原因的分析，全面查找影响问题的原因所在，为下一步"确认要因"打好基础。有些小组由于对分析原因的作用是什么不清楚，在现状调查时

已经分析出问题的症结所在，却又回到针对课题的总问题来分析原因，导致逻辑上的混乱，影响分析结果的正确性和有效性。

小组开展头脑风暴，并采用关联图对目标可行性分析确定的两项主要症结开展原因分析，找到 10 条末端因素，工具应用恰当、规范，各因素间逻辑关系基本正确。

【持续改进】一是部分因素间的因果逻辑关系不紧密，例如"两票不合格"不是"操作人员技术差"的原因。二是部分末端因素没有分析到可以直接采取对策，例如"电缆标识不规范"，是公司缺少相关要求，还是相关人员没执行有关标准要求；"断开点设置不合理"是设计问题，还是施工技改问题，等等。三是症结分析没有充分展示问题全貌，原因分析考虑到人、机、料、法、环等类别，没有考虑测量管制，例如是否需要对直流系统、支路进行定期检测等（项目、指标、方法、仪器等，检验点设置）。

关于要因确认：

在原因分析中的所有末端因素，有的是主要因素，有的是次要因素，有的是没有影响的因素（无关因素）。确定主要原因

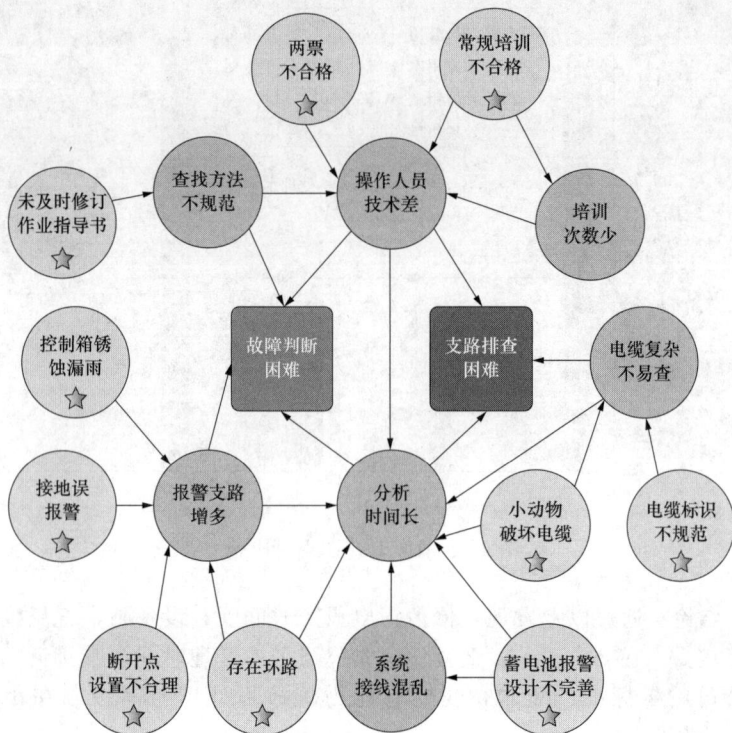

图 6-9 关联图

从关联图 6-9 可以看出故障和支路判断困难的末端因素共有 10 条，如图 6-10 所示。

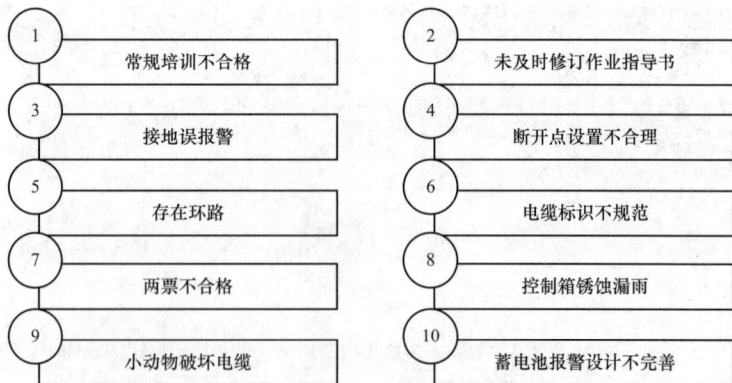

图 6-10 末端因素整理

五、要因确认

针对以上 10 条末端因素，我们用要因确认计划（见表 6-10）进行要因确认。

表 6-10　　　　　　　　要因确认计划表

序号	末端原因	确认内容	确认方法	确认标准	负责人	确认时间
1	常规培训不合格	检查小组全员人员培训情况	（1）确认小组全员常规培训培训率。（2）确认月度常规培训次数	公司《教育培训管理标准》：全员常规培训培训率不低于85%，月度常规培训不少于48次。其他按月度培训计划完成	F	2015年6月2日
2	未及时修订作业指导书	确认现场规程、图纸是否按时进行了修订	（1）确认规程审批流程和修订情况。（2）确认修订的规程、系统图中对直流接地处理和网络的规定。（3）确认修订的规程对直流系统、蓄电池巡检做了规定	公司《运行管理标准》运行规程、系统图每三至五年全面修编一次，一年要审查一次，系统变化要及时修改	G	2015年6月5日
3	接地误报警	对接地误报情况进行分析，检查绝缘监测装置正确选线率是否达到100%	（1）查找历史记录结合现场处理结果，找到误报的原因。（2）检查直流母线绝缘监测装置投入是否正确	《电力操作电源系统维护手册》：（1）支路测量误差大（对地电容大于2微法）造成接地误报警。（2）两台绝缘监测装置相互干扰会造成接地误报	A	2015年6月8日
4	断开点设置不合理	长回路断开点设计是否合理，影响故障处理时间	对长回路断开点排查	系统图册和规程中对直流网络断开点与设计图纸是否相符	A	2015年6月10日
5	存在环路	对直流支路全面排查	检查直流系统是否有环路现象	《运行规程》规定：双电源供电的直流供电网络严禁长时间环路运行	F	2015年6月12日
6	电缆标识不规范	对电缆标牌进行检查	检查现场直流支路电缆标牌是否齐全，符合标准要求	公司《设备综合管理标准》：设备完好率100%，电缆两端应悬挂标明电缆编号、型号、终点的名称标志牌	F	2015年6月15日
7	两票不合格	检查是否严格执行两票规定	按公司两票规定对操作票和工作票全面检查	公司《工作票和操作票管理标准》：工作票和操作票合格率100%	A	2015年6月18日
8	控制箱锈蚀漏雨	检查控制箱锈蚀及密封情况	检查控制箱是否有锈蚀，密封是否符合公司规定	公司《设备综合管理标准》：设备金属体外表，特别是露天设备构架防腐层应完好无剥落、无锈蚀	F	2015年6月20日

就是把确实影响问题的主要原因找出来，将目前状态良好、对存在问题影响不大的原因排除掉，以便为下一步制定对策提供依据。否则对所有原因都要制定对策加以实施，会造成人力、物力、财力上的浪费，加大了解决问题的难度，延长了解决问题的时间。

确定主要原因的步骤是：（1）末端因素收集。将原因分析时所用的因果图、树图或关联图中展示出的全部末端因素收集起来，以便逐条识别、确认。（2）不可抗拒因素的识别。将小组乃至企业都无法采取对策解决的因素加以识别并剔除，不作为确定主要原因的对象。（3）末端因素逐条确认。用数据说话，对每一条末端原因进行逐条确认，找出影响问题的证据，找到真正影响问题的主要原因。数据表明该因素确实对问题影响大的，就是主要原因，否则就是次要原因。

确定主因需要注意主要原因只能在末端原因中查找，不可以中间原因中查找；主要原因确认过程必须逐条进行，不可忽略

续表

序号	末端原因	确认内容	确认方法	确认标准	负责人	确认时间
9	小动物破坏电缆	检查配电室门口是否装有防鼠门，以及电缆封堵情况	（1）检查防鼠门安装是否符合规定；（2）电缆封堵是否严密	（1）《火力发电企业生产安全设施配置标准》：配电室、电缆夹层门口应加装不低于400mm 的防小动物板。（2）公司《现场安全工作规定》：控制盘、仪表盘、保护盘电缆应严密封堵	G	2015 年6 月22 日
10	蓄电池报警设计不完善	对蓄电池报警回路进行检查	检查蓄电池报警回路是否按设计要求接线	（1）《可靠性管理标准》：设备消缺率应达到93％以上；（2）《设备再鉴定管理标准》：再鉴定一次合格率100％	A	2015 年6 月24 日

（一）确认一：常规培训不合格

确认时间：2015 年6 月2 日　　　　　　确认人：F

确认标准：公司《教育培训管理标准》：全员常规培训培训率不低于85％，月度常规培训不少于48 次，其他按月度培训计划完成。

1. 确认小组全员常规培训培训率

公司规定每月要按照月度培训计划完成培训，见表6-11。

我小组每月按照班组月度培训计划完成相关的培训，如图6-11 所示。

表6-11　　　　　小组常规培训内容

单位	电运甲班	时间	培训要求	时间	2015 年6 月
序号	常规培训项目及内容			培训对象	负责人
1	默画系统图	全月	每人每月不少于1 次	全组人员	A
2	技术问答	全月	每人每月不少于1 次	全组人员	A
3	技术讲课	全月	每月不少于4 学时	全组人员	A
4	考问讲解	全月	每人每月不少于1 次	全组人员	A
5	事故预想	全月	每月不少于4 次	全组人员	A
6	事故演习	季度	每季度1 次	全组人员	A

我小组每月按照班组月度培训计划完成相关的培训，如图6-11 所示。

通过公司教培系统检查，培训按规定完成，如图6-12 所示，全员培训率100％，高于公司要求的85％。

那些小组认为的次要原因。

小组针对所有10 条末端因素制定了要因确认（计划）表，规定了确认标准和标准来源，并逐一开展了要因确认。确认过程注重用数据、图表、工具予以分析、展现，符合QC 活动"以事实为依据，用数据说话"以及"应用统计方法"的要求。

【持续改进】

1. 确认计划中确认方法不当。确认要因常用的方法有三种，一是现场测量，就是到现场通过亲自测试、测量，取得数据，与标准进行比较，看其符合程度来证明，一般用于机器、材料、环境因素判断。二是现场试验，就是到现场通过试验取得的数据来证明，一般用于方法（工艺标准）因素判断。三是调查分析，对于人员方面的因素，可以设计调查表，进行调查，取得数据来分析。

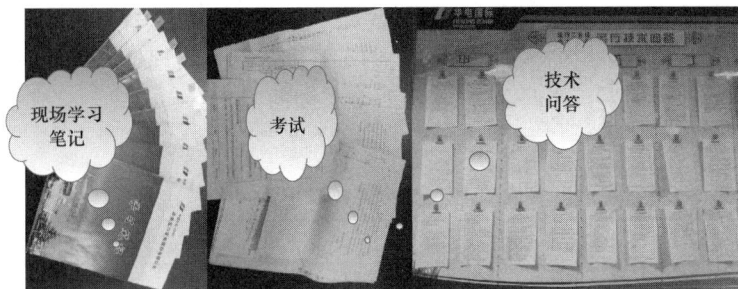

图 6-11　按培训计划完成相关培训

图 6-12　完成培训计划

2. 确认一，针对"常规培训不合格"这一末端因素不能单纯调查小组成员的月度常规培训次数、理论和实际操作考试成绩，应能体现出培训不合格时对症结问题产生影响的程度。

2. 确认月度常规培训次数

我们对 2014 年 10 月至 2015 年 3 月小组成员月度培训情况作了统计，见表 6-12 和图 6-13。

表 6-12　　　　　　　小组成员月度培训情况统计表

月度（次）\姓名	A	F	H	G	连永升	崔振朋	平均
2014.10	60	54	56	54	60	52	56
2014.11	62	60	58	56	60	56	58
2014.12	62	58	56	54	56	56	57
2015.01	60	54	56	52	58	52	55
2015.02	54	50	50	48	50	50	50
2015.03	64	58	60	56	58	54	58

在进行培训的时候，应该对越是工龄短或者技术水平不高的人员进行越多的培训，而且要发挥在 QC 活动中小组成员互相借鉴、共同提升的作用。

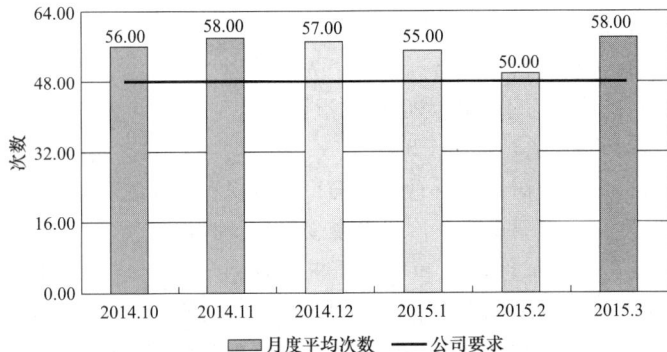

图 6-13　小组成员常规培训统计对比

经检查月度常规培训平均次数均高于公司要求的 48 次。

为了检测小组的培训情况，我们每季度进行一次理论和技能考试，以检验培训结果，我们对 2014 年四个季度的 QC 小组成员学习成绩进行了统计，见表 6-13 和图 6-14。

表 6-13 小组成员学习成绩统计

小组成员	岗位	工作年限（年）	年度培训次数	第一季度		第二季度		第三季度		第四季度	
				理论	技能	理论	技能	理论	技能	理论	技能
A	班长	27	64	95	94	92	94	94	94	95	96
F	主值	18	64	91	92	92	93	96	93	94	93
H	主值	19	64	90	91	88	91	90	93	92	93
G	电工	15	52	86	88	85	90	89	90	90	90
K	主值	26	64	93	90	90	90	92	91	91	91
L	电工	10	52	85	89	88	90	90	89	84	90

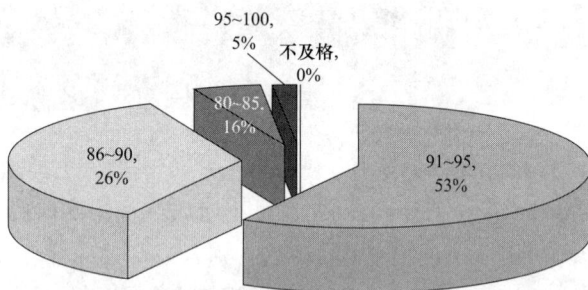

图 6-14 季度考核成绩统计

经检查，小组全员理论和技能考试均合格，而且通过理论培训学习，全员技能成绩均有所提高，达到了培训要求。随着理论培训的加强，小组成员的技能水平也有了提升。业务技能的提高，对各类故障的处理有很大的帮助。

确认结果：小组成员均按公司培训计划全面培训，达到公司培训标准要求，经过考试检验合格。小组成员均有丰富的实际操作经验，新老同志搭配，能够处理好各类现场故障情况。

结论：末端因素常规培训不合格为非要因

（二）确认二：未及时修订作业指导书

确认时间：2015 年 6 月 5 日　　　　　　　　　　确认人：G

确认标准：公司《运行管理标准》运行规程、系统图每三至五年全面修编一次，一年要审查一次，系统变化要及时修改。

1. 确认规程审批流程和修订情况（如图 6-15 所示，见表 6-14）

公司《运行管理标准》运行规程、系统图的修订管理规定：

依据运行规程和系统图修订的依据，出现需修订运行规程、系统图的情况时，应随时进行修订或补充。每年的八月一日前，完成一次对运

3. 确认二，"未及时修订作业指导书"的判定，应到现场按照当前有效作业指导书的要求进行试验，取得数据，分析证明当前作业指导书的规定不影响症结，才能判定"未及时修订作业指导书"不是要因。而不应该检查作业指导书（该课题是《运行管理标准》）的修订情况，以是否及时修订作为判定的依据。

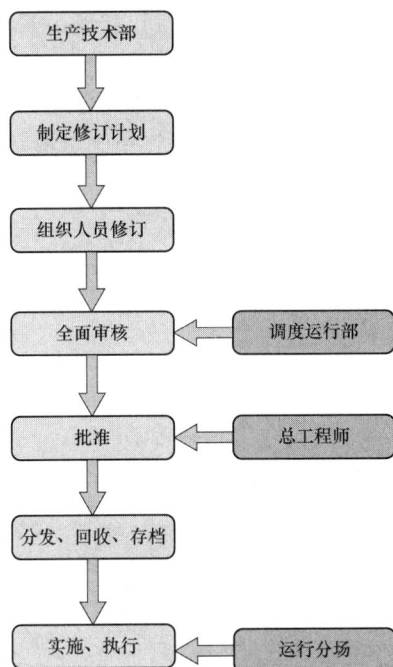

图 6-15　规程修订流程图

行规程、系统图的全面审查和修订。生产技术部负责根据运行规程、系统图的修订和使用情况，每三年安排对运行规程和系统图进行彻底的修编印刷。

对近几年规程、图纸修订（编）时间进行了统计，见表 6-14。

表 6-14　　　　规程、图纸修订（编）时间统计表

序号	项目	修订时间	修编时间	编写人	备注
1	三期电气设备运行技术规程	—	2015 年 4 月 30 日	D	三期脱硝设备改造
		2014 年 7 月 30 日	—	D	三期脱硫设备改造
		2013 年 10 月 3 日	2013 年 10 月 3 日	D	
		—	2012 年 10 月 30 日	徐元彬	机组大修设备改造
		2011 年 7 月 30 日	—	孙强	
		—	2010 年 10 月 30 日	A	机组大修设备改造
2	电气一次系统图册（Ⅲ期交流、直流部分）	—	2015 年 4 月 30 日	DA	三期脱硝设备改造
		2014 年 7 月 30 日	—	D	三期脱硫设备改造
		—	2013 年 10 月 3 日	D	
		—	2012 年 10 月 30 日	徐元彬	机组大修设备改造
		2011 年 7 月 30 日	—	A	
		—	2010 年 10 月 30 日	A	机组大修设备改造

近几年，设备环保及变频等改造较多，直流回路也有了相应的变化，规程、图纸也按照公司规定进行了修订（编），符合公司制度要求。

2. 确认修订的规程、系统图中对直流接地处理和网络的规定（如图 6-16 所示）

修订的现场运行规程对查找直流接地处理及查找顺序做了相关的规定；三期系统图中直流系统原理图、网络图按现场运行方式绘制，对查找直流接地也有指导作用。

图 6-16　直流接地处理规定

3. 确认修订的规程对直流系统、蓄电池巡检做了规定（如图 6-17 所示）

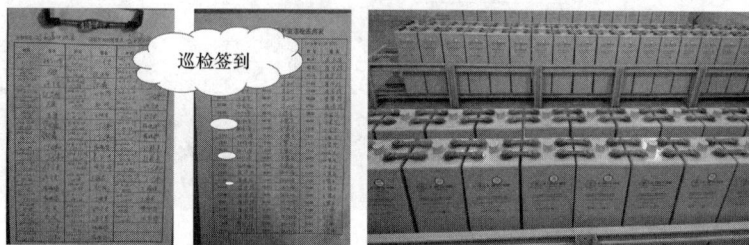

图 6-17　巡检签到

修订的规程要求值班人员应对直流母线、充电装置、闪光装置、蓄电池室每班按规定进行全面检查，直流母线电压每小时检查一次，并在设备就地放置巡检表，以监督检查情况，随时了解直流系统运行情况，及时发现电池电解液渗漏到地面引起蓄电池接地等异常情况的发生，做到防患于未然。

确认结果：现所有规程、系统图均按成规定进行了修订，直流系统及蓄电池巡检也按制度执行，能够指导现场人员对直流系统接地故障进行规范查找。

结论： 末端因素未及时修订作业指导书为非要因

（三）确认三：接地误报警

确认时间：2015 年 6 月 8 日　　　　　　　　　确认人：A

确认标准：《电力操作电源系统维护手册》：

（1）支路测量误差大（对地电容大于 2 微法）造成接地误报警；

（2）两台绝缘监测装置相互干扰造成接地误报。

1. 查找历史记录，结合现场处理结果，找到误报的原因

公司采用 JYM 绝缘监测仪来监测母线和支路的绝缘下降情况，在正常运行的情况下，绝缘监测仪对母线电压进行监测（见图 6-18），通过监测母线电压计算母线对地的绝缘电阻。

当母线对地绝缘电阻低于设定的告警限时，绝缘监测装置进入支路巡检状态，测量出有绝缘下降的支路和绝缘电阻，并通过面板的

4. 确认三，没有依据末端因素对问题症结的影响程度来判定是否是要因。如"接地误报警"的判定，应到现场进行测量，取得数据，与《电力操作电源系统维护手册》进行比较，如果数据不符合规程要求，也不要轻易判定为要因，还要再进一步统计分析

LED指示灯发出告警，同时将此告警信息上送到监控模块显示。由于使用年限比较长，直流接地时曾出现过误报情况，对2014年直流接地误报情况进行了统计，如图6-19和表6-15。

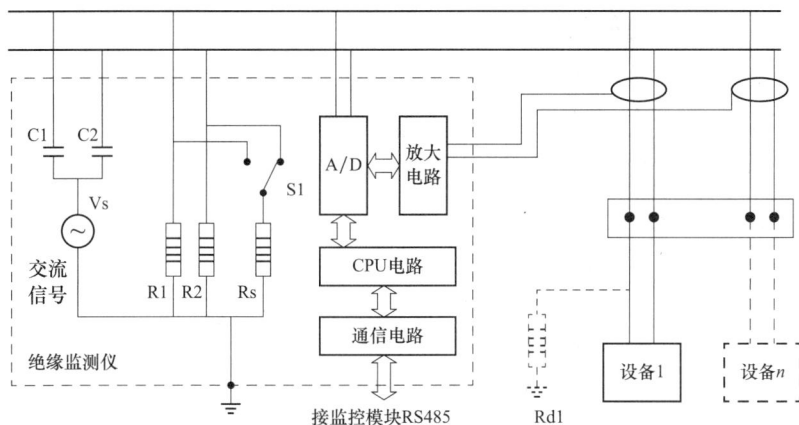

图 6-18 监测母线电压

图 6-19 监测绝缘下降情况

表 6-15 　　　　2014年直流接地误报情况统计表

序号	日期	故障名称	报警支路	处理时间（min）	最终确认接地支路
1	2014年4月14日	瞬时接地	400V配电室控制电源Ⅰ（支路1）	20	6kV配电室合闸电源Ⅱ（支路29）
			6kV配电室合闸电源Ⅱ（支路29）	15	
			低厂变保护装置电源Ⅰ（支路7）	10	
2	2014年5月18日	瞬时接地	热工控制电源Ⅰ（支路5）	26	热工控制电源Ⅰ（支路5）
			备用（支路14）	2	
3	2014年6月17日	母线绝缘下降	400V配电室控制电源Ⅰ（支路1）	23	400V配电室控制电源Ⅰ（支路1）
			低厂变保护装置电源Ⅰ（支路7）	13	
4	2014年6月21日	母线绝缘下降	备用（支路19）	2	热工控制电源Ⅱ（支路34）
			直流密封油泵（支路47）	10	
			热工控制电源Ⅱ（支路34）	26	
5	2014年10月29日	母线绝缘下降	热工控制电源Ⅱ（支路34）	15	400V配电室控制电源Ⅰ（支路30）
			6kV配电室合闸电源Ⅱ（支路29）	13	
			400V配电室控制电源Ⅰ（支路30）	15	
			400V配电室合闸电源Ⅰ（支路31）	17	

"接地误报警"在6次故障处理时间中所占比例程度，比例较大判定是要因。而不应该仅仅采取查找历史记录作为判定的依据（该课题）。

"断开点设置不合理""存在环路"等因素的判定存在同样不足。

确认接地支路时间时序图，如图 6-20 所示。

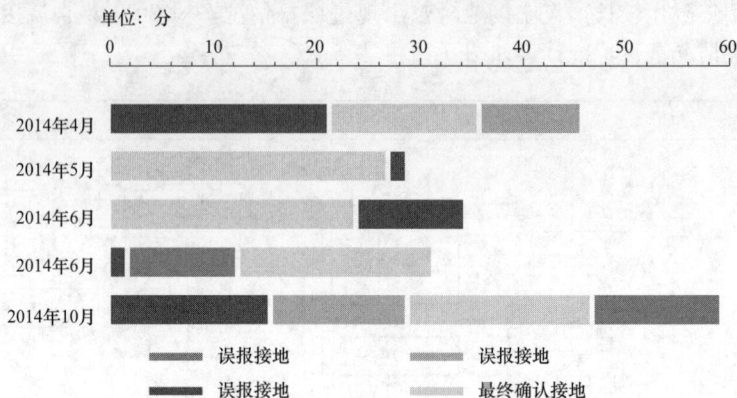

图 6-20　确认接地支路时间时序图

通过图 6-20 可以看出，直流接地时多个支路同时报警，其中还有未接线的备用支路，说明接地装置存在误报现象，增加了接地故障的处理时间。

经检查，绝缘监测装置背板的指示灯有时闪亮，通过查阅《电力操作电源系统维护手册》得知，支路对地的电容大于 2 微法时，绝缘检测仪背板的指示灯闪亮，所以我们确认直流系统有大电容支路存在，存在测量误差，需要进行大电容补偿。

图 6-21　绝缘监测装置

2. 检查直流母线绝缘监测装置投入是否正确（如图 6-22 所示）

2015 年 5 号机大修期间，蓄电池定期需要充放电，把直流母线倒至 6 号机运行，未将 5 号机绝缘监测装置退出，两台机的绝缘监测装置均接在直流母线上，5 号机检修期间发生接地，5、6 号机组同时报出直流母线绝缘降低，有误报情况，经检查为互感器零点漂移产生。

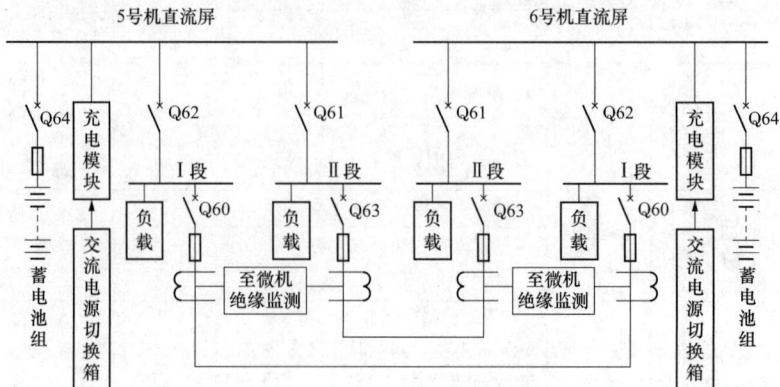

图 6-22　5 号机、6 号机直流屏

两台接地绝缘监测装置互相干扰情况分析，如图 6-23 所示。

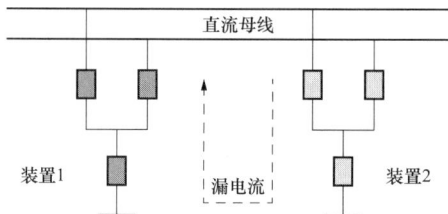

图 6-23　两台接地绝缘监测装置互相干扰情况

如图 6-23 所示，无论是监测母线对地电压还是测直流母线对地电阻或者是测量直流母线对地漏电流，其监测电路都存在对地等效电阻。当两台接地检测装置并列运行时，其中一台就会将另一台装置检测电路对地阻抗当做母线对地电阻，因为要保证母线直接接地时漏电流达到 10mA 左右。监测装置对地等效电阻应当小于母线电压/10mA，按母线电压 103V 计算，其阻抗应小于 13kΩ，实际应用时电阻值可能取得更大一些，但还是比较接近母线接地报警门限。如果绝缘监测装置电阻测量不准确，就可能引起误报警。

确认结果：以上原因，造成绝缘监测仪正确选线率一直不能达到 100％，接地误报时报警支路较多，对直流接地故障的判断造成影响，加长了故障的排查时间，需对回路进行处理，以消除装置误报，达到公司规定及两措要求。

结论：末端因素接地误报警为要因

（四）确认四：断开点设置不合理

确认时间：2015 年 6 月 10 日　　　　　　确认人：A

确认标准：系统图册和规程中对直流网络断开点与设计图纸是否相符

三期机组运行了 10 多年，这期间，经过各种大、小修；设备增容改造、保护装置更换；脱硫、脱硝等环保项目投入，二次回路越来越复杂。其中，柱塞段、灰浆段、除尘段、综合段等配电室离集控直流屏较远，从 500 至 1000m 不等，查找直流接地时要往返集控室和各配电室之间，浪费时间。

其中，部分支路下方还有其他分支路，支路较多。当多路接地时，需逐一试拉，判断的时间较长（※为断开点）。

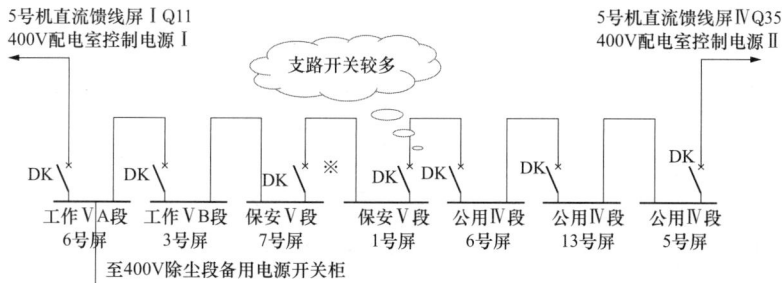

图 6-24　400VV 段控制网络图

5. 确认四，在对长回路断开点进行排查时，既然提到了逐一试拉会使判断的时间较长，那么就应该回归测试，用统计工具展示断开点的设置造成判断时间延长的程度，用来判断这一因素是否为影响症结问题的主要原因，单纯对某一段进行往返测算并不能确定是否是要因。

图 6-24 为 400V 控制电源网络图，若该回路出现接地，从直流屏开始用拉路法查找，找到接地电源屏后，再拉开该电源屏上动力设备，需要分别断开直流网络中 9 个开关，这样一步一步查找，会浪费大量时间。而且控制回路断电，会对设备的安全运行造成威胁。我们对距离集控室较远的配电室往返距离利用佩戴手环的方式进行了往返时间测算，见表 6-16 和图 6-25。

表 6-16   往返时间测算表

序号	测试日期	配电室名称	往返时间（min）	测算人
1	2015.6.10	5 集控室至 400V 综合段	28	G H
2	2015.6.10	5 集控室至 400V 灰浆段	23	F A
3	2015.6.10	5 集控室至 400V 除尘 V 段	22	A G
4	2015.6.11	6 集控室至 400V 除尘 VI 段	25	G K
5	2015.6.11	脱硫直流屏室至 400V 柱塞段	22	H L

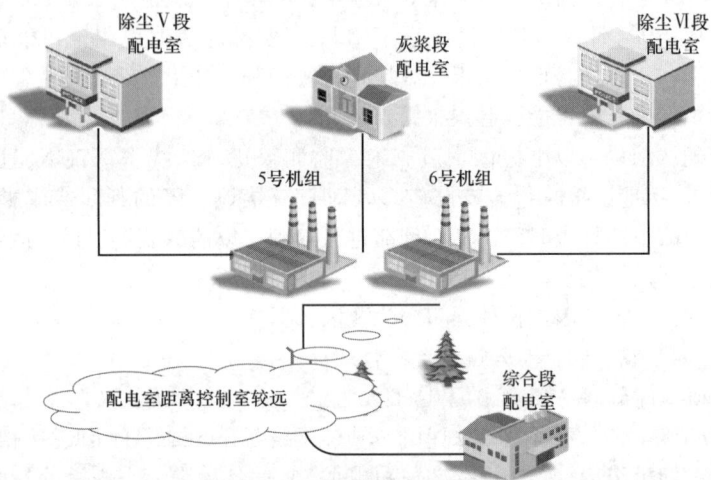

图 6-25 配电室相对位置

以上这些配电室距离集控室较远，直流电源大多数为电缆直接连接，如果在它们之间设立断开点，发现该回路接地，直接就近拉开断开点，查找接地不必往返集控室与配电室之间反复用"拉路法"来排除故障，可以处理接地时间大大缩短

对各直流网络含有较长支路的与设计图纸比对统计，见表 6-17。

表 6-17   直流网络与设计图纸比对统计

序号	直流网络名称	所含长支路名称	距离（m）	是否有断开点	是否符合设计
1	6kV V 段直流网络	400V 综合段控制 II 电源	800	有	符合
		灰浆段直流电源	500	有	符合
2	6kV VI 段直流网络	400V 综合段控制 I 电源	800	有	符合
3	5 号机 400V 直流电源网络	400V 除尘 V 段直流电源	700	无	不符合
4	6 号机 400V 直流电源网络	400V 除尘 VI 段直流电源	900	无	不符合
5	柱塞段直流电源	三期脱硫屏	600	无	不符合

确认结果：配电室距离集控室较远，接地报警后需断开较多支路开关，使排查时间增长，故障排查困难，不符合设计要求，需重新合理设置断开点。

结论： 末端因素断开点设置不合理为要因

（五）确认五：存在环路

确认时间：2015 年 6 月 12 日 确认人：F

确认标准：《运行规程》规定：双电源供电的直流供电网络严禁长时间环路运行。

因设备改造和直流网络运行方式的改变，机组两条直流母线之间存在环路问题，在进行直流接地拉路试验时，接地故障点始终保留在直流母线上，给直流接地故障排除带来难度，而且直流回路环网还有表 6-18 的危害。

表 6-18 直流系统环路现象检查统计表

危害	2 极窜电	正极窜电	负极窜电	异极窜电
引起火灾	√	—	—	—
降低蓄电池寿命	√	—	—	—
空开级差配合失效	√	—	√	—
接地告警灵敏度下降	√	√	√	—
保护误动几率增加	√	√	—	—
保护拒动	—	—	—	√
引起接地故障告警	—	—	—	√
2 段母线同时接地	√	√	√	√

通过对 2014 年接地的调查发现，热工电源多次发生接地，见表 6-19。

表 6-19 热工电源故障统计

时间	故障原因	名称
2014.5.18	瞬时接地	热工控制电源Ⅰ
2014.6.21	母线绝缘下降	热工控制电源Ⅱ
2014.11.15	瞬时接地	热工控制电源Ⅱ

检查发现，瞬时接地时两路热工电源同时发出报警信号，初步判断为环网接地。为了验证结果，我们通过直流接地法进行测试（见图 6-26）：将 100kΩ 的电阻接在其中一路电源上，并造成人为接地，此时两路电源均发出接地信号，由此判断，热工电源回路存在环网情况。

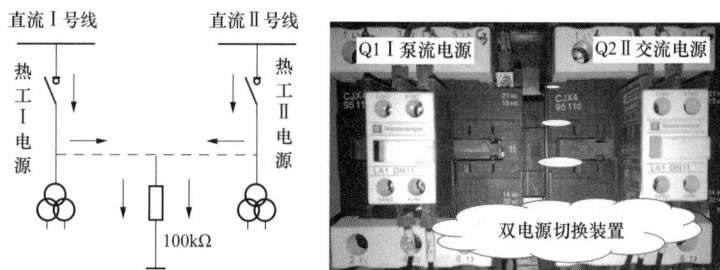

图 6-26 热工电源回路测试

另外，各机组更换微机保护后，均配有双电源（见图 6-27），如不隔离就会产生环网，且未明确断开点，环路回路的出现，也给查找直流接地造成困难。

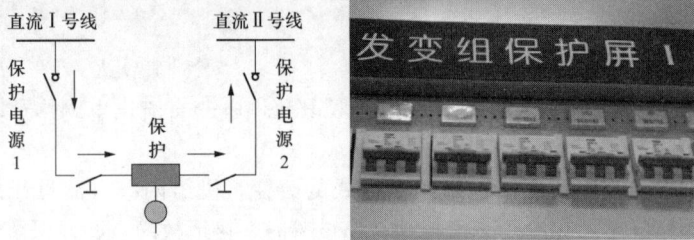

图 6-27　保护双电源

确认结果：直流系统有支路存在环路现象，给直流接地的分析和查找带来很大的困难，需要用倒换负荷等方法来查找接地，耗费大量时间。

结论：末端因素存在环路为要因

（六）确认六：电缆标识不规范

确认时间：2015 年 6 月 15 日　　　　　　　　　　确认人：F

确认标准：公司《设备综合管理标准》：设备完好率 100%，电缆两端应悬挂标明电缆编号、型号、终点的名称标志牌。

检查现场直流支路电缆标牌是否齐全，符合标准要求。

电缆标牌对查找回路起着重要作用。公司在设备改造时，技改时间较短，控制回路曾出现过部分电缆无标识现象，使回路故障查找变得复杂。近年来开始公司开展了 7S 活动，对电缆标识进行了大幅度的整改，取得了很好的成效（见图 6-28）。

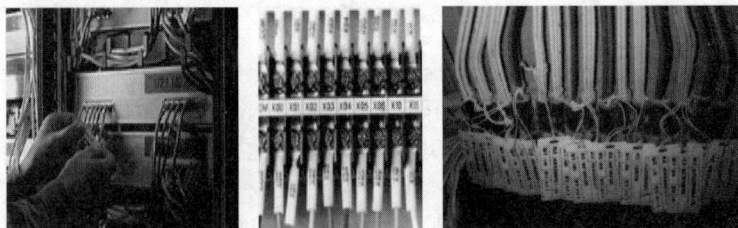

图 6-28　电缆标牌整改

我们小组对所管辖的设备的电缆标牌进行了分工检查，检查情况见表 6-20。

表 6-20　　　　　　　　设备电缆标牌分工检查情况表

序号	配电室名称	检查人	检查情况	检查时间
1	主厂房 6kV 配电室	A	齐全	2015.6.15
2	主厂房 400V 配电室	H	齐全	2015.6.15
3	UPS 蓄电池室	G	齐全	2015.6.15

续表

序号	配电室名称	检查人	检查情况	检查时间
4	外围厂房配电室	崔振朋	齐全	2015.6.15
5	动力变频室	F	齐全	2015.6.16
6	变压器室	连永升	齐全	2015.6.16
7	各 MCC 配电柜	F	齐全	2015.6.16
8	集控室	A	齐全	2015.6.16

确认结果：经检查，电缆两端标志牌齐全，电缆编号、型号、终点的名称正确，符合公司"设备综合管理标准"规定，完好率达到100%。电缆标识齐全，在查找直流接地时，能够在最短的时间内，按照电缆的走向，找到接地点，节省大量时间。

结论：末端因素电缆标识不规范为非要因

（七）确认七：两票不合格

确认时间：2015 年 6 月 18 日 　　　　确认人：A

确认标准：公司《工作票和操作票管理标准》：工作票和操作票合格率100%

按公司两票规定对操作票和工作票全面检查。

华电两票管理规定：工作票是在电力生产现场、设备、系统上进行检修作业的书面依据和安全许可证，是检修、运行人员双方共同持有、共同强制遵守的书面安全约定。操作票是在生产设备及系统上进行操作的书面依据和安全许可证。两票使用和管理要标准化、规范化和程序化，杜绝无票作业。

我们小组对 2015 年 1～5 月份两票执行情况进行了统计，见表 6-21和图 6-29。

表 6-21　　　　　两票执行情况统计

月份\项目	工作票（份）	操作票（份）	操作次数（次）
1 月份	8	10	3083
2 月份	6	1	950
3 月份	24	14	1360
4 月份	30	24	2124
5 月份	11	13	3097
合计	79	62	20614

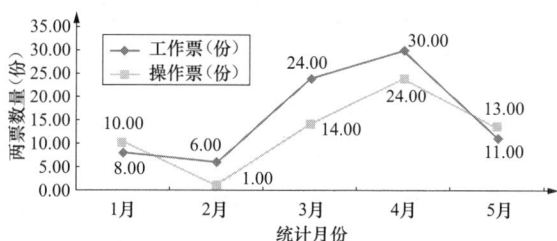

图 6-29　两票执行情况折线对比

随着两票数量的增多，操作次数也随之增多，见图 6-30、图 6-31。

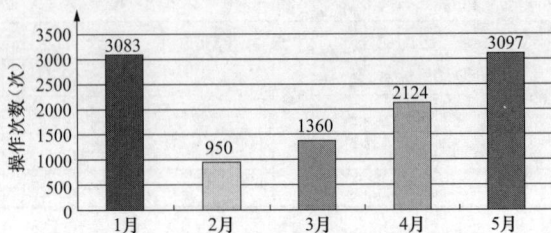

图 6-30　1～5 月份操作次数统计对比图

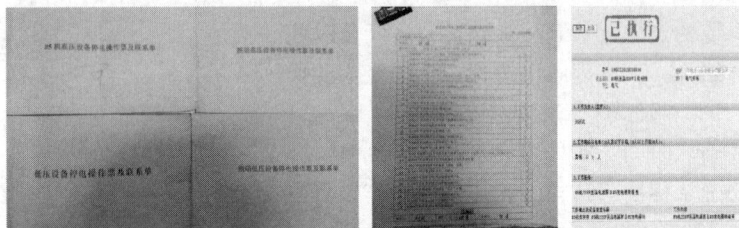

图 6-31　停送电联系单及操作票

经统计，未出现无票作业情况，操作严格按操作票执行，未出现误操作。

两票"统计方法：　"两票"合格率 $= \dfrac{\text{合格的"两票"份数}}{\text{应统计的"两票"份数}} \times 100\%$

我们小组"两票"合格率 $= \dfrac{79（\text{工作票}）+62（\text{操作票}）}{79（\text{工作票}）+62（\text{操作票}）} \times 100\% = 100\%$

确认结果：小组成员在进行操作时，严格按照"工作票和操作票管理标准"规定，操作规范，"两票"合格率达到 100%。在操作过程中，未出现人为造成直流接地的现象。

结论： 末端因素两票不合格为非要因

（八）确认八：控制箱锈蚀漏雨

确认时间：2015 年 6 月 20 日　　　　　　　　确认人：F

确认标准：公司《设备综合管理标准》，设备金属体外表，特别是露天设备构架防腐层应完好无剥落、无锈蚀。

检查控制箱是否有锈蚀，密封是否符合公司规定。

对所管辖的配电箱进行了分工排查，排查情况见表 6-22。

表 6-22　　　　　　　　　配电箱分工情况排查表

序号	配电室名称	检查人	检查情况	检查时间
1	主厂房内配电箱	A	完好，无锈蚀	2015 年 6 月 19 日
2	主厂房外围配电箱	H	完好，无锈蚀	2015 年 6 月 19 日
3	辅助厂房配电箱	G	完好，无锈蚀	2015 年 6 月 19 日

续表

序号	配电室名称	检查人	检查情况	检查时间
4	重要设备配电箱	F	完好，无锈蚀	2015 年 6 月 19 日
5	变压器端子箱	F	完好，无锈蚀	2015 年 6 月 19 日
6	脱硫区域配电箱	A	完好，无锈蚀	2015 年 6 月 19 日
7	氨区区域配电箱	G	完好，无锈蚀	2015 年 6 月 19 日
8	锅炉本体周围配电箱	H	完好，无锈蚀	2015 年 6 月 19 日

经检查，均符合公司规定，防腐层完好。重要设备控制箱自带智能温湿度控制系统，也已按规定投入运行，见图 6-32。

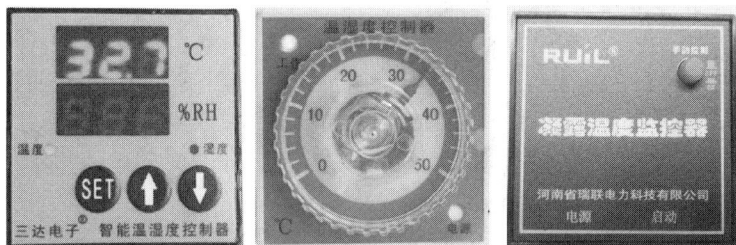

图 6-32　温控器按规定投入

近年公司开展 7S 活动以来，现场环境有了大幅改善，操作规范，无设备接线端子震动、拽、拉等现象，因气候因素造成的室外直流分支与雨、雾、化雪天绝缘下降情况也极少出现，现场部分老旧端子箱已更换为防潮性能较好的不锈钢配电箱，室外配电箱也增加了雨水防溅檐，避免了雨水的侵入和腐蚀，阴雨天气造成室外引线接地的情况也大幅降低。室外配电端子箱门关不严、刀闸辅助触点遮雨措施不够等环境因素也不再是造成设备接地主要因素，见图 6-33。

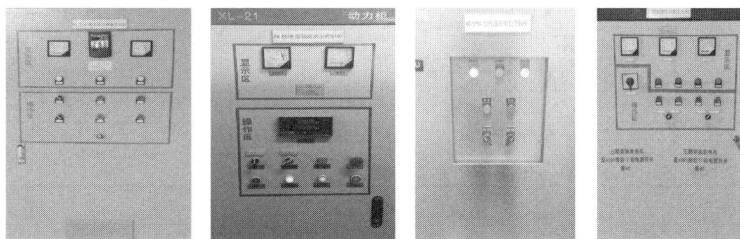

图 6-33　控制箱无锈蚀

确认结果：现场控制箱防潮设施完善，封闭严密，箱体无锈蚀受潮，箱内控制电缆不会因天气潮湿或漏雨等气候因素造成接地，便于接地故障的判断，安全生产有了可靠地保证。

结论：末端因素控制箱锈蚀漏雨为非要因。

（九）确认九：小动物破坏电缆

确认时间：2015 年 6 月 22 日　　　　确认人：G

确认标准：

（1）《火力发电企业生产安全设施配置标准》配电室、电缆夹层门口应加装不低于 400mm 的防小动物板。

（2）《现场安全工作规定》控制盘、仪表盘、保护盘电缆应严密封堵。

（1）检查防鼠门安装是否符合规定。为了防止小动物进入配电室，啃、咬电源电缆，造成电缆外皮绝缘损伤形成接地，我们在所有配电室门口均放置了防鼠门（见图 6-34），有效地阻止了小动物的进入。对机组配电室防鼠门安装情况进行了统计，统计情况见表 6-23。经检查，所有配电室防鼠安装均齐全，高度统一为 450mm，关键时可以拆下，符合现场安全生产规定，见图 6-35、图 6-36。

图 6-34　配电室门口设置防鼠门

表 6-23　　　　　　　　配电室防鼠门安装情况统计表

序号	配电室名称	进出门个数（扇）	防鼠门是否齐全	挡鼠板高度（mm）
1	主厂房 6kV 配电室	4	齐全	450
2	主厂房 400V 配电室	4	齐全	450
3	主厂房电缆夹层	2	齐全	450
4	主厂房 UPS 室	1	齐全	450
5	主厂房蓄电池室	1	齐全	450
6	除尘段配电室	2	齐全	450
7	发电机零米小室	2	齐全	450
8	动力变频室	5	齐全	450
9	外围配电室	5	齐全	450
10	氨区 MCC 配电室	1	齐全	450
11	脱硫 400V、6kV 配电室	4	齐全	450
12	脱硫蓄电池、UPS 室	2	齐全	450
13	脱硝 MCC 配电室	1	齐全	450

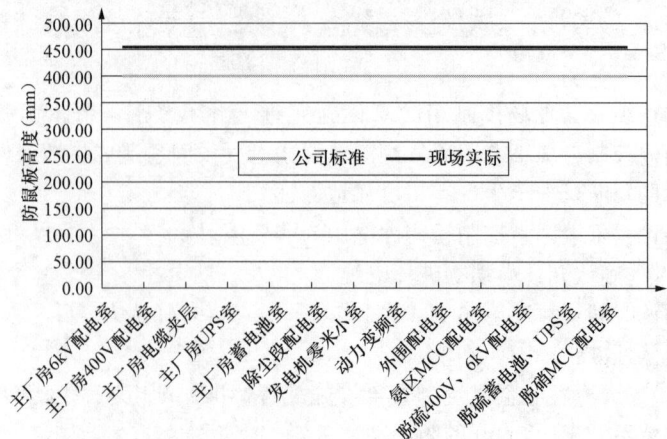

图 6-35　配电室防鼠板高度

图 6-36　防鼠挡板

（2）电缆封堵是否严密。我们对现场电缆孔洞封堵情况进行了检查，封堵完全，符合规定，如图 6-37 所示。

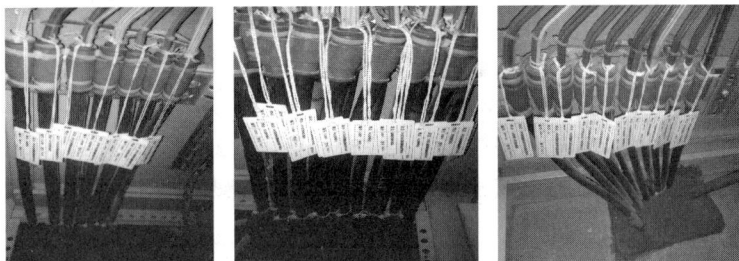

图 6-37　电缆孔洞封堵情况检查

确认结果：现场防小动物板高度符合规范要求，安装齐全，电缆封堵严实，配电室内无能够使小动物出没的孔洞，使其无法对电缆造成接地损害，给设备安全运行提供了可靠地保证。

结论：末端因素小动物破坏电缆为非要因。

（十）确认十：蓄电池报警设计不完善

确认时间：2015 年 6 月 24 日　　　　　　　　　确认人：A

确认标准：（1）《可靠性管理标准》：设备消缺率应达到 93％以上。

　　　　　（2）《设备再鉴定管理标准》：再鉴定一次合格率 100％。

现三期蓄电池出口熔断器后部均设置一个撞击器，当熔断器的熔丝熔断后，这个撞击器弹出，打击到装在熔断器后部的一个微动开关，通过这个微动开关的触点，去发出熔断器的熔断信号，见图 6-38。

通过查阅说明书，并对回路进行排查发现，现蓄电池报警回路直接装在电源保险上，蓄电池停电时需带电取下，不符合"电业安全工作规程"要求。

这种不合理的设计，在 5、6 号机及脱硫蓄电池报警回路均存在，是很大的安全隐患。而且，出口保险被取下后，一次回路断开，已构不成回路，接地故障在互感器判断范围之外，不易被发现，见图 6-39。

报警保险取下后，连片裸露，而蓄电池端一直带电，如果报警器存放不合适，接触到金属物体，易造成直流接地，甚至短路事故，会对蓄电池及放电仪造成损伤，对工作人员的人身安全也造成威胁。

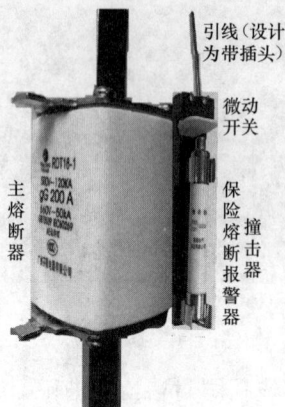

引线（设计为带插头）
微动开关
主熔断器
RDT16-1
gG 200 A
保险熔断器
撞击报警器

图 6-38　撞击器设置

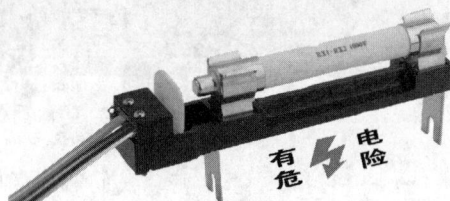

有危电险

图 6-39　撞击器安全隐患

我们查阅《电力操作电源系统维护手册》，规定微动开关应安装带插头连线，所以我们认为蓄电池报警装置未按设计要求接线，需要恢复设计回路。

确认结果：蓄电池报警装置未按设计要求接线，易造成直流接地，而且接地点位于互感器监视死角时，如果发生接地不易查找，增加处理时间。

结论： 末端因素蓄电池报警不完善为要因

为了找出问题的主要原因，我们将这 10 个末端因素进行归纳整理，确定这四项为要因，见图 6-40。

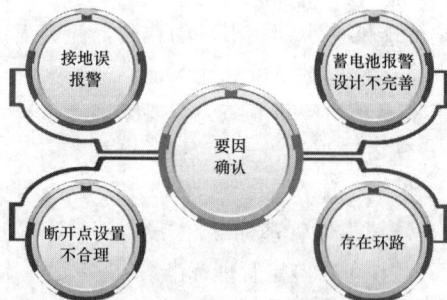

接地误报警　　　蓄电池报警设计不完善

要因确认

断开点设置不合理　　　存在环路

图 6-40　造成支路排查和故障判断时间长的主要原因

六、制定对策

1. 对策优化

（1）因"接地误报警"要因情况比较复杂，我们提出了两种对策方案，如图 6-41 所示。

关于制定对策：
制定对策的步骤分为提出对策、研究确定所采取的对策、制定对策表三个步骤。
（1）提出对策。首先

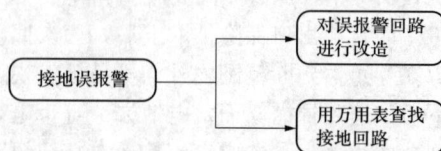

接地误报警

对误报警回路进行改造

用万用表查找接地回路

图 6-41　接地误报警的两种对策方案

针对以往接地回路查找均使用万用表排查，我们根据 2014 年 6 月的接地情况进行了检查，发现该方法需对报警的 3 个支路分别查找，浪费了测量时间，所以对误报警回路改造方案比较合理，回路改造后可以节省测量时间。

（2）关于"蓄电池报警设计不完善"要因，我们也提出了两种对策方案，如图 6-42 所示。

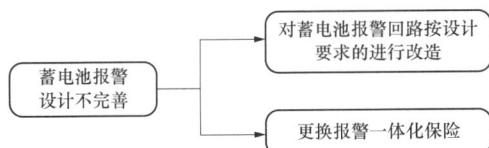

图 6-42 蓄电池报警设计不完善的两种对策方案

更换报警一体化保险可以一次性解决存在的问题，但是造价较高，需整体更换，而且需要将蓄电池系统停电，不利于直流系统的安全运行。对蓄电池报警回路设计缺陷进行改造，成本低，只需将回路中增加插头即可，安全可靠，见图 6-43、图 6-44。

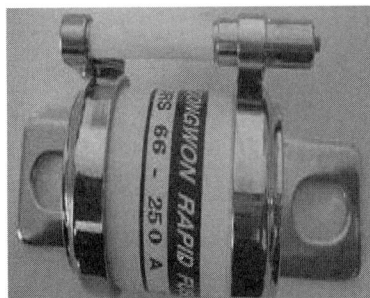

图 6-43 蓄电池　　　　图 6-44 蓄电池与报警器

（3）针对 4 个要因，小组成员根据对策的选择进行了综合评价分析，见表 6-24。

表 6-24　　　　　　　　对策选择综合评估分析表

要因	对策方案	方案论证			选择方案
		安全性	准确性	解决问题难度	
1. 接地误报警	排查绝缘仪检测回路并对误报警回路进行改造	排除误报警会减少故障判断的困难，有利于安全	将误报警回路排除，可使装置准确报警，达到公司报警选线率100%的要求	虽然排查有一定技术难度，但误报问题解决后，对以后的排查工作更加方便	采用

针对每一条主要原因，让小组全体成员开动脑筋，敞开思想、独立思考，相互启发，从各个角度提出改进的想法。（2）研究、确定所采取的对策。从针对每一条主要原因所提出的若干个对策中分析研究，确定选用什么样的对策和解决到什么程度。这要考虑以下几点：①分析研究对策的有效性；②分析研究对策的可实施性。③避免采用临时性的应对措施作为对策。④尽量依靠小组自己的力量，自己动手能采取的对策。（3）制定对策表。针对每一条主要原因，按"5W1H"原则制定对策表。"5W1H"是六个英文单词的第一个字母，即 What（对策）、Why（目标）、Who（负责人）、Where（地点）、When（时间）、How（措施）。

提出对策要针对每一条主要原因，提出尽可能多的对策，以供选择确定。如针对"工具不好用"这一主要原因，是在原有基础上改进，还是重新设计制造一个新的工具，还是用别的工具替代，对策提得越具体越好。这样，每条原因都可提出若干个对策。这里可先不必考虑提出的对策是否可行，只要是可能解决这一条主要原因的对策都提出来，这样才能尽量做到不遗

漏真正有效的对策，才能集思广益。

小组依据确认的 4 条要因，从安全性、准确性、解决问题难度开展了对策选优，最终确定了最优对策，并制定了对策表。对策制作基本规范，符合 QC 活动的基本要求。

【持续改进】

1. 对策提出只展示了结果，未展现过程和统计技术应用。建议使用亲和图提出方案。

2. 对策方案综合评估实施定性评价，缺少数据支撑。评价和选择对策应当建立在事实和数据的基础上，依靠小组自身的力量，通过试验、分析等方法从有效性、可实施性、经济性、可靠性、时间性等方面进行评价，避免采取临时性的应对措施作为对策，尽量依靠小组自己的力量自己动手能采取的对策。使用价值工程法或正交试验法进行评价是比较恰当的做法。

3. 对策表虽基本符合要求，但还存在两点不足。一是对策的目标值设定没全部选取对策自身的特性值，对策分目标未完全量化，如确实无法量化也应确定为可供检查的事实。二是部分措施不具体，如"解决

续表

要因	对策方案	方案论证			选择方案
		安全性	准确性	解决问题难度	
1. 接地误报警	用万用表查找接地回路	万用表查找接地用时长，超过 60min 对设备正常安全运行不利	误报时支路较多，排查无针对性，故障排除有一定的盲目性	要对所有报警回路一一排除，费时费力	不采用
2. 断开点设置不合理	解决断开点设置不合理问题	合理设置断开点，最大限度减少停电范围，对处理接地故障能够有力的安全保障	断开点的设置，能够在较短的时间内找到故障点，提高查找的准确性	需增加部分开关来实现断开点设置，难度不大	采用
3. 存在环路	对直流回路进行排查，设计改造存在环路的直流二次回路	环路的存在严重威胁设备安全运行，需拆除环路回路	环路回路取消后，接地点更容易查找，准确性大幅提高	需通过技术手段来解决环路的存在，要按照设计图纸去施工	采用
4. 蓄电池报警设计不完善	对蓄电池报警回路按设计要求进行改造	改造后拔插保险时不会将回路接线弄断，也减少了造成直流接地故障几率	回路改造后停电不必取下报警保险和底座，报警能够可靠动作	只需将报警接线短时断开即可处理好，投入成本低，约 10 元左右插头即可实现	采用
	更换报警一体化保险	更换后报警回路能够可靠地工作	自带报警功能，报警准确	要将蓄电池回路停电才能更换，单价 200 多元一只，造价高	不采用

2. 对策制定

我们小组针对分析的要因，运用头脑风暴法，发动小组成员广泛献计献策，按照 5W1H 的要求制定相应的对策计划，见表 6-25。

表 6-25　　　　　对　策　计　划　表

序号	要因	对策	目标	措施	地点	完成日期	负责人
1	接地误报警	排查绝缘仪检测回路，对误报警回路进行改造	（1）支路对地电容小于 2 微法，排除接地误报警。（2）排除两台绝缘监测装置之间相互干扰	（1）通过绝缘仪进行回路测试，找出支路电容大于 2 微法，影响测量精度的回路。（2）对于装置误报的回路进行大电容补偿，使支路电容小于 2 微法。（3）解决两台绝缘监测装置相互干扰造成接地误报问题	集控室	2015 年 7 月 1～12 日	A
2	断开点设置不合理	解决断开点设置不合理问题	系统图册和规程中对直流网络断开点与设计图纸是否相符	（1）采用在线检测仪进行辅助检测，尽快找出接地支路。（2）在距离远的直流回路设置断开点	集控室	2015 年 7 月 13～15 日	F
3	存在环路	对直流回路进行排查，设计改造存在环路的直流二次回路	双电源供电的直流供电网络严禁长时间环路运行	（1）对直流系统进行环路（环网）回路排查，找到存在环路的回路。（2）解除直流回路环路（环网），并重新设置断开点	集控室配电室	2015 年 7 月 16～29 日	A
4	蓄电池报警设计不完善	对蓄电池报警回路按设计要求进行改造	（1）设备消缺率应达到 93％以上。（2）设备再鉴定一次合格率 100％	（1）对蓄电池报警回路进行改造，消除缺陷，达到公司管理标准。（2）检查消缺率、再鉴定一次合格率达到公司规定	集控室	2015 年 8 月 1～9 日	A F

七、对策实施

（一）对策实施一：排查绝缘仪检测回路，对误报警回路进行改造

1. 措施 1：通过绝缘仪进行回路测试，找出支路电容大于 2 微法，影响测量精度的回路

绝缘仪支路电阻的测量精度很大程度决定于传感器，当输出直流

两台绝缘监测装置相互干扰造成接地误报问题"，为什么不干扰没有说，"对蓄电池报警回路进行改造，消除缺陷，达到公司管理标准"，如何改造也没明确。

在此，关于 5W1H 多说一些，我们大多数同志在理解 5W1H 时理解为对策（WHAT）、目标（WHY）、措施（HOW）、负责人（WHO）、地点（WHERE）、时间（WHEN），没错，但是没有理解到深意，如 WHEN，理解为时间，即什么时间去做事，很少有人理解为做事的最佳时机。就该课题来说直流回路设置断开点是否可以与解除直流回路同步进行没有说明。对策（WHAT）和措施（HOW）分不开，对策是针对主要原因采取的改进方案，指的是做什么，是框架性思路；措施是实现对策的具体做法，指的是怎么做，是细分了的可操作步骤。该课题"蓄电池报警设计不完善"要因的对策和措施没有很好地区分。

关于对策实施：

实施对策阶段的主要工作，一是按对策表的对策逐一实施；

线路出现大电容（支路电容大于 2 微法）时，需要对互感器进行 C 校正，以保证测量的准确性，减少测量误差，其接线方式如图 6-45 所示。

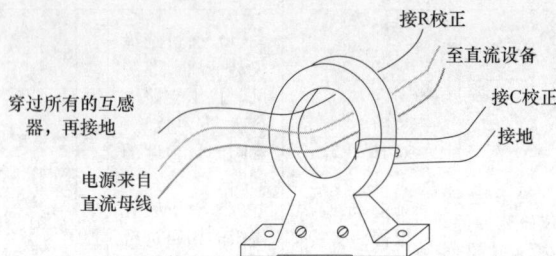

图 6-45　互感器接线方式

我们通过监控模块对三期 5、6 号机（各 49 个支路）及脱硫（21 个支路）共 117 路直流电源进行大电容支路查阅，共发现大电容支路 5 处，见表 6-26。

表 6-26　　　　　　大电容支路查阅情况统计表

支路号	支路名称	支路所处位置	支路电容（F）	测量人	测量时间
支路 34	热工控制电源Ⅱ	5 号集控室	3	A	2015 年 7 月 6 日
支路 43	400V 综合 A 段控制	5 号集控室	4	F	2015 年 7 月 6 日
支路 32	海水泵控制电源	6 号集控室	3	A	2015 年 7 月 8 日
支路 39	206 开关控制电源Ⅱ	6 号集控室	3	G	2015 年 7 月 8 日
支路 15	柱塞段直流电源	脱硫直流屏	4	F	2015 年 7 月 8 日

2. 措施 2：对于装置误报的回路进行大电容补偿，使支路电容小于 2 微法

找到相对应的大电容支路的监测互感器后，我们用补偿线连接绝缘监测仪的 C 校正端，另外一端通过互感器绕相应的圈数后，连接到绝缘监测仪的机壳。圈数确定的方法为：2 微法 1 圈，如某支路的电容为 3 微法，则需要绕 1 圈来进行补偿。

经过 C 校正补偿后，我们用绝缘检测仪测试后的电容，见表 6-27。

表 6-27　　　　　　电 容 测 试 情 况

支路号	支路名称	补偿圈数	支路电容（μF）	测量人	测量时间
支路 34	热工控制电源Ⅱ	1	1	A	2015 年 7 月 9 日
支路 43	400V 综合 A 段控制	2	1	F	2015 年 7 月 9 日
支路 32	海水泵控制电源	1	1	A	2015 年 7 月 9 日
支路 39	206 开关控制电源Ⅱ	1	1	G	2015 年 7 月 10 日
支路 15	柱塞段直流电源	2	1	F	2015 年 7 月 10 日

经过检测，所有支路电容均符合规程规定，小于 2 微法，达到目标值。

3. 措施 3：解决两台绝缘监测装置相互干扰造成接地误报问题

对两台绝缘监测装置互相干扰，造成装置误报问题，我们对报警所有回路进行了排查，找到了故障支路发电机小室合闸电源（支路46），见表 6-28。

表 6-28　　　　　　　　报警回路排查情况统计表

机组	故障名称	报警支路	最终确认接地支路
5 号机	直流母线绝缘降低	热工 DEH 控制柜电源（支路35）	发电机小室合闸电源（支路46）
		5 号机 UPS 直流电源（支路26）	
		发电机小室合闸电源（支路46）	
6 号机	直流母线绝缘降低	热工控制电源 I（支路5）	装置误报，无接地情况
		事故照明切换箱（支路18）	
		备用（支路24）	

经过分析，出现接地误报的原因是两台绝缘监测装置同时投入运行，在出现接地时，绝缘监测装置以检测漏电流（见图 6-46）来判断支路接地与否的巡检装置，由于漏电流为直流，而检测电路如运放等的漂移（温漂、时漂等）均为直流，长时间运行后，使得电流互感器的输出零点发生变化。

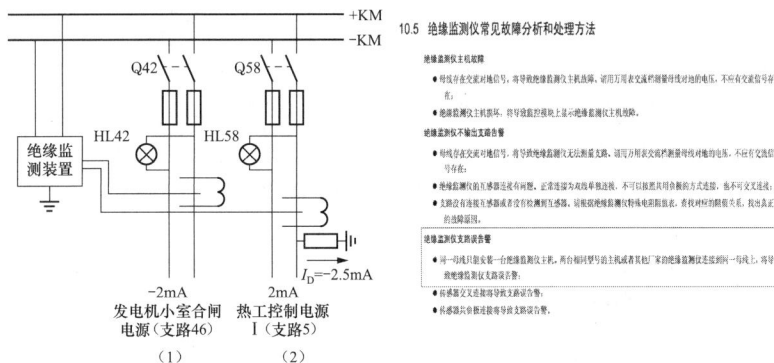

图 6-46　绝缘监测装置检测漏电流

经检查：1 号支路互感器的零点漂移为 -2mA，2 号支路互感器到 $+2$mA，支路 2 号负极接地电阻为 10kΩ，产生的漏电流为 -2.5mA，则负极对地电压 $U-=-10$k$\Omega\times2.5$mA$=-25$V。此时，1 号支路互感器检测的漏电流 $=-2.5$mA$+2$mA$=-0.5$mA 等效电阻 $=-25$V$/-0.5$mA$=50$kΩ，2 号支路互感器检测到的漏电流 $=-2$mA，等效电阻 $=-25$V$/-2$mA$=12.5$kΩ。支路选线电阻门槛值设为 30kΩ，则报 1 号支路接地，2 号支路不接地，很显然由于零点漂移导致 2 号支路漏报，而 1 号支路误报。

查阅直流系统说明书得知，同一直流母线只能连接一台绝缘监测仪主机，两台同型号的主机或者其他厂家的绝缘监测仪连接到同一母线上，将导致绝缘监测仪支路误报警。我们将 5 号机绝缘监测仪停用

2. 对策实施完缺少效果验证。如"接地误报警"的三条措施实施完毕，注意到了与对策目标比较，没有确认对策效果和有效性，即是否还存在"接地误报警"的情况并不明确。

后，直流接地消失。

（二）对策实施二：解决断开点设置不合理问题

1. 措施1：采用在线检测仪进行辅助检测，尽快找出接地支路

由于直流网络比较庞大，绝缘检测仪只能判断出接地的干路，对于具体细节或复杂的直流接地需要手动拉路查找。但拉路法就存在用电设备失电的弊端。而且动态型故障难以查找。

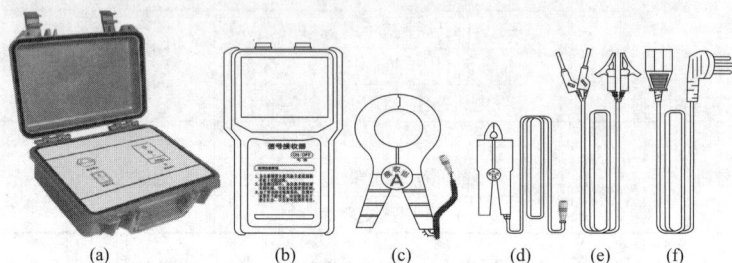

图 6-47　便携式接地测量装置
(a) 信号发生器；(b) 信号接收器；(c) A 钳（大钳）；
(d) B 钳（小钳）；(e) 信号输出线；(f) 电源线

为了解决以上问题，决定采用便携式接地测量装置（见图 6-47）进行查找。装置采用树状方法：首先判断支路是否存在接地，可用钳子夹整扎、双根、单根，若出现接地波形判断有接地的支路。沿该支路树状向下查找：在该支路下查找小分支，直至哪一条线。

优点：通过使用直流接地故障定位仪，避免了传统查找方法的缺陷，可以在直流系统工作的情况下，实现快速、安全、有效的查找，使查找接地的时间大大缩短，接地判断的准确性也大幅提高。

2. 措施2：在距离远的直流回路设置断开点

由于离直流屏较远的直流回路发生接地时，需要到就地进行检查、判断，往返于各配电室会浪费大量时间，影响处理效果，我们对集控室以外，距离较远的直流支路进行排查，并在合适位置设置断开点。在确定故障范围时，就近断开开关，快速确定接地点，节省排查时间。见表 6-29、图 6-48。

表 6-29　　　　　　　　　　　排查时间情况表

序号	支路名称	至直流屏距离（m）	至断开点距离（m）	排查人	时间
1	400V 综合 A 段控制（5 号机）	800	20	AF	2015.7.13
2	灰浆段控制电源（5 号机）	500	20	AG	2015.7.13
3	除尘段备用电源（6 号机）	700	10	FG	2015.7.14
4	400V 综合 B 段控制（6 号机）	800	20	HG	2015.7.15
5	柱塞段直流电源（脱硫）	400	10	H 崔振朋	2015.7.15

通过表 6-29 可以看出，我们可以在最短的时间内，通过断开点开关或熔断器，来确定接地点，节省了往返各配电室之间的时间，使故障查找时间缩短。

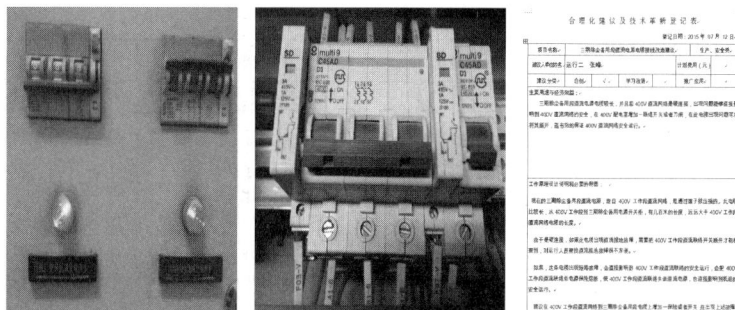

图 6-48　现场断开点位置及设备改造合理化建议

（三）对策实施三：解决存在环路问题

1. 措施 1：对直流系统进行环路（环网）回路排查，找到存在环路的回路

有关设备经过多次改造或施工不小心及设计不合理等，会出现环路现象。当该设备发生接地时，即为多分支接地，比多点接地更麻烦，通过拉闸几乎不可能找出接地支路，查找接地时间加长。

环网一般有以下这几种方式：①正—正环网；②负—负环网；③正—负环网；④正负—正负环网。

判断方法：①直流接地判定法；②调节电压判定法；③负荷电流变化判定法。

直流系统环网运行情况分析，见表 6-30。

表 6-30　　　直流系统环网运行情况分析统计表

序号	运行状态	等效电路图	分析说明	备注
1	正常运行		根据等效图可知，由于第一段母线正极对地电压 R_1 的端电压：$U_{1+} = \dfrac{U_1 \times R_2}{R_1 + R_2} < U_1$ 第二段母线正极对地电压 R_3 的端电压：$U_{2+} = \dfrac{U_2 \times R_3}{R_3 + R_4} < U_2$ 两段母线的电压不等于各绝缘电阻，所以两段母线电压完全独立	U_1：第一段母线电压；U_2：第二段母线电压；R_1：第一段母线正极对地的绝缘电阻；R_2：第一段母线负极对地的绝缘电阻；R_3：第二段母线正极对地的绝缘电阻；R_4：第二段母线负极对地的绝缘电阻；R_5：同极环网为正极环网电阻，异极环网为异极环网电阻；R_6：负极环网电阻

续表

序号	运行状态	等效电路图	分析说明	备注
2	同极环网运行		在该等效图中，第二段母线正极电压与 R_5、R_6 和 U_1 ＋的变化有关，它的变化趋势随正极环网电阻（R_5）与负极环网电阻（R_6）电阻值变小和第一段母线正极电压的变化的同时越来越明显	U_1：第一段母线电压；U_2：第二段母线电压；R_1：第一段母线正极对地的绝缘电阻；R_2：第一段母线负极对地的绝缘电阻；R_3：第二段母线正极对地的绝缘电阻；R_4：第二段母线负极对地的绝缘电阻；R_5：同极环网为正极环网电阻，异极环网为异极环网电阻；R_6：负极环网电阻
3	异极环网运行		在该等效图中，第二段母线正极电压与 R_5 和 U_1 ＋的变化有关，它的变化趋势随异极环网电阻（R_5）电阻值变小和第一段母线正极电压的变化的同时越来越明显	

由于环网存在的类型比较复杂，我们决定用直流电源专用带电解环仪对所管辖的设备直流环路现象进行排查，检测直流系统的出线，测试结果通过语音提示和发光二极管指示。

采用波形判断环网，可进一步提高环网检测速度。

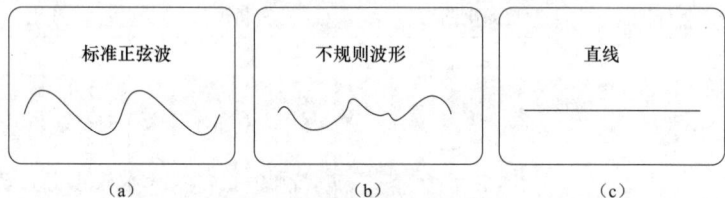

图 6-49 采用波形判断环网

(a) 环网支路；(b) 环网支路；(c) 正常支路

"标准正弦波"表示该支路有环网，"不规则波形"表示该支路有环网，"直线"表示该支路没有环网，见图 6-49。

直流环路排查见表 6-31。

表 6-31　　　　　　　　　直流环路排查表

序号	环网支路名称	所属机组	环网类型	排查人	时间
1	热工控制电源Ⅰ	5 号机	正—正	A	2015 年 7 月 16 日
	热工控制电源Ⅱ		负—负		
2	低厂变保护装置电源Ⅰ	5 号机	正负—正负	F	2015 年 7 月 16 日
	低厂变保护装置电源Ⅱ				
3	5 号发变组保护电源Ⅰ	5 号机	正负—正负	F	2015 年 7 月 16 日
	5 号发变组保护电源Ⅱ				

序号	环网支路名称	所属机组	环网类型	排查人	时间
4	6kV 备用分支保护电源Ⅰ 6kV 备用分支保护电源Ⅱ	5 号机	正负—正负	G	2015 年 7 月 17 日
5	热工控制电源Ⅰ 热工控制电源Ⅱ	6 号机	正—正 负—负	A	2015 年 7 月 18 日

2. 措施 2：解除直流回路环路（环网），并重新设置断开点

双路供电的直流网络在规程中虽然规定了断开点，避免了环网的出现，但后改造的直流保护也存在环网现象，我们对各台机组的直流保护电源的断开点也做了规定：

5 号机直流系统断开点统计见表 6-32。

表 6-32　　　　　　5 号机直流系统断开点统计表

序号	环网支路名称	断开点开关	断开点位置
1	低厂变保护装置电源Ⅰ 低厂变保护装置电源Ⅱ	低厂变保护装置电源ⅡQ45	直流馈线屏
2	5 号发变组保护电源Ⅰ 5 号发变组保护电源Ⅱ	保护装置电源Ⅱ2K	发变组保护屏
3	6kV 备用分支保护电源Ⅰ 6kV 备用分支保护电源Ⅱ	6KV 备用分支保护电源ⅡQ46	直流馈线屏

两台机组的热工电源通过二次回路设计为任一电源消失自动切换。

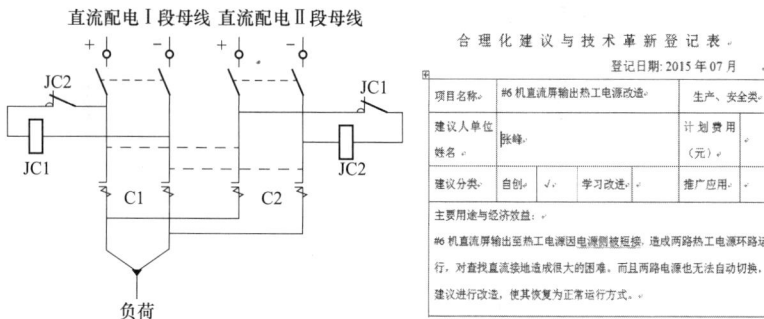

图 6-50　双电源图纸及设备改造合理化建议

直流屏输出至热工电源的电源侧被短接（见图 6-50 虚线部分）。两路电源一直是环路运行，给运行人员查找直流造成困难。如果热工电源负荷侧发生直流接地，单独拉开任一路电源刀闸，根本无法使接地点消除，对查找接地点造成很大的困难，使直流接地故障处理时间加长。

通过改造，将形成环路的接线去掉（虚线部分），达到消除环路的目的。

（四）对策实施四：蓄电池报警设计不完善

1. 措施 1：对蓄电池报警回路设计缺陷的进行改造

熔断报警器（见图 6-51）由下列三部分组成：

（1）熔断撞击体。

（2）微动开关（触头为一常开一常闭）。

（3）支持熔断撞击体和微动开关用的底座。

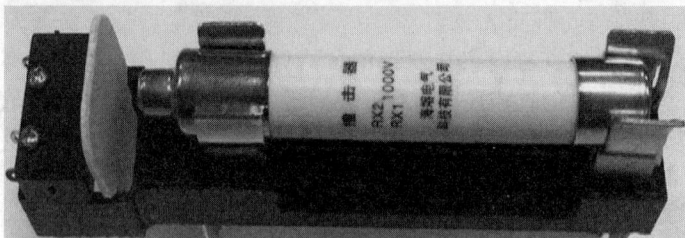

图 6-51 熔断报警器

我们对其二次报警回路进行改造，在引线上增加一对公母插头，在停电前，先拔下插头，再取下保险。既防止了带电拆卸报警保险，而且公母插头自带绝缘，可以有效防止直流接地的发生，见图 6-52。

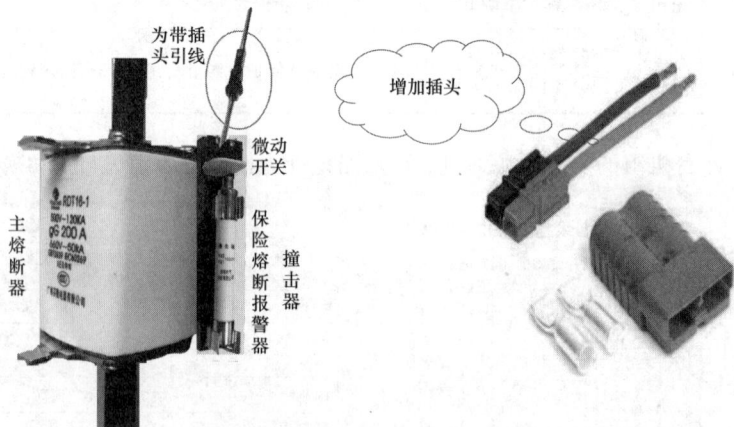

图 6-52 改造二次报警回路

2. 措施 2：检查消缺率、再鉴定一次合格率达到公司规定

此次，我们对 5、6 号机组及脱硫蓄电池报警回路进行了改造，均增加了二次插头，避免了带电装卸保险以及误碰金属外壳造成接地，使操作中直流接地的几率大大降低。

经检查，缺陷均符合公司设备缺陷管理标准要求，缺陷消除率达到100%，见表 6-33、图 6-53。

表 6-33 缺 陷 消 除 统 计 表

序号	设备名称	检查人	检查情况	检查时间
1	5 号机组蓄电池报警系统	A	√	2015 年 8 月 2 日

续表

序号	设备名称	检查人	检查情况	检查时间
2	6号机组蓄电池报警系统	F	√	2015年8月3日
3	脱硫蓄电池报警系统	A	√	2015年8月4日

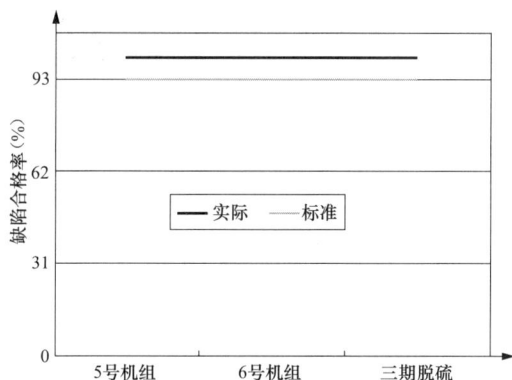

图6-53 蓄电池缺陷合格率

为了检查工作程序和内容、质量是否符合有关要求，我们对消除缺陷按照设备再鉴定管理标准进行设备品质再鉴定：

$$再鉴定一次合格率 = \frac{(再鉴设备总数) - (一次不合格设备数)}{再鉴定设备总数} \times 100\%$$

$$= (3 - 0)/3 \times 100\% = 100\%$$

设备再鉴定一次合格率达到100%，符合公司规定要求。

（五）整体试验验证

为了检验对策实施的效果，我们通过试验对各个直流支路进行了模拟试验。把100千欧姆的电阻分别接在试验支路上，人为造成接地故障，绝缘检查装置发出"直流系统接地"报警，并把报警结果进行了统计，统计情况见表6-34。

表6-34 整体试验验证情况统计表

序号	支路名称	接地点距离（m）	报警准确性	试验人	时间
1	400V配电室控制电源Ⅰ	50	准确报警	A G	2015年8月10日
2	热工控制电源Ⅱ	30	准确报警	F H	2015年8月12日
3	400V综合A段控制	800	准确报警	连永升 崔振朋	2015年8月14日
4	发电机小室合闸电源	150	准确报警	F G	2015年8月15日
5	直流密封油泵	400	准确报警	A F	2015年8月18日

通过试验，直流接地能够在绝缘监察装置上100%准确报警。同时我们使用直流接地故障定位仪，对模拟接地点进行排查，并将排查时间进行了记录，见图6-54、表6-35。

4. 整体试验验证有遗漏。小组在进行目标可行性分析时，调查出了6条接地支路，三期或许不止这6条，小组进行整体试验验证时选择了5条支路，且只有3条属于目标可行性分析的支路。

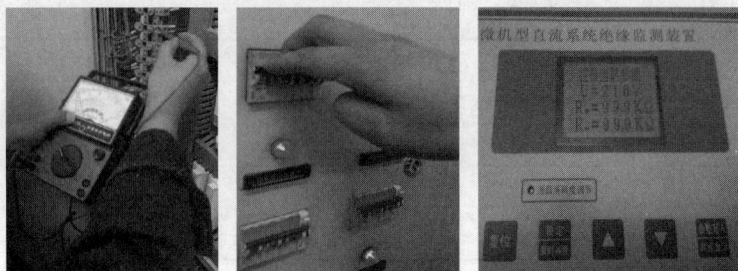

图 6-54　排查

表 6-35　　　　　　　　　　排 查 时 间 记 录 表

序号	支路名称	接地点距离（m）	排除接地时间（min）	试验人	时间
1	400V 配电室控制电源Ⅰ	50	10	A　G	2015.8.20
2	热工控制电源Ⅱ	30	40	F　H	2015.8.21
3	400V 综合 A 段控制	800	30	连永升　崔振朋	2015.8.23
4	发电机小室合闸电源	150	16	F　G	2015.8.24
5	直流密封油泵	400	12	A　F	2015.8.25

　　通过表 6-35 可以看出，无论是回路接线复杂的热工电源，还是距离较远的 400V 综合 A 段控制电源，查找接地的时间均小于公司部规定的 60min，达到了设定的目标值。

　　八、效果检查

　　1. 目标完成情况

　　我们对发现的问题进行了效果确认，现场存在问题均已解决，见表 6-36。

表 6-36　　　　　　　　　　问题解决情况统计表

序号	主要因素	存在问题	解决情况	确认人
1	接地误报警	（1）部分支路电容大于 2 微法，影响测量精度的回路。 （2）互感器的零点漂移造成误报问题	解决	A
2	断开点设置不合理	距离远的直流回路未合理设置断开点	解决	A
3	存在环路	部分回路存在环路（环网），不符合规定，需解除	解决	F
4	蓄电池报警设计不完善	蓄电池报警回路存在设计缺陷，操作是易出现接地，需进行改造	解决	F

　　在 2015 年 8～9 月份中，我小组共进行了 5 次直流接地故障排查工作，平均用时降为 35min，比原目标值 60min 还缩短了 25min，总用时

关于效果检查：

　　效果检查的目的是验证课题选择的准确性、目标设定的科学性、实施过程的有效性，内容包括：一是课题目标的检查，二是活动前后情况的对比，三是经济效益的计算，四是社会效益描述。

　　效果检查应注意一是效果检查必须是在对策实施完毕（全部完成并逐条确认达到对策目标要求）后方可进行。二是能够计算经济效益的，都应计算经济效益；三是

也比活动前有所下降。见表 6-37 和图 6-55。

表 6-37　　　　　故障处理用时统计表

故障名称	处理用时（min）
6kV 配电室控制电源Ⅰ	32
热工控制电源Ⅰ	45
400V 配电室控制电源Ⅱ	51
400V 综合 B 段控制	28
发电机小室控制	19
平均用时	35

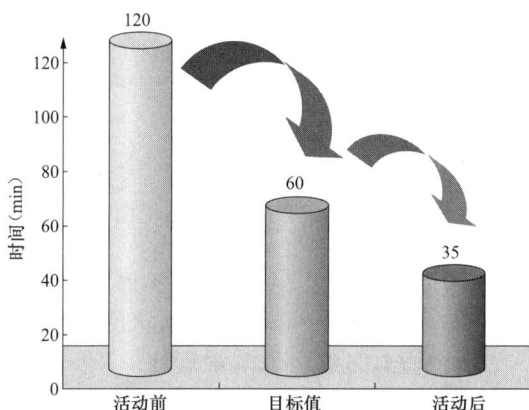

图 6-55　活动前后总用时比较

接地故障时间统计调查表见表 6-38。

表 6-38　　　　　接地故障时间统计调查表

类别＼项目	6kV 配电室控制电源Ⅰ	热工控制电源Ⅰ	400V 配电室控制电源Ⅱ	400V 综合 B 段控制	发电机小室控制	合计
支路排查	8	16	16	10	6	56
故障判断	9	14	6	11	6	46
专业协调	5	4	13	2	2	26
请示汇报	5	6	8	3	3	25
其他工作	5	5	8	2	2	22
总时间	32	45	51	28	19	175

处理直流接地时间统计见表 6-39。

表 6-39　　　　　处理直流接地时间统计表

序号	项目	平均时间（分）	累计时间（分）	累计百分比（%）
1	支路排查	56	56	32
2	故障判断	46	102	58
3	专业协调	26	128	73
4	请示汇报	25	153	87
5	其他工作	22	175	100
6	合计	175		

效果检查在有形效益检查的同时，也应注重无形效益的检查。

在检查中还需要关注数据的可比性，即效果检查数据时间应与现状调查的时间段可比；数据的可信性，即效果检查的目标值不能超出解决问题的范围；项目的一致性，即效果检查与实施前现状对比的项目应保持一致；项目时序性，统计实施前、后，其数据均应按从大到小的顺序统计；项目解决的彻底性，数据不能出现"按下葫芦浮起瓢"问题。

该课题基本符合要求。通过实施前后和巩固期的对比，原来的 2 个症结在新的排列图中频数明显下降。

各阶段时间排列图见图 6-56。

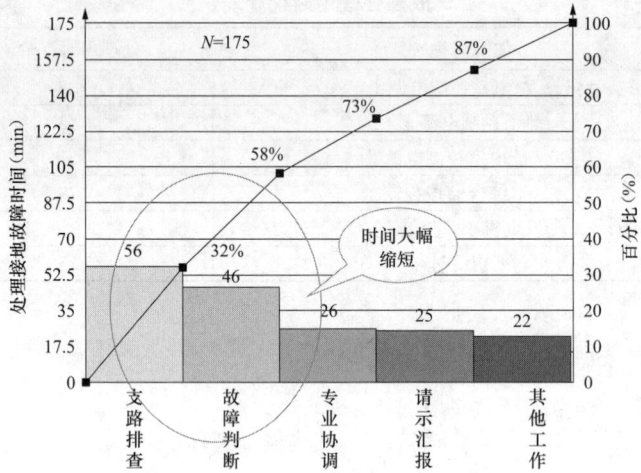

图 6-56　各阶段时间排列图

由以上排列图可以看出，支路排查和故障判断均较以前有了大幅缩短，达到了公司对故障接地时间不超过 60min 的要求。

8～9 月，与南山怡力铝电直流系统接地故障进行数据对比，见表 6-40、图 6-57。

表 6-40　　　　　　　　同行业水平对比表

项目	单位	Z	怡力铝电	Z	怡力铝电		
序号	型号	JYM	HCH8201	WZCK−20	JYM	HCH8201	WZCK−20
	年份	接地故障次数			故障平均时间（min）		
1	2015.8—2015.9	5	4	1	35	42	30

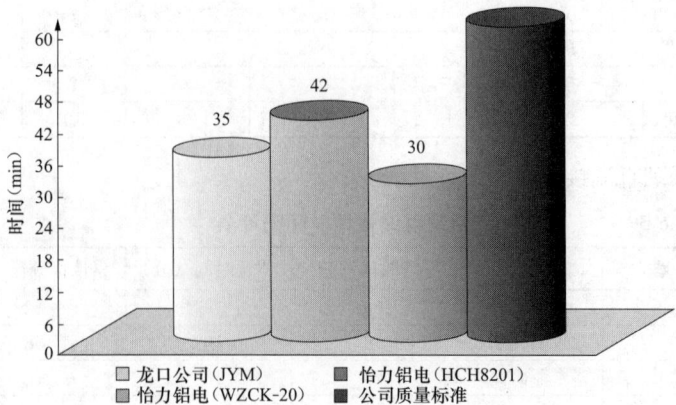

图 6-57　直流接地处理时间比较图

可以看出，经过 QC 活动，公司三期直流系统接地故障的处理时间和怡力铝电新设备相比基本接近，处理时间达到公司质量标准 60min 内要求。

2. 效益分析

（1）安全效益。缩短直流接地故障时间可以减少因直流接地造成的直流电源短路而引发的设备损坏事故，减少了事故发生的隐患，使机组的安全运行得到有力保障。安全生产是经济效益的前提和保证，经济效益是安全生产的必然结果，安全是潜在的效益，是一种不可估量的效益。

（2）经济效益。我们通过电容校正补偿，避免了更换直流互感器，避免了材料浪费

默生专用互感器：$150 \times 5 = 750$（元）。

通过接线方式改造，避免更换报警一体熔断器，节省费用：

报警一体熔断器单价 235 元，6 只价格为 $235 \times 6 = 1410$（元）。

通过 QC 活动，将直流回路合理改进，使查找直接接地故障方法更加科学，不必再另外购置新式接地故障检测仪。经过询价得知，现一台新式接地故障检测仪均价约为 18000 元，为公司节省了设备投入费用。

此次 QC 活动创造直接效益 $750 + 1410 + 18000 = 20150$（元）。

通过学习华电通报案例，我们可以看到有许多因直流接地引起电气设备跳闸乃至机组非停的事故，直流接地的危害不言而喻。

缩短直流接地故障存在的时间，减少了继电保护及自动装置和断路器的误动或拒动，从而可以减少事故停机造成的损失。直流系统的可靠运行，保证了机组的安全运行，减少了机组非停，为公司多发、满发打下可靠的基础，创造了巨大的经济效益。

（3）综合效益。通过本次 QC 活动，我们不但成功缩短了处理直流接地故障的时间，而且还提高了直流系统运行质量以及二次设备的正常运行率，减少了事故发生的隐患，使机组的安全运行得到有力保障。通过此次 QC 活动，提高了小组成员动手、分析和解决问题的能力，增强了 PDCA 闭环管理意识，深化了团队精神和协作能力，有利于班组和谐。

九、巩固措施

措施 1：我们重新制定了直流接地查找流程，绘制了流程图，如图 6-58 所示，结合相关处理规定录入规程，指导现场工作。

措施 2：为巩固现有成果，规范运行人员操作，我们将直流接地故障定位仪特性、使用方法、注意事项等资料进行汇编，编制出《直流接地故障定位仪使用说明书》。

措施 3：直流保护断开点我们也进行规范，绘制了回路接线图纸，将回路断开点录入系统图册。

巩固期效果检查，折线图见图 6-59。

2. 在这里提到一个成果规范性上的问题，小组往往会将隐形效益（安全效益）泛泛而谈，定性地描述就过去了，其实这里还有更好一些的表达方式，例如条目式叙述，或事例性介绍，亦或是数据调查等形式。

关于巩固措施

巩固措施的主要作用是巩固所取得的成果，防止问题再发生，内容包括：一是有效措施的标准化；二是检验标准化措施正确执行。有效措施标准化是把对策表中通过实施已经证明了的有效措施（如变更的工作方法、操作标准；变更的有关参数、图纸、资料、规章制度等）报有关主管部门批准，纳入企业相关标准，或将有效措施纳入班组作业指导书、办法、制度等。制定巩固措施需要注意两点：一是要将措施、落实情况形成文件清晰表述，忌用笼统语言表述不准确的、不具有可操作性的措施；二是标准化措施跟踪要用数据说明成果巩固状况，确保取得的成果真正得到巩固，并维持在良好的水平上。

【持续改进】 小组没有将对策表中实施有效的措施形成或纳入公司有关标准、作业指导书中。如防止支路电容大于 2 微法、直流二次回路环路等未形成或纳入公司有关标准、作业指导书中。这点不符合活动程序要求。

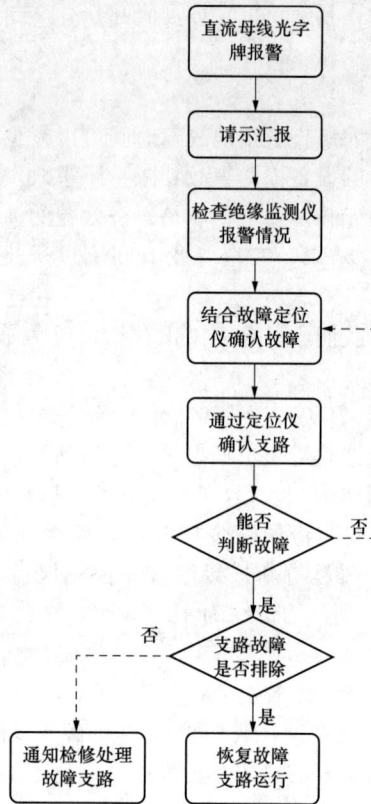

图 6-58　新修改的流程图

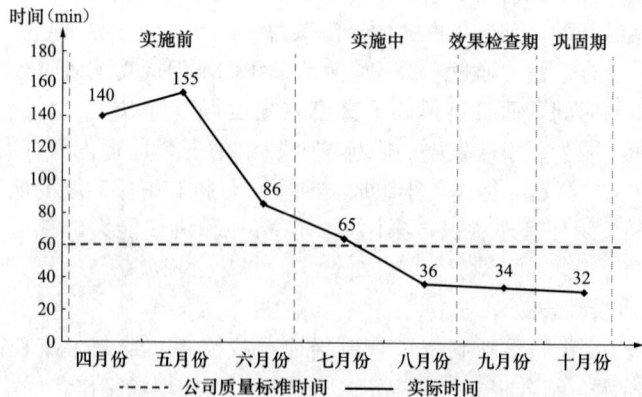

图 6-59　各阶段排查接地时间折线图

通过折线图 6-59 可以看出，QC 活动实施后，经过巩固期效果检查，查找接地的平均时间已达到公司质量标准时间，实现了缩短查找接地故障时间的目标。

十、课题总结

1. 小组活动总结（见图 6-60）

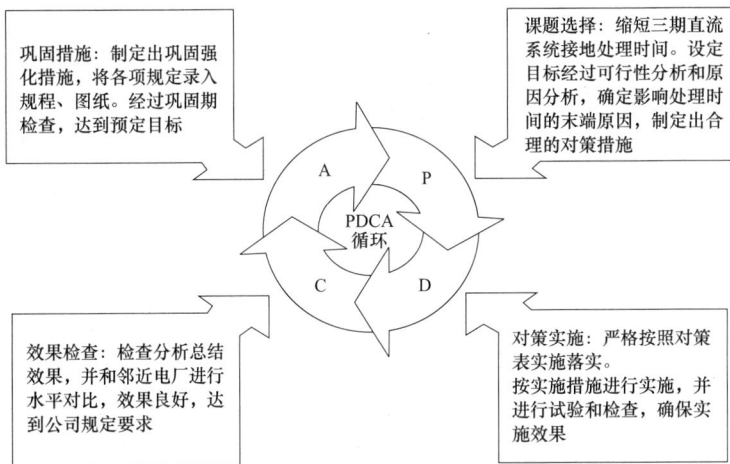

巩固措施：制定出巩固强化措施，将各项规定录入规程、图纸。经过巩固期检查，达到预定目标

课题选择：缩短三期直流系统接地处理时间。设定目标经过可行性分析和原因分析，确定影响处理时间的末端原因，制定出合理的对策措施

效果检查：检查分析总结效果，并和邻近电厂进行水平对比，效果良好，达到公司规定要求

对策实施：严格按照对策表实施落实。按实施措施进行实施，并进行试验和检查，确保实施效果

图 6-60　小组活动总结

2. 专业技术方面

通过参加这次 QC 活动，QC 小组全体成员全面掌握了《直流接地定位仪操作规范》和《三期设备运行技术规程》等直流接地相关技术，对直流网络和处理流程有了较全面的了解，处理直流接地水平大大提高。

3. 个人评价方面及下一步打算

通过参加 QC 活动，全体小组成员增强了安全意识，提高了解决生产难题的能力和协作能力，充分调动了大家的积极性，发挥了团队协作精神，对今后进一步开展 QC 小组活动打下了坚实的基础。运用全面的质量管理方法，仔细查找问题，制定有效措施，确保机组的安全运行，见图 6-61。

今后，仍要将 QC 小组活动认真、深入地开展下去，解决生产中遇到的问题。下一步我们将以"降低三期变频器故障停机次数"为课题，开展新一轮 QC 活动。

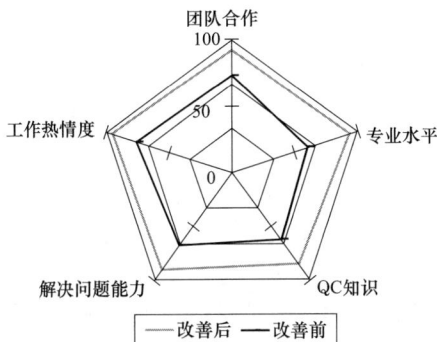

图 6-61　"烽火"小组自我评价雷达图

关于课题总结：

总结的过程实质是一个提高的过程，通过总结成功经验，有利于今后更好地开展活动，通过吸取教训，避免今后活动不走弯路，通过总结提高分析问题和解决问题的能力。

该课题中小组成员认真总结回顾了活动过程的心得体会和收获，并确定了下一步的努力方向。

【持续改进】小组没有针对本次活动在管理技术方面进行总结，雷达图的各个维度多为主观认定，没有评价依据和量化过程，缺乏说服力，建议就具体的收获与存在的问题展开。

降低 FYH-1250 系列预绞丝金具的铝绞丝废品率

N 线路器材有限公司预绞丝 QC 小组

一、综合评价

（一）课题简述

该课题是小组针对 2014 年铝绞丝废品率高、不能满足《N 线路器材有限公司质量考核责任书》中"大直径预绞丝金具的铝绞丝废品率小于 4%"的要求确定的。小组成员遵循 PDCA 程序，应用统计工具，群策群力，成功地将预绞丝平均废品率从活动前 6.2% 降至活动后 3.4%，实现活动目标。

（二）过程简介

该课题是现场型课题，目标为指令性目标，但是程序应用不当，既有现状调查，又有目标可行性分析，程序有些混乱，小组统计数据匮乏，主观描述过多，但基于生产中的问题开展活动，有效解决了生产现场中遇到的实际难题。

1. 选题方面

小组成员对 2014 年 1 月至 12 月铝绞丝一次成型废品率进行了统计和分析，通过分析调查表和折线图发现废品率的水平高于公司规定的 4%，以此作为依据选择了课题。将公司质量考核责任书中关于废品率的限值废品率不得高于 4% 作为目标值。在目标可行性分析中，对 2014 年 9～12 月份的 FYH-1250 系列预绞丝金具产品的铝绞丝废品率进行了统计分析，发现"尺寸误差大"这一影响 FYH-1250 系列预绞丝金具铝绞丝废品率高的症结问题，并通过推算论证了活动目标的可实现性。

2. 原因分析方面

小组运用树图，从人、机、料、法四个方面进行层层分析，共找到包括"剪切后端头变形大"在内的 12 个末端因素，在要因确认阶段制定了确认计划表，明确确认内容、确认方法和确认标准，随后通过调查、测试分析，运用调查表确定了"内部校直工装不足""转运过程中原材料产生缺陷"两条要因。

3. 对策与实施方面

在制定对策环节，小组针对"内部校直工装不足"提出了"外部增加一组校直导轮"和"增加一整套外部校直工装"两个方案，针对"转运过程中原材料产生缺陷"提出"加强转运管控"和"加强后处理筛选"两个方案，运用亲和图对两个要因提出的各种方案进行归类整理，接着小组通过可实施性、可靠性最终确定了"增加一整套外部校直工装"和"隔离有缺陷的原材料并加强转运管控"作为解决问题症结的方法，并制定了对策表。在对策实施过程中，小组在实施一中又进行了方案的具体细化选择，确定了工装结构设计和功能优化，予以制作，并通过加装工装后检验铝绞丝尺寸，发现符合要求，达到对策目标；通过加强转运管控，将缺陷出现概率降至 5%，对策目标实现，证明实施有效。

4. 效果方面

小组在活动后对 2015 年 8 月至 9 月预绞丝废品率进行统计，再次用到排列图，发现症结问题已从主要变为次要，症结问题得以解决，有效将预绞丝平均废品率从活动前 6.2％降至活动后 3.4％，活动目标实现。在巩固期检查中小组运用柱状图来反映实施前、目标值、实施后和巩固期的废品率，发现巩固期内活动效果持续有效。小组成员运用雷达图从综合素质方面认真总结回顾了活动过程的心得体会和收获。在本次活动中，小组发现预绞丝金具的不规则变形也影响产品的废品率，还给经济效益带来一定的影响，因此小组确定将《降低预绞丝金具产品的变形废品率》作为下一次活动的课题，这一步是结合本活动而发现的新的活动方向，符合 QC 小组活动的倡导。

二、主要特点与改进机会

（一）主要特点

小组选题简单明确，理由充分，抓住"尺寸误差大"这一症结，制定对策经过方案优化。尽管存在一定不足，但仍体现了小组主动服务于公司生产现场的宗旨和开展质量活动的进取精神。

（二）改进机会

1. 程序方面

程序方面的问题主要是指令性目标与非指令性目标活动的程序不明确，各步骤中也或多或少出现了前后不呼应的现象。

（1）选择课题步骤。调查了 2014 年全年的数据，在"现状调查"时调查 9～12 月份的数据，调查的周期依据不明确。

（2）目标可行性分析步骤。程序出现错误，指令性的目标需要进行全面的"目标可行性分析"，不应在设定目标前再进行"现状调查"步骤。在可行性分析中，小组"假设将尺寸误差大引起的累计废品率降至现状的 50％"，在这里直接说不具有说服力。能够降至现状的 50％的依据何在应当说明，可对工艺水平进行描述或者进行模拟测试，提供数据支撑。

（3）确定主要原因步骤。确认计划中确认方法不当。如，"对检验规范不熟悉"的判定，不应拘泥于检查考试成绩，比较有说服力的是现场模拟工作，看此末端因素对结果的影响，这里的结果未必是症结。针对方法的因素进行"现场试验"时，一般是在其他因素不变的情况下先按照正在执行的方法与其他方法进行对比试验，看结果有无明显差异。例如"内部校直工装不足"在拆除成型模具后对送丝机构送出铝丝在其他条件不变的情况下进行多次试验，观察铝丝状态。在要因确认的整个过程中，普遍缺少通过"现场试验"等取得的数据进行确认支撑，要因十一和要因十二既然确认为要因，但是没有数据支撑，缺乏说服力，此外这一环节也缺少质量管理工具的应用；当末端因素不满足确认标准的时候，还不能立即认为是要因，需要判断其对症结问题的影响程度。

（4）制定对策步骤。措施应是能够具体实施的，在对策一中第二个措施"设计制造一套可靠的固定支架"还没能到可直接实施的地步，第三步"校直工装用于试制调试后进一步进行结构调整和优化，提高工装精度和可用性"也不是一个措施，另外在小组简介中明确了小组人员各有分工，在这里"实施人"定为"全体小组成员"不合适。

（5）对策实施步骤。应该按照制定对策中的措施逐条实施，不应该再进行方案的设计、材料的确认；效果验证缺少过程，叙述过于简单，不显精彩。如"在此之后，我们继续进行 FYH－1250－3500 型产品的试生产，进行了大量首检，发现产品尺寸均合格且无明显波动"，没有对应的图表说明，内容空洞缺乏数据；没有验证对策实施结果对安全方面的影响。

（6）效果检查步骤。检查的周期与前期调查的周期不对应，前期调查了 2014 年 9～12 月 4 个月份的数据，这里效果检查只检查了 2015 年 8～9 两个月份的数据，两者数据量差距很大，缺乏对比的合理性；此处的排列图存在与之前排列图相同的问题；经济效益应当列出是如何计算得来的，本案的描述缺乏说服力。四是社会效益应根据当前产品的应用进行客观评价，不夸大。

2. 统计方法方面

应用统计方法在准确性和适宜性方面存在改进机会，排列图的使用不规范：

（1）在选题理由中，百分率应当有计算的过程，一年的统计数据偏大，3 个统计周期的数据即可。

（2）排列图。在选择课题阶段，排列图的排列项目不合适，至少应有 3 项，建议用简易图表，后续的排列图也存在类似问题。

（3）在原因分析中症结分析没有充分展示问题全貌，原因分析考虑到人、机、法、料等类别，没有考虑测量和环境，对于该课题牵涉到机械加工的器件规格、参数，是不可能少得了"测量"这一部分的，测量的器具是否存在磨损、方法是否不适用现行的工艺等；末端因素分析不全面，例如"生产过程中未对质量严格把关"不仅仅是"对检验规范不熟悉"导致的；逻辑关系倒置，例如是"剪切部件损坏"导致了"剪切后端头变形大"，而非"剪切后端头变形大"导致"剪切部件损坏"；部分末端因素没有分析到可以直接采取对策。

（4）亲和图。卡片的语言过于模糊、繁复，例如"转运产生的原材料缺陷为局部出现，个别单位的缺陷稍多"，另外，这是问题，不是对策，不是"隔离有缺陷原材料，加强转运管控"亲和下的结果。

选题背景

N 线路器材有限公司是全国规模最大的电力金具、施工机具、电力线路附件、金属结构件的研究、设计、制造厂家，预绞式电力金具是替代传统电力金具的新产品，具有安装简单、可靠、节能效果显著、耐腐蚀、免维护等优点，近年来在国内得到广泛应用。

FYH-1250 系列预绞丝金具的铝绞丝加工工艺：

放丝——剪断——压鸭嘴——鸭嘴切边——打磨——清洗——挑丝（选丝）——扎丝

预绞丝金具废品率的计算公式如下：

废品率＝（废品组数/生产组数）×100%

小组简介（见表 7-1）

表 7-1　　　　　　　　小　组　概　况

单位名称	N 线路器材有限公司			小组成立时间	2013 年 4 月
				课题注册时间	2015 年 1 月
小组名称	预绞丝 QC 小组			小组类型	现场型
				组长	A
计划活动时间	2015 年 2～11 月	接受 TQM 教育时间	40 小时/人	小组注册号	NX-2013-02
活动次数	10 次	小组活动出勤率	100%	小组人数	12
成员	性别	年龄	文化程度	QC 小组分工	
A	男	54	本科	组长	
B	男	33	本科	技术指导	
C	女	34	本科	技术指导	
D	男	27	本科	方案实施	
E	男	53	高中	工艺指导	
F	男	47	高中	方案实施	
G	女	47	高中	方案实施	
H	男	26	大专	方案实施	
I	男	27	本科	方案实施	
J	男	27	本科	方案实施	
K	男	59	初中	方案实施	
L	女	47	高中	方案实施	

关于选题背景：

选题背景应能体现所选题目的相关情况和大环境，例如所选题目到目前的状况，对选题有何看法，为何会有此选题，对之前的成果有何异议或者更深入的观点。可增加对"废品率""压鸭嘴"等的说明。

所选课题在工艺、流程、班组、现场的作用以及存在问题，及引发的后果。

关于小组简介：

小组简介部分应当结合现场评审标准要求，对如何展示小组的信息进行说明。要包含小组和课题注册登记信息，小组活动时小组成员的出勤情况，小组成员参与组内分工情况，小组活动计划及完成情况等，一般还应当介绍推进者、所属部门或单位。

根据 QC 小组活动的原则和逻辑，应是先为了解决一个问题而自发组成一个小组后，再确定课题，因此课题注册时间不应早于小组的活动时间，另外本案中应当介绍课题名称，人数 3～10 人为宜。

一、选题理由(如图 7-1 所示)

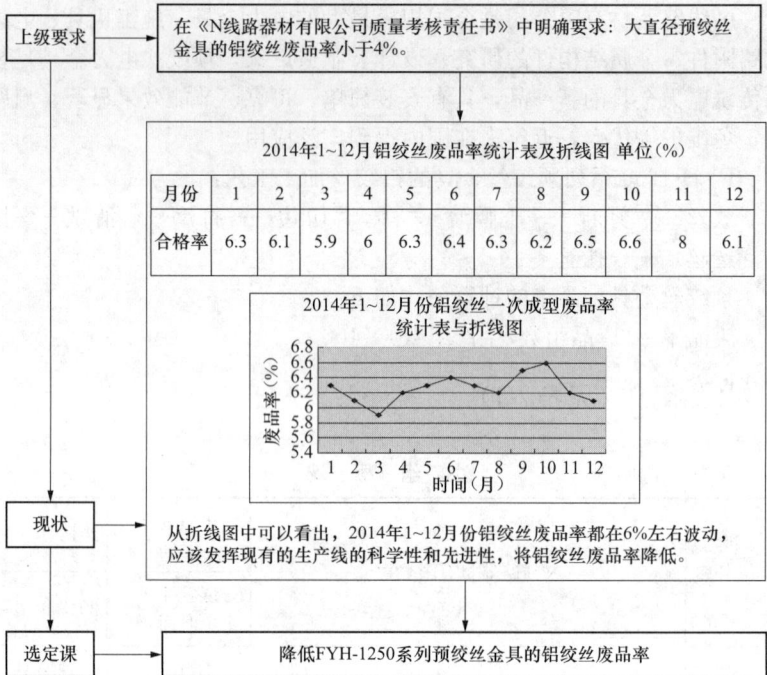

图 7-1 选题理由

活动计划见表 7-2。

表 7-2　　　　　　　　　2015 年度 QC 活动计划表

	活动内容	活动进度表											
		1	2	3	4	5	6	7	8	9	10	11	12
P	选择课题												
	现状调查												
	设定目标												
	原因分析												
	要因确认												
	制定对策												
D	对策实施												
C	效果检查												
A	巩固措施												
	总结回顾												

(计划线 ----->　实施线 ——→)

二、现状调查

调查一:小组成员首先对 2014 年 9～12 月份的 FYH-1250 系列预绞丝金具产品的铝绞丝废品率进行了统计分析,见表 7-3。

表 7-3　　　　　　　2014 年 9～12 月份废品统计表

月份	9	10	11	12	累计
生产数（组）	9860	11630	13650	10680	45820
废品数（组）	660	730	770	680	2840
废品率（%）	6.7	6.3	5.6	6.4	6.2

调查二：小组成员对 2014 年 9～12 月份的 FYH-1250 预绞丝金具废品按类别进行了统计分析，见表 7-4 及排列图 7-2。

表 7-4　　　　　　　2014 年 9～12 月份废品类别统计表

问题	数量（组）	累计数量（组）	百分比（%）	累计百分比（%）
尺寸误差大	2060	2060	87.2	87.2
变形	120	2180	5.1	92.3
其他	180	2360	7.7	100.0

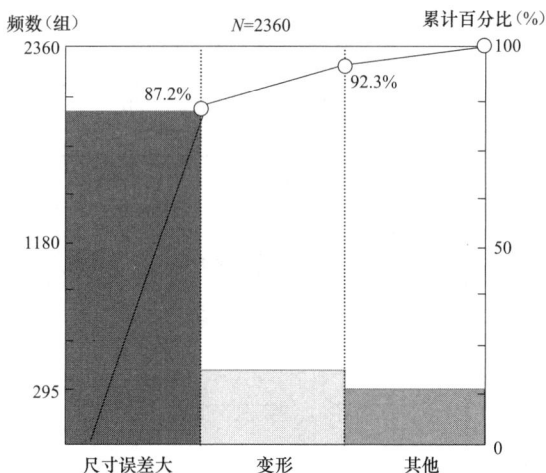

图 7-2　造成 FYH-1250 预绞丝金具的铝绞丝废品类高的因素排列图

由排列图可以看出，因尺寸误差大而引起的 FYH-1250 系列预绞丝金具的铝绞丝废品率比重达到 87.2%，是造成 FYH-1250 系列预绞丝金具铝绞丝废品率高的主要症结。

结论：尺寸误差大是造成 FYH-1250 系列预绞丝金具铝绞丝废品率高的主要症结，是本次活动需要解决的主要问题

三、目标设定

根据现状调查的分析测算结果，小组成员就目标的设定又召开了会议，大家一致认为 FYH-1250 系列预绞丝金具的铝绞丝废品率降低到 4% 是完全可行的，因此，我们将本次活动的目标设定为 4%，如图 7-3 所示。

设定目标的可行性分析：

（1）上级要求。在《N 线

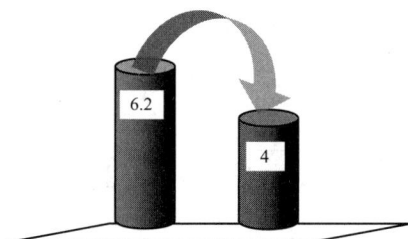

图 7-3　活动目标设定

【持续改进】PDCA 循环四个阶段十个步骤是一个整体，"总结及下一步打算"并不是泛泛而谈，应是小组成员在活动后聚在一起对整个活动中问题的解决、质量管理工具应用、下一步的活动方向等进行讨论总结，在该计划表中未将此步骤进行计划实施，计划不完整。

对策实施应在制定对策以后，不需要箭头。

关于现状调查：

通过对 9～12 月 FYH-1250 系列预绞丝金具产品的铝绞丝废品率进行调查，发现废品率高于公司要求，进而对造成废品率的因素进行分类，运用排列图显示各因素对课题的影响程度。在"现状调查"这一步中，排列图一般是作为找出影响课题的症结问题来使用的，该小组在这里将排列图的应用和调查统计表同步使用，找到了"关键的少数"。

【持续改进】一是在"选择课题"中调查了 2014 年全年的数据，在"现状调查"时调查 9～12 月份的数据，调查的周期依据不明确；二是排列图的排列项目不太合适，至少应有 3 项，建议用简易图表。

关于目标设定：

目标可按以下进行分类：

（1）按活动目标来源不同可分为自定目

标与指令性目标；
（2）按照活动目标
结果不同可分为定性
目标与定量目标。
目标值选取公司质
量考核责任书中要求
的 4％，为指令性目
标，简单直接。
【持续改进】既然
为指令性目标，活动
程序在这里就存在错
误，不应在"选择课
题"后再进行现状调
查，而是直接设定目
标，进而对目标进行
可行性分析。
关于目标可行性分析：
可行性分析只是针
对指令性目标开展
的，由于是指令性目
标，目标能否实现，
要通过可行性分析作
进一步说明。
【持续改进】在可行
性分析中，小组"假
设将尺寸误差大引起
的累计废品率降至现
状的 50％"，在这里
直接说不具有说服
力。能够降至现状的
50％的依据何在应当
说明，可对工艺水平
进行描述或者进行模
拟测试，提供数据支
撑。
关于原因分析：
分析原因的作用是
通过对问题产生原因
的分析，全面查找影
响问题的原因所在，
为下一步"确认要
因"打好基础。有些
小组由于对分析原因
的作用是什么不清
楚，在现状调查时已
经分析出问题的症结
所在，却又回到针对
课题的总问题来分析
原因，导致逻辑上的
混乱，影响分析结果

路器材有限公司质量考核责任书》中明确要求：大直径预绞丝金具的
铝绞丝废品率小于 4％。

（2）可行性分析。从表 1 和表 2 分析可以看出，2014 年 9～12 月份
累计废品率为 6.2％，因尺寸误差大引起的累计废品率为 87.2％，假设
将尺寸误差大引起的累计废品率降至现状的 50％，则测算出铝绞丝废
品率计算如下：

铝绞丝废品率＝(6.2％－6.2％×87.2％×50％)×100％＝3.5

通过以上测算得出 FYH-1250 系列预绞丝的铝绞丝废品率为 3.5％。

根据以上调查分析，小组成员一致认为，通过开展 QC 活动将
FYH-1250 系列预绞丝金具的铝绞丝废品率降低到 4％是可行的。

四、原因分析

根据现状调查，影响 FYH-1250 系列预绞丝金具的铝绞丝主要质量
问题是"尺寸误差大"，运用因果分析，从"人、机、料、法"四个方
面进行全面的原因分析和排查，绘制树图如图 7-4 所示。

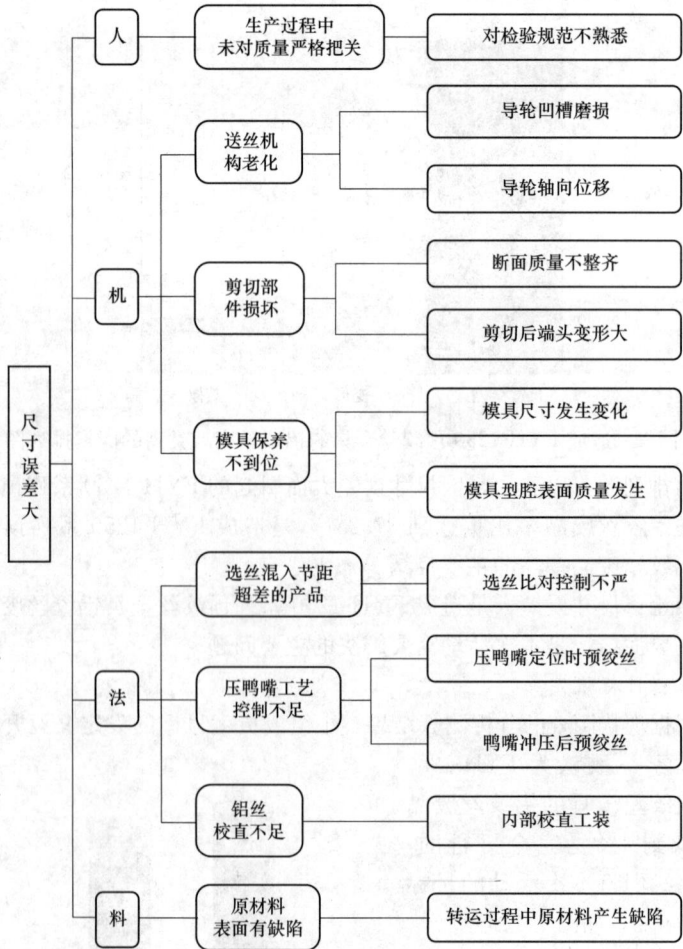

图 7-4　原因分析树图

五、要因确认

为了进一步寻找要因，小组成员为 12 个末端因素分别制定了相应的要因确认计划，见表 7-5。

表 7-5   要 因 确 认 计 划 表

序号	末端因素	确定方法	确认内容	确认地点	确认标准	负责人	完成时间
1	对检验规范不熟悉	理论考试	对小组检验员进行理论考试	小组办公室	《人力资源控制程序》规定操作者考核成绩在 95 分以上	BD	5月4日
2	导轮凹槽磨损	现场测量	现场测量导轮凹槽尺寸	现场	《预绞丝金具工艺规程》规定工装变形量为零	BF	5月7日
3	导轮轴向位移	现场测量	现场测量送丝机构导轮是否发生轴向窜动	现场	《预绞丝金具工艺规程》规定工装保证定位误差为零	HB	5月9日
4	断面质量不整齐	现场检验	现场检验断面是否发生严重变形	现场	《预绞丝金具检验规程》规定产品断面变形量为零	BK	5月12日
5	剪切后端头变形大	现场检验	现场检验切口是否发生弯曲变形	现场	《预绞丝金具检验规程》规定切口不能发生较大变形	BK	5月12日
6	模具尺寸发生变化	现场检验	现场检验模具各部件尺寸	现场	《预绞丝金具检验规程》和模具图纸规定模具各部件尺寸在公差范围内	DK	5月14日
7	模具型腔表面质量发生变化	现场检验	现场检验模具型腔表面的光洁度	现场	《预绞丝金具检验规程》和模具图纸规定模具型腔表面光滑，生产中不能发生划伤等缺陷	MF	5月14日
8	选丝比对控制不严	现场检查	现场检查选丝工艺操作规范	现场	《预绞丝金具检验规程》规定选丝比对时能正确挑出形状异常的铝绞丝	BG	5月15日
9	压鸭嘴定位时预绞丝变形	现场检测	现场检测铝绞丝经过定位时，是否发生变形	现场	《预绞丝金具工艺规程》规定铝绞丝后处理定位时变形量为零	K	5月17日
10	鸭嘴冲压后预绞丝变形大	现场检查	现场检查鸭嘴冲压完成后铝绞丝是否发生变形	现场	《预绞丝金具工艺规程》规定铝绞丝后处理冲压时变形量为零	MK	5月17日

的正确性和有效性。

小组开展头脑风暴，并采用系统图对目标可行性分析确定的主要症结"尺寸误差大"开展原因分析，找到 12 条末端因素，工具应用恰当、规范，各因素间逻辑关系基本正确。

【持续改进】一是症结分析没有充分展示问题全貌，原因分析考虑到人、机、法、料等类别，没有考虑测量和环境，对于该课题牵涉到机加工的器件规格、参数，是不可能少得了"测量"这一部分的，测量的器具是否存在磨损、方法是否不适用现行的工艺等。二是末端因素分析不全面，例如"生产过程中未对质量严格把关"不仅仅是"对检验规范不熟悉"导致的。三是逻辑关系倒置，例如是"剪切部件损坏"导致了"剪切后端头变形大"，而非"剪切后端头变形大"导致"剪切部件损坏"。四是部分末端因素没有分析到可以直接采取对策，例如"转运过程中原材料产生缺陷"是如何产生的缺陷，是抬搬不当造成的还是转运中材料碰撞产生的都有可能。

关于要因确认：

在原因分析中的所有末端因素，有的是主要因素，有的是次要因素，有的是没有影响的因素（无关因素）。确定主要原因就是把确实影响问题

的主要原因找出来，将目前状态良好、对存在问题影响不大的原因排除掉，以便为下一步制定对策提供依据。否则对所有原因都要制定对策加以实施，会造成人力、物力、财力上的浪费，加大了解决问题的难度，延长了解决问题的时间。

确定主要原因的步骤：(1) 末端因素收集。将原因分析时所用的因果图、树图或关联图中展示出的全部末端因素收集起来，以便逐条识别、确认。(2) 不可抗拒因素的识别。将小组乃至企业都无法采取对策解决的因素加以识别并剔除，不作为确定主要原因的对象。(3) 末端因素逐条确认。用数据说话，对每一条末端原因进行逐条确认，找出影响问题的证据，找到真正影响问题的主要原因。数据表明该因素确实对问题影响大的，那就是主要原因，否则就是次要原因。

确定主因需要注意主要原因只能在末端原因中查找，不可以中间原因中查找；主要原因确认过程必须逐条进行，不可忽略那些小组认为的次要原因。

小组针对所有 12 条末端因素制定了要因确认（计划）表，规定了确认标准和标准来源，并逐一开展了要因确认。确认过程

序号	末端因素	确定方法	确认内容	确认地点	确认标准	负责人	完成时间
11	内部校直工装不足	现场检查	现场拆除成型模具，检查送丝机构送出铝丝是否处于笔直状态	现场	《预绞丝金具工艺规程》规定铝丝进入成型模具时，应处于笔直状态	DF	5.18
12	转运过程中原材料产生缺陷	现场检验	现场检验待加工原材料表面是否有压伤等缺陷	现场	《预绞丝金具工艺规程》规定原材料表面不能有明显划痕、压伤等缺陷	L	5.19

（一）确认一：对检验规范不熟悉

确认人：B D

确认标准：《人力资源控制程序》规定操作者考核成绩在 95 分以上。

确认情况：2015 年 5 月 4 日，小组成员 B、D 在人力资源部人员的配合下，对 1 个班组分别 5 人进行了理论和实践考试，考试成绩单见表 7-6。

表 7-6　　　　　机械车间预绞丝加工班组考核成绩单

班组 1	理论	实践	总分
F	50	46	96
H	50	45	95
K	48	49	97
G	50	49	99
L	49	47	96
平均分	—	—	96.6

从表 4 中看出最高分 99 分，最低 95 分，平均得分 96.6 分，达到程序文件的要求。

结论：非要因。

（二）确认二：导轮磨损

确认人：I F

确认标准：《预绞丝金具工艺规程》规定工艺工装的变形量为零。

确认情况：2015 年 5 月 7 日，F 现场查看并用定制 R 规测量导轮的 R 凹槽尺寸，检验是否发生磨损，如图 7-5 所示，导轮 R 凹槽尺寸变形量为零。

结论：非要因。

（三）确认三：导轮位移

确认人：H B

确认标准：《预绞丝金具工艺规程》规定工装定位误差为零（见图 7-5）

图 7-5　送丝导轮 R 凹槽尺寸变形量为零

确认情况：小组人员现场目测送丝机构导轮是否发生轴向蹿动，如图 7-6 所示，经检查，所有导轮定位及固定良好，未发生松动，导轮未发生轴向蹿动。

图 7-6　现场送丝机构未发生轴向蹿动

结论：非要因。

（四）确认四：断面质量不整齐

确认人：J　K

确认标准：《预绞丝金具检验规程》规定产品断面变形量为零。

确认情况：小组成员查看现场预绞丝产品的断面质量，如图 7-7 所示，经目测，预绞丝断面质量符合要求。

图 7-7　剪切后断面图

结论：非要因。

（五）确认五：剪切后端口变形大

确认人：J　K

确认标准：《预绞丝金具检验规程》规定端口不能发生较大变形。

注重用数据、图表、工具予以分析、展现，符合 QC 活动"以事实为依据，用数据说话"以及"应用统计方法"的要求。

【持续改进】

1. 确认计划中确认方法不当。确认要因常用的方法有三种，"现场测量"就是到现场通过亲自测试、测量，取得数据，与标准进行比较，看其符合的程度来证明，一般用于机器、材料、环境因素的判断。"现场试验"就是到现场通过试验取得的数据来证明，一般用于方法（工艺标准）因素判断。"调查分析"，对于人员方面的因素，可以设计调查表，进行调查、分析，取得数据来分析。如"对检验规范不熟悉"的判定，不应拘泥于检查考试成绩，比较有说服力的是现场模拟工作，看此对末端因素对结果的影响，这里的结果未必是症结。针对方法的因素进行"现场试验"时，一般是在其他因素不变的情况下先按照正在执行的方法与其他方法下进行对比试验，看结果有无明显差异。例如"内部校直工装不足"在拆除成型模具后对送丝机构送出铝丝在其他条件不变的情况下进行多次试验，观察铝丝状态。

确认情况：小组成员现场抽查预绞丝剪切下料后端口有无明显变形，如图 7-8 所示。从图 7-8 中看出，预绞丝剪切下料后端口无变形。

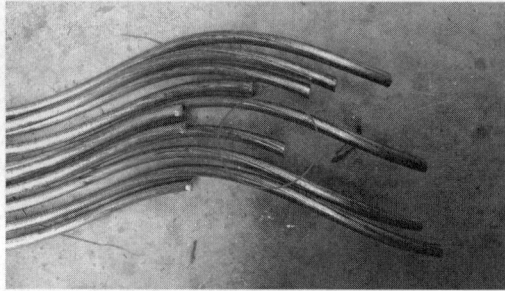

图 7-8　剪切后端口无变形

结论：非要因。

（六）确认六：模具尺寸发生变化

确认人：D K

确认标准：《预绞丝金具检验规程》和模具图纸规定模具各部件尺寸在公差范围内。

确认情况：小组检验员根据模具图纸，现场测量模具各部件尺寸，见表 7-7，从表 7-7 中可以看出模具尺寸未发生变化。

表 7-7　　　　　　　　　　　　　模具尺寸验证表

检查尺寸（要素）	外套内径尺寸	模芯螺旋槽底径	模芯螺旋槽节距	模芯外径
要求值	56.4～56.44	37.9～38.1	399.95～400.05	56.35～56.39
实测值	56.42	38.06	400	56.36
合格否	合格	合格	合格	合格
结论	模具各部分尺寸正常，均在公差要求范围内			

结论：非要因。

（七）确认七：模具型腔表面质量发生变化

确认人：I F

确认标准：《预绞丝金具检验规程》和模具图纸规定模具型腔表面光滑，生产过程中不能发生划伤等缺陷。

确认情况：现场检查维护保养状态的模具，未发现模具型腔表面有划痕、凸起、毛刺等缺陷，如图 7-9 所示。

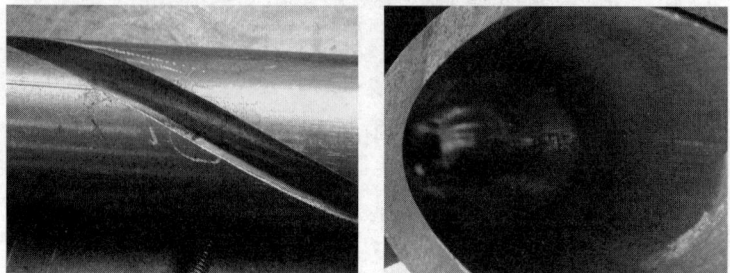

图 7-9　模具型腔表面无划痕、凸起、毛刺等缺陷

结论：非要因。

（八）确认八：选丝比对控制不严

确认人：B　G

确认标准：《预绞丝金具检验规程》规定选丝比对时能正确挑出形状异常的铝绞丝。

确认情况：小组组长抽查 20 组预绞丝，检查是否因选丝比对控制不严而错放了形状异常的铝绞丝，抽查结果见表 7-8，从表 7-8 可以看出未发生选丝比对控制不严而出现形状异常的铝绞丝。

表 7-8　　　　选丝比对工序检查情况统计表

预绞丝组数	1	2	3	4	5	6	7	8	9	10
出现异常铝绞丝	未出现	未出现	未出现	未出现	未出现	未出现	未出现	未出现	未出现	未出现
预绞丝组数	11	12	13	14	15	16	17	18	19	20
出现异常铝绞丝	未出现	未出现	未出现	未出现	未出现	未出现	未出现	未出现	未出现	未出现

结论：非要因。

（九）确认九：压鸭嘴定位时预绞丝变形

确认人：K

确认标准：《预绞丝金具工艺规程》规定铝绞丝后处理定位时变形量为零。

确认情况：现场取用 10 组压鸭嘴之前、定位之后的半成品预绞丝，进行孔径、节距尺寸测量，见表 7-9，从表 7-9 中看出，定位未对孔径、节距尺寸产生影响。

表 7-9　　　　孔径、节距尺寸检查表

预绞丝组数		1	2	3	4	5	6	7	8	9	10
孔径	冲压前	38.08	38.08	38.08	38.06	38.08	38.06	38.06	38.06	38.08	38.06
	冲压后	38.08	38.08	38.08	38.06	38.08	38.06	38.06	38.06	38.08	38.06
节距	冲压前	400.4	400.3	400.3	400.2	400.3	400.2	400.2	400.2	400.3	400.2
	冲压后	400.4	400.3	400.3	400.2	400.3	400.2	400.2	400.2	400.3	400.2

2. 验证八中抽样检查时应注意总样本的数量，抽查的数量应具有代表性，避免以偏概全。

【持续改进】
一是在要因确认的整个过程中，普遍缺少通过"现场试验"等取得的数据进行确认支撑，要因十一和要因十二既然确认为要因，但是却没有数据支撑，缺乏说服力，此外这一环节也缺少质量管理工具的应用。二是当末端因素不满足确认标准的时候，还不能立即认为是要因，需要判断其对症结问题的影响程度。

结论：非要因。

（十）确认十：鸭嘴冲压后预绞丝变形

确认人：J K

确认标准：《预绞丝金具工艺规程》规定铝绞丝后处理冲压时变形量为零。

确认情况：现场取用 10 组鸭嘴冲压后半成品预绞丝，进行孔径、节距尺寸测量，见表 7-10，从表 7-10 中看出，冲压未对孔径、节距尺寸产生影响。

表 7-10　　　　　　　　　孔径、节距尺寸检查表

预绞丝组数		1	2	3	4	5	6	7	8	9	10
孔径	定位前	Φ38.06	Φ38.08	Φ38.05	Φ38.06	Φ38.08	Φ38.06	Φ38.06	Φ38.06	Φ38.08	Φ38.06
	定位后	Φ38.06	Φ38.08	Φ38.05	Φ38.06	Φ38.08	Φ38.06	Φ38.06	Φ38.06	Φ38.08	Φ38.06
节距	定位前	400.2	400.3	400.1	400.2	400.3	400.2	400.2	400.2	400.3	400.2
	定位后	400.2	400.3	400.1	400.2	400.3	400.2	400.2	400.2	400.3	400.2

结论：非要因。

（十一）确认十一：内部校直工装不足

确认人：I F

确认标准：《预绞丝金具工艺规程》规定铝丝进入成型模具时，应处于笔直状态。

确认情况：现场拆除成形模具，检查送丝机构送出铝丝进入成形模具时是否处于笔直状态，经过查看，送丝机构本身校直工装不足以完全校直铝丝，铝丝进入成型模具时有一定的弯曲。

结论：要因。

（十二）确认十二：转运过程中原材料产生缺陷

确认人：L

确认标准：《预绞丝金具工艺规程》规定原材料转运过程中表面不能有压伤、磕碰缺陷。

确认情况：对于转运至生产现场的原材料进行检验，现场发现部分批次存在原材料表面有压伤、磕碰缺陷。致使局部材料截面处于扁平或异形状态。如图 7-10 所示。

图 7-10　原材料表面缺陷

结论：要因

根据上述 12 个末端因素，小组成员通过逐一识别、确认和归类，得出造成"尺寸误差大"的主要因素有以下 2 点。

内部校直工装不足

转运过程中原材料产生缺陷

六、制定对策

1. 对策措施

小组成员在 2015 年 7 月 10 日召开诸葛亮会，小组成员各抒己见，并使用了亲和图法分别为每个要因各整理出对策细节。如图 7-11，7-12 所示。

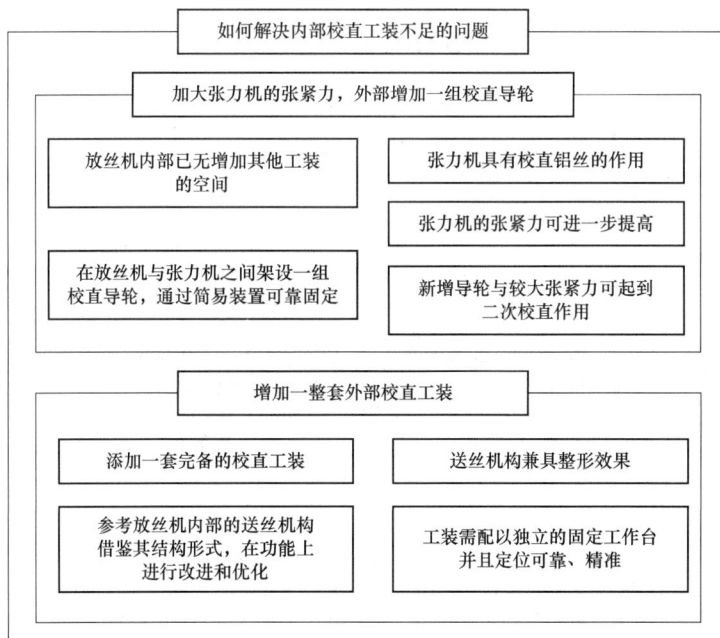

图 7-11　亲和图

关于制定对策：

小组依据确认的两条要因，展开头脑风暴，使用亲和图提出方案，整合小组意见得出针对各要因的对策，然后从可实施性、可靠性两个方面进行对策选优，最终确定了最优对策，并制定了对策表。对策表制作基本规范，符合 QC 活动的基本要求。

【持续改进】亲和图卡片的语言过于模糊、繁复，例如"转运产生的原材料缺陷为局部出现，个别单位的缺陷稍多"，另外，这是问题，不是对策，不是"隔离有缺陷原材料，加强转运管控"亲和下的结果。

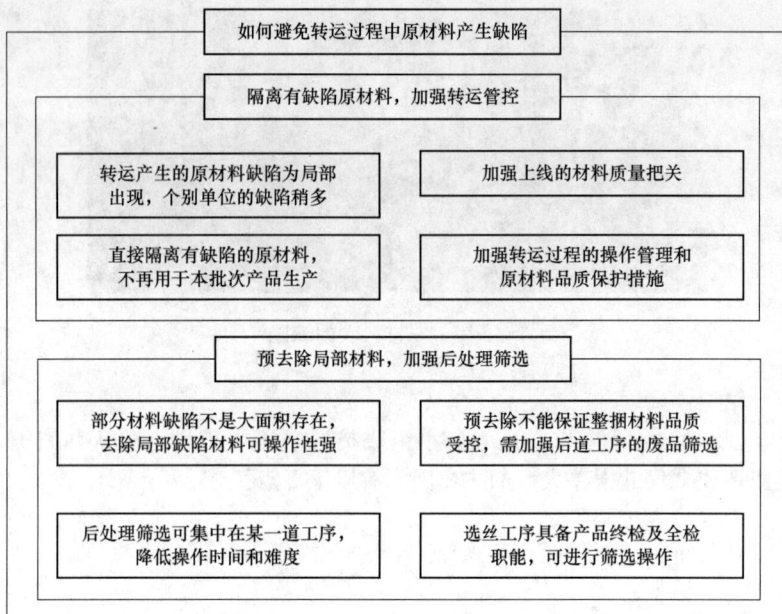

图 7-12　亲和图

【持续改进】在进行可实施性和可靠性的对比选择时，应当建立在事实和数据的基础上，依靠小组自身的力量，通过试验、分析等方法进行评价，避免主观叙述，使用价值工程法或正交试验法进行评估是比较恰当的做法，进行对比时也可以用到矩阵图。

2. 对策评估

小组成员针对对策细节，从可实施性、可靠性两个方面进行了总结和分组评估、见表 7-11、表 7-12。

表 7-11　　　　　　　　要因对策评估表

	内部校直工装不足	
方案	加大张力机的张紧力，外部增加一组校直导轮	增加一整套外部校直工装
可实施性	（1）张力机本身具有一定的整形校直作用，现状生产中，可以进一步加大张力机张紧力。 （2）外部增加一组校直导轮。 （3）利用较大张力拉直铝丝。 （4）该方案易于实施，可缩短项目周期。 （5）约需 7 天完成	（1）在张力机和放丝机之间增加一套校直工装有足够的操作空间。 （2）校直工装原型可采用与机床本身送丝机构（兼有整形效果）类似的导轮架结构，有可靠的参考样本。 （3）该导轮架制作难度不大，可自行加工装配，易于调整。 （4）添加此套工装后，放丝工序将有两道校直工位，整形效果将成倍提升。 （5）约需 30 天完成
可靠性	可以在一定程度上优化校直效果，会有一定回弹，但放丝机本身有整形模块，预期可靠性达 80%	利用外加的这套整形工装，铝丝预校直效果将直接达到原来进模时的状态，加上二次整形，效果将大幅提高。方案可靠性达到 95%
评价	投资少，实施周期短，可实施性较强，但预整形效果稍差	可靠性很高，成本稍高，实施周期较长，可实施性强
方案选择	不选用	选用

表 7-12　　　　　　要 因 对 策 评 估 表

转运过程中原材料产生缺陷		
方案	隔离有缺陷的原材料，加强转运管控	预去除局部材料，加强后处理筛选
可实施性	（1）隔离整捆有缺陷的原材料，简单易执行。 （2）从源头上控制原材料质量，有利于生产前开展问题排查。 （3）原材料转运过程为可控过程，且易于控制和监督。 （4）约需 5 天完成	（1）原材料缺陷不是大面积存在，通过加强局部预去除及后处理工序的筛选工作，对缺陷产品予以剔除。 （2）原材料缺陷为局部出现，整捆报废成本较高，此法可降低成本。 （3）后处理选丝工序对产品尺寸和外观有全检职能，可有效执行此方案要求。 （4）约需 15 天完成
可靠性	原材料控制方法科学，可靠性可达到 95%	预处理原材料可小幅提高合格率，兼顾后处理筛选，可以有效保证产品质量。可靠性为 80%
评价	可靠性较高，实施周期短，但隔离材料为正常验收材料，有一定损失，可实施性强	可靠性较低，后处理人工成本高，实施周期较长，可实施性强
方案选择	选用	不选用

3. 对策措施

根据要因可实施性评估，我们最终确定了两套措施来解决项目难题，见表 7-13。

表 7-13　　　　　　对 策 措 施 表

序号	要因	对策	目标	措施	实施时间	实施地点	实施人
1	内部校直工装不足	增加一整套外部校直工装	实现铝丝进入放丝机前校直合格率为 100%	（1）在张力机和放丝机之间增加一套校直工装。 （2）设计制造一套可靠的固定支架。 （3）校直工装用于试制调试后进一步进行结构调整和优化，提高工装精度和可用性	2015年8月1～30日	现场	全体小组成员
2	转运过程中原材料产生缺陷	隔离有缺陷的原材料并加强转运管控	实现原材料转运过程中零缺陷	（1）隔离整捆有缺陷的原材料。 （2）加强原材料上线前质量检验和转运管控。 （3）加强原材料转运过程中的操作规范监督，保证原材料品质	2015年8月1～30日	现场	全体小组成员

【持续改进】措施应是能够具体实施的，在对策一中第二个措施"设计制造一套可靠的固定支架"还没能做到直接实施的地步，第三步"校直工装用于试制调试后进一步进行结构调整和优化，提高工装精度和可用性"也不是一个措施，另外在小组简介中明确了小组人员各有分工，在这里"实施人"定为"全体小组成员"不合适。

关于对策实施：

小组严格按照对策表中的措施栏目逐条实施，实施过程中也注重数据的收集和整理，并运用调查表对照对策目标进行验证，逐一交代了对策目标的实现情况。基本符合 QC 活动程序要求。

【持续改进】一是在对策实施过程中，应该按照制定对策中的措施逐条实施，不应该再进行方案的设计、材料的确认。二是效果验证缺少过程，叙述过于简单，不显精彩。如"在此之后，我们继续进行FYH-1250-3500 型产品的试生产，进行了大量首检，发现产品尺寸均合格且无明显波动"，没有对应的图表说明，内容空洞缺乏数据。三是没有验证对策实施结果对安全方面的影响。生产现场方面的对策实施结束后，除对对策目标确认外，还需对措施的实施是否影响安全、环境、相关质量、管理以及是否带来成本大幅增加进行核查，以评价对策的综合有效性。当核查发现有上述影响时，应追加措施予以弥补或重新考虑更恰当的对策。如本案设计制造的"工

七、对策实施

（一）实施一：增加一整套外部校直工装

（1）工装结构设计和功能优化。对策措施确定后，小组技术人员根据放丝机与张力机之间的工作空间进行了初步的计算，确定了工装的工作空间和固定位置。新增外部工装的结构参考原放丝机送丝机构的导轮架结构，根据放丝机送丝机构的结构和功能特性，我们对新工装的结构细节进行了重新设计和修改，包括导轮线槽增大、导轮运动方式改为从动，以及关键部件可调整的细节设计等，以方便后期的调试和调整。

（2）设计制造工装固定支架。校直工装工作时本身承受不平衡力作用，且作用力较大，所以需要对该工装进行可靠定位和固定，这里选择焊接支架结构。采用 $50\times50\times4$ 的角钢进行框架焊接，顶部覆以 15mm 厚的钢板与导轮架相连，保证整体刚性。

（3）组装调试及整体优化。工装及相关附件制造完成后，由小组成员组装调试，进行首次放丝试制。对试制的预绞丝节距、孔径尺寸进行全面多点测量，记录相关数据见表 7-14。

表 7-14　　试制尺寸记录表（FYH-1250-3500 型预绞丝）

采样编组 / 尺寸	节距	孔径	合格与否
1	400.4	38.02	合格
2	400.2	38.02	合格
3	400.3	38.02	合格
4	400.4	38.04	合格
5	400.4	38.02	合格
6	400.2	38.00	合格
7	400.4	38.02	合格
8	400.3	37.98	合格
9	400.2	38.00	合格
10	400.3	38.02	合格

通过新工装连续试制的产品尺寸可以看到，经过预校直后成形的铝绞丝尺寸完全符合要求，且尺寸稳定性较好，未发现较大波动。在此之后，我们继续进行 FYH－1250－3500 型产品的试生产，进行了大量首检，发现产品尺寸均合格且无明显波动，说明新增的校直工装起到了良好的整形效果。

结论：目标完成。

（二）实施二：隔离有缺陷的原材料，加强转运管控

（1）隔离整捆有缺陷的原材料，加强原材料上线前质量检验和转运管控。2015 年 6 月，以 QC 小组检验员为主导，小组人员对所有即将上线的原材料进行了表面质量检查，对发现大量存在划痕、磕伤、压伤等缺陷的原材料进行下线处理，且不得用于该规格预绞丝的生产。

（2）加强原材料转运过程中的操作规范监督，做好原材料表面防护工作。从源头上解决转运过程中产生的产品缺陷，需要从转运操作入手。2015 年 6 月，QC 小组首先对转运工（含叉车工、行车工、涉及转运的操作工等）进行了关于"防护原材料表面质量"的现场培训，并制定了"原材料转运工艺规程"。

经本次管理规范实施后，通过转运上线的原材料出现缺陷的概率由原先的 20％降低至 5％以内，有效减少了转运不规范造成的原材料报废和产品异常的情况。

结论：目标完成。

八、效果检查

（1）小组成员 F2015 年 10 月初对 2015 年 8 月至 9 月的预绞丝废品率进行了统计，绘制出了表 7-15 及效果对比图 7-13。由此可以看出，2015 年 8～9 月份预绞丝废品率降低到 3.4％，目标实现。

表 7-15　　对策实施后对 2015 年 8～9 月份废品调查表

时间	采样次数	不合格次数	废品率（％）
8 月	11731	398	3.4
9 月	10570	349	3.3
平均值			3.4

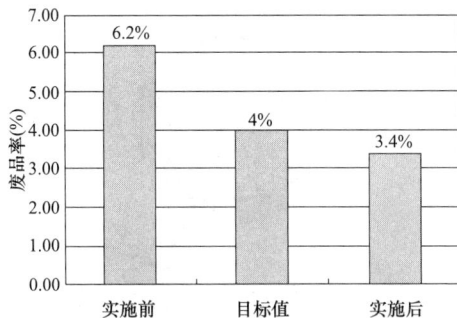

图 7-13　对策实施前后废品率变化柱形图

（2）小组成员调查了 2015 年 8～9 月份预绞丝废品率产生的原因，见表 7-16，图 7-14。由排列图我们可以看出在现状分析中找出的症结：尺寸误差大已经成为导致预绞丝金具铝绞丝废品率高的次要因素。

表 7-16　　2015 年 8～9 月份预绞丝废品率产生的原因统计表

问题	数量（组）	累计数量（组）	百分比（％）	累计百分比（％）
变形	67	67	42.4	42.4
尺寸误差大	32	158	20.3	62.7
其他	59	126	37.3	100

装固定支架"，小组选择焊接支架结构，但是没有对焊缝进行检查处理，没有进行拉力或承重试验，没有检验是否存在安全隐患等。

关于效果检查：

效果检查的目的是验证课题选择的准确性、目标设定的科学性、实施过程的有效性，内容包括：一是课题目标的检查，二是活动前后情况的对比，三是经济效益的计算，四是社会效益描述。本案例基本符合要求。通过实施前后和巩固期的对比，原来的症结在新的排列图中频数明显下降，排序已退后至次要因素位置，说明活动有效，症结问题得以有效解决。

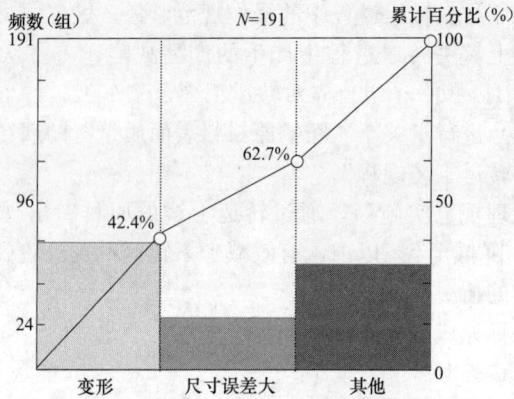

图 7-14　2015 年 8～9 月份造成预绞丝金具的
铝绞丝废品率高的新因素排列图

（3）为了肯定本次 QC 小组活动的成果，小组成员对取得的效益进行了测算。

1）工作效益和无形效应。降低了预绞丝金具的铝绞丝废品率，使生产计划能顺利完成，为公司提高市场占有率提供了条件，提升了公司形象。

2）经济效益。根据图 7-15 所示，实施前废品率为 6.2%，实施后废品率为 3.4%，废品率下降了 2.8%，年节约经济费用 18.2 万元。

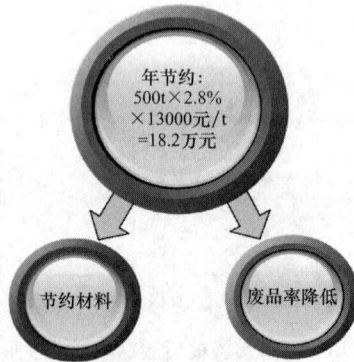

图 7-15　经济效益

九、巩固措施

1. 巩固措施

我们将活动成果提交给公司相关部门，得到了公司领导的充分肯定，并将对策实施一中的"增加一套校直工装"、对策实施二中的"隔离整捆有缺陷的原材料，加强原材料上线前质量检验和转运管控。"这两项措施纳入了公司的《预绞丝金具工艺规程》中，标准号 NX/QOJ 01—2015，认真贯彻执行。

2. 巩固期检查

2015 年 12 月 10 日，组长 F 检查了 2015 年 10～11 月份的预绞丝金